KB253189

DREAM FARMING AND THE ABCD METHOD FOR SUCCESS

꿈을 꾸며 노력하면 이루어진다

고승덕의 ABCD 성공법

DREAM FARMING AND THE ABCD METHOD FOR SUCCESS

꿈을 꾸며 노력하면 이루어진다

개미들출판사

차례

프롤로그

깨달으면 미래가 보인다
몰라서 못 하나? 깨달아야 시작된다
운명은 타고나는 것? 사는 방법에 운명이 담겨 있다
부모가 원망스럽다? 타고난 조건은 성공에 지장 없다

깨달으면 미래가 보인다

내 나이 쉰을 넘어 인생을 찬찬히 되돌아본다. 아마 나처럼 다채롭게 산 사람도 드물 것이다. 20대 초반에는 '하늘에 별 따기'보다 어려워 '하늘에 별 붙이기'라고 하던 고시 3개를 연달아 합격했다. 20대 후반과 30대 초반에는 아이비리그 3대 로스쿨인 예일대·하버드대·컬럼비아대에서 석박사 학위를 차례로 받았다. 우리나라에서는 판사 소임을 맡고 뉴욕과 서울에서 변호사로도 활동했다.

30대 후반에는 TV 프로그램에 출연하면서 예능에서 교양까지 두루 겪었다. 40대 중반에는 펀드매니저 시험에 합격하고 금융전문가로 이름이 알려졌다. 책도 여러 권 펴내고, 칼럼도 쓰고, 강의도 많이 했다. 50대 초반이 되어 사회적 책임을 느끼고 자원봉사를 시작했고, 정치에 입문했다. 50대 중반인 지금은 '드림파머스Dream Farmers'라는 단체를 설립해서 청소년들이 꿈을 꾸고 성공하도록 도와주는 사회운동을 하고 있다.

학생들은 나를 '원조 공신', '전설의 공신'이라고 부른다. '공신'은

'공부의 신'을 줄인 말이다. 나를 잘 모르는 사람은 내가 머리가 좋아서, 집안이 괜찮아서 성공한 줄 알지만, 실은 자라면서 아쉬움이 많았다. 시내버스도 다니지 않는 동네에서 중학교를 다녔고 서울로 올라와 '촌놈'이라고 무시당하기도 했다. 집안형편 때문에 사교육을 받지 못했고, 한때 성적이 부진해서 '바보' 소리를 듣기도 했다.

지금은 나를 롤모델role model로 삼는 학생도 많고, 내 어록을 책상머리에 써 붙여놓은 직장인도 있다. 대학 시절 좌우명으로 삼으려고 만든 '극기상진克己常進'이라는 말은 2010년 H그룹의 사자성어로 채택되기도 했다.

2003년에 수기를 책으로 엮어 《포기하지 않으면 불가능은 없다》를 출간하자 전국에서 특강 요청이 밀려들었다. 처음에는 그저 체험담을 진솔하게 전달하려고 했다. 공부는 어떻게 했고, 사회에 나와서는 어떻게 노력했는지 등등. 강의를 듣고 인생의 전환점으로 삼는 사람이 있는가 하면, 내가 들인 노력의 처절함에 질려 "그는 나와 다르다"고 체념하는 사람도 생겼다. 메시지에 무언가 부족하다는 점을 느꼈다. 경험 위주로 말하기보다는 나만의 성공철학을 깨닫기 쉽게 정리해서 들려주는 편이 낫겠다는 생각이 들었다.

나는 머리가 특별히 좋은 편은 아니다. 그러면 다른 이들과 어떤 점이 달랐기에 좋은 성적을 올릴 수 있었고, 사는 내내 남들이 하기 힘든 노력을 지속할 수 있었을까. 피하지 않고 끊임없이 새로운 일에 도전하는 원동력은 무엇일까. 어떻게 살아야 성공할 수 있는가. 이런 물음들에 대한 답이 이 책에 담겨 있다. 내가 살면서, 도전하면서 깨달은 것들을 정리해놓았다. 인생을 어떻게 살아야 좋은지에 관한 나만의 방법론이다.

나의 생각은 성인군자의 가르침과는 다르다. 착하고 성실하게 열심히 살면 성공한다? 나는 감히 "그렇지 않다"고 말한다. 성품이 좋은 사람이지만 학업성적이 시원찮고 사회에 나가 적응하지 못하는 사례도 많다. 사고 없이 근무하는 직장인이 무능하다고 쫓겨나고, 나름대로 열심히 했던 사업이 망하기도 한다.

착하고 성실하게 사는 것은 성공과 거리가 멀어 보인다. 왜 그럴까. 성공이란 나아지고 달라지는 것이다. 성공을 바란다면 그렇게 살아야 한다. 나은 인생을 원한다면 남들보다 나은 방법으로 살아야 하고, 남다른 결과를 원한다면 남들과 다르게 해야 한다. 선함과 성실함은 사람의 당연한 도리일 뿐 남들보다 나은 방법은 아니다. 하루하루 성실하게 보내더라도 나은 방법으로 살지 않으면 성공할 수 없다.

따지고 보면 인간의 한계는 두 가지다. 미래를 미리 내다보지 못한다는 점과 죽음의 문제를 극복할 수 없다는 점. 사람들은 미래가 답답해서 보이지 않는 운명을 풀어보려고 하지만 나는 그렇게 하지 않는다. 이제는 '인생의 비밀'이 보이기 때문이다. '인생의 비밀'이란 "내가 생각하고, 말하고, 행동하는 대로 인생이 만들어진다"는 것이다.

인생의 비밀을 알면 미래가 보인다. 내가 사는 방법이 어떠한지 깨달으면 나의 미래가 보이고, 남이 사는 모습을 보면 그 사람의 운명을 내다볼 수 있다.

운명은 타고나는 것이 아니다. 언제라도 사는 방법을 바꾸면 운명을 바꿀 수 있다. 사는 방법을 바꾸려면 먼저 사는 방법에는 어떤 것들이 있고 자신이 현재 어떤 방법으로 살고 있는지를 깨달아야 한다. 그런 깨달음이 없으면 운명은 바뀌지 않는다.

생각을 바꾸면 운명은 바뀌는데, 그 생각이 쉽게 바뀌지 않는 게 문제다. 왜 그럴까. 생각은 즉흥적으로 나오는 게 아니라 '생각의 틀'에서 나온다. 틀은 사람마다 머릿속에 장착되어 있다. 틀의 모양대로 생각이 나오고, 말과 행동이 나온다. 그 틀이 운명을 만들고 있다. 틀은 단단해서 쉽게 변하지 않는다. 운명을 바꾸려면 과감하게 결단하여 틀을 깨고 바꾸어야 한다.

안타깝게도 많은 사람들은 자기 운명을 만드는 틀이 머릿속에 있는지조차 모르고 산다. 그러니 시원찮은 틀을 바꿀 생각도 하지 못하고 인생길에서 방황한다. 성공을 원하면서도 실패로 가는 방법으로 살고 있다.

남들의 눈에 비치는 당신의 모습이 어떤지 생각해본 적이 있는가. 남들이 당신이 사는 모습을 보고 당신의 운명을 선택하고 있다는 사실을 아는가. 당신이 사는 모습을 모두가 지켜보고 있다. 남의 눈에 비친 당신의 모습이 바로 당신이 사는 방법이다.

나는 사는 방법을 A-B-C-D 네 등급으로 구분한다. 해야 할 일도 제대로 하지 않으면 실패할 운명Drop으로 가고, 시키는 것만 겨우 하면 보통사람Common으로 살게 되고, 시키는 일을 남보다 잘하려고 애쓰면 나은 인생Better을 살게 되고, 시키지 않아도 알아서 하면 가장 우수한 존재Ace로 인정받는다. 2009년 한국경영교육학회에서 이런 내용으로 기조연설을 했는데, 청중들은 열렬히 호응해주었다.

이 책에서는 어떤 방법으로 살아가는 것이 좋은지, 꿈은 어떻게 꾸고 그 꿈을 이루려면 노력을 어떻게 실천해야 하는지 구체적으로 말한다. 당신은 몰랐던 내면의 세계를 이해하고, 당신 안에 숨어 있던 큰 능력을 찾아서 발휘할 것이다. 성격도 바뀌고 주위 사람과의 관계도 좋아질 것이다. 무엇에 도전하든지 자신감을 가지고 성공할 것이다. 지금까지보다 나은 인생을 살 것이다. 한마디로 운명이 바뀔 것이다.

이 책은 세상에서 가장 소중한 사람을 위한 것이다. 그 사람은 이 책을 읽는 바로 당신이다. 당신은 성공하기에 충분한 능력이 있다. 꿈의 씨앗을 심고 땀을 흘리며 농사를 지으면 성공이라는 열매를 딸 수 있다. 이 책은 당신이 제대로 된 '꿈 농사'를 지을 수 있도록 도와줄 것이다. 마음을 열고 이 책이 전하는 메시지에 귀를 기울여라. 만약 당신에게 당신만큼 소중한 사람이 있다면 그 사람과도 메시지를 나누어라.

이 책은 공부, 직장, 사업, 가정, 신앙 등 인생 전반에 두루 적용할 수 있는 보편적인 성공철학을 제시한다. 학교에서 좋은 성적을 내려는 학생에게는 공부 잘하는 방법을 깨닫게 해줄 것이다. 회사에서 승승장구하고 싶은 직장인에게는 남다르게 인정받는 방법을 알려줄 것이다. 사업을 하는 사람에게는 경쟁이 심화된 시장에서 어떻게 살아남고 성공할 수 있는지, 직원을 어떻게 교육시켜야 하는지를 깨우쳐줄 것이다. 가정에서는 부부간에, 부모와 자녀 간에 어떻게 행복을 키워갈 수 있는지를 느끼게 해줄 것이다. 성공적인 신앙생활을 원하는 사람에게는 영육을 강건하게 하는 방법을 제시할 것이다.

나는 꿈꾼다. 온 국민이 꿈을 꾸는 나라, 우리 자손까지 꿈을 꾸고 이루는 나라를 꿈꾼다. 우리를 부러워하는 다른 나라가 우리처럼 꿈을 이루도록 도와줄 수 있는 그런 나라를 꿈꾼다.

나은 인생을 꿈꾸는 모든 이가 이 책으로 자신감을 얻고 열정으로 밀고나가 인생의 고비마다 도전에서 성공하기를 기원한다. 특히 대한민국의 미래인 청년들이 힘들어도 참으면서 확고한 인생관을 가지고 자신 있게 살아갈 수 있기를 간절히 바란다. 어두운 세상에서 등대처럼 인생의 방향을 잡아주는 지침서가 되기를 소망하면서 이 책을 세상에 내놓는다.

몰라서 못 하나?
깨달아야 시작된다

"오, 신이시여! 과연 제가 한 것이 맞습니까."

대학 시절 삼 년 만에 행정고시 수석, 외무고시 차석, 사법시험 최연소 합격이라는 기록은 지금까지도 깨어지지 않는 '고시 신화'로 남아 있다. 나는 서울대 법대도 수석으로 졸업했다. 하버드대와 컬럼비아대는 우등으로 졸업했다. 컬럼비아대 로스쿨에서는 가장 어렵다는 민사소송법 과목의 조교로 선발되기도 했다. 나이 들어서는 '증권고시'라고 불리는 펀드매니저 시험에 단번에 합격했다. 가끔씩은 내가 생각해도 지난날 참 열심히 살았다 싶을 때가 있다.

그런데 내가 제일 듣기 싫은 말은 '천재'다. 나는 머리보다 몸을 던지는 처절한 노력으로 살아왔다고 생각하기 때문이다. 판사 시절 어떤 선배는 나에게 "법원에는 천재가 필요 없다"는 말을 했다. 판사는 주어진 법만 성실하게 적용하면 되기 때문에 특별히 머리가 좋은 사람은 필요 없다는 뜻이다. 그 말에 나는 상처를 받았다. 따돌림을 당한다는 느낌이 들었다.

나는 머리가 좋다고 생각한 적이 없다. 겸손이 아니다. 살면서 나보다 기억력이나 이해력이 좋은 사람을 수없이 만났다. 고등학교 1학년 때는 성적이 반에서 중간에 들기도 힘들었고, 2학년 때는 60명 넘는 과밀학급에서 뒤쪽에서 4등을 하기도 했다.

몇 가지 이력을 늘어놓은 것은 자랑하기 위해서가 아니다. 누구나 노력하면 그렇게 할 수 있다는 사실을 말하고 싶어서다. 살아보니 타고난 지능은 성공에 중요한 역할을 하지 않았다.

《포기하지 않으면 불가능은 없다》를 읽은 사람은 내가 지독하게 살아왔다는 것을 인정한다. 나의 노력을 한마디로 '무식하다'고 표현한다. "그 노력의 절반만 해도 어지간한 사람은 성공할 거야"라고 말하기도 한다.

나는 한때 누구나 나처럼 노력하면 좋은 결과를 얻을 거라고 생각했다. 그러나 '무조건 하면 된다'는 생각에는 문제가 있다는 것을 깨닫게 되었다. 한번은 어느 행사를 마치고 뒤풀이를 할 때였다. 어떤 분이 나에게 "우리 아이는 기역자만 들어도 싫어해요"라고 말했다. 그 집에서 '기역자'란 내 이름의 초성을 뜻하는 것이었다. 깜짝 놀라 왜냐고 물어보았다. 그분은 내 책을 읽고 나서 아이에게 공부하라고 야단칠 때마다 나를 '엄친아'로 들먹였던 것이다. "누구는 시간이 아까워 비빔밥 먹으면서 공부했다는데 네가 하는 것은 공부 축에도 못 든다."

아버지는 아이에게 도움 되는 말이라고 생각했겠지만 노상 듣는 아이는 지겨웠을 것이다. '뻔한 이야기를 왜 자꾸 하실까.' 공부를 그만 두고 싶은 마음도 들었을 것이다. 내가 남의 귀한 자녀에게 핍박의 수단이 되어버린 것 같아 씁쓸했다.

나의 비빔밥 일화는 아는 사람이 많다. 학창 시절 공부할 분량은 감당할 수 없을 만큼 많고 시간은 절대적으로 부족했다. 그래서 불필요한 활동을 줄이고 공부 시간을 늘려나갔다. 그랬더니 잠자는 시간과 밥 먹는 시간이 남았다. 잠은 더 이상 줄일 수 없어 식사 시간을 줄이기로 했다. 젓가락질 하면 책을 읽을 수 없기 때문에 젓가락질 하지 않아도 먹을 수 있는 방법을 궁리했다. 그것이 비빔밥이었다. 식탁으로 갈 시간도 아까워 책상에 앉아 비빔밥을 먹으면서 공부했다. 씹는 시간도 아까워 반찬을 잘게 썰었다. 고기도 가루로 만들어 넣었다. 그렇게 몇 년을 먹었다. 비빔밥은 고시에 조기 합격할 수 있었던 비결이었다. 나는 지금도 일할 시간이 부족하면 끼니를 책상에서 때우며 일한다.

비빔밥이 누구에게나 성공 비결이 되는 것은 아니다. 내가 아는 어떤 분이 내 책을 읽고 감명을 받았는데, 책을 덮으니 머리에 딱 하나 남는 단어가 비빔밥이었단다. 이거다 싶어 고3 아들을 불렀다. "너 공부하느라고 얼마나 힘드니. 오늘부터 비빔밥을 먹어라. 방에서 나오지도 말고."

아버지는 아들이 공부를 잘하게 될 거라고 기대했다. 한 달 만에 아들은 아버지 앞에 나타나 비장한 표정으로 말했다. "아버지, 저는 이렇게 살기 싫습니다." "왜 그래?" "저는 하루라도 인간답게 살고 싶습니다. 비빔밥을 더 먹이면 집을 나가겠습니다." 결국 아버지가 손을 들었다. 아들은 그때부터 먹고 싶은 것을 먹을 수 있었지만 아버지가 원하는 대학에 가지는 못했다.

나중에야 그분은 비빔밥을 먹이다가 하마터면 아들을 잃을 뻔했다면서 질책하듯이 말했다. "누가 몰라서 못 하나요. 아무나 비빔밥 먹는다고 되지는 않아요."

그분에게 무언가 죄 지은 것처럼 미안했다. 그 말은 내가 많은 것을 생각하는 계기가 되었다. 비빔밥을 먹고 나는 좋은 성적을 올렸는데, 누구는 왜 집을 나가려고 할까. 비빔밥이 잘못된 것인가. 그 아들이 문제였을까. 왜 사람은 알고도 행하지 못할까. 무조건 노력하자고만 외친다면 귀한 집 자녀를 망칠 수 있는 공허한 메아리에 불과할 것이다.

이러한 의문에 대한 해답을 나름대로 찾아보았다. 그 아들의 비빔밥과 내가 먹은 비빔밥은 뭐가 달랐을까. 재료의 차이는 아닐 것이다. 먹는 사람의 머릿속이 달랐을 것이다. 나는 공부 시간을 조금 더 늘려보려고 스스로 비빔밥을 생각해냈다. 어머니에게는 미안했다. 다른 식구들과 같이 밥을 먹으면 숟가락 하나만 더 놓으면 될 텐데 나를 위해 따로 밥을 준비해야 했다.

그 집 아들은 어땠을까. 반대였을 것이다. 공부하기 싫어 틈만 나면 쉬려고 눈치를 보았을 것이다. 그런데 방에서 나오지도 못하게 하고 밥까지 억지로 먹이니 고통스러웠을 것이다. 아버지에게는 대들지 못했겠지만 밥 먹을 때마다 어머니에게 투정을 부렸을 것이다. '내 부모가 친부모일까'라며 의심스러울 정도로 원망스러웠을 것이다. 집을 나가겠다고 최후통첩을 할 때쯤에는 참을 수 있는 한계를 넘었을 것이다.

밥을 먹는다는 것은 단순히 입에다 넣고 씹는 행위 이상이다. 짐승에게 먹이를 먹이듯이 억지로 먹여서 될 일은 아니다. 밥을 먹는 사람의 머릿속은 사람마다 다르다. 그 아들은 왜 공부를 열심히 해야 하는지, 왜 비빔밥을 먹어야 하는지 깨닫지 못했을 것이다. 공부도 시키니 마지못해 했을 것이다. 싫은 것을 강요당하는 것보다 괴로운 일은 없다. 밥도 억지로 먹으면 맛이 없다. 억지로 하면 결과는 뻔하다.

인생의 비밀을 다시 한 번 생각해보자. 생각하는 대로 인생이 만들어진다. 노력도 생각에서 시작된다. 왜 노력을 해야 하는지, 세상을 어떻게 살아야 하는지 깨닫지 못하면 노력도 안 되고 성공도 어렵다. '왜'와 '어떻게' 같은 것들은 눈에 보이지 않는다. 눈에 보이고 귀에 들리는 것이 세상의 전부가 아니다. 사람은 "눈이 있어도 보지 못하고 귀가 있어도 듣지 못한다."(이사야 43:8)

'안다'와 '깨닫다'를 구별해야 한다. 노력은 깨달음에서 시작한다. 사람은 한 번 들으면 안다고 생각하지만 안다고 깨닫는 것은 아니다. 몰라서 안 하는 것이 아니다. 깨닫지 못해 안 하는 것이다. 비빔밥 먹다가 가출할 뻔한 사례에서 보듯이 부모가 자녀를 위해 아무리 좋은 말이라고 들려주어도 본인이 깨닫지 못하면 듣기 싫은 잔소리일 뿐이다. 어느 종교나 깨달음을 강조하는 것도 마찬가지 이유다. "듣고 깨달으라."(마가복음 7:14) 성공하려는 사람은 왜 노력해야 하는지 먼저 깨달아야 한다. 깨달아야 행하기 시작하고, 행해야 달라질 수 있다.

　깨닫기 위해서는 마음의 자세를 가다듬어야 한다. 먼저 귀와 마음을 열고 진지하게 들어야 한다. 귀를 막으면 들리지 않고, 마음을 닫으면 깨닫지 못한다. 성공을 향한 깨달음은 마음을 열고 이 책을 차근차근 읽는 것에서 시작된다. 깨달음이 자신의 일부가 될 때까지 이 책을 반복해서 읽을 필요가 있다.

운명은 타고나는 것?
사는 방법에 운명이 담겨 있다

당신은 혹시 운명이란 타고나는 것이라고 믿지 않는가. 태어난 연월일시를 알면 운명을 알 수 있다는 사주풀이를 신봉하는 사람이 적지 않다. 동양에서 사주풀이는 학문으로 인정받기도 했다. 궁합도 원래는 혼인할 두 사람의 사주를 맞추어 부부로서 좋고 나쁨을 점치는 것이다. 우리나라에서는 궁합을 보고 신랑 집에서 신부 집에 사주단자를 보내면 혼인이 이루어진 것으로 여기는 것이 오랜 풍습이었다.

미래를 잘 맞춘다는 '도사' 이야기가 심심찮게 들린다. 내가 아는 어느 투자가는 십 년 이상 손실을 보다가 몇 년 전에 돈을 벌기 시작했다. 어느 날 A도사에게 사주를 보니 "내년에는 돈 엄청나게 벌고 그 다음 해는 열심히 일해도 헛일이니 쉬라"는 말을 들었다. 설마 했다. 다음 해 정말 상상할 수 없을 만큼 큰돈을 벌었다. 계속 그렇게 벌 것 같아 더 치열하게 일했다. 그런데 웬걸, 그 다음 해에는 겨우 적자를 면했다. 투자가는 이 사연을 인터넷에 올렸다. 그랬더니 수많은 사람이 그 도사를 찾았다. 어느 날 도사에게서 전화가 왔다. "당신과 사주가 비슷한데 좀 더 좋은 사람이 다녀갔다.” 이름을 물어보니 같은 업계에서 1등을 달리는 사람이었다. 소름이 끼치는 이야기는 한둘이 아니다.

어느 정치인이 수십 년 동안 승승장구했다. 그의 비결은 당대 제일이라는 B도사를 모시고 중요한 고비마다 도사가 사주 풀어주는 대로 살아온 것이었다. 그 도사는 잘 맞춘다는 수많은 일화를 남기면서 몇몇 재벌과도 관계를 맺었고, 한때 S그룹 신입사원 면접까지 참여해서 구설수에 오르기도 했다. 1990년대 초반 그 정치인은 대선후보군에 올랐다. 당연히 도사에게 물어보았다. “누가 대통령이 될까요? 나도 대권에 생각은 있지만 대통령이 되지 못할 바에는 차라리 될 사람에게 빨리 줄 서는 것이 낫습니다.” 도사는 말했다. “당신 사주에 대통령이 들어 있습니다. 밀고 나가세요.” 결과는 참담했다. 그 정치인은 정권이 바뀌자 감옥 가는 신세가 되었다. 사주풀이가 결정적인 순간에 틀린 것이다.

김일성의 죽음을 예언했다고 저마다 큰소리치던 도사들이 있었다. 내친 김에 “다음 대선에는 누가 대통령이 된다”, “몇 년도에 내각책임제가 된다”, “몇 년 안에 남북통일이 된다” 등등 예언이 담긴 책을 펴냈다가 틀리자 슬그머니 꼬리를 내렸다.

어느 겨울 무당집에 불이 나서 일가족이 죽었다는 뉴스가 떴다. 남의 운명을 푸는 사람이 정작 자기 죽을 운명은 몰랐다는 블랙코미디였다. 사람은 내일 일어날 일을 알 수 없다.

미래를 확실하게 알 수 있다면 사는 모습이 달라질 것이다. 하루만 내다보는 능력이 있어도 세상 돈을 다 가질 수 있다. 답답해서 미래를 내다보고 싶은 간절함에서 사주풀이 같은 것이 생겨났다. 사주풀이는 사람의 운명이 태어날 때부터 정해진다는 것을 전제하고 있다. 그러면 그 전제는 옳은 것일까.

사람들은 사주풀이는 틀릴 수 있고, 확률의 문제일 뿐이라고 말한다. 사람마다 사주팔자가 하나이기 때문에 운명도 하나로 정해져 있다고 생각하기 쉽지만 알고 보면 아니다. 사주풀이에는 사는 사람의 의지와 선택에 따라 달라지는 변수가 많고, 푸는 사람의 주관에 따라 다양하게 해석할 수 있어서 객관적인 정답이 없다.

사람의 운명에 관한 두 가지 생각이 수백 년 동안 치열하게 맞서왔다. "운명은 태어날 때 결정된다"는 사고와 "후천적으로 운명이 결정된다"는 사고가 그것이다. 지금은 태생적운명론이 미신처럼 들리지만 인류 역사 대부분은 태어나는 순간 신분이 정해지는 시대였다. 아무리 못난 왕자라도 태어난 순간 왕이 될 자격이 있고, 천민이 낳은 자녀는 아무리 뛰어나고 열심히 일해도 신분이 올라갈 수 없었다. 대물림되는 현실이 불합리했지만 피지배계층은 그것을 숙명으로 받아들였다.

태생적운명론은 기존 질서를 정당화하는 도구였다. 신분뿐 아니라 성품도 천성天性이라고 해서 타고나는 것으로 보았다. 사람의 본성에 대하여 성선설과 성악설로 나누어 논쟁하기도 했다. 근대사회는 태생적운명론을 부정하는 것에서 출발했다. "사람은 태어날 때부터 평등하다." 이런 사고는 기존 관념을 부정하기 때문에 시민혁명의 사상적 토대가 되었다.

태생적운명론은 지금까지도 많은 사람의 사고를 지배하고 있다. 사주를 풀고, 이름을 풀고, 별자리까지 푸는 것은 태어날 때 정해졌다고 생각하는 운명을 들여다보려는 시도다. 하지만 따져보자. 사주풀이가 맞기도 하고 틀리기도 하기 때문에 논란이 있을 수 있지만 전체적인 통계는 무시할 수 없다. 결혼할 때 궁합을 맞추어보는 사람이 많지만 우리나라 이혼율이 OECD 국가 중 최고라는 사실을 어떻게 설명할 것인가.

태생적운명론은 사람의 의지를 무시하는 것이 치명적 단점이다. 태어날 때 모든 것이 결정된다면 노력은 의미 없어진다. 공부도 소용없다. 운명은 노력한다고 달라지지 않기 때문이다. 공자가 왜 위대한가. 공자가 살던 시대는 태생적운명론이 지배했다. 공자는 사람의 품성이나 운명은 타고난다는 기존 사고에 맞서 교육의 중요성을 강조했다. 사람은 불완전하게 태어나지만 가르쳐 바른 존재로 만들 수 있다고 생각했다. "노력으로 운명이 바뀐다." 이러한 사고는 당시로서는 놀라운 가르침이었다. 그래서 공자를 시조로 유교라는 거대한 사상 체계가 수립되었다.

맹자의 어머니가 자녀 교육을 위해 세 번 이사했다는 맹모삼천지교孟母三遷之敎는 후천적 환경이 운명을 만들어간 일화다. 맹자는 홀어머니 밑에서 자랐다. 처음에는 공동묘지 부근에서 살았다. 태어난 조건만 보면 최악이라고 할 수 있으나, 더 좋은 환경으로 이사하여 교육으로 역경을 극복하고 공자 버금가는 위대한 학자가 되었다. 유교는 한마디로 교육으로 사람이 달라질 수 있다는 사실을 강조한다.

공자는 세상을 바꾸려는 혁명가는 아니었다. 유교는 기존 질서가 무엇인가를 깨닫고 순응하는 것이 인간의 도리라고 강조한다. 유교는 주어진 환경이 사람을 변화시키는 점은 강조하지만 사람이 주도적으로 세상을 변화시킬 수 있다는 점은 강조하지 않는다. 유교는 기존 질서를 공고히 하는 이론적 도구로 사용되어 동양의 전통사회를 유지하는 데 이바지했다.

후천적 요인으로 사람이 만들어진다는 사고는 근대에 들어 과학적으로 상당한 지지를 받게 되었다. 이 중에서 사람을 만드는 결정적 요인이 환경이라고 보는 환경결정론은 사회적 환경을 개선하는 데 중점을 두었다. 일란성 쌍둥이도 좋은 환경에서 자라면 훌륭한 사람이 되고, 나쁜 환경에 살면 범죄자가 되기도 한다는 연구 결과도 있었다.

아직도 태생적운명론과 후천적결정론은 논쟁을 계속하고 있다. 태생적운명론은 근대 과학이 발전하면서 미신 취급을 받다가 현대 생물학이 발전하면서 다시 과학적 근거로 무장하게 되었다. 유전자는 부모 것이 그대로 복제되어 후손에 전달되고, 인간의 의지로 달라질 수 없다는 사실이 밝혀졌다. 두뇌는 물론 성격도 유전자와 관련 있다는 연구 결과가 나오고 있다. 머리, 품성 등이 태어날 때 결정된다면 운명도 태어나면서 정해진다는 주장도 가능하게 되었다.

하지만 나는 태생적운명론을 거부한다. 태어날 때부터 결정된다는 주장은 나은 인생, 좋은 나라를 꿈꾸는 우리에게 꿈을 빼앗고 체념하게 하려는 거대한 음모론과 같다. 잘할 수 있는 잠재능력을 가진

대부분의 사람들이 타고난 운명을 바꿀 수 없다고 착각한 나머지 희
망을 포기한다.

후천적결정론도 문제가 있다. 환경이 사람을 만든다는 주장은
운명이 주어진 환경에서 벗어날 수 없다는 말과 같아서 공감하기 어
렵다. 환경이 사람에게 영향을 미친다는 점은 부인할 수 없지만 그보
다 중요한 것은 환경을 만들어가는 주체는 사람이라는 사실이다.

우리에게 중요한 것은 미래다. 어느 시점에서나 이미 지나간 것
은 과거이고 바꿀 수 없다. 하지만 미래는 주어진 것이 아니라 앞으로
만들어지는 것이다. 미래는 만들 수 있다. 태생적운명론은 인생 출발
점을 기준으로 하기 때문에 미래를 무시하는 주장이다. 환경결정론도
마찬가지로 태어난 후 살아온 과거에 초점을 둔 사고일 뿐이다. 어느
것이나 미래를 변화시키려는 의지를 가진 우리에게는 적합하지 않다.

내년 주식시장을 예측하는 데 우리나라 주식시장이 탄생한
1930년의 주가 자료를 사용한다면 웃음거리가 될 것이다. 태어날 때
자료에 운명이 담겨 있다고 전제하는 사주풀이의 근본 문제가 여기
에 있다. 생년월일시는 각 사람에게 가장 오래된 자료다. 그것으로 운
명을 푼다면 정확성이 떨어질 수밖에 없다. 미래를 예측할 때 시간상
가장 가까운 자료를 사용해야 예측력이 높아진다.

과거가 운명을 결정한다는 사고는 이래서 문제가 있다. 그럼 무
엇이 미래를 결정하는가. 우선 주어진 환경은 결정적 변수가 아니다.
현재의 조건이 같더라도 사람이 노력하기 따라서 인생을 다르게 만
들 수 있다. 현재의 처지가 같아 보이더라도 살다 보면 운명이 다르게

전개되는 경우는 무수하다. 같은 학교에서 공부하더라도, 같은 직장에서 근무하더라도 진로가 다르게 전개된다. 열악한 환경도 극복하면 좋은 결과를 낼 수 있고, 반대로 좋은 부모 밑에서 자란 사람도 노력이 부족하면 인생을 망칠 수 있다.

인생은 하기 나름이다. 앞에서 말한 '인생의 비밀'을 생각하자. "생각하고, 말하고, 행하는 것이 쌓여서 운명을 만든다." 앞으로 어떻게 하느냐가 중요하다. "될성부른 나무는 떡잎부터 알아본다." 뛰어난 인물이 될 사람은 어릴 적부터 하는 짓이 다르다는 속담이다. 커서도 마찬가지다. 어떤 사람이 지금 사는 모습을 보면 그 사람이 앞으로 어떻게 될지 내다볼 수 있다. 미래를 내다보려면 과거를 가지고 풀 것이 아니라 현재 모습을 보고 푸는 것이 더 정확하다. 나는 감히 말한다. "사는 방법이 운명을 결정한다." 더 나아가 말한다. "사는 모습을 보면 남의 운명도 알 수 있다."

어느 세무공무원이 나에게 말했다. "그 말이 맞는 것 같습니다. 세무조사 나가서 회사 직원들이 움직이는 모습을 보면 회계장부를 보지 않아도 그 회사 실적을 알 수 있어요." 직원들이 적극적으로 알아듣고 뛰는 회사는 실적이 좋고, 성의 없게 행동하는 회사는 실적이 부진하다는 것이다. 실적이 쌓이면 회사의 운명이 된다. 기업도 사람이다. 개인의 살아가는 모습이 그의 운명을 말해주는 것처럼 임직원이 일하는 모습이 회사의 운명을 결정한다.

음식점에 가서 종업원이 움직이는 모습을 보면 음식점의 운명을 내다볼 수 있다. 어느 냉면집에 간 적이 있다. 나는 물냉면을 시키고,

같이 간 사람은 비빔냉면을 시켰다. 그러고는 대개 냉면이 나오면 종업원에게 덜어 먹을 빈 그릇을 달라고 한다. 그런데 그 음식점은 달랐다. 종업원이 냉면과 빈 그릇을 함께 가져왔다. 미리 말하지 않았는데도 말이다.

나는 감동해서 물었다. "어떻게 빈 그릇 가져올 생각을 했나요?" 종업원은 당연하다는 듯이 말했다. "맛있다고 나눠 드실 것 같아 가져왔어요." 고객의 마음을 읽는 것 같았다. 알고 보니 그 음식점은 소문난 맛집이었다. 같은 자리에서 이십 년 이상 영업하면서 돈을 많이 벌어 빌딩까지 지었다. 냉면집은 그 빌딩 1층이었다. 서비스가 남다르면 성공한다.

사람은 타고난 조건이나 주위 환경으로 만들어지는 존재가 아니라 스스로 운명을 만들 수 있는 존재다. 이 점에서 사람과 동물이 다르다. 스스로 운명을 만들겠다는 사고를 실천하면 그렇게 될 수 있다. 외부 요인보다는 자기창조적인self-making 노력이 성공의 원동력이다.

노력하면 인생이 달라진다. 이것은 종교의 차이를 넘어 보편적 원리다. 신이 모든 것을 만든다고 하는 기독교까지도 그렇게 말한다. 예수도 자기주도적인 노력을 강조했다. "구하라, 그러면 너희에게 주실 것이요. 찾으라, 그러면 찾을 것이요. 문을 두드리라, 그러면 너희에게 열릴 것이니. 구하는 이마다 얻을 것이요, 찾는 이가 찾을 것이요, 두드리는 이에게 열릴 것이니라."(마태복음 7:7~8)

자기 운명은 스스로 결정해야 한다. 원래 자기결정론은 식민지에서 벗어나려는 민족이 주장했던 민족자결주의를 뜻하는 말이었다.

사람의 인생에도 자결주의가 적용되어야 한다. 인간은 자기 운명의 주인이 되어야 한다. 스스로 헤쳐 나가지 않으면 외부 요인의 지배를 면할 수 없다. 식민지처럼 자기가 원하지 않는 운명의 노예가 되어 살게 될 것이다.

노력을 포기하면 인생이 편할 것처럼 보이지만 그것은 착각이다. 운명의 주인이 되는 것을 포기하는 셈이다. 인생 내내 남에게 끌려 다니며 살게 된다. 우리는 선택해야 한다. 운명의 주인이 될 것인가, 아니면 운명을 남의 손에 맡기고 노예처럼 살 것인가.

부모가 원망스럽다?
타고난 조건은 성공에 지장 없다

방송에 자주 출연하면서부터 인상 좋다는 말을 많이 들었다. 그래서 사람들은 내가 외모에 콤플렉스를 가졌다고 말하면 믿으려 하지 않는다. 나는 여학생에게 키 작다고 딱지 맞은 적도 많고, 키 작은 사람은 아예 미팅에 나오지 말라는 말에 상처를 받기도 했다. '내가 좀 잘 생겼더라면 얼마나 좋을까.' 부모가 원망스럽기도 했다.

사실 따지고 보면 부모인들 무슨 잘못이 있겠는가. 할아버지, 할머니가 낳아준 그대로인데. 외모를 결정하는 유전자는 인간의 의지와 관계없이 복제되어 대대로 전해지는 것뿐이다.

이성의 관심을 끌 만한 외모를 갖추지 못해 연애를 못 했다. 그리고 연애에 실패한 것이 내가 고시를 결심한 동기가 되었다. 대학교 1학년 겨울방학이 시작될 때 상처받은 마음을 안고 도서관에 틀어박혀 공부를 시작했다. 그런데 다시 마음이 심란해졌다. 연애하면서 공부하는 학생들 때문이었다. 번듯하게 생긴 친구는 아리따운 여자친구가 도시락을 싸들고 나타났다. 쌍쌍이 공부하는 모습을 보면 집중에 방해가 되었다.

혼자 공부하기는 힘들었지만 지나고 보니 세상은 공평했다. 연애하던 친구들은 대개 합격하기까지 시간이 많이 걸렸다. 시험에 계속 떨어지고 결국 포기하기도 했다. 나는 연애는 못 했지만 고시에 빨리 합격했다. 만약 내가 잘났더라면 멋진 여학생과 연애하느라 고시를 망쳤을 것이다.

지나고 보니 내가 이 정도로 생긴 것이 천만다행이다. 나는 고시를 마치고 말했다. "부모님, 저를 이렇게 낳아주셔서 감사합니다." 키크고 잘생기게 낳아주셨더라면 고시 합격의 영광은 없었을 거라는 뜻에서였다. 나는 인생을 살면서 학창 시절 빼놓고는 외모 때문에 밀린 적은 없었던 것 같다. 대학 다닐 때 연애도 못 해본 내가 방송을 시작하면서부터는 인상이 좋다고 말하는 사람을 많이 만났다. 지금은 나보고 잘생겼다고 말하는 사람도 있다. 그 전에 못 들어본 말이라 정말 어색하다.

성공을 위해 중요한 것은 외모보다 이미지다. 밝은 표정, 긍정적 성격, 남을 배려하는 자세, 몸과 마음이 건강함을 느끼게 해주는 인상이 상대방에게 호감을 주는 이미지다. 이것은 타고날 수 없고 돈으로도 살 수 없으며 오로지 노력으로 만들어야 한다.

타고난 조건이나 현재의 환경이 불리하다고 마음이 위축되면 표정과 태도에 그대로 나타난다. 남에게 부정적인 인상을 주게 되고 거부감이 들게 해서 실패하는 원인이 된다. 불리한 조건 자체가 실패 원인이 아니라 불리한 조건이 현재에 영향을 주지 않도록 연결고리를 끊지 않은 것이 실패 원인이다. 거꾸로 불리한 상황인데도 흔들리지 않고 당당한 모습을 보여주면 좋은 평가를 받게 되어 전화위복이 될 수 있다.

돈도 별로 중요하지 않다. 돈과 성공은 비례하지 않는다. 부모가 돈이 많다고 자녀가 잘되는 것은 아니다. 용돈을 많이 줄수록 학생은 공부에서 멀어지게 되어 있다. 사회에 나와서도 마찬가지다. 부잣집 아들이 유흥에 빠져 신세를 망치는 경우도 적지 않다.

나는 혼자 죽어라고 공부했다. 형편이 웬만한 집안 자녀는 과외나 학원에서 좋은 선생에게 좋은 교재로 배우지만 나는 그렇지 못하니 곱절 이상 노력을 해야 했다. 몸으로 때우는 식이었다. "우리 집도 돈이 있으면 좀 더 편하고 능률적으로 공부할 수 있을 텐데." 집안에 여유가 없는 것이 아쉽기도 했다.

하지만 혼자 공부하던 습관은 대학에 들어가 고시를 준비할 때 진가를 발휘했다. 그때는 아직 고시학원이 없던 시절이었다. 과외나 학원에 의존했던 학생들은 혼자 공부하는 것을 힘들어했다. 돈이 부족한 것이 불리한 조건이라고 생각했었지만 시간이 지나니 바뀐 것이다. 결과적으로 조기 합격의 비결이 되었다.

두뇌는 타고난다고 생각하지만 성공에 비중 있는 변수는 아니다. 지능지수는 정규분포를 한다. 표준편차 2배 이내에 95.5퍼센트가 들어 있다는 의미다. 대부분은 종 모양 곡선의 중간에 몰려 있기 때문에 보통사람의 지능은 서로 크게 차이가 나지 않는다. 지능이 높은 사람이 노력도 더 한다면 앞서가겠지만, 그것은 걱정하지 않아도 된다. 머리가 남보다 조금 낫다고 생각하는 사람은 머리를 믿고 노력을 게을리 하는 경향이 있다.

두뇌의 차이는 얼마든지 노력으로 극복할 수 있다. 지능지수는 평균보다 20퍼센트 이상 차이 나기 어렵지만 노력하는 시간은 보통 사람보다 50퍼센트 이상 높일 수 있다.

사람은 타고난 뇌 능력의 10분의 1밖에 사용하지 못한다고 한다. 집중한다면 뇌 활용도를 두 배 이상 높일 수 있다. 다소 지능은 떨어지지만 남보다 두 배 이상 노력하는 사람은 머리가 좋은 사람을 반드시 이길 수 있다. 나는 학교 다닐 때 남보다 기억력이 떨어져 고통을 받았지만 반복 학습과 집중력으로 극복했다.

건강도 남보다 좋게 타고나지 않아도 괜찮다. "고 변호사님은 타고난 철인인가 봅니다. 그 많은 일을 하면 잠잘 시간도 모자랄 텐데 건강하게 보이네요." 나는 변호사 시절부터 이런 이야기를 자주 들었다. 그럴 때마다 당황스럽다. 내 건강이 남보다 좋다고 생각해본 적이 별로 없다. 어릴 때는 건강이 좋지 않아 얼마나 오래 살 수 있을지 걱정한 적도 있었다. 알레르기도 심했다. 학창 시절 시험 볼 때 콧물이 멈추지 않아서 지장을 받기 일쑤였다.

힘 좋다는 것과 건강하다는 것은 다르다. 건강은 생존에 기본적인 정도만 타고나면 되고, 살면서 꾸준하게 관리하면 문제없다. 나는 남보다 체질이 약하다고 생각해서 건강에 신경을 많이 쓰는 편이다. 먹는 것 조심하고, 나이 들어서는 간단한 운동이라도 계속한다. 비타민은 꾸준히 먹지만 보약은 좋아하지 않는다. 나는 힘든 공부와 일을 해오면서 별로 아프지 않았다. 감기도 좀체 걸리지 않는다. 약하게 태어나도 조심하면 건강하게 살 수 있다.

체력보다 정신력이 중요하다. 노력은 길게 보고 하는 것이다. 힘든 것을 참는 인내심과 장기간 끈질기게 밀고 나가는 지구력이 필요하다. 고통은 모두에게 똑같지만 조금 더 참는 자가 성공한다.

성공에 중요한 것은 역경에 굴하지 않는 도전정신이다. 타고난 조건이 불리하다고 주눅이 들어 지레 포기한다면 실패 원인은 조건이 아니라 포기라는 선택이다.

불우한 조건을 극복하면 보통사람보다 더 크게 성공한다. 미국 42대 대통령 클린턴은 입지전적인 인물이다. 태어나기도 전에 아버지가 교통사고로 사망했다. 어머니가 재혼하면서 그는 의붓아버지 밑에서 자랐다. 의붓아버지는 노름꾼에 알코올 중독자였고, 툭 하면 가족을 구타했다. 어머니는 결국 못 견디고 이혼했다. 그래도 그는 굴하지 않고 열심히 공부해서 미국 최고라는 예일대 로스쿨을 졸업했고, 최연소 주지사를 거쳐 대통령이 되었다.

미국 44대 대통령 오바마도 위대한 스토리를 가지고 있다. 그는 케냐 출신 흑인 아버지와 백인 어머니 사이에서 태어났다. 하와이로 유학 왔던 그의 아버지는 그가 두 살 때 케냐로 돌아갔고, 어머니가 인도네시아인과 재혼하면서 오바마는 어린 시절을 인도네시아에서 보냈다. 그는 열 살 때 하와이로 혼자 돌아가 외할머니 손에서 자랐다. 피부색 때문에 번민하면서 한때 마약에 손대기도 했다. 하지만 정신 차리고 공부해서 컬럼비아대를 거쳐 하버드대 로스쿨을 졸업했다. 최우등생만 맡는 《하버드 로리뷰Harvard Law Review》 편집장이 되었고, 연방 상원의원을 거쳐 대통령이 되었다. 그가 상원의원 시절 민주당 전당대회에서 한 연설은 그의 인생 역정이 녹아들어가 청중을 감동시켰다.

미국 사회는 좋은 가정환경에서 무난히 성공한 사람보다 역경을 극복한 사람을 더 높이 평가한다. 불리한 출발 조건에 가산점을 주는 셈이다. 한국 사회의 인식도 그렇게 바뀔 거라고 생각한다.

신지애 골프선수가 MBC TV 〈무릎팍도사〉에서 들려준 이야기는 감동적이었다. 집안이 넉넉해야 골프를 시킬 수 있다고 생각하는 사람이 많지만 그의 아버지는 한 달에 백만 원도 손에 쥐기 힘든 시골 목사였다. 신 선수는 초등학교 5학년 때 골프를 시작했지만 집안 빚은 늘어갔다. 설상가상으로 중학교 3학년 때 어머니가 교통사고로 사망하고 동생은 큰 부상을 입었다. 그는 동생을 돌보면서 일 년 정도 병원에서 생활했다. 모든 것이 골프 지망생으로서는 최악의 조건이었다. 어머니 사망 보험금에서 빚을 갚고 1천 7백만 원이 생겼다. 아버지는 그 돈을 딸에게 내놓으면서 말했다. "어머니 목숨 값이다. 골프 잘해라." 신 선수에게 골프는 가족을 절망에서 건질 수 있는 유일한 탈출구였다. 그는 하루 열 시간 넘게 연습하면서 한 타 한 타 최선을 다했다. "한 번의 실수로 평생을 후회할 수 있다." 골프 시합할 때 절박한 각오로 임했다.

만약 신 선수가 넉넉한 집안에서 태어나 여유롭게 골프를 배웠더라면 세계 최고가 될 수 있었을까. 가난은 불리한 조건처럼 보이지만 지나고 나면 성공의 동력이 될 수 있다. 목숨을 걸 정도로 절박한 노력, 그것은 찢어지게 가난하지 않았더라면 나올 수 없다.

주어진 조건이 당장 불리하게 보이더라도 꾸준하게 노력하는 사람에게는 장애가 되지 않는다. 나의 경우처럼 어린 마음에 불리하다고 생각했던 조건이 자신도 모르게 도움이 되는 쪽으로 바뀌기도 하고, 신지애 선수처럼 벼랑 끝에서 어려운 환경에 맞설 때 세계 최고가 될 수 있는 집념과 열정이 나오기도 한다.

불리한 조건이 운명을 결정하는 것이 아니라 어떻게 맞서느냐가 운명을 결정한다. 주어진 현실에 한탄하는 사람은 현실을 운명으로 받아들인다. 현실은 운명이 아니다. 인생의 비밀을 생각하라. 운명은 생각한 대로 만들어진다. 생각만 바꾸면 모든 것은 성공의 밑거름이 될 수 있다. 역경은 위대한 성공 스토리의 일부일 뿐이다.

성공할 사람은 신세를 한탄하지 않는다. 태어난 조건에 절망하지 말고, 키워준 부모를 원망하지 않는다. 당신은 어떠한가. 당신에게 가장 중요한 인생은 부모 것이 아니라 당신 것이다. 당신이 운명의 주인이다. 지금 당신을 붙잡는 현실에 굴하지 말고 피하지도 마라. 거기서 시작하라. 믿어라. 아무리 어려워도 당신은 죽지 않는다. 믿으면 어려움도 축복이 될 것이다. "범사凡事에 감사하라."(데살로니가 전서 5:18)

노력 1단계

인생은 '무엇'보다 '어떻게'에 달려 있다
사람은 '풀빵 기계' : 생각은 틀에서 나온다
운명적 선택 : 노력을 더 할 것인가, 덜 할 것인가
경제마인드에서 투자마인드로
성공하는 말투로 바꿔라
'나름대로 열심히 살면' 성공하기 어렵다
노력이란 '남과 다르게 사는 것'이다
노력의 상대적 기준을 파악하라
진짜 경쟁자는 보이지 않는다
성공하려면 성공한 사람으로부터 배워라
성공 곡선을 믿어라

인생은 '무엇'보다 '어떻게'에 달려 있다

음식점 하다가 여러 번 망한 사람이 있다. 그가 처음 시작한 음식점은 횟집이었다. 이십 년 고생해서 모은 돈으로 시작한 횟집이 자리를 잡아갈 무렵 비브리오 패혈증이 돌아 손님이 끊겼다. 이제 한숨 돌리나 했더니 외환 위기가 터졌다. 빚이 쌓였다. 몇 년 지나 돈을 빌려 치킨집을 시작했다. 조금 장사가 되나 했더니 난데없이 조류독감이 등장했다. 조류독감은 시간이 지나도 사라지지 않고 간간이 이어졌다. 또 망했다. 그는 연달아 터지는 불운에 절망했다. 평생 노력해도 빚을 갚을 수 없다는 생각에 죽고 싶은 충동도 들었다.

하지만 그는 치열하게 살아온 사람이었다. 가까이 지켜본 친지가 그를 믿고 돈을 빌려주었다. 새로 시작한 코스 요리가 히트를 쳤다. 주말에 테이블이 두세 번 회전할 정도로 장사가 잘되었다. 그는 돈을 많이 벌었다. 광우병이 돌았을 때 그는 안도했다. 이번에는 불운을 피한 것이다.

조류독감이 또 나타났지만 별로 타격을 받지 않았다. 고기를 익

히면 인체에 해가 없다는 사실이 알려졌다. 그는 위험 분산을 위해 돼지고기를 함께 취급하기 시작했다. 2009년 돼지독감이라고 부르는 전염병이 나타나 긴장했지만 돼지와 직접 관련이 없다고 하면서 신종 플루로 이름이 바뀌어 가슴을 쓸어내렸다.

노력하는 사람이 항상 성공하는 것은 아니다. 운이 안 닿으면 노력해도 되풀이해서 실패할 수 있다. 하지만 끝까지 포기하지 않는 사람은 언젠가 성공하기 마련이다. 노력하는 사람에게 성공은 시간문제일 뿐이다. 사는 방법이 제대로 된 사람은 실패해도 다시 일어선다.

인생에서 중요한 것은 '무엇what'이 아니라 '어떻게how'다. 사는 방법이 제대로 되지 않은 사람은 한 번 성공이 독이 될 수 있다. 그런 사람에게 성공은 우연이다. 어쩌다 운이 좋아 성공했다는 사실을 모르면 겁이 없어진다. 겁 없이 살다가는 예상하지 못한 큰 낭패를 당할 수도 있다. 남이 좋다고 하는 것에 가볍게 덤벼들다가 지금까지 얻은 것을 물거품처럼 잃는 수도 있다.

초보 주식투자자가 흔히 범하는 실수가 이것이다. 어떻게 투자해야 하는지 모르고 주식을 시작한다. 초보자가 주위 사람을 따라 시장에 들어가는 것은 대개 상승장의 끝물이다. 이때는 아무 주식이나 사면 돈을 번다. 이것을 반복하면 학습효과가 생긴다. 어느 새 주식시장이 하락 추세로 변한다. 전문가는 팔지만 초보자는 싸다고 욕심이 생긴다. 지금까지 번 돈을 다 집어넣는다. 주가는 더 하락한다. 초보자는 주가가 하락할수록 더 큰 돈을 벌 것으로 착각하고 돈을 빌려 주식을 산다. 결과는 처참하다.

심리학자 랭거Langer, Elen는 '성공 함정success trap'이란 개념을 제시했다. 과거의 성공에 사로잡혀 몰락하는 현상을 말한다. 기업이 성장을 거듭해도 시장에 변화가 생길 때 과거의 경험과 전략에 집착하면 망한다. 랭거는 성공 함정을 벗어나려면 항상 위기의식을 가지고 지속적으로 혁신을 추구해야 한다고 말한다. 성공 함정은 인생에도 적용되는 개념이다.

우리는 "생각을 바꾸자"는 말을 많이 한다. 바꾸어야 할 것은 '무엇'이 아니라 '어떻게'다. 음식점으로 성공한 사례에서 보듯이 성공은 길게 보면 '무엇'이 아니라 '어떻게'에 달려 있다.

어떻게 사느냐는 쉽게 달라지지 않는다. 사는 방법이 인생을 좌우하지만 많은 사람들은 자기가 어떻게 살고 있는지도 모른다. 무조건 열심히 하면 된다는 생각은 위험하다. 앞만 보고 운전하면 사고 난다. '어떻게'를 무시하는 사람에게 성공은 우연이고 일회성이다. 지금까지 잘해왔을지 모르지만 언제라도 상황이 나빠지면 무너질 수 있다.

'무엇' 하나에 인생을 거는 것은 목숨 걸고 도박하는 것과 같다. 하나에 혼신의 힘을 다할지 몰라도 그것이 잘되지 않으면 쉽게 절망한다. 다른 것은 의미가 없다며 극단적으로 행동하기도 한다. 평소 착하고 성실하게 살던 사람이 갑자기 자살하여 주위 사람을 어리둥절하게 만든다. 사업에 실패했다고 자살하는 사람은 대개 이런 유형이다. 예수를 열성적으로 따랐던 유다는 예수가 세상의 왕이 되는 줄 알고 인생을 걸었다가 그 기대가 어긋나자 실망하여 예수를 팔아넘기고 자살했다.

　노력해도 운이 나쁘면 실패할 수 있다. 그렇다고 절망하지 마라. 한 번 실패로 인생이 끝나지 않는다. '무엇'보다는 '어떻게'를 믿어라. 몇 번 망했다가 다시 일어선 음식점 주인도 인생 내내 해온 치열한 노력이 재기의 원동력이었다. 평생 갚을 수 없을 정도로 빚이 많아 보여도 꾸준히 노력하면 인생이 역전될 수 있다.

　자수성가로 부자가 된 사람 중에는 절망의 고비를 넘긴 이들이 많다. 주식으로 돈을 벌어 신화의 주인공이 된 어떤 이가 있다. 그는 초등학교밖에 나오지 않았다. 막노동해서 모은 돈으로 20대 초반에 주식을 시작했다. 한순간에 돈을 다 날렸다. 그는 죽으려고 산에 올라갔다. 목에 새끼줄까지 감았다가 불쌍한 시골 부모를 생각해 내려왔다. 증권사 객장에서 전광판만 보고 지냈다. 전광판에는 주가와 거래량이 수시로 바뀐다. 몇 년간 쳐다보니 주가와 거래량의 관계를 저절로 깨우치게 되었다. 주가가 상승하다가 대형 거래량이 터지면 그날이 주가 상투가 된다는 사실도 알게 되었다. 그러던 어느 날 돈 많은 사람이 어느 종목에 큰돈을 집어넣으려는 모습을 보게 되었다. 대형 거래량이 터지고 있었다. 그는 다급하게 말렸다. 주가는 폭락했다. 그 부자는 고마워 그에게 천만 원을 빌려주었다. 그 종잣돈으로 그는 수백억 원을 벌었다.

　보통사람은 '어떻게'는 생각하지 않고 '무엇'을 할까만 고민하는 경향이 있다. 고등학생은 무슨 대학에 갈까 고민하고, 대학생은 어느 직장이 좋을까 고민하고, 직장인은 어느 부서로 갈까 궁리하고, 사업가는 업종과 상품을 고심한다. 다들 '무엇'에 신경쓰는 이유는 잘 골라잡으면 성공할 수 있을 거라 생각하기 때문이다.

무엇을 할 것인가. 각자 선택할 문제다. 사람마다 가치관에 따라, 꿈에 따라, 적성에 따라, 욕심에 따라 달라질 수 있다. 남이 마음에 들지 않는 일을 한다고 싫어할 것도 없고, 자신이 하는 일을 남이 인정해주지 않는다고 섭섭할 것도 없다. '무엇'이란 누가 옳고 틀리는 문제가 아니다.

나는 감히 말한다. "사는 방법이 운명을 결정한다." 사는 방법은 바로 '어떻게'다. 사람의 운명은 태어날 때 정해지는 것이 아니라 '어떻게' 사느냐에 달려 있다.

인생을 살다 보면 '무엇'은 그때그때 달라질 수 있지만 '어떻게'는 쉽게 달라지지 않는다. 사람은 지금까지 살아온 방법을 쉽게 바꾸기 어렵다. 잘 변하지 않는 '어떻게'야말로 사람의 본체다. 나는 누가 어떤 사람인지 알려고 할 때 그가 무엇을 하느냐보다 '어떻게' 사는지가 궁금하다.

부모가 학교 다니는 자녀에게 "너는 뭐가 되고 싶어?"라고 묻기 전에 자녀가 어떻게 공부하는지에 관심을 두어야 한다. 기업도 마찬가지다. 임직원이 어떻게 일하느냐에 따라 기업의 운명이 달라진다. 이것을 깨닫는다면 직원을 채용할 때 '무엇을 해보았느냐'보다는 '어떻게 해왔느냐'를 따져보아야 한다. 무사안일로 쌓은 경력은 쓸모가 없다.

예전에는 학연, 지연 등 인간관계로 얽힌 사람이 대접받았다면 이제는 일 잘하는 사람이 인정받는 시대로 변하고 있다. 기업에서 발탁되는 유형은 매사에 능동적이고 창의적으로 행하는 사람이다.

세상은 빨리 변한다. 기업은 항상 새로운 사업, 새로운 업무에 투입할 인재를 찾고 있다. 새로운 무언가를 해본 사람은 어차피 없다. 경험 없는 사람 중에서 고르는 것이다. 이때 무엇을 보고 사람을 고르겠는가. 기준은 '무엇'이 아니라 '어떻게'다. 맡은 일에 자기 일처럼 최선을 다하면서 살아온 사람이 새로운 일도 잘할 것이다. '어떻게'를 알면 성공이 보인다.

사람은 '풀빵 기계' :
생각은 틀에서 나온다

"할 수 있다." "하면 된다." "노력하면 성공한다." 우리는 이런 말을 쉽게 한다. 어릴 적에는 "좋은 성적을 올리려면 열심히 공부해라"는 말을 지겹도록 듣고, 직장을 다니면 "열심히 일해야 인정받는다"는 말을 자주 듣는다. 하지만 이런 말이 마음에 와닿는다고 생각하는 사람은 별로 없다.

말하는 사람은 듣는 사람을 생각해서 하는 말이라고 하지만 듣는 사람은 소용없는 잔소리라고 생각한다. 들을수록 싫고 거부감만 커진다. 고통스럽기까지 하다. 부모나 윗사람은 야단친다. "왜 너를 생각해서 하는 말인데 귀담아듣지 않느냐." 좋은 말을 하는데도 말하는 사람과 듣는 사람의 관계가 좋아지는 게 아니라 불편하게 변한다. 잔소리가 심하면 돌이킬 수 없을 정도로 관계는 악화된다.

말하는 사람이 정작 자기는 하지 못한 것을 하라고 훈계하는 경우도 있다. 학교 다닐 때 자기는 공부를 잘하지 못했고 지금도 공부를 어떻게 하는지 모르는 부모가 자녀에게는 공부 열심히 하라고 다

그친다. 성적이 좋지 않다고 화를 낸다. 또 직장 상사가 자신은 최선을 다하지 않으면서 부하를 혹독하게 부리는 경우도 있다. 바닷가에서 어미 게가 새끼에게 "똑바로 기어라"고 하면서 정작 자기는 옆으로 기어가는 이야기와 다르지 않다.

인간은 로봇과 다르다. 듣는 대로, 시키는 대로 움직이는 수동적인 존재가 아니다. 어린 사람도 나름대로 판단하고 결정한다. 고집과 의지도 가지고 있다. 남이 아무리 좋은 말을 해도 자기가 싫으면 안 움직인다.

우리는 좋은 말을 한다. "사람은 스스로를 만든다." "행복도 스스로 만들고, 불행도 스스로 만든다." 현실은 다르다. 알면서도 그렇게 살지 못하는 사람이 많다. 그렇다면 "사람은 스스로를 만들 수 있다"는 정도의 표현이 더 정확할 것이다. '할 수 있다'는 말은 누구나 가능성은 있지만 모두가 실현하는 것은 아니라는 뜻이다.

현실에서는 마음먹어도 오래가지 못하고, 생각한 대로 실천하지 못한다. 그래서 작심삼일作心三日이라는 말이 생겼다. 굳게 결심해도 마음이 곧 풀어진다. 아무리 독하게 다짐해도 물거품처럼 무너지는 것을 몇 번 경험하면 스스로에 대한 믿음이 엷어지고 나중에는 결심이 의미 없다고 여기게 된다. 다들 인생을 원하는 대로 만들고 싶어 하지만 잘되지 않는다.

좋은 말을 귀에 못이 박히도록 듣고, 잘해보려고 시도도 하지만 마음먹은 대로 되지 않는 것은 왜 그럴까. 비빔밥 먹다가 가출할 뻔한 학생도 몰라서 그런 게 아니다. 비빔밥 먹으면 공부 시간이 늘어나고 좋은 성적을 올릴 수 있다는 사실을 안다.

좋은 것을 원하지만 왜 안 되고, 잘하려는 속마음은 있지만 왜 실행할 수 없을까. 이 점은 나에게 오랫동안 의문이었다. 인생의 비밀을 다시 생각해보자. "사람은 생각하고, 말하고, 행동한 대로 인생이 만들어진다." 하지만 정작 생각이 바뀌지 않는다. 왜냐하면 생각을 만들어내는 틀이 있기 때문이다. 그 틀을 바꾸지 않는 한 생각은 바뀌지 않는다.

물건은 공장에서 금형mold 모양대로 생산된다. 금형과 다른 제품이 나올 수 없다. 생각도 마찬가지다. 즉흥적으로 나오는 것이 아니다. 저마다 머릿속에 장착된 어떤 틀이 있고, 생각은 그 틀의 모양pattern대로 찍혀 나올 뿐이다. 생각뿐 아니라 말과 행동도 그 틀과 다르게 나올 수 없다. 마음먹은 대로 생각을 바꿀 수 없는 이유가 바로 이것이다.

생각이 나오는 틀이 머릿속에 있고 생각과 말과 행동은 그 틀에서 나오는 결과물이라는 것이 나의 깨달음이다. 이 깨달음으로 나는 노력과 성공에 대한 철학을 남과 다른 시각에서 정립하게 되었다. 이것이 나의 '풀빵 기계 이론'이다.

사람은 풀빵 기계와 다를 바 없다. 풀빵 기계는 주물로 만든 틀이다. 그 틀에 밀가루 반죽과 팥소를 넣으면 틀 모양대로 빵이 구워져 나온다. 틀이 붕어 모양이면 붕어빵, 국화 모양이면 국화빵이 나온다. 풀빵 장수가 아무리 다른 모양의 빵을 만들고 싶어도 빵은 틀 모양과 다를 수 없다. 그것이 풀빵 장수의 운명이다. 붕어빵 장수가 아무리 정성을 들여도 국화빵이 나오지 않는다. 붕어빵 장수가 국화빵을 만드는 방법은 오직 하나, 틀을 바꾸는 것이다.

사람은 각자 머릿속에 든 틀 모양대로 생각을 복제한다. 틀 모양에 따라 언행이 쏟아져 나온다. 이것이 인간의 행태를 설명해주는 메커니즘이다. 갑자기 결심해도 허사가 되기 쉬운 것은 바로 이 때문이다. 틀을 바꾸지 않는 한 일시적 결심은 절대로 지속될 수 없다.

결심이 오래가지 못하는 작심삼일 현상도 '풀빵 기계 이론'으로 설명할 수 있다. 붕어빵 장수가 어느 날 국화빵이 멋있다고 생각했다. 붕어빵은 그만 만들고 국화빵을 만들겠다고 결심했다. 틀은 바꾸지 않았다. 손으로 국화빵을 빚는다. 하지만 그것은 굉장히 불편하고 부자연스럽다. 생산성도 떨어진다. 그렇게 며칠이나 가겠는가. 붕어빵 장수는 다시 풀빵 기계로 찍어내기 시작한다. 나오는 것은 붕어빵이다. 붕어빵 장수가 국화빵을 만들려면 결심만 가지고 되는 게 아니다. 풀빵 기계를 바꾸어야 한다.

우리는 좋은 말을 많이 한다. "노력하자." "칭찬하자." "감사하자." "사랑하자." 말만 주고받는다고 변하는 것은 없다. 안다고 행동하는 것은 아니다. 깨달아야 한다. 깨닫는다는 것은 생각의 틀을 바꾸는 것이다. 풀빵 장수로 치면 풀빵 기계를 바꾸는 것이다. 미디어에서 아무리 좋은 말을 많이 쏟아내도 사람들이 틀을 바꾸지 않으면 사회는 달라지기 어렵다.

틀을 바꾸는 것이 중요하지만 틀의 모양을 모르면 바꿀 생각도 못 할 것이다. 먼저 자기 머릿속의 틀이 어떤 모양인지 알아야 한다.

그리고 그 틀을 나은 것으로 바꾸어야 한다. 문제는 생각의 틀은 눈에 보이지 않는다는 점이다. 많은 사람들은 자기 틀 모양을 알지 못하고, 심지어 틀이 있다는 사실조차 알지 못한다. 사람들은 생각의 틀이 찍어내는 결과물만 본다.

인생에서 실패하는 근본 원인은 타고난 조건이나 후천적 환경이 아니라 생각의 틀에 있다. 틀을 바꾸지 않고 틀 모양과 다른 결과를 바라는 사람은 어리석다. 힘만 들고 신통한 결과는 기대할 수 없다. '노력해도 소용없다'는 패배감만 머리에 박힌다. 노력을 믿지 못하고 노력을 점점 덜 하니 전보다 못한 결과가 거듭된다.

머릿속에 생각을 복제해내는 틀이 들어 있다는 사실을 우리는 무의식적으로 인정하곤 한다. 언어 습관을 보자. 우리는 '판에 박힌'이라는 표현을 쓴다. 영어에도 'stereotype'이란 단어가 있다. '판'과 'stereotype'이란 원래 인쇄할 때 쓰는 연판을 말한다. 마치 연판으로 인쇄하듯이 똑같은 말과 행동이 사람에게서 되풀이하여 나온다는 뜻이다. 이러한 '판'은 생각이 나오는 틀을 말한다.

한번 만들어진 틀은 쉽게 바뀌지 않는다. 나이가 어릴 때는 틀을 비교적 쉽게 바꿀 수 있지만 나이를 먹을수록 틀은 두껍고 단단해진다. 오래될수록 깨뜨리기 어렵다.

살다 보면 생각이 다른 상대방을 설득하려고 애쓸 때 벽을 향해 말하는 것처럼 느껴질 때가 있다. 아무리 부모나 어른이 말해도 자기 틀과 다른 이야기는 귀에 들리지 않는다. 이럴 경우는 설득하기보다 상대방을 이해하는 쪽이 편하다.

사람은 각자 가진 틀대로 생각하고 행동한다. 상대방의 생각과 행동을 이해하려면 그 사람의 틀이 어떤 모양인지 파악할 필요가 있다. 틀은 집단을 이해하는 데도 유용하다. 사회, 국가 등의 집단에도 틀이 있다. 집단의 틀 모양이 그 집단에 속하는 사람의 생각과 행동을 지배한다. 자본주의 사회는 실적에 따라 성과가 달라지기 때문에 그 속에서 사는 사람들은 스스로 움직이도록 틀이 만들어진다. 공산주의 국가는 상부의 지시에 수동적으로 움직이도록 사람들에게 틀을 주입한다. 자발적인 노력의 정도가 다를 수밖에 없다.

틀은 생각을 만들어내고, 생각은 행동을 결정한다. 틀을 바꾸지 않고 생각만 바꾸려 해봤자 행동이 달라지지 않는다. 운전을 예로 들어보자. 우리나라는 차량이 우측통행이다. 우회전은 쉽게 하지만 좌회전은 조심해야 한다. 방심하면 맞은편에서 오는 차와 부딪칠 수도 있다. 그래서 한국인의 머릿속에는 우회전할 때 맞은편은 신경쓰지 않아도 된다는 틀이 만들어진다. 이런 틀을 가진 한국인이 일본에 가서 운전하다가는 사고 나기 십상이다. 일본은 차량이 좌측통행을 하기 때문에 우회전할 때 맞은편 차량을 살피지 않으면 큰일 난다. 일본에서 운전을 조심하자고 백 번 다짐하더라도 허사다. 생각의 틀은 쉽게 바뀌지 않는다. 차라리 운전을 피하는 게 낫다.

종교도 생각의 틀을 바꾸어야 한다는 점을 강조한다. "새 포도주를 낡은 가죽부대에 넣는 자가 없나니. 만일 그렇게 하면 새 포도주가 부대를 터뜨려 포도주와 부대를 버리게 되리라. 오직 새 포도주는 새 부대에 넣느니라."(마가복음 2:22)

생각과 행동은 모두 생각의 틀이 결정한다. 틀을 바꾸지 않는 한 일시적인 결심만으로는 인생이 달라지지 않는다. 나는 외친다. "맹세를 믿지 마라." 사랑한다는 말도 그렇고 충성한다는 말도 그렇다. 사랑의 맹세를 믿었다가 얼마나 많은 사람들이 눈물로 후회하고 있으며, 충성의 맹세를 믿었다가 얼마나 많은 사람들이 배신감으로 고통을 받았는가.

맹세의 진정성은 틀의 모양을 보고 판단해야 한다. 머릿속에 든 틀의 모양은 눈에 보이지 않는다. 틀 모양은 사람이 사는 모습으로 나타난다. 맹세에 혹하지 말고 사는 모습을 보고 판단해야 한다. 배우자를 선택할 때 순간적으로 던지는 달콤한 말보다는 상대방이 살아온 자세와 방법을 지켜보고 판단하면 실패가 적을 것이다.

나는 감히 말한다. "생각의 틀이 운명을 결정한다." 나는 자유의지로 인생이 결정되는 것처럼 말하는 자기결정론을 그대로 받아들이지 않는다. 생각이 운명을 결정하는 게 아니라 생각의 틀이 생각을 결정하고, 결국 운명을 결정한다.

생각의 틀은 사는 방법mode에 관한 것이다. 사는 방법이 운명을 만든다는 사고를 방법결정론이라고 부를 수 있다. 한마디로 "방법이 결과를 결정한다." 이것은 모든 사물에 일반적으로 적용될 수 있다. 인생에 적용한다면 "사는 방법이 운명을 결정한다."

인생의 근본은 틀에 있다. 붕어빵 기계로 평생 붕어빵을 찍어내면서 붕어 모양밖에 나오지 않는다고 한탄하는 사람이 있다. 먼저 틀을 바꿀 생각을 해야 한다. 실패의 근본 원인은 못나서가 아니다. 운명을 탓하기 전에 자기 틀이 어떤 모양인지 깨달아야 한다.

다행히 생각의 틀은 우리가 깨닫고 선택하면 바꿀 수 있다. 풀빵 장수가 풀빵 기계를 바꾸듯이 우리는 언제든지 생각의 틀을 바꿀 수 있다. 여기에 인간의 자유의지가 관여한다. 사는 방법이 운명을 결정하지만, 사는 방법은 바꿀 수 있다. 나의 사상이 태생적결정론이나 환경결정론과 다른 점은 바로 이것이다. 사는 방법은 깨달으면 바꿀 수 있는 선택 사양이다.

뒤에서 설명하겠지만, 생각의 틀에는 여러 종류가 있다. 예를 들어, '스스로 움직인다'는 틀을 가진 사람은 끊임없이 자기창조의 운명을 살게 되고, '시키는 것만 한다'는 틀을 가진 사람은 남의 지시와 지배를 받는 삶을 살게 된다. 틀을 바꾸지 않는 한 그런 운명은 바뀌지 않는다.

생각의 틀과 진짜 풀빵 기계는 차이점이 있다. 풀빵은 모양이 달라도 어떤 빵이 더 낫다고 할 수 없고 취향에 따라 골라잡으면 된다. 하지만 생각의 틀에는 엄연히 등급의 차이가 있다. 기왕에 한 번 사는 인생이다. 나은 운명을 원한다면 나은 틀을 선택해야 한다. 틀을 업그레이드해야 한다.

다행히 풀빵 기계를 바꾸는 데는 돈이 들지만 생각의 틀을 바꾸는 데는 돈이 들지 않는다. 필요한 것은 깨달음이다. 성공을 바라는 사람, 진정 노력하려는 사람은 자기 틀이 어떤 모양인지 깨닫고, 나은 틀로 과감하게 바꾸어야 한다. 틀을 바꾸는 순간 성공이 보이고 운명이 바뀐다. 노력은 틀을 바꾸는 것에서 시작한다.

운명적 선택 :
노력을 더 할 것인가, 덜 할 것인가

"다음 중 어느 것이 성공에 도움 되는가. 1)노력을 더 한다. 2)노력을 덜 한다." 만약 시험에서 문제로 출제된다면 '노력을 더 한다'는 쪽이 출제자가 의도한 정답이라고 생각하는 사람이 많을 것이다.

하지만 현실은 다르다. 노력을 더 하려는 사람이 과연 얼마나 될까. 솔직한 진심을 조사한다면 노력을 덜 하는 사람이 더 많을지도 모른다.

어떻게 살아야 하는가. 누구는 나은 인생을 위해서 노력을 더 해야 한다고 말하고, 누구는 힘든 것을 덜 해야 행복하다고 생각한다. 두 가지는 정반대다. 어느 쪽이 옳은가.

먼저 기업의 경영을 생각해보자. 따지고 보면 크게 두 가지 전략이 있다. 하나는 비용 절감이고, 다른 하나는 투자다. 비용 절감은 '돈을 아껴야 기업이 성공한다'는 전략이고, 투자는 '돈을 더 들여야 기업이 성공한다'는 전략이다.

비용 절감 전략은 미시경제학의 기본을 이루고 있다. 미시경제학은 희소한 경제적 자원을 최선의 방법으로 배분하는 시스템이 시장이라는 전제에서 출발한다. 완전시장 모델은 생산자는 가격을 보고 공급하고, 소비자는 가격을 보고 선택한다고 가정한다. 소비자는 같은 물건이라면 가격이 싼 쪽을 선택하므로 비용을 덜 들이고 생산하는 기업이 경쟁력을 가진다. 이것을 비교우위에 있다고 한다.

완전시장에서는 비교우위에 있는 생산자가 시장을 차지하게 된다. 비교우위를 추구하는 것이 기업의 성공 전략이다. 기업은 가격을 낮추기 위해 원가를 절감하려고 노력해야 한다. 비용 절감은 기업이 생존하기 위해서도 필요하다.

비용 절감은 지금도 많은 기업이 채택하고 있는 전략이다. 어느 기업이나 원가를 줄이기 위해 끊임없이 노력하고 있다. 특히 경기가 어려워질 때 더욱 애쓴다.

그런데 돈을 더 들이는 것이 필요한 경우도 있다. 개발비를 들이면 상품의 질이 나아진다. 불황이 올 때 과감하게 투자를 늘려 성공한 기업도 많다. 소비자는 새로운 상품을 원하기 때문에 똑같은 상품만 만드는 기업은 시장에서 도태된다. 투자를 하지 않으면 장기적으로 기업이 생존하기 어렵다.

비용 절감 전략과 투자 전략, 어느 것이 옳은가. 두 가지 전략은 전제에 차이가 있다. 같은 상품을 원하는지, 나은 상품을 원하는지에 따라 달라진다. 비용 절감 전략은 같은 상품을 만드는 경우에 유효하다. 결과물을 고정시키고 생각한다면 돈을 적게 들이는 편이 낫다. 그러나 원하는 결과물이 달라지면 비용 절감으로는 안 된다. 새로운 상품이나 나은 상품을 만들려면 투자가 필요하다.

나는 비용을 덜 들여 같은 결과를 얻고자 하는 전략을 '싸게 전략the cheaper strategy', 비용을 더 들여 나은 결과를 얻고자 하는 전략을 '낫게 전략the better strategy'이라고 부른다.

기업에 '싸게'와 '낫게'라는 두 가지 전략이 있는 것처럼 사람에게는 노력을 덜 하느냐, 더 하느냐의 두 가지 전략이 있다. 기업에게 돈이 문제라면 사람에게는 노력이 문제다. 기업이 돈을 더 들이면 좋은 상품을 만들 수 있는 것처럼 사람도 노력을 더 들이면 나은 인생을 만들 수 있다.

노력은 꿈에 비례해서 나온다. 어떤 사람이 남보다 노력을 더 하는지, 덜 하는지는 그가 세운 인생의 목표치에 달려 있다. 우리는 노력하면 된다고 말하지만 나은 인생을 원하지 않으면 제대로 된 노력이 나오지 않는다. 먼저 나은 인생을 원해야 한다.

누구나 인생의 목표를 고정시키는 순간 그것을 위한 최소한의 노력만 하게 된다. 가정환경 좋고 능력 있는 사람이 노력하지 않는 흔한 이유가 바로 이것이다. 대충 살아도 된다고 생각하는 순간 치열한 노력은 나오지 않는다. 학생이든, 직장인이든, 사업가든, 남보다 나은 인생을 살려는 각오가 없으면 노력을 덜 하게 된다.

인생의 비밀을 생각하자. 생각한 대로 인생이 만들어진다. 나은 인생을 살려고 생각해야 인생이 나아진다. "열심히 하면 뭐하느냐"고 생각하는 순간 노력을 아끼는 '싸게 전략'을 선택하게 된다. 그것은 운명적으로 위험한 선택이다.

공부해도 인생이 별 볼일 없다고 생각하는 학생이 공부를 열심히 할 리 없다. 공부를 못 하는 이유는 대개 공부를 안 하기 때문이다. 머리가 좋은 학생이 공부해야 하는 이유를 납득하지 못하면 학업을 게을리 하게 된다.

월급 받은 만큼만 일하겠다는 직장인이 남보다 열심히 할 리 없다. 노력을 적게 하고 같은 월급을 받겠다는 '싸게 전략'으로 직장을 다니면 회사에서 인정받을 리 없다.

부모와 자식이 모두 '싸게 전략'으로 사는 가정도 있다. 자식에게 공부하라고 다그치는 부모가 정작 직장에서 같은 월급에 일을 덜 하려고 하고, 자식은 학교에서 뻔한 성적에 공부를 덜 하려고 한다.

부모가 자식에게 "공부하지 않으면 먹고살기 힘들 것"이라고 말한다면 자식은 받아들이지 않을 것이다. 이제 한국은 공부 안 해도 굶지 않는다. 그런 말을 들어도 열심히 공부하지 않을 것이다. 공부와 생존은 별 관계가 없다.

'식구 먹여 살리기 위해' 직장에 나온 사람이 열심히 근무할 리 없다. 대충 해도 직장에서 월급은 나온다. 근로기준법상 해고도 어렵다. 인생의 목표가 고작 먹고사는 것이라면 열심히 살 필요가 없다.

학교나 직장에서는 노력이 부족해도 어느 정도 버틸 수 있다. 그러나 사업은 다르다. 적당히 사는 데 익숙한 사람이 사업에 손을 대면 성공하기 어렵다. 퇴직금을 예금하면 이자가 낮아 먹고살기 힘들다고 하면서 그보다 조금만 더 벌면 된다는 안이한 생각으로 사업을 하면 망할 확률이 극히 높다. '우리 식구 먹고사는 정도'는 제대로 된 노력이 나오기에는 너무 낮은 목표다.

가정생활도 마찬가지다. 많은 가정이 가족 관계의 목표치를 낮게 잡아서 어긋나고 있다. 바깥에서 돈 버는 일만 열심히 하면 된다는 핑계로 가정을 소홀히 하면 위험이 다가온다. 가정에 대한 목표가 "이렇게 무관심해도 설마 상대방이 이혼하자고 하겠는가"라는 정도라면 그 가정은 이혼 근처까지 갈 가능성이 있다. 다른 가정보다 나은 가정을 이루겠다는 공동의 꿈이 있어야 서로 잘해보려는 노력을 하게 된다.

사람은 목표한 만큼 노력하게 되고, 노력한 만큼 달성할 수 있다. 목표를 높게 잡으면 더 노력하게 되고, 결국 성공할 수 있다. 하는 만큼 인생이 달라진다는 것을 믿고 꿈을 크고 높게 가져야 한다.

어떤 목표를 가지고 살 것인가. 대한민국에서 먹고사는 문제는 거의 해결되었다. 죽지 않기 위해 산다는 소극적인 목표를 버려야 한다. 남보다 더 노력해서 더 많이 거두겠다는 적극적인 목표로 바꾸어야 한다. 사업가는 고객이 많아지기를 간절히 원하고 어떻게 하면 그렇게 될 수 있을까 골똘히 궁리해야 한다.

한번은 시골에 고추 따는 일손이 부족하다고 해서 봉사활동을 하러 갔다. 한 시간 동안 아무리 따도 고추밭에 고추가 그대로 달려 있었다. 고추나무 하나에 수십 개의 고추가 열린다. 씨를 뿌린 만큼 거두는 게 아니라 뿌린 것의 수십 배를 거둔다. 그것이 자연의 법칙이다.

투자에도 '승수효과multiplier effect'라는 것이 있다. 투자하면 몇 배를 얻을 수 있다는 말이다. 인생에서 투자는 노력이다. 노력의 승수

효과는 엄청나다. 노력하면 처음에는 조금밖에 달라지지 않지만 시간이 지나면 성과는 복리처럼 기하급수적으로 늘어난다. 남이 따라잡을 수 없을 만큼 차이가 벌어진다.

사람들은 노력해서 당장 변화가 보이지 않으면 단념한다. 물론 노력한다고 내일 당장 달라지지는 않을 것이다. 한 달 후도 별로 달라지지 않을 것이다. 그러나 일 년 동안 꾸준히 노력하면 달라지는 것이 보인다. 십 년 후는 상상할 수 없을 정도로 달라진다. 인생을 길게 보면 노력은 정직하다.

노력을 덜 하겠다는 틀로 살면 처음에는 남과 비슷하지만 시간이 지나면 몰락하게 된다. 노력을 더 하겠다는 틀로 살면 당장은 힘들지 모르지만 결국은 성공하게 된다. 노력에 대한 생각의 틀이 운명을 결정하는 것이다.

대한민국의 오늘은 온 국민이 꿈꾸고 노력한 결과다. 십 년 전보다 상상할 수 없을 만큼 달라졌다. 십 년 후에도 상상할 수 없을 만큼 달라질 것이다. 결과가 나타나기까지 시간이 덜 걸리고 더 걸릴 수는 있겠지만 노력은 결코 우리를 실망시키지 않을 것이다.

경제마인드에서 투자마인드로

경제마인드는 인생을 망친다

노력에 관한 생각의 틀에는 두 가지 있다. 나는 '노력을 덜 한다'는 틀을 '경제마인드'라고 부르고, '노력을 더 한다'는 틀을 '투자마인드'라고 부른다. 여기서 경제란 아낀다는 뜻이다. 경제마인드를 가지면 '싸게 전략'으로 살게 되고, 투자마인드를 가지면 '낫게 전략'으로 살게 된다.

세상에는 경제마인드를 가진 사람이 더 많다. 왜 그럴까. 합리적인 인간은 다른 조건이 동일하다면 더 나은 것을 선택한다. 같은 비용으로 더 나은 결과를 얻거나 같은 결과를 얻기 위해 더 적은 비용을 들인다. 이런 합리적 행동이 인생 전략으로 나타난다. 같은 조건이면 노력을 덜 하려고 한다. 노력은 고통이 뒤따르므로 비용과 마찬가지로 마이너스 효용을 가진다.

그래서 사람은 가능하면 노력을 덜 하고 편하게 살려고 한다. 이것은 인간의 본성이다. 노력을 덜 하는 방향으로 행동하는 것은 그때 그때 생각으로 하는 것이 아니다. 머릿속에 담긴 합리적인 틀에서 반사적으로 나온다. 경제마인드는 인간의 본성에 기초하므로 쉽게 바꾸기 어렵다.

경제마인드는 기업의 생존 전략으로도 활용되고 있다. 다국적기업들은 원가를 줄이기 위해 다른 나라로 공장, 연구개발 거점, 서비스 센터를 이동하는 글로벌 아웃소싱을 대대적으로 진행하고 있다. 중국이 본격적으로 성장하게 된 계기는 미국이 중국을 생산기지로 키운 덕분이었다. 우리나라 기업도 오래전부터 인건비가 싼 나라를 찾아 공장과 사업장을 옮기고 있다.

'싸게 전략'으로 승부하려는 기업은 십 년 앞을 내다보기 어려워졌다. 싸게 만들기 위해 중국에 진출했던 한국 기업이 망하는 사례가 늘고 있다. 위안화 절상과 인건비 상승으로 중국의 물가가 오르고, 동남아시아에서 더 싸게 만드는 기업이 나타났다.

'싸게 전략'은 합리적인 것처럼 보이는데 무엇이 문제인가. 나은 제품을 개발하는 것이 어렵지 남이 만든 제품을 비슷하게 만드는 것은 쉽게 따라할 수 있다. 시간이 지나면 누군가는 더 싸게 만들 수 있다. '싸게 전략'은 짧게 보면 이익이 나는 전략이지만 길게 보면 지속되기 어렵다.

인생도 마찬가지다. 기업이 싸게 만들어 당장 이익을 보려고 애쓰는 것처럼 경제마인드를 가진 사람은 노력을 덜 하려고 궁리한다. 가능한 한 시간과 노력을 아끼고 힘든 것을 피하면서 편하게 사는 방법을 찾는다.

"게으른 사람이 미련하다"는 말은 옛말이다. 노력을 덜 하는 사람이 영리하다. 노력을 덜 하려고 윗사람의 눈을 피해 항상 머리를 굴리기 때문에 잔꾀가 발달한다.

경제마인드는 같은 결과를 적은 노력으로 얻고자 하는 틀이다. 성공이 남보다 나은 결과를 의미한다면 경제마인드는 성공할 수 없는 틀이다. 애당초 나은 결과를 얻으려고 하지 않기 때문이다. 남과 같은 결과만 얻어도 만족하겠다고 생각할지 모르지만 노력을 덜 하면 장기적으로 같은 결과도 얻기 어렵다.

경제마인드가 많은 사람의 머리를 지배하고 있다. 열심히 살겠다고 아무리 결심해도 경제마인드를 버리지 않는 한 허사다. 노력을 덜 하는 사람은 물건을 싸게 사려는 사람과 같다. 얻는 것은 "싼 게 비지떡이다"라는 흔한 말뿐.

인생의 비밀을 기억하자. 생각한 대로 인생이 만들어진다. 경제마인드는 인생을 망치는 길로 인도한다. 잘하겠다는 생각 없이 노력을 덜 하는 쪽으로 머리를 굴리면 결과는 뻔하다.

생각의 틀을 바꾸지 않으면 비슷한 행동이 평생 되풀이된다. 경제마인드를 가진 사람은 무엇을 하든지 남이 하는 만큼 하지 않는다. 학창 시절에는 공부를 덜 하고, 직장에 들어가면 일을 덜 하려고 애쓴다. 사업을 하면 재료를 덜 들이려 하고 고객에 대한 서비스도 아깝게 생각한다.

자식에게 공부를 열심히 하라고 다그치는 부모는 자신의 학창 시절을 생각해봐야 한다. 과연 자신은 친구보다 열심히 공부했는가를. 과거 자신의 모습이 공부를 열심히 하지 않는 자식과 다른지를. 부모나 자식이나 열심히 하지 않는 것은 천성이 게으른 탓이 아니다. 경제마인드가 지배하기 때문이다.

학창 시절을 돌아보자. 공부를 잘하면 좋은 대학에 입학할 가능성이 커지고 좋은 대학을 나오면 좋은 직장을 얻기 쉽다는 사실은 누구나 알고 있다. 그럼에도 왜 학생들은 열심히 공부하지 않는가. 경제마인드가 머릿속에 단단히 박혀 있기 때문이다. 적당한 성적을 마음속으로 정해놓고 공부를 되도록 적게 하는 것이 이익이라고 생각한다.

경제마인드를 가진 학생은 하루 밤새워 공부한다고 다음 날 점수가 더 오를 것 같지 않고, 점수를 조금 더 받는다고 더 나은 대학에 갈 것 같지 않고, 조금 나은 대학을 간다고 해서 인생이 더 행복할 것 같지 않다고 생각한다. 책을 한 번 더 읽어도 점수가 크게 달라질 것 같지 않다면, 읽지 않을 것이다. 한 학기 내내 공부해도 A학점 받을 가능성은 낮고 시험 보기 전에 며칠만 공부해도 B학점 정도는 받을 거라는 판단이 들면 대개 마음속에서 B학점으로 타협한다.

내가 대학 다니던 시절 "노나 공부하나 마찬가지다"라는 노래가 퍼진 적이 있다. 힘들게 공부해봤자 인생에 차이가 나지 않는다면 열심히 공부할 필요가 없을 것이다. 당시는 어떤 성적으로 대학을 졸업했느냐는 중요하지 않고 어느 대학을 졸업했느냐만 따지는 학벌사회였다. 당시는 요즘처럼 취업하기 힘든 시대가 아니었다. 대학 졸업장을 손에 쥐면 되지 구태여 좋은 성적을 받으려고 애쓸 필요가 없었다.

그러나 시대가 달라졌다. 대학 입학 초부터 노력해도 취직이 어렵다. 꿈을 세우고 계획적으로 학창 시절을 만들어나가는 학생이 많아졌다. 특히 유학 가려는 학생은 사 년간 학점 관리를 제대로 하지 않으면 원하는 학교에서 입학 허가조차 받기 어렵다. 대기업에서도 입사 지망생의 학점이 좋지 않은 경우 납득할 만한 설명을 요구한다.

학창 시절 공부를 열심히 하지 않은 사람은 사회에 나가서도 마찬가지로 행동할 가능성이 크다. 경제마인드는 쉽게 바뀌지 않기 때문이다. 노력해도 뾰쪽한 결과가 예상되지 않으면 대충 하려 든다.

사회에 나가서 처음에는 청운의 꿈을 가지고 열심히 하겠다고 결심할지 모른다. 그러나 그 결심은 오래가지 못한다. 대부분의 직장은 입사 동기생에게 같은 급여를 준다. 옆의 동기는 윗사람의 눈을 속이면서 꾀를 부렸는데 열심히 일한 자기와 같은 급여를 받는다. 그것이 불공평하다고 느끼면서도 열심히 하자고 다시 다짐한다. 또 다음 달 일하고 월급을 받는다. 역시 마찬가지다. 열심히 일한 직원이나 게을리 일한 직원이나 차이가 나지 않는다. 이때 머릿속에 박힌 경제마인드가 다시 발동되기 시작한다. 남들만큼만 일하면 충분하다고 노력의 기준을 낮추기 시작한다.

조금 지나면 남들보다 일을 덜 하려고 한다. 회사가 알아주지 않으니 차라리 편하게 살자고 생각한다. 힘든 일은 상사가 다른 직원에게 맡기기를 바란다. 같은 일을 할 때도 되도록 남보다 노력을 덜 하려 한다. 조금 더 지나면 일을 하지 않고 시늉만 하게 되고, 일을 피하는 핑계를 찾기 시작한다.

직장에는 경제마인드를 발동하는 사람이 절대적으로 많다. 특히 능력이나 실적보다 근무 연한에 따라 급여가 정해지는 직장에서는 더욱 그러하다. 노력을 하지 않고서도 현재 상태를 유지할 수 있다면, 노력을 해도 뻔한 결과가 기다린다면 노력을 줄이려는 경제마인드가 발동된다.

노력을 덜 한다고 당장 나쁜 결과가 보이지는 않는다. 학생이 며칠 놀아도 당초 기대한 성적이 나올 때도 있다. 시험 전날 잠을 이기지 못하고 쓰러졌지만 다행히 자기 전에 집중적으로 공부한 부분에서 문제가 나와 성적을 괜찮게 받기도 한다.

이런 경험을 하면 판단이 흐려진다. 운이 좋았다고 생각하지 않고 잠을 덜 잔다면 손해라고 생각하기 쉽다. 몇 시간 공부 덜 해도 비슷한 성적이 나온다고 생각하는 학생은 열심히 공부하지 않을 것이다. 이렇게 맛을 들이면 회사에 들어가도 꾀를 부리면서 같은 대우 받는 것을 즐기게 된다.

여기까지는 그래도 괜찮다. 직장을 그만두고 사업을 하면 진짜 불행이 시작된다. 자신의 운명을 건 사업까지 아끼는 전략으로 임하게 되는 것이다. 음식점을 하면서 음식 가격이 뻔하다고 재료비를 아끼고 서비스를 덜 하려고 한다. 직장 다닐 때 자기에게 일을 더 시키는 상사를 속으로 욕했던 것처럼 어떤 고객이 까다롭게 하면 그 고객을 미워하고 때로는 싸우려 든다.

제조업을 하는 사람은 비용과 노력을 줄이다가 불량품을 내놓을 것이다. 직장에서는 적당히 해도 버틸 수 있을지 몰라도 사업을 그런 식으로 하다가는 망하기 십상이다.

생각의 틀은 쉽게 바뀌지 않고 쉽게 바꾸지도 못한다. 그래서 틀은 운명까지 지배한다. 학교나 직장 다닐 때 적당히 해도 된다고 생각하기 쉽지만 그런 생각은 나중에 자신에게 부메랑처럼 돌아온다. 수십 년 동안 노력을 덜 하고 살아온 사람이 하루아침에 바뀔 수는 없다. 그런 식으로 살면 인생을 실패로 마감할 확률이 높다.

하루 노력한다고 인생이 나아지지 않지만 하루 꾀를 부린다고 인생이 무너지지도 않는다. 그러나 쌓이면 커진다. 세상은 결국 누가 어떤 식으로 사는지 알게 된다. 평판은 무섭다. 뒤늦게 그렇게 살아온 것을 후회하고 바꾸어보려 하지만 이미 늦은 후다. 오랫동안 쌓인 것을 하루아침에 허물 수는 없다. 세상은 갑자기 달라진 것을 인정해주지 않는다. 평판을 바꾸려면 달라진 모습을 남에게 확인시켜줘야 한다. 시간이 많이 걸린다. 꾸준히 해온 사람만큼 인정받으려면 피나는 노력이 필요하다. 그것은 쉽지 않다. 그러다 보니 살던 대로 사는 것이 편하다는 식으로 다시 돌아가기 쉽다.

대한민국이 선진국으로 진입하면서 많은 것이 달라지고 있지만 여전히 학교, 직장 할 것 없이 편하게 살려는 사람이 많다. 누구나 치열하게 살려고 한다면 세상 살기가 행복할까. 아니다. 이런 세상은 생각만 해도 살벌하다. 다들 노력하니 나 혼자 노력해도 남보다 나은 결과를 얻기 어려울 것이다. 역설적이지만 세상에 노력을 아끼는 사람이 많다는 것은 노력하는 사람에게는 다행이다. 노력하는 사람이 성공할 수 있는 것은 바로 노력하지 않는 사람들 덕분이다. 경제마인드를 가진 사람은 경쟁에서 들러리가 된다. 들러리가 있어야 행복한 축제를 벌일 수 있다. 경제마인드를 버리면 주인공이 될 수 있다.

인생관을 바꿔라

기업이 원가를 절감하는 전략을 밀고 나가면 당장은 실적이 좋아지지만 길게 이어지면 기업의 기초가 망가진다. 사람이 노력을 줄이면 당장은 편하지만 서서히 인생의 기초가 망가진다. 경제마인드를 가진 사람한테서 진정한 노력을 기대하기는 어렵다. 노력이 없으면 결과는 뻔하다.

노력은 경제마인드를 버리는 것에서 시작한다. 버리는 것은 쉽지 않다. 주물로 된 풀빵 기계처럼 머릿속에 든 틀은 쉽게 깰 수 없다. 경제적 동물인 사람은 틀을 바꿨을 때 얻는 것이 별로 없다고 판단하면 틀을 바꾸지 않는다. 노력해서 얻는 인생이 얼마나 나은지 모르기 때문에 틀을 바꾸지 않고 살아간다.

자기도 모르는 사이에 틀이 인생 전반을 지배하고 있다. 우리는 그런 틀을 인생관이라고도 부른다. 두 가지 인생관에서 선택해야 한다. 남과 같은 결과를 얻기 위해 남보다 적은 노력을 하겠다는 '싸게 전략'인지, 남보다 나은 결과를 얻기 위해 남보다 더 많은 노력을 하겠다는 '낫게 전략'인지.

두 가지 인생관 중 어느 것이 인생을 더 행복하게 한다고 말하기는 조심스럽다. 행복이란 본래 주관적이기 때문이다. 남보다 나은 인생을 살 때 행복을 느끼는 사람도 있고, 노력을 덜 할 때 행복을 느끼는 사람도 있다. 행복은 과정과 결과가 상충하는 모순을 가지고 있다. 과정이 편하면 결과는 신통하지 않고, 결과가 좋으려면 과정이 힘든 경우가 많다. 인생을 살면서 과정도 편하고 결과도 좋은 조합을 만나기는 드물다.

내가 살다 보니 "재미있는 일 치고 인생에 도움 되는 일 별로 없다"는 사실을 발견했다. 즉, 인생의 과정과 결과는 이른바 트레이드오프trade off 관계다. 한쪽을 얻으려면 다른 쪽을 그만큼 희생해야 하는 관계다. 따라서 인생관에는 정답이 없다. 각자 선택의 문제다.

'싸게 전략'을 선택하는 사람은 대개 이유를 다음과 같이 설명한다. 첫째, 남보다 더 노력하는 것은 힘들고 인생이 피곤할 거라고 막연히 생각한다. 많은 사람들은 편하게 살겠다는 일념으로 '싸게 전략'을 선택한다. 이해는 간다. 일부러 남보다 힘들게 살고 싶은 사람이 어디 있겠는가. 둘째, 남보다 잘살 필요를 애당초 못 느낀다는 것이다. 안분자족安分自足이라는 말이 있다. "편안한 마음으로 분수를 지키고 스스로 넉넉함을 느낀다." 행복은 자기만족이라는 뜻이다. 남보다 더 바라는 것은 욕심이라는 생각과도 통한다.

'싸게 전략'을 인생관으로 택한 것을 잘못이라고 할 수는 없다. 경제마인드는 결과보다는 과정의 편함을 선호하기 때문에 굳이 나은 결과를 원하지 않는 사람은 인생관을 바꾸지 않아도 된다.

사람들이 남만큼 노력하고 남만큼 살겠다고 소망하지만 소박한 것처럼 보이는 그 소망은 실제로 이루어지기는 어렵다. 노력을 남만큼 하면 된다는 생각은 점차 노력을 덜 하는 쪽으로 변하기 쉽다. 편한 것을 추구하다 보면 자기도 모르는 사이에 게을러진다. 나중에는 남만큼 노력하지 않고 남만큼 살겠다는 욕심으로 바뀌게 된다. 이렇게 되면 인생은 불행해지기 시작한다.

나도 학창 시절에는 남보다 나은 인생을 살 필요가 없다고 생각했다. 고등학교에 입학하면서 내가 선택한 인생관은 "남만큼 노력하고 남만큼 살겠다"는 것이었다. 특별히 잘살 필요를 느끼지 못했다. 이러한 인생관이 정직하다고 생각했다. 남보다 적게 노력하고 남만큼 살겠다는 생각은 도둑 심보로 보였다. 나는 남만큼 공부하면 대학은 갈 수 있을 거라고 생각했다. 지나고 보니 그것은 착각과 자만이었다.

고등학교 1학년 내내 친구들과 어울려 지냈다. 공부하면 같이 공부하고, 놀면 같이 놀았다. 그런데 2학년 올라가서 치른 첫 시험 결과는 엉망이었다. 같이 어울린 친구들 중에서 나만 낙제 점수가 나온 것이다. 수학은 절망적이었다. 그런 성적으로는 대학을 못 간다는 담임선생의 말은 사형선고와도 같았다.

남만큼 공부했다고 생각했지만 남만큼 성적이 나오지 않았다. 남만큼 한다고 생각한 것은 나 혼자만의 생각이 아니었을까. 대학을 가려면 선택은 하나밖에 없었다. 남보다 더 노력해서 따라잡는 것이었다. 나는 정직한 것처럼 보이는 인생관이 통하지 않는 현실을 인정해야 했다. 남만큼 노력하고 남만큼 살겠다는 생각을 버렸다. 나는 치열하게 공부하기 시작했다.

과정은 힘들었다. 그러나 시간이 지나니 기대했던 이상으로 결과가 나왔다. 여섯 달이 지난 후 2학년 2학기부터는 수학시험을 칠 때마다 100점을 받았다. 꾸준히 하다 보니 3학년 2학기에는 전교 1등으로 올라섰다. 원하는 대학을 갈 수 있었다. 나는 지금까지도 남보다 더 노력한다는 인생관으로 살고 있다. 남보다 열심히 하면 반드시 나은 결과를 얻는다는 신념이 있다.

지금 생각해보면 고등학교 2학년 때 낙제 점수를 받은 것이 너무나 다행스럽다. 더 늦게 깨달았더라면 따라잡기는 어려웠을 것이다. 아마 대학을 가지 못했을 것이다. 내가 나름대로 성공한 것은 생각의 틀을 비교적 일찍 바꾸었기 때문이다.

어떤 인생관을 가지느냐가 미래의 방향을 결정한다. 학교에서는 성적을 결정하고 사회에 나가서는 인생의 성패를 결정한다. 인생의 바닥으로 떨어지는 사람은 절망하지 말고 생각의 틀을 바꾸어야 한다. 잘못된 틀을 버리지 않는 한 실패를 거듭하게 된다. 빨리 바꿀수록 좋다. 처음 실패보다 더 처참한 결과를 당할 수도 있다.

당장 편한 것, 돈이 되는 것, 이로운 것을 추구하지 마라. 많은 사람들은 그런 것을 골라 먹는 재미로 인생을 산다. 그런 것이 아니면 무성의하게 한다. 학교나 군대에서 시간만 때우고 지내려고 하지 마라. 그러면 인생에 공백이 된다. 하찮아 보이는 일, 재미없는 것도 열심히 하는 경험을 쌓아보라. 그런 것을 참고 열심히 하는 사람은 정말 자기가 하고 싶은 것을 만나면 물 만난 고기처럼 신나게 일하고 성공할 것이다. 보이지 않게 다가오는 미래를 위해 평소에 사소한 것부터 최선을 다하는 습관을 들여라. 그것이 성공을 준비하는 습관이다.

경제마인드에서 나오는 '싸게 전략'은 사탕과 같다. 당장 먹기는 달콤하지만 오래 물면 이가 썩는다. 사탕은 가끔 먹어야 한다. 과정의 달콤함 때문에 평생 나쁜 결과가 나오는 틀을 달고 사는 것보다는 과정은 조금 쓰지만 달콤한 결과를 만드는 틀을 선택하는 편이 낫다.

'낮게 전략'이 성공 전략이다

경제학은 미시경제학과 거시경제학으로 나뉜다. 미시경제학에서는 투입을 줄여야 이익이라고 하고, 거시경제학에서는 투입을 늘려야 산출이 늘어난다고 한다. 미시경제학은 같은 재화를 생산할 때 드는 비용을 비교하지만 거시경제학에서는 투자해서 늘어나는 소득을 중요하게 생각한다. 케인스는 투자를 늘리면 국민소득이 늘어난다고 제창하여 거시경제학의 기초를 열었다.

두 가지 이론은 얼른 보면 모순되는 것처럼 보인다. 한쪽은 투입을 줄여야 좋다고 하고, 다른 쪽은 투입을 늘려야 좋다고 한다. 두 가지를 어떻게 조화롭게 이해할 수 있을까. 원가 절감은 당장 이익인 것처럼 보이지만 여기에는 중요한 전제가 깔려 있다. 투입을 줄여도 결과가 달라지지 않음을 전제하고 있다. 동일한 상품을 반복해서 만들어낼 때는 원가 절감이 타당하지만 새로운 상품의 개발은 원가를 절감해서는 하기 어렵다.

원가 절감은 단기적으로 효과가 있을지 몰라도 장기적으로는 기업이 시장에서 외면당하고 쇠퇴하게 되는 요인이다. 기업이 투자를 줄이면 소비자의 욕구, 시장의 수요에 부응할 수 없기 때문이다. 비용 절감에만 신경쓰는 기업은 망할 위기에 처할 수도 있다. 이 사실은 자동차 산업에서 입증되었다. 미국 자동차 회사들은 제2차 세계대전이 끝난 후 경쟁 상대가 없는 세상에 안주하면서 오랫동안 신규 투자를 제대로 하지 않았다. 같은 모델을 싸게 만들기 위해 원가 절감에 치중했다. 불경기가 되면 인력을 줄이는 구조 조정을 단행했다. 그렇게 지속한 결과 경쟁력이 약해졌다.

이와 반대로 소비자의 마음을 끌 수 있는 성능 개선과 디자인 개발에 꾸준히 투자해온 일본 자동차 업계는 세계 1위 수준으로 도약했다. 2008년 금융 위기를 겪으면서 심각한 상태에 빠진 미국 자동차 산업은 오바마 정부의 과감한 투자 정책으로 다시 일어서고 있다.

원가를 절감하면 당장은 기업의 생산성이 향상되는 것처럼 보이지만 투자를 줄이면 결국 경쟁력이 망가진다. 같은 결과를 얻기 위해서 노력을 덜 하겠다는 생각으로 사는 사람은 투자는 하지 않고 원가 절감만 시도하는 기업과 같다. 실패하기까지 걸리는 시간은 늦을지언정 분명히 예상되는 결과를 맞을 것이다. 글로벌 시장에서 '싸게 전략'은 '낫게 전략'을 이길 수 없다. 개인이나 기업이나 마찬가지다.

국가도 투자가 성장의 원동력이다. 대한민국이 전쟁의 폐허에서 출발해서 선진국 반열에 진입할 수 있었던 것도 장기간 과감하게 투자했기 때문이다. 국민소득이 필리핀보다도 낮고 자동차도 별로 없던 시절 우리는 고속도로를 만들고 자동차 공장을 건설했다. 반대하는 사람도 있었다. 자동차가 길에 보이지 않는데 도로를 쓸 데 없이 만든다고 떠들고, 차 살 형편이 안 되는 사람은 별로 없는데 공장에서 차를 쏟아낸다고 비판했다. 그러나 투자에 바탕을 둔 산업 전략은 성공했다. 철강, 자동차, 조선, 반도체 등등 지금 대한민국을 먹여 살리는 산업은 모두 과감한 투자가 있어서 가능했다.

최근 아시아를 휩쓸고 있는 한류 열풍도 마찬가지로 과감한 투자 덕분이다. 한류를 촉발시킨 드라마를 예로 들어보자. 미국이나 일본은 드라마 제작의 기본 전략이 다르다. 그들은 드라마로 얻을 수 있는 광고비 등 수입을 먼저 추산하고 그 범위 안에서 투자한다. 수입보다 비용이 더 많이 들면 제작을 하지 않는다. 이것은 지극히 합리적인 것처럼 보인다.

한국은 다르다. 드라마 대작을 만들기 위해 무리하게 보이는 제작비를 투입한다. 광고 수입보다 제작비용이 크기 때문에 당장 손실은 크다. 편당 1억 원의 광고 수입이 생기는 드라마에 제작비 10억 원을 투입하는 경우도 흔하다. 그러나 투자는 정직하다. 과감하게 투자하면 성과는 배수로 좋아진다. 제작비용을 많이 들일수록 드라마 수준은 올라간다. 이것이 바로 아시아에 한류 열풍을 불게 한 비결이다.

우리는 왜 손실이 난다는 사실을 알면서 투자할까. 방영 수입만이 목표가 아니다. 드라마가 성공하면 방송국의 브랜드 가치가 올라간다. 그러면 전반적인 시청률 상승으로 이어지고, 방송사 광고 수입도 올라간다. 또 국가적으로 파생되는 문화와 관광 분야의 가치 창출도 있다. 한류 드라마가 성공한 결과 대한민국의 국가 브랜드까지 올라갔다. 식민지 지배를 받았던 나라가 드라마로 총칼 없이 일본열도를 쓰러뜨리고 중국까지 열광하게 만들었다. 보이지 않는 부가가치까지 따지면 제작비용의 수십 배, 수백 배 효과를 얻었다고 할 수 있다.

투자를 줄이는 기업은 나은 상품을 만들어내기 어렵고, 노력을 줄이는 사람은 나은 인생을 이루기 어렵다. 성공하려는 사람은 노력을 절감하겠다는 경제마인드와 '싸게 전략'을 버리고 투자마인드와 '낫게 전략'으로 바꾸어야 한다. 인생에서 노력은 투자와 같다. 나은 인생을 살려는 사람은 노력을 더 해야 한다.

내가 고등학교 시절 대학교에 갈 수 없다는 선고를 받았을 때 포기하자는 충동도 들었지만 그러기에는 남은 인생이 아까웠다. 나는 과감하게 경제마인드를 버리고 바닥에서 일어섰다. 비장한 심정으로 남보다 더 노력해서 따라잡겠다고 도전했다. 이것이 내 인생의 흐름을 바꾼 계기였다. 남보다 더 노력하겠다는 것은 투자마인드였다.

대학교 1학년 겨울방학 때 고시를 해보겠다고 책상에 다시 앉았다. 십 년 공부해도 합격하기 어렵던 시절이었다. 당시 고시 합격률은 0.5퍼센트도 되지 않았다. 앞이 보이지 않았다. 마음이 흔들렸다. 나는 한 가지를 믿고 공부를 시작했다. "공부하면 할수록 합격 확률은 커진다." 그 믿음대로 실천해서 성공했다.

나는 사회에 나가서도 같은 믿음으로 살아왔다. "노력할수록 잘된다." 그 결과 많은 것을 성공적으로 이룰 수 있었다. 무슨 일이든 더 노력하면 성공 확률이 커진다. 누구나 생각의 틀을 바꾸면 새로운 인생을 시작할 수 있다. 나이가 들다 보면 틀을 바꾸기에 늦었다고 생각할지 모르지만 세상에는 더 늦은 사람이 많다. 그래서 "늦다고 생각하는 순간이 가장 빠르다."

남보다 적은 노력으로 같은 결과를 얻겠다는 인생관은 단기적 효율성만 따지는 것이다. 물론 통하는 경우도 있다. 그러나 장기적으로 보면 어림없다. 노력을 적게 하는 사람은 적게 이룬다.

남보다 적게 노력하려는 사람은 게으른 사람이다. 가능하면 남보다 노력을 덜 하려고 머리만 바쁘게 굴린다. 이렇게 살면 점점 게을러져서 필요한 최소한의 노력도 안 하게 된다. 장기적으로는 실패로 가는 길이다.

노력해도 금방 달라지는 것을 느낄 수는 없다. 당연하다. 하루 노력한다고 다음 날 인생이 달라지지 않는다. 씨 뿌리고 그 다음 날 싹이 나오지 않는 이치와 같다. 날이 지나가면 나무가 무럭무럭 자라는 것처럼 꾸준히 노력하는 사람은 반드시 노력한 보람을 거둔다.

노력하는 사람이 적은 만큼 노력하는 사람이 성공할 확률은 크다. '싸게 전략'은 하루를 행복하게 사는 방법이고, '낮게 전략'은 하루를 힘들게 사는 방법이다. 그러나 길게 보면 달라진다. '싸게 전략'은 십 년 지나기도 전에 불행한 결과를 가져오고, '낮게 전략'은 십 년 후에 상상할 수도 없을 만큼 좋은 결과를 가져온다.

성공하는 말투로 바꿔라

생각이 나오는 틀은 머릿속에 있어 눈에 보이지 않는다. 누가 어떤 틀로 사는지 쉽게 알 수 없다. "어떻게 사느냐"고 물어보면 다들 "열심히 살고 있다"고 말한다. 하지만 가려내는 방법이 있다. 생각의 틀 모양대로 생각이 만들어지고, 말과 행동이 나온다. 마음속은 들여다볼 수 없지만 말과 행동은 바깥으로 드러난다. 언행을 관찰하면 거꾸로 머릿속 틀 모양을 짐작할 수 있다.

생각의 틀이 달라지면 생각이 달라지고, 말과 행동이 달라진다. 만약 틀을 바꾼다고 결심했더라도 말과 행동이 달라지지 않았다면 사는 방법이 달라졌다고 할 수 없다. 진정으로 생각의 틀을 바꾸었다면 말과 행동이 달라졌다는 사실을 스스로도 느낄 수 있어야 한다.

생각의 틀에 따라 말과 행동이 어떻게 다를까. 성공하려는 사람은 그 차이점을 깨달아야 한다.

'싸게 전략'과 '낫게 전략'이 무엇인지 되새겨보자. '싸게 전략'은 같은 결과를 얻기 위해 노력을 덜 하는 틀이다. 이런 틀을 가진 사람은 결과를 중요하게 생각하지 않는다. 남과 같은 결과만 얻으면 된다고 생각하고, 적당히 노력해도 그 정도는 얻을 수 있다고 생각한다. 남보다 나은 결과는 필요 없다고 생각하고 나은 결과를 바라지도 않는다. 노력을 아끼겠다고 정신무장을 하기 때문에 되도록 적게 노력한다. 그렇게 살면 결과도 좋을 리 없다. 노력해도 남보다 달라지지 않는 것을 자주 경험하고 좌절의 학습효과를 쌓아간다. 노력해도 별 볼일 없다는 생각이 굳어진다.

그러다 보니 경제마인드를 가지고 '싸게 전략'으로 사는 사람은 부정적으로 말한다. 노력을 시작할 때는 목표에 대하여 부정적인 말을 한다. "그저 그렇지 뭐." "해봤자 뻔하지." "그래 봤자 별 거 아니잖아." "그거 해서 좋을 것 없잖아." "뭐가 달라지겠어." "더 잘살면 뭐해." "출세하면 뭐해." "그러면 무슨 소용이 있겠어?" "무슨 영화를 누리겠다고." "하면 뭐해." "괜히 고생만 하는 것 아닐까."

노력하는 동안에는 적당히 할 뿐 아니라 남까지 그렇게 하도록 분위기를 유도한다. 열심히 하는 사람을 무시하는 말도 던진다. "잘해서 뭐해." "남만큼만 해." "적당히 해도 돼." "대충 넘어가도 되잖아." "그 정도면 됐어." "더 해도 달라질 것 없어." "저 친구는 왜 저래." "혼자 티내는 것 좀 봐." "저 혼자 정말 잘났다."

그런 식으로 하다가 결과가 신통치 않으면 기다렸다는 듯이 말한다. "그럼 그렇지." "거봐, 뭐라고 그랬어." "빤한 것을 가지고 말이야." "역시 마찬가지잖아." "하나마나 차이 없잖아." "괜히 사람만 괴롭히고 말이야." "또 쓸데없는 짓 했잖아."

학교에서, 직장에서, 가정에서 이런 말을 습관적으로 하는 사람이 많다. 아마 당신도 그런 말을 했을지 모른다. 이런 말이 얼마나 무서운지 모르고 말이다. 말은 말하는 사람의 운명과 직접적으로 관계있다. 인생의 비밀을 다시 생각하자. "생각하고, 말하고, 행동한 대로 인생이 만들어진다."

말은 생각의 틀에서 나오고, 그 틀은 운명을 만든다. 말을 들으면 말하는 사람의 틀 모양을 알 수 있고, 그래서 그 사람의 운명도 조금은 내다볼 수 있다. "인생은 그저 그래." "사람 사는 것이 뻔해." "해도 별거 없잖아." 이런 말을 습관적으로 하는 사람은 자기가 말한 대로 뻔한 인생, 그저 그런 인생, 별 볼일 없는 인생을 살 가능성이 크다.

그래서 말이 무섭다. 자기가 내뱉은 말대로 운명이 만들어지기 때문이다. "해봤자 헛일이다"고 말하는 사람은 아무것도 이루지 못한다. 학생이 "공부해봤자 뻔해"라고 말하는 순간 공부 잘하기는 틀렸다. 직장인이 "열심히 일해도 별 볼일 없다"라고 무심히 말하는 순간 직장에서 잘하기는 틀렸다. 사업가가 직원에게 "그 정도까지 서비스 신경 안 써도 된다"고 말하는 순간 사업은 무너지기 시작한다. 아내가 친구에게 "남편에게 잘해주면 뭐해"라고 말하는 순간 그 가정이 잘되기는 틀렸다.

이런 식의 말이 나오게 만드는 생각의 틀이 경제마인드다. 경제마인드를 가진 사람은 '싸게 전략'으로 살다가 성공하기 어려운 운명으로 가고 만다. 이런 운명을 모르고 산다는 것이 답답하지 않은가. 하루 한두 번이라도 그런 식으로 말한다면 무심코 넘길 일이 아니다.

그런 식의 생각과 말을 하는 사람은 사는 방법에 치명적인 결함이 있다는 사실을 인식해야 한다. 현재 상황을 주어진 운명으로 받아들이지 않겠다는 사람, 나은 인생을 원하는 사람은 나은 틀로 바꾸어야 한다. 틀을 바꾸지 않고 막연히 인생이 잘될 거라고 갈망하는 것은 애당초 부질없고 망상에 가깝다.

틀을 바꾸는 사람은 생각과 말이 달라져야 한다. 투자마인드를 가지고 '낫게 전략'으로 산다면 어떤 말과 생각을 하게 될까. 투자마인드는 한마디로 나은 인생을 위해 더 노력하는 틀이다. 이런 틀을 가진 사람은 그렇게 말하고 행동한다. 남보다 높은 목표를 가지고 나은 결과를 얻고자 소망한다. 적당히 노력해서는 나은 결과를 얻을 수 없다는 것을 안다. 더 노력하겠다는 각오가 되어 있고, 항상 실행할 자세가 되어 있다. 그렇게 해서 얻는 결과는 남보다 좋을 것이다. 이렇게 사는 사람은 남보다 나은 결과를 얻으면 성취감을 느낀다. 달라지는 것을 경험해나가면서 성공의 학습효과를 얻는다. '하면 된다'는 확신이 커진다. 새로 다가오는 힘든 일도 참고 돌파해나간다.

투자마인드를 가진 사람은 꿈과 목표를 찾는다. 평소 이렇게 생각하고 말한다. "씨를 뿌린 만큼 거둔다." "하면 된다." "하는 만큼 달라질 거야." "나는 우리 아버지보다 잘살고 싶어." "나는 지금보다 잘하고 싶다." "내 아이는 나보다 훌륭한 사람으로 키우겠다." "나는 남들이 부러워하는 인생을 살겠어."

목표가 생기면 긍정하고 소망한다. "제발 그렇게 되면 좋겠다." "그렇게 되면 소원이 없겠다." "꼭 그렇게 하고 싶다." "남들이 부러워하고 놀랄 거야.""잘될 거야.""꼭 한번 해보자.""좋으니까 다들 하고 싶은 거지.""당장 생기는 것 없어도 인정받겠네.""잘되면 대박이겠네.""그러면 장난이 아니겠는데."

노력하는 동안에는 힘들어도 참고 더 하자고 자신을 채근한다. "하면 된다.""잘해보자.""조금 더 해보자.""적당히 하면 안 돼.""대충해서 되겠어?""누구나 이 정도는 참는 거 아니야?""내가 못 하면 누가 하겠어." 열심히 하는 사람을 인정하고, 성공하는 사람을 본받으려고 한다. "잘하는 사람 찾아 배우자.""아무개처럼 하면 된다더라.""저 친구 정말 잘하네." 이렇게 하면 결과가 좋을 것이다. 성공을 통해 다시 노력의 가치를 확인한다. "역시 하니까 되네.""거봐, 도중에 포기했으면 아까울 뻔했잖아.""참고 하니까 좋잖아.""남보다 더 하니까 결과가 다르잖아." 결과가 신통치 않아도 절망하지 않는다. "이번에 노력이 조금 부족했나 봐.""다음에는 꼭 될 거야.""운이 또 나쁘겠어?""그동안 한 게 있으니까 다음에는 더 유리하겠지.""노력한 만큼 성공 확률은 커질 거야."

운명을 바꾸려면 생각의 틀을 바꾸어야 한다. 생각의 틀에서 생각과 말이 나오기 때문이다. 성공하게 하는 말이 있고 실패하게 하는 말이 있다. 좋은 말은 노력과 성공으로 이어지는 선순환을 만든다.

틀을 바꾸려는 사람은 말투부터 바꾸어야 한다. 당장 이 순간부터 말에 신경쓰자. "하나마나 뻔하다"에서 "할수록 더 잘된다"로 바꾸자. 성공으로 이끄는 말들이 입에서 나오도록 하자. 성공을 원한다면 반드시 실천해야 할 습관이다. 말투를 바꾸어야 꿈이 이루어진다.

'나름대로 열심히 살면' 성공하기 어렵다

중국 고전에 수주대토守株待兎라는 말이 나온다. '그루터기를 지키며 토끼를 기다린다'는 뜻이다. 송나라에 한 농부가 밭을 갈고 있었다. 갑자기 토끼 한 마리가 달려가더니 밭 가운데 있는 나무 그루터기를 들이받고 죽었다. 농부는 또 그와 같이 토끼를 잡을까 기대하여 농사 짓는 일을 그만두고 그루터기만 지켰다. 토끼는 다시 나타나지 않았다. 그는 사람들의 웃음거리가 되었다. 애쓰지 않고 성공하기 바라는 것은 어리석은 짓이라는 교훈이다.

누군가 경제마인드에서 투자마인드로 생각의 틀을 바꿔 살기로 결심했다고 하자. 나은 인생을 꿈꾸며 긍정적인 말을 하기 시작했다고 하자. 그러면 꿈이 이루어지는가. 아니다. 행동을 해야 한다. 하지만 노력이 무엇인지 모르고 하면 소용없다. 나무 그루터기를 지키는 농부도 스스로는 노력하고 있다고 생각했을 것이다. 그루터기를 지키는 것이 그가 생각하는 노력이다. 그러나 남이 보기에 그것은 노력이 아니다.

인생의 비밀을 다시 떠올리자. 생각하고, 말하고, 행동하는 대로 인생이 만들어진다. "열심히 살자." "성실하게 살자." "하루하루 충실하게 살자." 대한민국 국민의 인생관을 조사해보면 절대다수가 이 세 가지다. 나는 그런 사람들에게 감히 말한다. "열심히 살아도, 성실하게 살아도, 하루하루 충실하게 살아도 성공하기 어렵다." 아니, 어떻게 된 것인가.

노력의 개념을 고작 '나름대로 성실히', '나름대로 최선을 다해'라고 알고 있다면 성공하기 어렵다. 그런 식으로 살다가는 나무 그루터기를 지키는 농부처럼 되기 쉽다.

나름대로 노력한다고 생각하지 않는 사람은 없다. 심지어 주위에서 유난히 불성실하다고 평이 난 사람조차 스스로는 열심히 살고 있다고 생각한다. 직장 상사들은 시키는 것을 제대로 하지 않으면서 힘들어하는 부하 때문에 스트레스를 받고 있다.

나름대로 열심히 하는 사람은 기대하는 만큼 인정받지 못하기 때문에 불평이 많다. 대개 게으를수록 불평이 심하다. 자기 자신에게 문제가 있다고 생각하기보다는 주위 사람이 알아주지 않는다고 원망한다. 그래서 인간관계도 나빠지는 경우가 많다. 남들의 책망과 그들에 대한 불평이 악순환으로 쌓이다 보면 따돌림을 받고 사회생활에 적응하기 힘들어진다.

상급자들은 이런 사람을 '문제아'라고 낙인찍는다. 아예 업무도 맡기지 않는 경우도 있다. 일을 시키지 않는 것은 직장에서 스스로 나가주기를 바라는 뜻이 담겨 있다. 이런 사람은 나가도 별 볼일 없다는 것을 잘 알기 때문에 끝까지 버티곤 한다. '자르기'가 쉽지 않기 때문에 상급자는 안 나가는 사람을 다른 부서로 밀어내려고 애쓴다. 결국 힘이 없는 상사가 울며 겨자 먹기로 데리고 있게 된다.

직장 문제아의 경우에서 알 수 있듯이 '나름대로 성실히' 노력한다고 생각하는 것은 혼자만의 상상에 불과할 수 있다. 당신도 열심히 살고 있다고 생각하겠지만 냉정하게 따져보자. 혼자만 그렇게 생각하는지, 아니면 남들이 열심히 산다고 인정하는지를.

인간이 생존하려면 나름대로 무언가 해야 한다. 그것을 다 노력이라고 말한다면 살아가는 것 자체가 노력이라고 하는 것과 다를 바 없다. 그것은 자기합리화이고, 게으름에 대한 핑계일 수도 있다.

나는 행복과 성공을 구별한다. 행복은 주관적이고 자기만족에 가깝다. 행복은 성적순도 아니고 돈 많은 순서도 아니다. 아무리 세상에서 소외되고 당장 불우하다고 하더라도 욕심을 버리고 스스로 행복하다고 생각한다면 행복할 것이다. 후진국의 행복지수가 한국보다 높을 수 있다.

반면에 성공은 객관적이다. 처지가 나아지는 것이다. 현재보다 미래가 나아지고, 자식이 부모보다 나아지고, 내가 동네사람들보다 나아지는 것이다. 남보다 나아지지 않은 것, 전보다 나아지지 않는 것은 성공이 아니다.

노력은 자기만족인 노력과 객관적인 노력의 두 가지가 있다. 자기만족을 위해서는 주관적으로 노력했다고 생각하면 그만이다. 실질적인 노력이 없어도 된다. 객관적인 노력은 남들이 인정할 만한 노력이어야 한다. 그런 노력 없이 성공을 바란다면 수주대토나 다름없다.

당신은 남들로부터 열심히 한다고 인정받은 기억이 있는가. 없다면 문제가 있다. 당신이 나름대로 노력한다고 해도 남이 보기에는 노력이 아닐지 모른다. 혹시 성공할 수 없는 노력은 아닌지 냉정하게 따져볼 필요가 있다.

경쟁으로 살아가는 세상에서 똑같이 해서는 결과에 차이가 나지 않는다. 남들보다 더 노력하는 것만이 결과에 차이를 가져올 수 있다. 무엇을 하든지 객관적으로 평가받으려면 남과 차이가 나야 한다. "나는 노력하는 사람인가"라고 묻지 말고 "나는 남들보다 더 노력하는 사람인가"라고 물어보라. 이런 질문에 자신 있게 대답할 수 없다면 노력한다고 할 수 없다.

나아가 물어보라. "나는 남들만큼만 하는 사람인가, 아니면 그 이상을 하는 사람인가?" 남들 하는 것만 하고 산다면 남들과 차이가 날 수 없는 운명을 살고 있는 것이다.

언젠가 택시를 탔을 때 일이다. 운전기사가 뒷거울로 내 얼굴을 알아보고 말을 걸었다. "얼굴 보니 아는 분이네요. 대학 다닐 때 고시 삼관왕 했다고 하는데 공부 잘하는 사람이 부러워요. 우리 애들은 아직 학교 다닙니다. 내가 택시 운전하느라고 애들 얼굴을 자주 보지 못하지만 틈나는 대로 애들에게 열심히 공부하라고 이야기하고 있습니다. 공부 비법 좀 가르쳐주세요."

나는 물었다. "아이들 성적은 어떤가요?" "애들이 열심히 하는 것 같은데 신통치 않아요. 첫째 아이는 반에서 성적이 중간이고, 둘째 아이는 밑에서 맴돌고 있습니다." "애들이 정말 열심히 하나요?" "내가 가끔 애들에게 '열심히 하냐'고 물어보는데 둘 다 '열심히 한다'고 합창합니다. 내가 집에 있는 동안 애들이 항상 책상에 앉아 있어요. 더 이상 뭐라고 할 수 없어요. 지켜보는 수밖에 없겠지요."

나는 말했다. "애들에게 '열심히 하라'고 말하지 마세요. '열심히 하느냐'고 묻지도 마세요. 그런 말은 다 소용없습니다. 아버지가 그렇게 물어볼 때 아니라고 대답할 바보는 없습니다. 자꾸 열심히 하라고 하면 역효과가 날 수도 있습니다. 질문을 바꾸세요. 오늘 집에 가서 이렇게 물어보세요. '너는 지난번 기말시험 볼 때 책을 몇 번 읽었니? 수학은 같은 문제를 몇 번 풀었니?' 아마도 요즘 애들은 '두세 번'이라고 말할 겁니다. 그럴 때 이렇게 말하세요. '그 정도는 남들도 한다. 남들과 똑같이 해서는 절대로 남들보다 잘할 수 없다. 그렇게 공부하면 잘하기는 틀렸다'라고. 나도 두세 번 책을 읽고 시험 쳤을 때는 낙제 점수 받은 적이 있습니다. 그래서 남들보다 더 노력해야 남들보다 잘할 수 있다는 것을 깨달았습니다. 책을 열 번씩 읽고 같은 문제를 열 번씩 풀자 우등생이 되었고 고시도 합격했습니다."

세상에는 "나름대로 열심히 하면 된다"고 생각하는 사람이 많다. 하지만 그런 사람 중에는 남이 보기에 노력한다고 할 수 없을 정도로 적당히 사는 사람이 상당수 있다. 자신이 남보다 더 노력하고 있는지 객관적으로 따져봐야 한다. 그렇지 않은 사람은 성공하기 어려운 인생을 살고 있는지도 모른다.

사람은 혼자서 살 수 없다. 어느 곳에서 살더라도, 어떤 진로를

택하더라도 사람들 속에서 살아간다. 세상 속에서 사람은 끊임없이 남과 비교당하는 삶을 살아야 한다. 그래서 인생은 상대성 게임이다. 나의 모든 것은 남과의 상대적 관계에서 의미가 부여된다. 사물의 가치도 상대적인 관점에서 결정된다. 원하지 않더라도, 아니, 싫더라도 우리는 경쟁해야 한다. 경쟁은 운명처럼 인생을 사는 동안 계속된다.

시험 성적으로 능력을 평가받는 것에 스트레스를 받는 학생이 많다. 행복은 성적순이 아니다. 하지만 성공 확률은 성적과 관계있다. 아니, 정확히 말하자면 성적을 만들어내는 노력의 양에 비례한다.

공부를 싫어하는 사람은 학교를 졸업하면 편한 세상이 기다릴 거라 착각한다. 학교 문을 나서면 공부하라는 잔소리는 듣지 않겠지만 바깥세상은 살벌하다. 맹수가 삼킬 먹이를 찾고 있는 정글과 같다. 그런 세상으로 나가기 전의 상황은 폭풍전야의 고요와 같다. 학교 다닐 때 온실처럼 따뜻하게 사는 맛을 들이면 사회에 나가서 적응하지 못한다. 졸업하면 세상으로 던져진다. 남들이 냉정하게 평가한다.

사회에 나오면 홀로 서야 한다. 학교에서는 교과서와 참고서가 있지만 사회에 나오면 사는 방법을 가르쳐주는 스승은 없다. 더 이상 누구도 진심 어린 충고를 해주지 않는다. 부모의 잔소리가 그리워질 때가 온다. 세상은 인생을 성공적으로 살아야 한다는 과제만 던져주고 방법은 가르쳐주지 않는다. 그러면서 결과에 대하여 준엄하게 책임을 추궁한다. 사회에 나와 시행착오를 겪다 보면 학교가 가장 편한 곳이었음을 깨닫게 된다. 편한 곳에서도 제대로 못 한 사람이 험한 세상에서 성공할 수 있을까.

진정한 경쟁은 학교 문을 나설 때부터 시작된다. 회사에 들어가는 것도 경쟁이고, 직장에서 인정받는 것도 경쟁이다. 사회에 나오면 인생을 건 게임을 해야 한다. 실패하면 비참한 결과를 초래할 수 있다. 빌 게이츠는 말했다. "학교에서는 낙제해도 적당히 넘어갈 수 있지만 사회에서 낙제하면 인생이 끝날 수 있다."

세상은 연습하거나 준비할 시간을 주지 않는다. 바로 실전에서 뛰게 만든다. 학창 시절처럼 안이하게 살면 뒤쳐진다. 몇 년간 그렇게 살면 평생 낙오자가 될 수도 있다. 현실이 냉혹하다는 사실을 깨닫고 정신 차릴 때쯤이면 이미 늦었다는 생각이 들기 쉽다. 만회할 시간도 없이 바닥에 떨어지는 사람도 적지 않다.

노력할 때는 자존심을 버려야 한다. 남과 비교당하는 현실을 담담하게 받아들여야 한다. 자존심이 강하거나 감수성이 예민한 사람은 남과 비교당하는 것 자체를 견디기 힘들어한다. 특히 평소 가깝다고 생각한 사람이 자기를 남과 비교하고 있다는 사실을 깨닫게 되면 배신당한 것처럼 마음에 상처를 받기도 한다. 그러나 엄연한 현실은 달라지지 않는다. 끊임없이 남과 비교당하고 경쟁해야 한다. 인생은 그런 과정의 연속이다.

사람은 비교당하는 것을 싫어하면서도 막상 자신은 남들을 비교하는 이율배반적인 면을 가진 존재다. 그런 사람들이 모여 사는 곳이 세상이다. 철저하게 외적인 조건으로 서로를 평가한다. 남들의 평가가 내 인생을 결정하고, 내 평가가 누군가의 인생에 영향을 준다. 비교하고 비교당하는 것은 서로 간에 피할 수 없는 운명이다.

세상은 이루지 않은 꿈은 인정하지 않는다. 나름대로 노력한다고 해도 알아주지 않는다. 노력은 마음속으로 생각하는 게 아니라 남으로부터 평가받아야 하는 대상이다. 혼자서 성실히 사는 것, 나름대로 열심히 하는 것은 결과로 나타나지 않으면 평가받지 못한다. 빌 게이츠는 말했다. "세상은 네 자신이 스스로를 어떻게 생각하든 상관하지 않는다. 세상은 네가 조그만 것이라도 보여주기를 기다린다."

남과 비교당하는 운명을 벗어날 수 없기 때문에 노력도 비교의 관점에서 접근해야 한다. 자기만족의 개념을 버려야 한다. 객관적으로 인정받는 노력이 필요하다는 사실을 깨달아야 한다. 깨닫지 못하는 사람은 아직도 노력과 성공에 대한 기본 개념이 없는 것이다.

어떤 사람은 남보다 더 노력하라는 말에 거부감을 나타내기도 한다. "왜 남보다 더 노력을 해야 하나요?" "그런다고 인생이 행복해지나요?" "그렇게 살면 인생이 피곤한 것 아닌가요?" 마음 한구석에서 이런 식의 반격이 머리를 든다면 세상의 냉정함을 맛보지 못한 낭만주의자다. 노력은 여유나 사치가 아니라 인생을 위해 반드시 필요한 것이다.

노력하는 것보다 노력하지 않는 것이 행복이라고 생각하는 사람은 당장 편하게 보이는 방법을 선택할 것이다. 남보다 천천히 가는 것이 당장은 편해 보일지 모르지만 느리게 가면 뒤에서 다가오는 사람에게 추월당한다. 분명한 것은 그렇게 살면 미래는 없다는 사실이다.

많은 사람들이 자기 인생은 자기가 선택한다고 생각하지만 실제로 내 운명에 대한 선택권은 내가 아니라 남에게 있다는 사실을 깨달아야 한다. 남에게 필요한 사람이 되지 못하면 세상에서 버림받고, 고객에게 필요한 상품이 아니면 시장에서 외면당한다.

노력은 그 자체가 목적이 아니고, 행복도 아니다. 노력은 미래를 얻기 위한 대가다. 노력에서 행복을 찾으려는 사람, 노력을 행복하게 하려는 사람은 노력에 대한 개념이 없는 사람이다. 노력은 나은 미래를 위하여 현재 지불해야 하는 대가다. 미래의 가치가 크면 클수록 지금 지불해야 하는 시간과 고통도 커져야 한다. 꿈이 멋질수록, 남이 부러워하는 명품일수록 대가는 클 수밖에 없다.

당신이 원하는 미래는 싸구려인가, 아니면 명품인가. 미래 가치의 크기를 선택하고 그에 맞게 대가를 지불하라. 노력에 대해 아직도 거부감을 가지고 있는가. 그렇다면 노력을 제대로 하지 않을 것이고, 운명은 뻔할 것이다. 대가를 치르지 않고 얻는 물건, 노력하지 않고 얻으려는 인생은 '싼 게 비지떡'이다.

하나밖에 없는 인생은 소중한 존재다. 개념 없이 살기에는 너무 아깝다. 기왕이면 가치 있게 사는 것이 좋다. 누구나 부러워할 만큼 멋진 인생을 꿈꾸자. 그만큼 대가를 치를 각오를 하자.

노력은 정직하다. 대가를 치르는 만큼 얻는 것이 있다. 그런데 물건 사는 것과 다른 점이 있다. 성공은 외상으로 살 수 없다. "대학에 넣어주기만 하면 공부 잘할 수 있다"고 아무리 맹세해도 입학시켜주지 않고, "회사에서 받아주기만 하면 죽을힘을 다해 일하겠다"고 해도 일자리를 얻기 어렵다. 농사를 지은 사람만이 열매를 딸 수 있다. 노력은 성공에 앞서야 한다. 그것이 성공의 조건이다.

노력이란 '남과 다르게 사는 것'이다

노력, 그 자체에 의미를 부여하는 사람도 있지만, 나는 다르다. 노력은 성공의 수단일 뿐이다. 노력과 등산의 차이점이 이것이다. 등산은 그 자체를 즐길 수 있다. 정상에 오르지 못하더라도 걷는 만큼 운동이 되고, 자연도 감상할 수 있다. 반면 노력은 즐길 만한 것이 아니다. 본질적으로 고통이다. 성공과 무관하게 노력하라는 것은 고통을 강요하는 것과 같다. 나는 대학을 포기한 학생에게 어려운 수학을 억지로 배우게 하는 것을 도무지 이해할 수 없다.

성공이 무엇인지 사람마다 생각이 다를 수 있지만 나에게 성공이란 나아지는 것이다. 금년보다 내년이 나아지는 것, 자식이 부모보다 잘살게 되는 것, 주위 사람보다 나아지는 것이 성공이다. 처지가 나아지는 것이 개인의 성공이라면 우리나라가 더 잘살게 되는 것, 다른 나라보다 강해지는 것은 국가적인 성공이다. 한마디로 낫게 달라지는 것이 성공이다.

성공을 그렇게 정의한다면 "열심히 하겠다", "성실히 살겠다"는 인생관이 왜 성공에 도움이 안 되는지 깨달아야 한다. 인생의 비밀을 다시 생각해보자. "생각하고, 말하고, 행동한 대로 인생이 만들어진다." 성공하려면 생각과 말과 행동이 나아지고 달라져야 한다. 성공하게 하는 노력은 남보다 나은 노력, 남과 다른 노력이다.

하루하루 열심히 성실하게 살겠다고 다짐하는 사람의 머릿속에 달라져야 한다는 생각이 담겨 있지 않다면 노력은 허사다. 날마다 달라져야 한다는 생각을 하지 않으니 세월이 지나도 달라지지 않는다.

노력은 결과에 차이를 가져오는 것만이 가치가 있다. 그래서 나는 노력을 이렇게 정의한다. "노력이란 남과 다르게 사는 것이다." 그렇다. "남과 다르지 않으면 노력이 아니다."

자신의 사는 모습이 남들과 다른지 따져보라. 남들과 다르게 살지 않는 사람은 성공할 수 없다. 남들보다 나은 인생을 바란다면 더 나은 노력을 해야 한다. 남들과 다른 인생을 살고 싶다면 먼저 다르게 살아야 한다. 남들과 차이 나게 살려고 애쓰는 사람만이 차이를 만들 수 있다.

성공이 무엇인지 모르는 사람에게 성공에 이르는 노력이 나올 수는 없다. 정확한 개념 없이 노력하는 사람은 부질없다. "노력하면 무언가 이루어지겠지." 막연하게 바라는 사람은 그루터기를 지키며 토끼를 기다리는 농부와 같다. 성공할 수 없는 운명이다.

기업도 마찬가지다. 직원들에게 열심히 하라고 독려하는 것만으로는 잘되기 어렵다. 직원들이 다르게 일해야 기업이 성공할 수 있다. 경쟁 기업과 차이가 나야 시장에서 이기고, 작년보다 차이가 나야 실적이 개선된다.

H회사는 '차이가 나는 만큼이 노력이다'라는 개념에 기초하여 인센티브 시스템을 설계했다. 일 년에 한 번씩 결산을 마치면 직원들에게 보너스를 지급하는데 부서별, 직원별로 차등을 둔다. 보너스 지급 기준은 일반 회사와 달리 실적 향상이 아니다. 각 부서와 각 직원은 각자 어떤 노력을 했는지, 그리고 그 노력이 실적에 어떻게 기여했는지를 설명하고 평가받아야 한다. 예를 들어, 경기가 회복되어 어느 부문의 실적이 저절로 좋아졌고 담당 부서는 특별히 기여했다고 평가되지 않는다면 보너스를 받을 이유가 없다. 또 부서 실적이 좋아졌다고 하더라도 어느 직원이 그 부서 안에서 남다르게 기여했다는 사실을 인정받지 못하면 그 부서에 할당된 보너스를 직원별로 배분할 때 자기 몫을 제대로 받지 못한다. 위와 같은 인센티브 시스템을 시행한 결과 직원들이 일할 때 남다르게 애쓰는 기업문화가 정착하게 되었다.

이 회사는 마찬가지 개념을 임원회의에도 적용하고 있다. 일반 회사에서는 임원회의에 참석해서 끝까지 한마디도 하지 않고 성실한 자세로 앉아 있는 임원을 볼 수 있으나 이 회사는 무임승차를 용납하지 않는다. 회의에서 발언하지 않는 횟수가 두세 차례 되면 회의에 필요 없는 사람으로 간주해서 다음 회의에 참석할 자격을 박탈한다. 다시 참석하려면 발제할 내용을 미리 준비해서 받아들여져야 한다. 회의에 필요한 임원은 성실하게 자리를 지키는 사람이 아니라 회사에 도움이 되는 의견을 개진하는 사람이다.

어느 임원이 합리적인 의견을 제시하고 회의 참석자들이 의견을 모아 결정하고 실행한 일에 대해서는 결과가 좋지 않더라도 의견을 낸 임원에게 책임을 묻지 않는다. 이 회사 임원들은 실패를 두려워하지 않고 회사의 발전을 위해서 건설적인 의견을 적극적으로 내놓는다. 이런 식으로 운영하니 회사가 잘될 수밖에 없다.

우리나라에 아직 의료보험이 없었을 때 약대를 졸업하고 마산 달동네에 약국을 개업한 약사가 있었다. 동네 사람들은 가난해서 아파도 약을 사러 오지 않았다. 약국 문이 간혹 열리지만 길을 물어보거나 전화 좀 쓰자는 사람뿐이었다. 며칠을 그렇게 보내니 약국의 미래가 뻔히 보였다. "이대로 가면 죽는다." 그 약사는 고민 끝에 뒤집어 생각했다. "다르게 가야 산다." 그는 매일 다르게 사는 방법을 궁리하고 실천했다. 길을 물어보는 사람에게는 친절하게 약도를 그려주고, 전화를 쓰겠다는 사람에게는 절대 돈을 받지 않고 얼마든지 쓰라고 했다. 십 년 동안 그런 식으로 남다르게 실천한 것이 200가지나 되었다. 그 약국은 마산에서 제일 손님이 많은 약국이 되었다. 그 약사가 M기업을 창립한 K사장이다. 그는 지금도 "다르게 살지 않으면 죽는다"고 외친다.

세상은 길게 보면 정직하다. 다르게 살면 인생이 달라지고, 기업도 성공한다. 남과 똑같이 하고 차이를 기대하는 것은 말하자면 '도둑심보'다. 다른 학생보다 더 공부하지 않으면서 나은 성적을 바라는 사람은 사회에 나가서도 남보다 더 일하지 않으면서 더 나은 직장, 더 많은 보수를 바랄 것이다. 그런 생각으로 사업을 하면 경쟁 업체보다 더 나은 서비스를 하지는 않으면서 손님이 늘기를 바란다. 이런 식으로 살면 직장이나 사업은 신통치 않다.

세상은 냉혹하다. 아무리 큰 꿈을 꾸려도 보이지 않는 것은 인정해주지 않는다. 남보다 노력하지 않으면서 말만 많은 사람은 자꾸 세상과 부딪치게 된다. 이런 사람은 인정받지 못한 불만을 가지고 투쟁적으로 살아간다.

"성공하려면 남과 다르게 살아야 한다." 이것은 성공을 꿈꾸는 사람이 인생 전체에 적용해야 할 실천 원리다. 생각과 말과 행동이 이런 틀에서 나와야 한다. 기왕 성공하겠다고 결심한 사람이라면 막연히 노력한다고 하지 말고 차이가 나도록 구체적으로 실천해야 한다. "나는 남과 다르게 살고 있는가?" 끊임없이 이런 질문을 자신에게 던지고 확인해야 한다.

당신은 아침을 시작할 때 어떤 다짐을 하는가. "오늘 하루 성실하게 살자." "열심히 살자." 이런 진부한 다짐을 해서는 성공하기 어렵다. 성공하려면 다짐도 달라야 한다. "오늘도 남과 다르게 살자." 일과 중에 수시로 "지금 어떻게 하는 것이 남과 다르게 사는 것인가"를 생각하라. 상황마다 다르게 사는 방법을 찾아라. 자기 전에는 '오늘 하루 어떻게 남과 다르게 살았는지' 점검하라. 만약 어떻게 다르게 살았는지 한 가지도 떠오르지 않는다면 남과 차이가 나지 않은 하루를 산 것이다. 이럴 때는 내일은 다르게 살겠다고 반성하라.

남과 다르게 살겠다는 생각이 없으면 사는 모습이 달라지지 않는다. 아침에 일어나서 '오늘 하루 성실하게 살자'고 다짐하지만 지금까지 해왔던 대로만 하면 성실한 거라고 믿는다. 일과 중에 남과 다르게 하려고 하지 않는다. 똑같이 살기 때문에 인생이 달라지지 않을 것이다.

다르게 산다는 것은 생각과 말과 행동을 다르게 하는 것이다. 생각 없이 즉흥적으로 말하는 것은 남과 다르다고 할 수 없다. 남이 무심코 하는 말에 자극받아 함부로 말을 내뱉지 말고, 듣는 사람의 입장에서 어떻게 들릴지 생각하고 말해야 한다.

행동도 남들과는 다르게 선택하는 습관을 가져야 한다. 예를 들어, 직장에서 상사가 느닷없이 힘든 일을 맡긴다고 하자. 이때 '하필이면 내가 재수 없게 걸렸나' 하는 반응을 보이면 솔직한 것일지는 몰라도 남과 다르지 않은 행동이다. 마지못해 한다는 자세로 소극적으로 움직인다면 일이 제대로 되지 않을 것이다. 그러면 힘든 일을 하고서도 인정받지 못할 것이다.

상사는 경험이 많은 사람이다. 부하에게 어려운 일을 시키면 대개 싫어할 거라는 사실을 잘 알고 있다. 부하가 싫은 반응을 보인다고 하더라도 특별히 나쁜 부하라고 생각하지는 않을 것이다. 그러나 싫어하는 반응과 꾸물거리는 자세를 보면 상사는 미안한 마음이 사라질 것이다. 일하는 사람은 고생만 하고 상사의 기억에 남지도 못할 것이다.

성공을 원한다면 다른 반응을 보여야 한다. 힘든 일이라도 아무렇지 않은 듯 열심히 일하는 자세를 보여주자. 상사가 고마워하고 남들과는 다르다고 느낄 것이다.

무슨 일을 하더라도 항상 두 가지로 나누어 생각하는 습관을 가져라. 보통사람이 보일 행동과 남과는 다르게 살려는 사람이 취할 행동을 구별하라. 그리고 후자를 선택하라. 피할 수 없는 일은 차라리 밝은 표정으로 열심히 하는 편이 낫다. 그것이 남과 다르게 사는 방법이다. 공부나 일이 힘들어 싫다고 꾀를 부리는 것은 보통사람이 하는 행동이다. 성공하려는 사람은 뭐가 달라도 달라야 한다. 싫은 것도 참고 해내고, 당장 이득이 되지 않는 일도 마다하지 않는다. 직장에서 성공하려면 남다른 다짐을 해야 한다. "아무리 힘들어도 힘들다는 말을 하지 않고, 아무리 괴로워도 괴롭다는 말을 하지 않겠다."

인생은 마음먹은 만큼 달라진다. 꿈을 꾸는 만큼, 그리고 그 꿈을 이루려고 노력하는 만큼 달라진다. 꿈과 목표가 남과 차이가 나야 하고, 노력도 남과 달라야 한다. 성공을 꿈꾸는 사람은 스스로 얼마나 남들과 차이 나게 사는지를 항상 따져보아야 한다. 다르게 살기를 생활화해야 한다.

노력의 상대적 기준을 파악하라

인생은 선택의 연속이다. 인생의 선택 중에서 가장 중요한 것은 사람의 선택이다. 나는 남들을 비교하고 남들은 나와 다른 사람을 비교한다. 인생 내내 비교하고 비교당하는 과정이 이어진다.

선택이란 비교해서 상대적으로 나은 쪽을 고르는 것이다. 인생의 고비에서 선택권을 가진 사람은 상대방의 자존심이나 인격은 아랑곳하지 않는다. 마치 물건을 고르듯이 자기 마음대로 평가한다. 나는 그런 현실이 싫다. 하지만 다행스러운 점이 있다. 절대적으로 잘할 필요가 없다는 점이다. 남들보다 조금이라도 나으면 인정받고 선택된다. 성공하기 위해서는 상대적 노력이면 충분하다.

절대적 노력이란 절대적 기준을 지키는 것이다. 절대적 기준은 인간이 도달하기 어렵다. 예를 들어, "네 이웃의 재물을 탐내지 마라"는 계명은 절대적 기준이다. 절대적 기준에서 본다면 남의 물건을 한 번 탐낸 사람과 열 번 탐낸 사람은 차이가 없다. 평생을 욕심 없이 살다가 한순간 남의 물건을 탐내면 계명을 어긴 것이다. 마음속으로 음란한 생각만 해도 실제로 간음한 것과 다를 바 없다. "여자를 보고 음욕을 품는 자마다 마음에 이미 간음하였느니라."(마태복음 5:28)

세상의 규범은 상대적인 차이를 인정한다. 남의 물건을 한 번 훔친 사람과 열 번 훔친 사람은 죄질이 다르다. 생각만으로는 죄가 되지 않는다.

인생에서 절대적 노력이 필요한 경우는 거의 없다. 어렵다는 고시를 예로 들어보자. 나는 불과 일 년 석 달 공부해서 사법시험에 합격했다. 대학교 1학년 겨울방학 때 공부를 시작한 내가 법에 대해서 얼마나 알았겠는가. 하지만 나는 도전해서 성공했다. 시험은 상대적 경쟁에 불과하다는 사실을 깨달았기 때문이다. 교재를 완전히 이해하고 시험에 임하기란 사실상 불가능하다. 합격한 사람이나 실패한 사람이나 오십보백보다. 한 분야를 전공한 대학 교수가 수십 년 연구해서 쓴 교재, 수백 년에 걸쳐 발전된 이론이 녹아들어간 교재를 몇 년 공부한다고 통달할 수 있겠는가. 시험은 절대적으로 아는 사람을 선발하는 게 아니라 상대적으로 덜 어설픈 사람을 선발하는 것이다.

우리는 어떤 경쟁이라도 두려워할 필요가 없다. 절대적으로 잘해야 성공하는 게 아니다. 세상 모든 일은 남보다 조금이라도 나으면 성공할 수 있다. 올림픽 100미터 달리기 경기에서 금메달을 따려면 세계 신기록을 낼 필요가 없다. 2등보다 0.01초라도 빨리 들어오면 되는 것이다.

반대로 아무리 열심히 노력하더라도 남보다 나은 결과가 아니면 인정받기 어렵다. 대학은 학생을 A, B, C, D라는 학점으로 상대 평가

하고, 회사에 들어가면 상급자가 직원들을 비교 평가한다. 세상의 평가는 절대적이 아니라 상대적이다.

기업끼리의 경쟁도 마찬가지다. 휴대전화를 예로 들어보자. 삼성전자가 처음 출시한 휴대전화는 컬러가 아니었고, 문자도 보낼 수 없었다. 지금은 그런 물건을 싸게 내놓아도 팔리지 않을 것이다. 그때는 불티나게 팔렸다. 왜 그런가. 지금 기준으로는 골동품이지만 그 당시는 다른 업체보다 나은 제품이었기 때문이다. 고객은 시장에 나온 제품 중에서 상대적으로 나은 것을 선택한다. 절대적으로 우수한 제품을 만들 필요가 없다.

기업들은 이 점을 거꾸로 이용한다. 삼성전자는 시장에서 판매되는 제품보다 몇 단계 앞서 개발하고 있지만 개발된 제품을 시장에 바로 내놓지 않는다. 다른 회사 제품보다 나으면 팔리기 때문에 차세대 개발품은 나중을 위해 아껴놓는 것이다. 이런 식의 판매 전략은 시장의 모든 영역에서 볼 수 있다. 상대적으로 우수하면 남보다 앞서가고 시장을 차지할 수 있다.

노력도 절대적인 것이 필요 없다. 남보다 더 하면 된다. 세상은 절대적 희생을 요구하지 않는다. 다른 사람보다 조금 더 한 사람이 성공한다. 그러니 도전이 아무리 힘들게 느껴지더라도 미리 겁먹을 필요가 없다. 혼자 생각으로는 노력이 미흡한 것 같지만 끝까지 밀고 나가 성공한 사람이 적지 않다. 남들이 내 노력을 못 따라오면 당당히 성공할 수 있다.

내가 인생을 살면서 반복해서 경험하는 바는 처음에 힘들어 보이는 일도 실제로 해보면 의외로 쉽게 이루어진다는 점이다. 절대적 어려움은 도전에서 중요하지 않다. 남보다 얼마나 더 노력하느냐가 성패를 가른다. 역설적으로 힘들어 보이는 일일수록 끝까지 노력하는 사람에게는 성공 확률이 높아진다. 중간에 포기하는 사람이 많기 때문에 실제 경쟁률은 생각보다 낮다. 힘들어 보이는 일에 도전하기를 두려워할 필요가 없다.

노력이 상대적이므로 노력의 기준도 상대적이다. 남보다 더 하면 성공하는 것이다. 아무리 혼자 힘들어도 남이 하는 만큼만 한다면 노력이 아니다. 또 남이 하는 만큼 하지 않으면 열심히 한다고 생각하더라도 남 보기에는 게으르다고 할 수 있다. 남보다 더 하는 것만이 노력이다. 노력하려는 사람은 먼저 남들이 어느 정도 하는지를 파악해야 한다. 그리고 그보다 더 해야 한다.

한번은 어느 어린이신문과 인터뷰한 적이 있다. 초등학교 어린이 기자 세 명이 나를 찾아왔다. 한 아이가 준비해온 질문을 던졌다. "고 변호사님은 학창 시절 공부를 잘했다고 하는데 공부 비법은 무엇인가요?" 나는 답을 하기 전에 어린이들에게 차례로 물어보았다. "지난번 학교 시험 보기 전에 책을 몇 번 읽었나요?" 학교는 모두 달랐지만 세 어린이는 약속이나 한 듯이 두 번이라고 답했다. 내가 기대했던 것보다 노력이 약했다.

'요즘 아이들은 예전보다 공부를 덜 하나 보다'라고 생각하면서 말했다. "다들 두 번 읽기 때문에 두 번 읽어서는 남보다 잘할 수 없어요. 적어도 세 번 읽어야 중간을 넘어설 수 있습니다. 나는 학생 시절 책 열 번 읽는 것을 공부의 기준으로 삼았어요. 열 번 읽고 도전한 시험에 실패한 적이 없어요. 요즘 학생들이 책을 두 번 읽고 시험 친다면 다섯 번만 읽어도 우등생이 될 수 있을 거예요.”

내 경험으로는 중간 정도 성적을 올리는 학생은 암기과목 책을 두세 번 읽고 수학 문제를 두세 번 푼다. 중간 이상을 가려는 학생은 더 해야 한다. 대여섯 번 읽으면 동네 우등생이 된다.

한두 번 읽고 시험치는 습관을 가지고도 중간 성적을 자주 올리는 학생은 천재적인 소질이 있다. 몇 번 읽는다면 더 우수한 성적을 낼 수 있을 텐데 안타깝다. 남보다 나은 인생을 살 수 있음에도 스스로 포기하는 셈이다. 남보다 적게 노력하면서 중간을 가려는 학생은 오래 버틸 수 없다. 고등학교부터 본격적으로 밀리기 시작한다. 덜 하니까 못하게 된다.

성적은 노력 순이다. 공부는 과학이다. 성적을 좌우하는 것은 공부의 양이다. 나의 노력 비법도 알고 보면 단순하다. 남들보다 더 많은 양을 공부하는 것이다. 공부의 양은 같은 책을 몇 번 읽느냐, 같은 문제를 몇 번 푸느냐로 결정된다. 정신을 딴 데 두고 책상에 앉아 있는 것은 노력이 아니다. 실질적으로 남보다 공부의 양이 더 많은지 따져야 한다.

자신이 속한 경쟁 그룹에서 남보다 더 많이 노력하면 중간 이상 가는 것이 정상이다. 만약 당신이 주위 사람보다 노력을 덜 하고도 중간 이상을 가고 있다면 머리가 좋다고 자만하지 마라. 당신은 자신의 능력에 맞지 않는 자리에 와 있을 가능성이 크다. 자신의 능력에 비해 열등한 그룹에 속해 있다면 능력에 맞는 그룹으로 옮겨가야 한다. 실패할까 두려워 학교 수준을 대폭 낮추어 진학하는 학생, 자기 능력에 비해 기대를 낮추어 얻은 직장에 다니는 사람은 거기서는 우수하다고 인정받을지 몰라도 장기적으로는 자기 능력에 맞는 그룹에 들어가지 못해 스트레스에 시달릴 수도 있다.

나는 한 번 읽어서는 잘 기억하지 못한다. 한 번 연습해서는 되풀이하지 못한다. 새로운 일을 하면 실수하기 쉽다. 그러나 실망하지 않는다. 남과 별 차이가 없다는 것을 알기 때문이다. 한 번 책을 읽고 머리에 남기를 바라는 것은 애당초 무리다. 두 번 읽어도 별 차이 없다. 남보다 잘하기를 기대할 수 없다. 내가 경험한 바로는 세 번 외우는 것과 네 번 외우는 것도 결과에 별로 차이가 없다. 그 정도는 오차의 범위를 벗어나지 않는다. 오차의 범위를 벗어나서 성공으로 진입하는 노력은 남보다 두 배 이상의 노력이다.

회사 업무도 마찬가지다. 한 번 생각해서 보고서를 작성하고, 한 번 교정을 보고 제출하는 직원은 보고서 앞뒤 내용이 맞지 않고 어처구니없는 오타가 발견되기도 한다. 두세 번 생각하고 교정을 보더라도 잘한다는 말을 듣기 힘들다. 가끔 실수가 발견되어 윗사람이 안심하고 맡기기는 부족하다고 할 것이다. 다섯 번 생각하고 교정을 보아야 윗사람을 안심시킬 수 있고, 열 번 생각하고 고치면 잘한다는 말을 듣는다. 그것은 머리가 우수하느냐의 문제가 아니라 노력을 얼마나 더 하느냐의 문제인 것이다.

사업의 성패도 노력의 양에 달려 있다. 식당 주방장이 음식 맛을 몇 번 보느냐에 따라 음식 맛이 달라지고, 종업원이 손님 얼굴을 몇 번 쳐다보느냐에 따라 서비스 평가가 달라진다. 사업에서도 노력의 기준은 상대적이다. 다른 업체들보다 열심히 하면 된다. 사업을 하는 사람은 항상 다른 업체가 어떻게 하고 있는지를 파악하고 있어야 한다.

선택하는 사람은 냉정하다. 어떤 음식점 주인이 나름대로 노력한다고 생각해도 고객은 다른 집과 비교한다. 그리고 나은 음식점을 선택한다. 고객은 여러 군데를 다니며 비교하기 때문에 어느 집이 다른 집보다 못한지 예민하게 포착한다. 고객을 끌려면 다른 집보다 잘해야만 한다. 여느 집과 다를 바 없다면 경쟁력이 없다. 고객이 줄고 나서 원인을 분석하는 것보다 미리 상대적 게임에 대비할 필요가 있다.

남들이 어떻게 하고 있는지 신경쓰지 않는 사람은 성공을 포기하는 것과 다를 바 없다. 학생은 다른 학생보다 더 공부하는 것이 공부의 기본이고, 직장인은 다른 직원보다 더 열심히 일하는 것이 업무의 기본이다. 사업은 임직원이 다른 업체보다 더 부지런하게 움직이는 것이 기본이다. 비교 그룹에 속한 경쟁자들이 어떻게 하고 있는지 항상 파악해야 한다. 그리고 그보다 더 노력해야 한다.

진짜 경쟁자는 보이지 않는다

다른 경쟁자들이 어떻게 하고 있는지 파악하는 일은 경쟁에 도전하는 사람의 도리다. 경쟁자들끼리 서로 쳐다볼 수 있는 상황이라고 가정해보자. 예를 들어, 강당에 수험생을 모아놓고 그 자리에서 강의를 듣도록 한다. 누가 열심히 듣는지, 졸고 있는지, 도중에 자리를 뜨는지 볼 수 있다. 시험문제는 강의 내용에서만 나온다. 그리고 강의가 끝나면 바로 시험을 본다.

이런 상황이라면 시험 결과도 어느 정도 예측할 수 있다. 강의 중간에 들락거리는 사람은 성적이 나쁠 것이고, 끝까지 열중해서 듣는 사람은 성적이 좋을 것이다. 학교 시험은 이런 상황에 가깝다. 어느 정도 노력하는지 서로 알 수 있다. 우리 반에 누가 어느 정도 성적인지 대충 알 수 있다.

운명을 가르는 경쟁은 다르게 전개된다. 대부분의 경쟁은 다른 사람들이 어떻게 하는지 알 수 없는 상황이다. 대학입시는 누가 어느 동네에서 어떻게 공부하고 있는지 모르는 상황에서 준비해야 한다. 최근 몇 년 동안 일류 대학에 한 명도 보내지 못한 고등학교에 다니는 학생이 있다고 하자. 그 학생이 전교에서 1~2등을 다툴 정도로 공부를 잘하고 있어서 명문대 어느 학과에 가겠다고 뜻을 세운다. 같은 학교의 다른 학생들보다 열심히 한다고 해서 뜻을 이룰 수 있겠는가. 아니다. 그가 매일 보는 같은 교실 학생들은 그의 경쟁자가 아니다. 다른 반 학생들도 마찬가지다. 같은 도시 다른 학생도 확률상 아니라고 하는 것이 맞다. 그가 가고자 하는 학과의 모집정원은 전국 고등학교 수보다 적다. 그의 진짜 경쟁자는 전국 각지에 흩어져서 공부하고 있는 학생들이다. 그들은 서로 만난 적도 없고 각자 어떻게 공부하고 있는지 알 수도 없다.

진짜 경쟁에서는 주위 사람보다 열심히 하면 된다는 식은 통하지 않는다. 주위 사람의 꿈과 목표는 당신과 다르다. 그러니 노력도 다르다. 그럼에도 사람들은 당장 눈에 보이는 사람을 기준으로 삼아 노력하는 경향이 있다. 주위 사람이 어떻게 하는지 신경을 많이 쓴다. 학생은 주위 친구들보다 더 공부하면 대단히 노력하는 것처럼 착각한다. 직장인은 동료만큼만 일하면 된다고 생각한다.

주위 사람이 하는 만큼만 하면 된다고 생각하는 사람은 인생을 적당히 사는 사람이다. 당장은 편할 것이다. 그러나 성공에서 멀어진다. 주위 사람이 하는 노력은 문자 그대로 '동네 수준'이다. 동네사람들은 치열하게 살고 있지 않다. 보이는 사람을 기준으로 삼아 노력하면 실패할 가능성이 크다.

특히 친구가 문제다. 좋은 친구를 사귀는 사람은 좋은 사람이 되고, 나쁜 친구를 사귀면 나빠진다. 또래 집단을 따라하면 노력의 정도도 비슷해진다. 놀기 좋아하는 친구를 둔 학생은 공부를 잘할 수 없다. 친구 따라 적당히 성적이 나오는 것에 안도하는 학생은 졸업 후에도 그런 자세로 살다가 인생을 망치게 된다. 노력과 담을 쌓고 사는 사람과 가까이 지내면 덩달아 실패하는 길로 간다.

보통사람과 다르게 살겠다는 꿈을 가진 사람은 진짜 경쟁자를 상대로 노력해야 한다. 진짜 경쟁자는 보이지 않는다. 입학시험이나 입사시험뿐만이 아니다. 연구개발도 그런 식이다. 맛있다고 소문난 식당은 맛을 내는 비법이 공개되지 않도록 보안을 유지한다. 그 집만의 특별한 소스는 주인이 종업원 없는 자리에서 직접 만든다.

대기업도 마찬가지다. 삼성전자나 현대자동차의 개발연구소에 출입하려면 휴대전화까지 맡겨야 한다. 생산과정이나 연구개발 내용이 밖으로 흘러나가면 안 되기 때문이다. 경쟁 업체들도 마찬가지로 극도로 보안에 신경쓰고 있다. 세상에서 생존을 건 경쟁은 비밀리에 벌어지고 있다. 경쟁자가 하는 것을 보지 못하고 결과가 공개될 때 생존이 결정되는 처절한 상황이다.

신경써야 할 상대방은 보이는 사람이 아니라 다른 곳에 있는 모르는 사람이다. 적당히 사는 주위 사람보다 조금 더 하면 무언가 될 거라는 생각은 어림없다. 주위 사람을 쳐다보면서 살아가면 제대로 노력이 나오지 않는다. 성공을 꿈꾼다면 이 생각부터 버려야 한다.

또래 집단에서 자유로워져야 인생이 한 단계 도약한다. 주위 사람과 같은 꿈을 꾸면 보통사람의 운명을 벗어나지 못한다. 다르게 꿈꾸고 노력해야 달라진다. 외로워지지만 참고 이겨야 한다. 관심의 대상을 주위 사람으로부터 진짜 경쟁자 그룹으로 옮겨야 한다.

보이지 않는 경쟁자들이 어떻게 하고 있는지 알 수 없을지라도 자신이 제대로 노력하고 있는지 알 수 있는 방법이 있다. 바로 나는 남과 별로 차이가 없다는 전제에서 출발한다. 내가 남과 다르지 않다 면, 내가 하고 싶은 대로 해서는 남과 다를 바 없게 된다. 남이 어떻게 하는지 쳐다보지 않아도 뻔하다.

내가 견딜 만한 노력은 남과 다르지 않은 노력일 것이다. 내가 공부하기 싫을 때, 회사 업무가 지겨워 자리에서 일어나고 싶을 때, 고객의 소리가 듣기 싫어질 때 다른 경쟁자들도 나와 마찬가지 생각을 하고 있을 것이다. 내가 참을 만큼 참다가 그만두고 싶을 때 경쟁자들도 마찬가지 충동을 느끼고 있을 것이다. 혼자만 지겹고 힘든 것이 아니다. 이때 집어치우면 경쟁자들보다 더 하는 것이 없다.

당신이 남보다 더 노력하고 있는지 아는 방법은 간단하다. 당신이 힘들다고 느낄 때 경쟁자들도 똑같이 그렇게 느끼고 있을 것이다. 재미삼아 하고 싶은 것 다 하고, 먹고 싶은 것 다 먹고, 쉬고 싶을 때마다 다 쉬고, 졸음이 올 때 바로 잔다면, 그것은 노력하고 있는 게 아니다. 나태한 수준이다.

그렇다면 달라져야 한다. 놀고 싶을 때 놀지 않고, 먹고 싶다고 다 먹지 않고, 쉬고 싶을 때 조금 더 참고, 졸릴 때 조금 더 버티고, 대충 끝내고 싶을 때 조금 더 매달리고, 힘들 때 조금 더 참아야 한다. 당신의 경쟁력은 당신이 참는 정도, 고통의 정도에 비례한다고 보면 틀림없다.

삼성전자 연구원들이 놀랄 만큼 많은 성과급을 받았다는 기사가 발표된 적이 있다. 그 기사에는 어느 연구원의 인터뷰가 실려 있었다. 기자가 물었다. "지금 이 순간 당신이 가장 하고 싶은 것이 무엇인가." "실컷 자고 싶다. 십 년 넘게 잠 한번 제대로 못 잤다." 잠을 제대로 못 자고 산다는 것은 인간으로서 참기 어려운 고통이다. 삼성전자가 세계에서 선두에 서게 된 것은 수많은 연구원들이 그런 고통을 참은 결과다. 자고 싶은 만큼 다 자고 성공하기를 바라는 것은 터무니없는 일이다.

경쟁자가 보이지 않는다면 어떻게 해야 하는가. 먼저 자신의 본성과 싸워서 이겨내야 한다. 노력이란 '인간답게' 사는 것을 상당 부분 포기하는 것이다. 몸과 마음은 인간답게 사는 것에 익숙해져 있지만 그것을 이기고 나아가야 한다. 나는 학창 시절 '극기상진克己常進'을 좌우명으로 삼았다. '자신을 이기면서 계속 앞으로 나아간다'는 뜻이다. 공부하기 싫어도 참고 계속 책을 읽어나가야 한다. 놀고 싶어도 책상에서 계속 버텨야 한다. 참는 만큼 경쟁자들보다 앞서가는 것이다.

당신은 누구를 상대로 경쟁하고 있는가. 경쟁자들이 보이는가. 보이는 사람보다 조금 더 하면 성공할 수 있다고 생각하는가. 진짜 경쟁자들이 어떻게 하고 있는지 생각해보았는가. 그들보다 더 참고 있는가. 더 고통을 느끼고 있는가. 할 만하다는 노력만 하고 있는가, 참기 어려운 것도 해나가는가.

노력에 대해서 거꾸로 생각하자. 노력할 때 힘들다고 하지 말고

'힘든 만큼이 노력이다'라고 생각하자. 당신의 경쟁력은 참는 만큼이
다. 당신이 가장 큰 고통을 느낄 때 좌절하지 마라. 당신은 가장 열심
히 하고 있다.

성공하려면 성공한 사람으로부터 배워라

보통사람은 경쟁자들보다 조금 더 노력하면 성공할 거라고 생각한다. 그러나 그것만으로는 부족하다. 경쟁자들보다 열심히 하더라도 성공하기 쉽지 않다. 왜 그럴까. 도전자는 많고, 성공하는 사람은 적다. 도전자들끼리 하는 노력은 오십보백보다. 좋은 대학은 우수한 학생들이 몰리고, 다들 부러워하는 직장은 입사시험을 관리하기 어려울 정도로 사람이 몰리고, 돈이 좀 된다고 생각되는 사업은 어중이떠중이 다 해보겠다고 덤벼든다. 도토리 키 재기는 인생 내내 되풀이된다.

이런 경쟁에 뛰어든 도전자의 운명을 생각해보자. 예를 들어, 10명 뽑는 시험에 3천 명이 도전한다고 가정하자. 위에서 백 번째로 열심히 한 사람이나 바닥에 깔린 사람이나 마찬가지다.

어디 가나 마찬가지다. 소수만 성공하고 대다수는 실패한다. 벤처기업의 성공 확률은 1퍼센트 정도다. 99퍼센트가 망한다. 쉬워 보이는 음식점조차 개업한 지 이 년 안에 간판을 내릴 확률이 85퍼센트나 된다고 한다. 도전자 중에서 중간 이상 간다고 해도 성공과는 거리가 멀다. 상당히 잘하는 축에 들어도 성공하는 소수에 들기란 쉽지 않다.

대부분의 경쟁에서 도전자의 성공 확률은 낮고 실패 확률은 높다. 중간 정도의 노력을 하면 실패할 확률이 절대적으로 크다. 그래서 경쟁자들보다 조금 더 하면 된다는 생각은 문제가 있다.

도전자들이 흔히 범하는 잘못은 '범생'이라고 부르는 동네 모범생을 노력의 본보기로 삼는 것이다. 동네 모범생은 내 눈에 띄는 경쟁자 중에서 착실하고 나름대로 열심히 한다고 인정받는 사람이다. 그런 사람은 얼마만큼 노력하는가. 예를 들어, 어느 학생이 아침 먹고 바로 책상에 앉아 공부를 시작한다. 점심 먹느라고 한 시간 쉬는 것 말고는 자리에서 일어나지 않는다. 이렇게 하루 종일 공부하면 저녁 먹을 때쯤이면 지친다. 저녁 먹고 나면 다시 자리에 앉아도 공부가 손에 잡히지 않는다. 주말이 되면 조금 느슨하게 보내다가 월요일이 되면 다시 긴장해서 공부한다.

이렇게 하면 비교적 성실하게 보이고 남들은 모범생이라고 할 것이다. 그러나 따져보자. 이것은 특별한 노력이 아니다. 경쟁자들 평균보다는 더 노력한다고 할 수 있겠지만 성공할 소수에 들어가기는 어렵다.

성공하려면 노력의 기준을 바꾸어야 한다. 노력의 기준은 경쟁자가 아니라 성공한 사람이어야 한다. 경쟁자는 실패할 확률이 절대적으로 높지만 성공한 사람은 검증된 사람이다. 성공한 사람만큼 해야 성공한다.

어떻게 하면 될까. 성공한 사람이 곁에 있다면 보이는 대로 따라 하면 되겠지만 현실은 그렇지 않다. 도전자는 성공한 사람을 만나기 어렵다. 성공하면 신분이 달라진다. 어울리는 그룹도 도전자 그룹에서 성공한 사람들의 그룹으로 올라간다. 두 그룹은 서로 잘 어울리지 않는다.

옛날 같으면 성공한 사람들은 베일에 가려져 있고, 그들에게 접근해서 배울 수 있는 길도 마땅치 않았지만 세상은 달라졌다. 책이나 글을 통해서, 강의를 통해서, 교육 프로그램을 통해서 배울 수 있는 길이 다양하게 열려 있다. 저작권 위반 시비가 생기기도 하지만 인터넷에도 공짜 정보가 널려 있다. 성공 노하우를 가르치는 자기계발도 21세기형 지식기반 사업으로 등장했다.

성공하려면 성공한 사람으로부터 배워야 한다. 이것은 내가 고시에 빨리 합격한 비결이었다. 나는 이 사실을 일찍 깨닫고 실천했다. 처음 고시하겠다고 마음먹었을 때는 앞이 보이지 않았다. 어떻게 준비해야 하는지 감도 못 잡고 시간만 흘러갔다. 그 당시 재학생이 합격한다는 것은 거의 불가능했다. 도서관에서 공부하는 선배는 많았지만 따라하다가는 실패할 확률이 클 거라 생각했다. 합격한 선배들을 만나서 듣고 싶었는데 선이 닿지 않았다.

수소문 끝에 고시합격기라는 것이 있다는 사실을 알았다. 그런 수기는 고시잡지에도 실려 있고, 단행본으로도 나와 있었다. 합격기 수십 편을 읽으면서 공감이 가는 공부 방법을 추출해서 노트에 정리했고, 실천하려고 노력했다.

결과는 놀라웠다. 평생에 하나 합격하기도 어렵다는 고시를 삼 년 동안 셋이나 연달아 합격했다. 성공한 사람으로부터 배우면 성공 한다는 사실을 검증했다.

"성공하고 싶다면 성공한 사람으로부터 배워라." 항상 어디서나 타당한 성공 비법이다. 이것은 시행착오를 줄이고 성공에 접근하는 효율적 방법이다. 나는 어떤 일을 새로 시작해도 두렵지 않다. 지구상 에서 내가 처음 하는 일은 거의 없다. 성공하는 사람, 성공 사례로부 터 배우면서 시작하면 된다.

성공한 사람이 했던 노력을 따라하고 당신의 것으로 만들고 나 아가 미흡하게 보이는 부분을 보완하면 넘어설 수 있다. 내가 고시 신 화를 창조하게 된 것도 바로 이런 접근법을 쓴 때문이다. 나는 어떻게 하면 더 많은 시간을 더 능률적으로 공부할 수 있을지 끊임없이 궁리 했다. 고시 합격생들이 하루 15시간 공부했다고 하니 나는 17시간 공 부했다. 기존 합격생들이 미처 생각하지 못한 것까지 생각해냈다. 공 부 시간을 늘리기 위한 비빔밥도 그 가운데 하나였다. 기본서 단권화 방법도 나름대로 개발했다. 주관식 답안은 진한 글씨라야 눈에 더 들 어온다는 것을 알고서 만년필 잉크를 농축시켜 썼다. 만년필 잡는 손 에 땀이 나서 미끈거리면 글씨 쓰는 속도가 느려지기 때문에 실에 풀 을 먹여 만년필 손가락 잡는 부분에 골무처럼 감기도 했다.

막연히 훌륭하게 살겠다고 결심하는 것은 나름대로 열심히 산 다는 것과 같이 실효성이 없다. 자기가 꿈을 꾸는 분야에서 성공한 사람을 찾아 닮으려고 해야 한다. 롤모델을 찾아 그 사람처럼 노력해서 성공하겠다고 확신을 가지면 길이 보인다.

청소년에게 특히 롤모델이 필요하다. 롤모델은 존경하고 부러워할 만한 인물이어야 한다. 그를 닮고 싶은 열망이 솟아나야 한다. 지금 대한민국은 세계 일류인 분야가 많다. 분야별로 롤모델로 삼을 만한 사람을 찾기는 어렵지 않다. 롤모델을 정하면 그가 어떻게 노력해서 성공했는지 관심을 가지고 배우고 따라해야 한다. 롤모델이 한 것 이상을 하면 그보다 더 훌륭한 인생을 살 가능성이 크다.

어느 분야에서나 최상층에 들어가는 사람은 노력의 정도가 다르다. 하루 15시간 이상 일주일에 7일을 쉬는 날 없이 노력한다. 그렇게 해야 중요한 인생 고비를 돌파할 수 있다. 고시생은 합격을 기대할 수 있고, 연구원은 새로운 것을 세상에 내놓을 수 있으며, 대기업 직원은 임원에 오를 수 있다. 미국에 맨손으로 이민 가서 성공하는 한인들도 그렇게 노력한다. 뉴욕 맨해튼의 식료품 가게 주인은 쉬는 날이 없다. 동네 모범생이 하는 노력으로는 생존할 수 없다.

사람은 성공한 사람을 따라해야 하고, 기업은 성공한 기업을 따라해야 한다. 성공한 기업을 따라하는 것은 경영학에서 '벤치마킹'이라고 해서 훌륭한 경영 기법으로 인정되고 있다. 원래 벤치마크는 측정 기준을 말한다. 선도 기업의 경영 지표를 기준으로 삼고 그 수치에 도달하려고 노력하는 것이 벤치마킹의 원래 뜻이다. 성공한 기업을 따라하려면 그 기업을 알아야 한다. 벤치마킹은 선도 기업의 정보를 수집하는 것에서 시작한다.

한국이 발전하면서 우리가 배울 외국 기업이 거의 사라지고 있다. 지금 벤치마킹이란 말은 진부하게 들리지만 나에게는 가장 중요한 성공 비법이다. 나는 성공한 사람을 만나면 한 가지라도 더 물어보고 배우려고 한다.

처음 하는 사업에도 벤치마킹은 효과적인 방법이다. 음식점을 예로 들어보자. 내가 아는 복 전문점이 있다. 복은 가격이 비싸서 경기에 민감하고 전문성이 없으면 성공하기 힘든 업종이다. 그런데도 그 집은 며칠 전에 예약을 하지 않으면 자리가 없을 정도로 성황이다. 나는 사장에게 비결을 물어보았다. K사장은 원래 가정주부였다. 나이가 들어 음식점을 개업하려고 하니 잠이 오지 않더라는 것이다. 망하면 종잣돈을 날릴 테니 말이다. 남은 세월은 힘들어진다. 절대로 실패해서는 안 되는 상황이다. 그래서 생각한 방법이 성공한 음식점에서 배우자는 것이었다. 소문나게 잘되는 집을 찾아다녔다. 주방에서 일하기도 하고, 음식을 나르기도 하면서 왜 이 집은 잘되는지를 밤마다 노트에 정리하고 연구했다. 음식점을 잘 모르는 사람도 잘하는 집의 차이점은 느낄 수 있다. 음식 만드는 법, 서비스하는 법, 주방 운영하는 법 등등 다 체득했다. 이 년 동안 스무 군데 넘게 돌고 나니 이제 '하산해도 되겠다'는 생각이 들었다. 개업을 하니 대박이었다.

그 사장의 노력은 계속된다. "나는 우리 집이 잘한다고 생각하지만 더 잘하려고 노력합니다. 지금도 두어 달에 한 번씩 복 잘한다고 소문난 집을 찾아다닙니다. 우리 집보다 나은 점이 보이면 바로 따라합니다." 항상 잘되는 집을 본받아 나아지려고 하니 잘될 수밖에 없다.

사장이 말하는 또 다른 비결은 직접 장을 보러 가는 것이다. 일반적으로 음식점 주인은 월급쟁이 주방장에게 주방을 맡기고 자기는 카운터에 앉아 돈만 지키는 경우가 많다. 그러나 그 사장은 직접 시장에 가서 계절에 맞는 재료를 사다가 밑반찬을 수시로 바꾸어준다. 손님이 단골이 되어 자주 오더라도 음식에 질리지 않도록 신경을 쓴다. 밑반찬을 바꾸어도 재료비에는 별 차이가 없단다.

성공하는 사람은 지금 잘나간다고 안주하지 않는다. 잘한다고 노력을 멈추지 않는다. 항상 나아지려고 애쓴다. 잘한다고 소문이 난 사람이 있으면 찾아가서 배운다. 소문난 사람은 무언가 다른 점이 있다. 배우려고 간 사람은 음식이나 종업원 서비스, 인테리어나 물건 배치에서 무엇이 다른지 금방 파악할 수 있다. 배우려는 자세가 없는 사람 눈에는 차이점이 포착되지 않는다. 모든 것이 그저 그렇게 보일 것이다.

한번은 소문난 된장찌개 집에 갔다. 나는 기대하면서 살펴보았다. 된장 냄새부터 달랐다. 주인이 시장에서 싼 것을 사다 쓰지 않고 전국을 다니면서 맛있는 된장을 찾아낸 것 같았다. 찌개와 밑반찬도 푸짐했다. 그런데도 종업원은 "부족하면 얼마든지 더 드립니다"라고 말했다.

기분 좋게 식사를 마치고 계산하고 있는데 그 옆 찬장 위에 눈높이로 거울이 놓여 있었다. 나는 감동했다. 그 거울은 우연히 그 자리에 놓여 있을까. 아니다. 손님이 이 사이에 무엇이 끼었는지 볼 수 있도록 주인이 놓은 것이다. 손님이 나갈 때까지 모든 것을 세심하게 배려하는 주인의 세심한 마음이 느껴졌다.

노력의 기준은 경쟁자가 아니라 성공한 사람, 성공한 사례, 성공한 기업이 되어야 한다. 롤모델은 인생의 벤치마크가 되고, 성공한 기업은 사업의 벤치마크가 된다.

성공한 사람을 멀리하면 성공에서 멀어진다. 또래 집단에서 벗어나지 못하는 사람도 마찬가지다. 실패하는 사람은 거꾸로 간다. 성공하는 사람을 무시하고 따돌리고 질시의 대상으로 삼는다. 잘된 사람을 보면 배 아파 하고 험담을 일삼는다. 스스로 노력하기보다는 잘나가는 사람을 주저앉히려고 한다.

성공한 사람을 미워하는 것은 성공을 미워하는 것과 같다. 성공하려면 성공한 사람에게 배우려는 겸허한 자세를 가져야 한다. 그들이 어떻게 노력했는가를 파악하고, 그만한 노력을 해야 한다. 성공한 사람으로부터 배우는 사람은 성공한다.

성공 곡선을 믿어라

노력해도 당장 달라지는 것은 없다. 결과가 나오기까지 시간이 많이 걸린다. 꼭 성공한다는 보장도 없다. 그래서 노력은 힘들다. "이 정도면 무언가 성과가 있겠지" 하고 기대할 만한 시점에 아무것도 보이지 않는다. 보이지 않는 미래를 꿈꾸며 오랫동안 시간과 노력을 투자하기란 쉬운 일이 아니다.

할 만큼 했다고 생각할 때 인내의 한계만 느끼고 실망하는 경우가 많다. 더 노력하면 나은 결과가 나오는데 노력하다가 도중에 포기하는 경우도 적지 않다.

본격적인 노력은 노력의 가치를 깨달을 때 나온다. 노력의 가치는 두 가지가 있다. 하나는 성공 확률에 관한 문제이고, 다른 하나는 시간효과에 관한 문제다.

첫째, 노력은 성공 확률을 높인다. 눈앞에 뻔히 보이는 과녁에 화살을 쏜다고 생각해보자. 쉽게 보이지만 막상 해보면 잘되지 않는다. 운 좋게 단번에 명중시키는 사람도 있겠지만 대개 실패를 거듭한다.

그러나 분명한 것은 쏘면 쏠수록 맞출 확률이 커진다는 사실이다. 단번에 맞추려는 사람은 인생을 운에 거는 사람이고, 여러 번 시도해서 맞추려는 사람은 성공 확률을 믿는 사람이다.

노력하면 할수록 성공 확률은 높아진다. 확률이 높아지는 것은 눈에 보이지 않는다. 하지만 확실히 달라지고 있다. 노력하는 사람은 성공에 점점 가까이 가고 있다. 목표가 멀리 있을 때는 가까이 다가가고 있어도 차이를 뚜렷이 느끼지 못할 뿐이다. 최종 결과가 나오기 전까지는 노력하는 사람이나 노는 사람이나 같아 보이지만 노력하는 만큼 분명히 달라지고 있다.

노력은 나중에 큰돈을 벌 수 있는 투자와 같다. 두 가지 투자가 있다고 하자. 하나는 1억 원을 벌 확률이 70퍼센트이고, 다른 하나는 1억 원을 벌 확률이 30퍼센트다. 어느 쪽을 선택하겠는가. 확률이 70퍼센트인 투자일 것이다. 투자가 성공했을 경우 얻는 수익이 비슷하다고 해도 확률이 더 높은 쪽을 선호하는 이유는 기대수익이 더 크기 때문이다.

기대수익이란 성공할 경우 얻는 수익에 실현될 확률을 곱한 것이다. 첫 번째 투자는 기대수익이 7천만 원이고, 두 번째 투자는 기대수익이 3천만 원이다. 노력하면 할수록 성공 확률이 높아지고, 기대수익도 그만큼 커진다. 합리적인 사람이라면 당연히 확률이 높아지는 쪽, 기대수익이 커지는 쪽을 선택할 것이다. 노력하면 성공 확률이 높아진다. 인생의 미래 가치가 올라간다.

이성을 가진 인간은 합리적으로 행동한다. 불확실성을 싫어한다. 앞으로 일어날 일이 두 가지 있다고 하자. 하나는 결과가 확실하고, 다른 하나는 결과가 불확실하다. 어떤 것을 선택하겠는가. 앞에서 본 투자의 경우처럼 확실한 쪽을 선택하는 것이 합리적 행동이다. 또 같은 일이라면 불확실성을 줄이는 방향으로 행동하는 것이 합리적이다. 좋은 일은 확률이 높을수록 확실하다. 노력은 성공 확률을 높여 확실성을 높이는 효과가 있다.

합리적인 인간은 나쁜 일에 대해서는 확률을 낮추는 방향으로 행동한다. 자동차 운전을 생각해보자. 함부로 운전한다고 해서 항상 사고가 나지는 않는다. 그렇지만 우리가 운전할 때 조심하는 것은 사고 확률을 줄이기 위해서다. 합리적 인간은 사고에 대한 불확실성을 줄이려고 노력한다.

자동차 보험에 가입하는 것도 마찬가지 이유다. 보험료를 수십 년 내고서 사고가 나지 않았다면 고마운 일이지 보험료가 아깝다고 생각해서는 안 된다. 오랫동안 사고가 나지 않았다고 보험에 가입하지 않는 것은 운명을 운에 맡기는 것과 같다. 한 번의 사고가 엄청난 손실을 초래하고 인생을 망칠 수 있다. 위험한 만큼 실패 확률은 높아진다. 인생에 불확실성이 커진다.

노력은 실패 확률을 줄인다. 노력한다는 것은 인생에 불확실성을 줄이는 것과 같다. 합리적인 인간이라면 성공 확률을 높이고 실패 확률을 줄이는 방향으로 살아야 한다. 노력은 그 방향으로 인생을 사는 방법이다.

경제마인드로 사는 사람은 "힘들게 사느니 성공을 포기하면 그만이다"라고 생각하기 쉽다. 그러나 인생은 그렇게 간단하지 않다. 노력하지 않으면 그만큼 인생에 불확실성이 커진다. 앞으로 어떻게 될지 예측할 수 없는 인생을 살게 된다. 단 하나밖에 없는 인생을 도박처럼 사는 것이다. 스스로 운명의 주인이기를 포기하는 것이다.

종전에는 '철밥통'이라고 해서 열심히 하지 않고도 버틸 수 있는 직장이 많았다. 하지만 그런 직장은 점점 사라지고 있다. 세상은 노력하지 않는 사람이 살기 힘들게 변해간다. 열심히 공부하지 않는 학생은 어느 학교에 가게 될지 몰라 불안하고, 열심히 하지 않는 사업가는 언제까지 사업을 끌고 갈 수 있을지 몰라 불안하고, 열심히 일하지 않는 직장인은 앞으로 밥그릇이 어떻게 될지 몰라 불안하다. 노력하지 않는 인생은 불안의 연속이다. 모든 것이 불확실하다. 운명을 내다볼 수 없다.

노력해도 결과가 불확실하다는 것은 노력하지 않는 핑계가 될 수 없다. 따지고 보면 정반대다. 노력이야말로 인생에 불확실성을 줄이고 확실성을 높이는 수단이다. 노력은 성공 확률을 높이고 실패 확률을 줄이기 때문에 할 만한 가치가 있다. 이것이 노력의 확률효과다.

노력의 또 다른 가치는 시간효과다. 만약 노력을 시작하자마자 바로 결과에서 차이가 날 거라 느낄 수 있다면 노력하기가 재미있을지 모른다. 하지만 그렇지 않은 경우가 대부분이다. 노력하더라도 결과가 달라진다는 사실을 감지하기까지 시간이 많이 걸린다. 처음 예상한 것보다 대개 시간이 더 걸린다. 성공은 사람이 느끼는 것보다 조금 더 먼 곳에 있는 것 같다. 인내심이 한계를 넘어서는 것도 자주 경험하게 된다. 그러나 결과가 나타나는 것은 시간문제다.

노력하지 않는 사람은 결과가 나타나기까지 시간이 많이 걸린다는 핑계를 삼지만, 끈질기게 노력해서 성공해본 경험이 있는 사람은 다르게 생각한다. 시간은 노력하는 사람의 편이다. 차이가 나타날 때까지 시간이 많이 걸리는 것일수록 나중에 시작하는 사람은 따라잡기 힘들다. 이 이치를 아는 사람은 시간을 거꾸로 활용한다. 남보다 먼저 시작하고, 시작한 것은 쉬지 않고 밀고 나간다. 그러면 계속 앞서 갈 수 있다.

성공하는 과정은 나무를 키우는 것과 같다. 노력은 '꿈'이란 이름의 나무를 키우는 일이다. 나무는 속성 재배가 되지 않는다. 심고 물 주고 며칠 동안 쳐다보아도 달라지지 않는다. 한 달이 지나도 별로 차이가 나지 않을 것이다. 그러나 일 년 지나면 상당히 자란 것을 볼 수 있고, 십 년이 지나면 하늘을 찌른다. 나무를 키우는 사람은 조급해하지 않는다. 오늘과 내일이 차이가 나지 않아도 실망하지 않고 꾸준하게 가꾼다. 나무가 빨리 자라지 않는다는 말은 나무를 심지 않는 핑계가 될 수 없다. 나무를 심는 사람은 참고 기다릴 줄 안다.

나무는 반드시 자란다. 나무 성장에 절대 시간이 필요한 것처럼 노력하는 사람도 절대 시간을 투입해야 한다. 떡잎에서 시작한 조그만 나무가 하늘을 향해 높이 자라듯이 노력의 결과는 우리가 예상하는 것보다 크다. 노력하는 사람은 시간이 흐르면 반드시 성공할 것이라는 확신을 가져야 한다.

성공하면 밝은 세상이 기다리지만 결과가 나타나기까지 기다리는 시간은 지루하고 어둡다. 노력하는 기간은 마치 끝이 보이지 않는 긴 터널을 지나가는 것과 같다. 터널 속은 가도 가도 끝이 보이지 않는다. 참고 지나기가 고통스럽다. 학생은 열심히 공부해도 실력이 올라가지 않아 좌절감을 느낀다. 직장인은 열심히 해도 윗사람이 인정해주지 않아 직장을 그만두고 싶은 충동에 휩싸인다.

노력을 시작하면 이런 '고통의 터널'을 지나가야 한다. 그 구간을 통과하는 데는 힘이 든다. 터널 속으로 들어가면 갑자기 어두워져 두려워진다. 터널 저편의 빛이 보이지 않으면 출발했던 터널 입구의 빛을 그리워하면서 되돌아가고 싶은 충동을 느낀다. 터널 입구의 빛은 밝아 보이지만 가로등에 불과하다. 터널 저편의 빛은 태양이다. 우리는 태양을 향해 나아가야 한다.

성공한 사람들의 공통점은 '고통의 터널'을 통과한 경험을 가졌다는 점이다. 두 번째 터널을 통과할 때는 첫 번째보다 훨씬 수월하게 느껴진다. 한참 가다가 빛이 보일 만한 지점에서 빛이 보이지 않아도 절망하지 않고 밀고 갈 줄 안다. 한번 터널을 통과해본 사람은 새로운 터널이 나온다고 하더라도 두려워하지 않을 것이다.

나는 고등학교 시절 '고통의 터널'을 통과한 경험이 있다. 2학년 첫 시험에서 낙제 점수를 받은 것이 발단이었다. 그때부터 공부를 따라잡기 위한 마라톤이 시작되었다. 하루, 이틀, 사흘이 지나 지루한 나날이 이어졌다. 계속 잠도 제대로 자지 않고 공부했다. 답답하게도 웬만큼 시간이 지나도 성적이 오르지 않았다. 그러다 여름방학을 맞았다. 친구들은 놀러가자고 했지만 나는 방안에 박혀서 공부했다. 우리 집은 에어컨도 없고 벽도 단열처리가 되지 않았다. 낮에 땡볕이 집을 달구어 공부방은 말 그대로 찜통이었다. 나는 엄청나게 땀을 흘리면서 공부했다. 등과 엉덩이에 땀띠가 나고, 진물이 나고, 나중에는 아토피가 심해졌다. 그런 고통을 참으면서 공부했다. 가을이 되었다. 놀라운 일이 벌어졌다. 시험친 결과 반에서 등수 안에 들었다. 여섯 달 만에 상위권에 들어간 것이다. 내 인생에 가장 극적인 전환점이었다.

낙제생에서 우등생으로 올라선 경험은 나에게 소중한 교훈을 주었다. 처음에는 터널 끝이 보이지 않아 불안하더니 여섯 달 지나자 눈부신 세상이 나타났다. 나는 여섯 달 만에 '고통의 터널'을 통과했다. 아무리 남보다 뒤떨어져도 여섯 달 노력하면 인생이 반전된다는 것을 체험했다.

터널을 지나고 보니 그것은 활주로였다. 활주로를 지나면 비행기가 하늘로 떠오른다. 비행기가 땅에서 하늘로 날아오르는 모습처럼 성공에 오르는 길은 직선이 아니라 곡선이다. 나는 이것을 '성공 곡선'이라고 부른다. 성공 곡선은 비행기가 하늘로 날아오를 때 그리는 선과 비슷하다. 활주로를 한참 가다가 서서히 지면을 뜨기 시작하고 어느 순간 하늘로 치솟아 오른다. 언제 비행기가 지면을 뜨는지 눈으로는 잘 구분되지 않는다. 처음에는 서서히 위로 올라가는 곡선을 그리기 때문이다. 바로 이것이 노력을 시작해도 상당 기간 차이를 느낄 수 없는 이유다.

비행기가 뜨려면 초기 구간이 가장 중요하다. 비행기는 하늘로 날아오르기 시작할 때 가속도를 내면서 연료를 가장 많이 소비한다.

이 구간이 고통의 터널이다. 성공 곡선의 모습을 아는 사람은 옆으로 횡보하는 초기 구간을 견딜 수 있다. 그 구간을 지나면 본격적으로 상승한다. 높은 곳에 오른 다음에는 연료가 많이 들지 않는다. 노력도 어느 궤도에 오르면 전보다 힘이 들지 않는다.

성공 곡선은 능률 곡선이기도 하다. 성공 곡선은 위를 향한 포물선이다. 일정한 구간을 지나면 기하급수적으로 올라간다. 노력도 할수록 능률이 기하급수적으로 향상된다. 책을 되풀이해서 읽으면 점점 읽는 속도가 빨라지고, 일을 반복하면 능률은 급속하게 올라가고 시간은 단축된다.

노력은 도박이 아니다. 성공 확률을 올리고 실패 확률을 줄이기 때문에 할 만한 가치가 있다. 투자마인드는 농사처럼 씨를 많이 뿌릴수록 많이 거둔다는 원리다. 자연에서 씨앗을 뿌리면 뿌린 만큼 거두는 게 아니라 수십 배, 수백 배의 성과를 얻는다. 노력도 마찬가지다. 기하급수적으로 상승하는 성공 곡선이 있기 때문에 상상할 수 없는 좋은 결과가 나올 수 있다. 성공 곡선을 믿고 참고 나아가야 한다.

노력 2단계

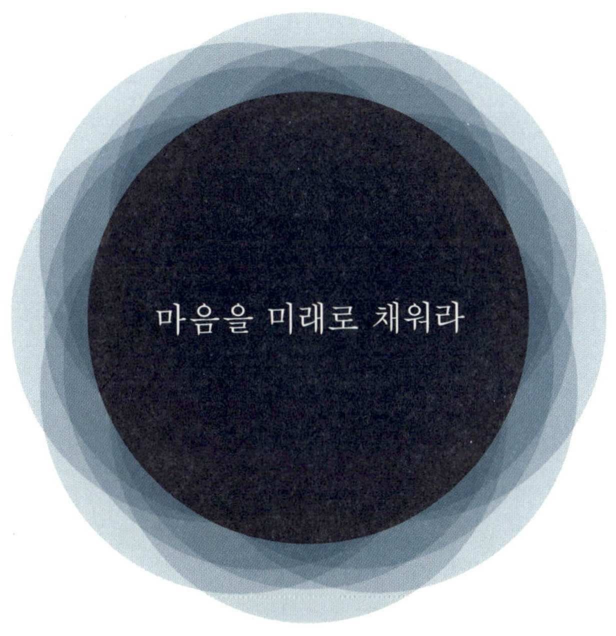

'보이지 않는 사람' : 마음은 시간 3차원
꿈을 꾸려면 과거를 퍼내라
마음의 상처를 치유하라
실패는 성공으로 가는 계단
마음의 그릇을 깨고 돌파하라
자신을 사랑하고 인정하라
출발선이 남과 다르기를 바라지 마라
지금 인정받으려고 하지 마라
노력하는 모습을 부끄러워하지 마라
긍정적이고 적극적으로 살아라
인생을 걸 만한 꿈을 가져라
공부는 계층을 올라가는 '꿈의 사다리'
재미있는 일은 인생에 도움이 되지 않는다
꿈을 사랑하고 당당히 시인하라
인생을 길게 보라

‘보이지 않는 사람’ :
마음은 시간 3차원

눈에 보이는 것만을 실체라고 믿는 사람이 많다. 눈에 보이는 인간은 공간에서 존재하는 육체다. 살아 있는 육체가 인간의 전부일까. 나는 아니라고 생각한다. 과학의 발달로 눈에 보이는 것이 전부가 아니라는 사실이 밝혀졌다. 우리 주변에는 보이지 않는 미생물이 무수히 많다. 한 사람의 피부에는 100조 개가 넘는 미생물이 기생하고 있다. 소립자의 세계로 들어가면 물질과 파동이 섞여 있다. 파동은 보이지는 않지만 에너지를 품고 정보까지 전달하는 실체다. 우리가 오감으로 감지할 수 없는 세계가 분명히 존재하고 있다.

인간도 보이는 것이 전부가 아니다. 인간은 보이는 것과 보이지 않는 것이 동전의 양면처럼 합체되어 살아가는 존재다. 보이는 것은 육체라고 부르고, 보이지 않는 것은 정신이나 마음이라고 한다. 인생관, 가치관, 철학, 사상, 이념, 종교, 사고방식, 취미, 습관, 사랑 등이 속사람을 만든다. 어떤 사람은 정신은 육체의 기능에 불과하다고 주장하지만 나는 ‘보이지 않는 사람’이 엄연히 존재한다고 믿는다.

세상은 사람을 보이는 것으로만 평가하는 경향이 있다. 사람들은 외모에 끌려 인생을 거는 사랑에 빠진다. "외모로 평가하는 세상이 싫다." 내가 대학 시절 했던 말이다. 남들은 내가 가진 보이지 않는 것들은 인정해주지 않았다. 내가 자부를 느끼는 노력과 열정, 도전정신은 별 의미가 없었고, 사랑은 받아들여지지 않았다. 키가 170센티미터에서 2센티미터 모자란다는 등 '보이는 사람' 때문에 제대로 평가받지 못했다.

그러다가 스스로를 반성하기도 했다. 보이지 않는 나를 남이 인정해주기 바라면서 혹시 나 자신은 남의 보이는 모습에 끌린 것은 아니었을까. 나는 나이가 들면서 '보이는 사람'은 인생에서 그다지 중요하지 않다는 사실을 깨달았다. 오늘의 나를 만든 것은 외모가 아니라 '보이지 않은 사람'이다.

생각을 만들어내는 머릿속의 틀도 '보이지 않는 사람'의 일부다. 틀 모양대로 생각과 말과 행동이 나오면서 인생이 만들어지니 운명은 '보이지 않는 사람'의 모습대로 만들어진다.

'보이지 않는 사람'은 어떤 모습일까. 먼저 '보이는 사람'의 모습을 생각해보자. 육체는 공간 3차원으로 존재한다. 사람은 육체라는 그릇을 보고 '보이는 사람'의 모습을 인식한다.

'보이는 사람'이 육체라는 그릇에 담겨 있듯이 '보이지 않는 사람'은 '마음의 그릇'에 담겨 있다. 마음의 그릇은 시간 3차원으로 존재한다. 시간 3차원은 과거, 현재, 미래를 말한다. 마음의 그릇에는 과거, 현재, 미래의 것들이 함께 담겨 있다. 지나간 것에 대한 추억, 후회, 아품, 미움, 기쁨은 과거다. 현재 눈앞에서 진행되는 온갖 것에 대한 생각, 반응, 판단은 현재다. 앞으로 일어날 일, 해야 할 일에 대한 꿈, 목표, 계획, 궁리는 미래다.

과거는 눈앞에서 사라진 것처럼 보이지만 마음의 그릇에는 다 흘러가지 못하고 남아 있다. 문득 옛 생각이 떠오르는 것은 바로 이 때문이다. 눈에는 현재만 보이지만 마음속에는 과거, 현재, 미래가 동시에 존재한다. 그래서 '보이지 않는 사람'은 마음의 그릇에 담겨 있는 시간 3차원의 모습이라고 할 수 있다.

마음의 그릇에는 마음을 무한정 담을 수 없다. '보이는 사람'을 담은 육체에 크기가 있는 것처럼 마음의 그릇도 사람마다 크기가 정해져 있다. 하드디스크에 저장할 수 있는 자료가 디스크 용량에 따라 정해진 것과 같다. 과거, 현재, 미래 등 시간 3차원을 담지만 그 중 한 가지가 많이 들어 있으면 다른 것을 담을 용량이 그만큼 줄어든다.

마음의 그릇에 과거를 많이 담으면 현재와 미래가 그만큼 덜 담길 수밖에 없다. 그래서 현재를 많이 담으려면 과거를 흘려보내야 한다. 미래를 많이 담으려면 과거를 비워야 한다. 그래도 그릇이 부족하면 현재도 줄여야 한다. 하나의 하드디스크를 여러 개의 서브드라이브로 나누어 쓰는 것과 같이 마음의 그릇도 과거, 현재, 미래에 용량을 나누어 할당해야 한다.

마음의 그릇이 시간을 어떻게 담고 있느냐에 따라 인생이 달라진다. 나는 마음의 그릇에서 과거, 현재, 미래가 각각 차지하는 비중을 '시간 포트폴리오'라고 부른다. 시간 포트폴리오는 곧 마음의 구조

이자 모습이다.

마음의 모습대로 인생이 만들어진다. 마음의 포트폴리오가 중요한 이유는 인생의 성공과 실패를 결정하기 때문이다. 마음의 그릇에 과거가 가득 찬 사람은 현재 일어나는 일에 신경을 쓰지 못하고 할일도 제대로 못 한다. 더구나 미래에 신경쓸 정신적 여유는 없다. 실패하는 인생을 살게 된다.

마음의 그릇에 현재를 가득 채우는 사람 역시 성공하기 어렵다. 눈앞의 현실에만 매달려 일희일비한다. 심하면 현재의 즐거움만을 추구한다. "오늘 하루 충실하게 살자"를 좌우명으로 삼는 사람이 많지만 현재만 신경쓰고 미래를 준비하지 않으면 성공할 수 없다. 월급을 받으면 다음 달 또 돈이 나올 것으로 믿고 현재를 즐기는 사람은 미래를 생각하지 않는 만큼 어려워진다.

마음의 그릇에 미래만을 담는 사람은 공상가다. 현실을 외면하고 현실과 동떨어진 행동을 하게 된다. 성공하려면 현재 일을 제대로 하는 것이 기본이다. 기본도 못 하면 중간도 가기 어렵다.

보통사람은 마음에 특징이 있다. 과거의 비중이 높고, 미래의 비중은 낮다. 마음의 그릇에 과거의 것이 잔뜩 담겨 있다. 현재가 조금씩 흘러들어가면서 과거를 밀어내지만 곧 과거에 희석되어버린다. 해오던 것을 답습하며, 과거의 틀로 현재를 판단한다. 변화에 둔감하고 지금까지 살아온 방식을 순리라고 생각하고, 그런 순리에 충실하게 살려고 한다. 새로운 변화는 생각하기 어렵다.

미래를 신경쓰지 않는 사람은, 인생은 미래의 모습도 현재와 다를 바 없을 거라고 생각한다. 과거를 잔뜩 안고 사는 사람에게 미래는 단지 과거의 연장으로 인식될 뿐이다.

보통사람이 변화에 빨리 적응하지 못하는 것은 마음의 그릇에 문제가 있기 때문이다. 마음에 가득 찬 과거의 틀로 세상을 바라본다. 판단할 도구가 과거의 것이기 때문에 눈앞에 변화가 일어난다고 해도 변화를 변화로 이해하지 못하고 마음에 받아들이지 못한다. 새로운 현상을 일과성의 이례적인 것으로 본다. 세상은 같은 방향으로 흘러갈 거라고 생각한다.

마음의 그릇에 조금씩 흘러들어가는 새로운 물이 고인 물을 흘려보내고 마음의 그릇을 채우기까지 시간이 많이 걸린다. 그때쯤이면 변화에 적응할 기회를 놓치고 만다. 과거를 많이 채우고 사는 사람은 개혁이나 혁신을 하기 어렵고 변화에 제때 동참하기도 어렵다.

사람은 과거, 현재, 미래, 어느 하나로만 마음의 그릇을 채울 수 없다. 셋을 적당한 비중으로 구성해야 한다. 마음의 그릇에 어떤 것을 얼마나 담느냐에 따라 인생이 달라진다.

성공하고 싶은 사람은 마음의 포트폴리오를 재구성해야 한다. 성공하는 구조로 바꾸어야 한다. 성공은 미래에 관한 것이다. 성공을 원하는 사람은 마음의 그릇에 미래를 되도록 많이 담아야 한다.

성공하는 마음 포트폴리오는 미래가 현재보다 비중이 높고, 현재가 과거보다 비중이 높은 상태라고 할 수 있다. 예를 들어, 나 같으면 과거 10퍼센트, 현재 30퍼센트, 미래 60퍼센트 비중으로 마음의 그릇을 채우려고 한다. 보통사람의 포트폴리오는 정반대다. 과거 60퍼센트, 현재 30퍼센트, 미래 10퍼센트의 비중으로 사는 사람이 많다.

마음의 그릇에 담는 그대로 인생이 만들어진다. 과거와 현재를 많이 담을수록 그만큼 미래를 담을 용량이 줄어들고, 성공은 그만큼 멀어진다. 꿈은 미래의 것이다. 꿈을 실현하고 싶은 사람은 미래를 많이 생각하고 말해야 한다. 현재에 안주하지 말고 지금보다 나아지려고 최선을 다해야 한다. 마음의 그릇에 꿈을 담고 키워나가는 구조로 바꾸어야 한다.

꿈을 꾸려면 과거를 퍼내라

성공을 가르치는 사람들은 꿈이나 비전을 말한다. "꿈을 꾸어라."
"비전을 가져라." "긍정적인 사고를 하라." 다 좋은 말이다. 그런데 꿈
을 꾸겠다고 하면 마음에 꿈이 가득 찰까. 마음먹기만 하면 아무거나
마음의 그릇에 담을 수 있을까. 그들은 마음의 그릇이 고무로 만들어
졌다고 생각하는 모양이다. 아니다. 마음의 그릇은 사람마다 크기가
일정하다. 마음의 그릇에는 이미 무언가 잔뜩 들어가 있다. 꿈이나 비
전을 담으려고 해도 여유 공간이 없다. 나는 말한다. "넣기 전에 먼저
비워라." 새로운 것을 넣기보다 들어 있는 것을 비우는 게 순서다.

보통사람의 마음은 과거가 점령하고 있다. 대부분 잡생각이다.
그런 것을 비워내야 꿈이 들어갈 공간이 마련된다. 과거를 퍼내기란
생각보다 어렵다. 성공하려면 먼저 차분하게 마음속 과거의 것들을
들여다보고 비우는 노력을 진지하게 해야 한다. 실패하는 이는 과거
에서 벗어나지 못하는 사람이다.

누구나 마음을 들여다보면 과거의 것이 잔뜩 담겨 있다. 간직하

고 싶은 추억도 있지만 부정적인 것도 많다. 가까운 사람으로부터 받은 마음의 상처, 인격을 무시당해 느낀 모멸감과 상처, 자기를 무시하는 사람에 대한 미움, 간절한 목표에 도전했다가 실패한 아픈 추억, 성공한 경쟁자에 대한 질시와 열등감, 마음먹은 대로 되지 않는 자신에 대한 실망, 자기를 인정해주지 않는 세상에 대한 불만 등등.

본인은 잊어버렸다고 생각하지만 마음의 그릇에 남아 있는 것도 있다. 마음의 그릇 바닥에 깊이 담겨 있는 것들을 심리학에서는 무의식의 세계라고 한다. 바닥에 있는 것들을 의식적으로 퍼내지 않으면 언제라도 다시 표면으로 떠오를 수 있다.

과거의 것들은 공통점이 있다. 좋은 것이나 나쁜 것이나 인생에 별로 도움이 되지 않는다는 점이다. 마음속 깊이 박혀 있는 것일수록 잊어버릴 만하면 떠오르고, 한번 떠오르면 쉽게 털어내지 못한다. 일을 하고 있는데 갑자기 잡생각이 떠오르면 하는 일에 방해가 된다. 버리지 않으면 앞으로 나아가는 데 발목을 붙잡는다.

특히 못난 과거, 아픈 과거, 미운 과거 등 나쁜 과거는 마음의 그릇에서 과감히, 그리고 빨리 퍼내야 한다. "너는 맨날 왜 그 모양이니." "너는 왜 그것도 못 하니." 이런 말을 한 번이라도 들으면 마음에 상처가 되어 마음속 깊은 곳에 박힌다.

시간은 한정되어 있다. 하루 24시간은 더 늘릴 수 없다. 쓸데없는 것에 신경을 쓸수록 정작 필요한 것을 생각하거나 미래를 위해 노력할 시간이 줄어든다.

사람은 가족이나 친구 사이처럼 가까운 관계에서 상처받기 쉽다. 함부로 말하고, 그러는 과정에서 작은 상처가 쌓여 커진다. 부모도 자식에게 조심해야 한다. 많은 부모들이 바쁘다는 이유로 자식을 함부로 대한다. 자식의 인격을 무시하면 자식은 상처를 받고 미래를 생각할 마음의 공간이 줄어든다.

부모는 자녀를 올바르게 대하는 방법을 알아야 한다. 자식 사랑은 자식에게 되도록 상처를 주지 않으려는 마음에서 출발한다. 세상에서 부딪치느라고 몸과 마음이 힘들어도 자식만큼은 사랑으로 감싸야 한다. 자식이 미래를 마음껏 꿈꿀 수 있도록 하려면 부모가 자식의 마음에 쓸데없는 것이 들어가지 않도록 보호해주어야 한다.

자식도 스스로 마음을 잘 지켜야 한다. 부모나 가까운 어른으로부터 상처가 되는 말을 귀가 아프게 듣고 갖은 구박을 받으면서 살아왔더라도 스스로 무너지지 않도록 정신무장을 해야 한다. 말하는 사람은 상대방에게 상처를 주려는 의도로 그런 말을 하는 게 아니다. 아무 생각 없이 말을 던진다. 그런 말 때문에 무너진다면 무너지는 사람만 손해다. 남 탓을 해도 지나고 나면 부질없다.

나도 '바보의 추억'이 있다. 고등학교 시절 한때 성적이 나빠 담임선생님으로부터 대학 진학을 포기하라는 말을 들었다. 그때 아버지마저 핀잔을 주었다. "네가 서울 와서 바보가 되었구나!" 내가 그런 말에 무너졌다면 정말 바보 인생을 살게 되었을 것이다. 나는 바보라는 말을 받아들이지 않고 이를 악물고 역전의 노력을 했다.

살면서 누구나 한 번쯤은 못난이 취급을 받는다. 이때 흔들려서는 안 된다. 무시당하더라도 그 자리에서 반발하지 마라. 무시하는 사람과 싸우지 마라. 무시하는 사람은 대개 나보다 윗사람이다. 당장 싸우면 이길 수 없는 상대다. 참고 살면서 우스운 존재가 아님을 증명하면 된다. 바보가 아니라는 사실을 보여주려면 시간이 많이 걸릴 것이다. 시간이 지나면 저절로 인정받는다.

상대방의 말이 당장 심한 고통을 주더라도 심각하게 반응하지 마라. 시간이 조금 지나면 상대방은 말한 사실조차 잊어버린다. 그런 것을 혼자 붙잡고 있으면 인생에 도움이 되지 않는다.

일상에서 만나는 사람들이 생각 없이 던지는 말과 함부로 대하는 태도를 마음속 깊이 담아두면 독이 된다. 그 독은 시간을 두고 배어나와 현재 일을 방해한다. 다른 일을 하다가도 무심코 떠올라 하는 일을 멈추게 한다. 점점 커지면 다른 생각이 들어오는 것을 막고 이성적 판단을 마비시킨다. 과거를 차곡차곡 쌓아두면 인생이 망가진다.

과거는 무엇이건 빨리 잊을수록 좋다. 마음의 그릇에서 과거의 것을 끊임없이 퍼내라. 의식적으로 계속 퍼내라. 퍼내는 것도 노력이다. 지나간 것을 붙잡지 말고, 지나간 것에 붙들리지도 마라. "내가 다시 과거로 돌아간다면 그렇게 하지 않을 텐데." "다시 한다면 진짜 잘할 것 같은데." 이렇게 후회하거나 아쉬워하는 습관도 버려야 한다. 조금만 더 신경썼더라면 성공할 수 있었는데 이런저런 사정으로 못해서 아깝다는 생각은 도움이 되지 않는다.

학생은 "내가 작년에 놀지 않았더라면 공부를 잘했을 텐데" 하며 후회하고, 외로운 사람은 "좀 더 신경썼더라면 애인과 헤어지지 않았을 것을" 하고 가슴을 치고, 직장인은 "회사에서 누구에게 잘 보였더라면 출세할 수 있었을 텐데", "그 일에 조금만 더 신경썼더라면 지금은 어느 자리에 있을 텐데"라고 아쉬워한다.

당신도 혹시 "과거로 돌아간다면 잘할 수 있을 텐데"라는 식으로 생각한 적이 없는가. 또는 그런 식으로 가끔 말하지는 않는가. 그런 식의 행태는 심각한 문제를 초래할 수 있다. "그때 소개받은 사람을 놓치지 않았더라면" 하고 후회하다가는 새로운 사람 만나는 데 마음을 두지 않아 혼기를 놓치고 만다. 빨리 마음의 그릇에서 과거를 퍼내고 현실에 맞는 노력을 해야 한다. 과거를 퍼내지 않으면 성공할 수 없는 운명을 살게 된다. 그것이 무섭다.

어차피 우리 모두는 같은 처지다. 만약 누가 과거로 돌아갈 수 있다면 다른 사람도 과거로 돌아갈 수 있을 것이다. 과거로 돌아가는 것도 어이없지만 혼자만 과거로 돌아간다는 생각은 더 말이 안 된다. 과거로 돌아간다는 것은 이루어질 수 없는 가정법이다. 만약 과거로 돌아갈 수 있는 능력이 있다면 그런 초능력으로 더 좋은 일을 하는 편이 나을 것이다.

과거에 벌어진 일에 대해서 누구 잘못인지 따지기 전에, 실패한 원인을 따지기 전에 신세 한탄하는 습관부터 버려야 한다. 가장 한심한 일이 집안 형편을 탓하는 것이다. "내가 그 지역에서 태어나지 않았더라면", "아버지에게 사회적 영향력이 있었더라면", "부모가 나를 조금만 더 신경써주었더라면" 등등. 부모에게 책임을 떠넘기는 사람은 가슴에 손을 얹고 생각해보라. 자신이 해야 할 노력을 제대로 했는지를. 집안 덕 보면서 인생을 쉽고 편하게 살아보려고 하는 심리는 없는지.

자신의 실패 원인을 부모에게 돌리면서 원망하는 사람은 불효자다. 부모인들 그렇게 생기고 싶어서 생겼고, 돈이 싫어서 벌지 않았겠는가. 남들이 부러워하는 지위를 일부러 단념했겠는가. 분명한 것은 부모를 탓하는 동안은 절대로 성공할 수 없다는 사실이다. 과거를 붙잡고 한탄하는 동안 노력해야 할 시간은 흘러간다. 성년이 된 당신에게 세상이 평가하는 것은 당신 자신이지 집안이 아니다. 나이 마흔이 되면 자기 얼굴은 자기가 책임져야 한다는 말의 의미를 생각해보라. 얼굴도 살면서 만들어진다.

"우리 집 형편이 싫다"는 생각이 든다면 좌절감에 빠지지 말고 그것을 꿈으로 만들어라. 부모보다 잘살겠다는 생각은 훌륭한 꿈이다. 어릴 적 나의 꿈은 부모처럼 살기 싫다는 것이었다. 굴하지 않는 사람에게 어려움은 노력을 열정으로 승화시키는 자극이 될 수 있다. 그런 사람에게 역경은 성공의 동력으로 변한다.

집안 형편이 남보다 불리하다면 더 많은 노력이 필요할 뿐이다. 어려운 조건은 노력으로 충분히 보완할 수 있다. 불우한 가정환경에서 성공한 사람들은 하나같이 그런 자세로 도전해서 성공했다. 과거에 사로잡혀 열등감을 느끼고 한탄하는 사람은 무너졌다. 세상은 누가 어느 집안 출신인가 따지지 않는다. 어떤 자세로 살아왔는지, 어떤 노력을 하는지를 평가한다.

지나간 인생보다 남은 인생이 더 소중하다. 꼭 해야 할 일을 하기에도 시간이 부족하다. 미래를 위해서 과거는 빨리 털어내는 편이 좋다. 좋은 추억도 마찬가지다. 화려한 과거 때문에 도리어 미래를 망치는 사람도 있다. 인기를 누리던 연예인도 시간이 흐르면 사람들 기억에서 멀어진다. 상실감에 빠져 신경을 쓰면 우울증에 시달리게 된다. 성공을 경험한 사람에게 멋진 과거에 대한 기억은 도움이 되지 않는다. "내가 왕년에"라고 말을 꺼내면서 과거 자랑을 일삼는 사람은 현재의 콤플렉스를 남이 알아차릴까 봐 불안해하는 것이다.

인생에서 중요한 것은 미래다. 실패의 충격에서 벗어나지 못하고 괴로워하는 사람은 새로운 일에 전념할 수 없다. 사랑하는 사람과 결별하고 과거의 아픔을 털어내지 못하면 새로운 사람을 만날 수 없다. 아픈 과거를 가진 사람은 아픔을 나눌 사람을 찾지만 새로운 사람은 과거보다 미래를 나누고 싶어 한다. 과거에서 벗어나지 못하는 사람은 미래를 함께할 사람을 얻기 어렵다.

이성과 관련해서 흔히 범하기 쉬운 부질없는 짓은 과거의 사람을 마음에서 놓지 못하는 경우다. 헤어지고 재결합 가능성도 없는 배우자나 연인에 대한 미움이나 후회를 버리지 못하는 경우다. 지금 해야 할 일이 쌓여 있는데도 일이 손에 잡히지도 않는 상태를 극복하지 못하면 나만 손해다. 더 좋은 사람을 만나고 더 좋은 일을 할 수 있는 시간과 기회를 버리는 꼴이다.

실연이나 이혼 등 과거의 아픔에서 벗어나지 못하면 새로 만나는 사람에게 어두운 인상을 주게 되고, 붙잡으면 좋을 사람도 멀어지게 만든다. 혼자 털어버려야 할 과거에 새로운 사람을 동참시키는 것은 이기적인 행동이다. 도저히 견딜 수 없다고 해도 지금 이 정도에서 마음을 정리해야 한다. 과거의 아픔은 혼자 끝내고, 새 출발해야 한다.

인간의 한계는 시간을 거슬러 가지 못한다는 점이다. 과거를 되돌리지 못한다. 과거는 더 이상 어떻게 할 수 없는 현실이다. 과거를 바꾸려고 하지 마라. 생각을 바꾸고 미래를 바꾸는 편이 훨씬 쉽다.

남보다 나은 인생을 살겠다는 것. 꿈이 없는 사람도, 노력을 싫어하는 사람도 그런 욕심은 가지고 산다. 노력하면 그것은 희망이 되고, 노력을 포기하면 세상살이는 저주가 된다. 혹시 당신이 어떤 과거의 것에 붙잡혀 벗어나지 못하고 있다면 한 가지 더 생각하라. 지금은 과거보다 여건이 낫다. 세상을 더 살아본 당신은 지나간 것보다 더 크고 중요한 일을 실현할 능력이 있다.

시간은 흘러가는데 마음속 과거를 붙잡는 일은 자연의 섭리에 거슬리는 것이다. 비장하게 과거를 털어내야 한다. 과거는 붙잡을수록 손해다. 두 손으로 과거를 붙잡고 있으면 미래를 붙잡을 손이 없다. 흘러가게 놔줘야 한다. 성공을 원하는 만큼, 더 나은 미래를 원하는 만큼 과거를 보내야 한다.

과거에 집착하는 사람은 과거를 포기하면 마치 그동안 들인 노력을 손해본다고 생각한다. 투자한 돈을 아까워하는 것을 투자에서는 '본전 심리'라고 한다. 본전을 아까워하다가 더 큰 손실을 입게 되는 경우다. 예를 들어, 1만 원에 산 주식이 반 토막이 났다. 투자한 회사에 치명적인 문제가 있다는 루머가 사실로 확인되었다. 그런데도 "나는 죽어도 손해보고는 못 판다"라고 고집을 피우면서 주식을 계속 가지고 있으면 상장 폐지되어 휴지가 된다. 5천 원 손실을 아깝게 생각하다가 5천 원이라도 건질 기회를 잃은 셈이다.

계속 손실이 나는 자산은 빨리 처분할수록 좋다. 이것을 주식투자에서는 손절매loss cut라고 한다. 손절매란 손실을 어느 선에서 자른다는 뜻이다. 손절매는 투자의 기본이다. 일반적으로 매수가에서 15퍼센트 하락하면 손절매 대상이 된다. 손절매는 기계처럼 냉정하게 해야 한다고 한다. 그래야 전체 자산의 위험을 관리할 수 있다.

마음의 그릇에 담겨 있는 과거의 것은 대부분 손절매 대상이다. 담아두어 도움이 되는 일은 별로 없다. 만질수록 손실만 커진다. 도움이 되지 않는 과거는 미련 없이 손절매해야 한다. 과거를 털어내는 것은 빨리 할수록 좋다. 가장 좋은 시기는 바로 지금이다.

현재도 시간이 지나면 과거가 된다. 인생을 살면서 항상 과거가 자연스럽게 지워지도록 해야 한다. 인간의 뇌는 기억하는 기능뿐 아니라 기억을 지우는 기능도 가지고 있다. 건망증은 학생에게는 원망스러운 현상이지만 정신건강에는 반드시 필요하다. 인간의 뇌는 과거의 기억을 모두 담아두기에 용량이 모자란다. 뇌는 하드디스크처럼 필요 없는 자료를 자꾸 지워야 새로운 것을 담을 수 있도록 설계되어 있다. 과거에 집착하는 일은 자연스럽게 잊으려고 하는 뇌의 기능에도 역행하는 것이다.

성공에 가장 큰 장애는 남이나 환경이 아니다. 마음에 담긴 도움이 되지 않는 것들이다. 과거를 털어내는 것도 남과 다른 노력을 해야 한다. 과거를 비우겠다고 의식적이고도 비장한 결의를 하라. 과거를 비워내는 방법을 찾아라. 과거에 집착하면 새로운 기회가 와도 놓치고 만다. 꿈을 꾸려면, 성공하려면 먼저 과거를 털어내라.

마음의 상처를 치유하라

언젠가 당한 기분 나쁜 일이 갑자기 머릿속에 떠오르면서 미움이나 분노가 스쳐지나간 적은 없는가. 공부하거나 일하다가 가끔이라도 이런 적이 있다면 가볍게 넘길 일이 아니다. 특히 오래되어 잊어버릴 만한데도 기억이 생생하게 떠오른다면 문제가 크다. 현재의 노력이 방해받는 현상은 심각하게 받아들여야 한다.

많은 사람이 과거의 상처를 버리지 못하고 살아간다. 겉으로는 아무렇지 않은 척하지만 마음속 깊은 곳에 남이 모르는 상처가 있다. 미움, 원망, 분노, 미안함, 자책감, 후회 등등.

어느 학생이 자라면서 부모의 기대에 부응하지 못했다. 아버지는 사회적으로 성공한 사람이었다. 자식에 대한 기대가 컸다. "나는 어릴 적에 형편이 어려워 공부하고 싶어도 못 했지만 너는 부족함이 없으니 열심히 해라." 하지만 학생은 성적이 상위권에 들지 못했다. 아버지는 사람들 앞에서 자식에게 "너는 왜 그 모양이니"라는 식으로 핀잔을 주기 시작했다. 자식에 대한 실망이 커질수록 모멸감을 주는 언행이 잦아졌다.

자식은 아버지가 미웠다. 아버지에 대한 미움은 점점 커졌다. 당장은 아버지에게 얹혀사는 운명이지만 나중에 분가할 수 있다면 아버지와 인연을 끊겠다고 생각했다. 나중에는 아버지를 평생 용서하지 않겠다고 결심했다.

그의 마음속은 미움으로 가득 찼다. 그는 다른 것에 집중할 수 없었다. 공부를 하려고 해도 자꾸 아버지 생각이 떠올랐다. 성적이 좋을 리 없었다. 자신감을 잃었다. 남을 대할 때 밝은 모습을 보이지 못했다. 그는 성격이 민감해져 비뚤어진 행동을 보였다. 남들은 그가 왜 그렇게 행동하는지 이해하지 못하고 이상한 사람 취급했다. 그는 대인기피증이 생겼다. 외톨이가 되고 세상을 미워하게 되었다. 사회생활을 할 수 없는 문제아로 전락했다.

그는 어릴 적 모든 책임이 아버지에게 있다고 생각했다. 자신의 빗나간 행동은 아버지에 대한 반항이라고 정당화했다. 세월이 흘러 아버지는 세상을 떠났다. 지나고 보니 아버지는 흘러가는 존재였고, 망가진 것은 자기 인생이었다.

그는 자기가 마땅히 해야 할 일을 하지 않았다. 아버지에게 당한 것에 마음을 다 빼앗겨 자기 인생을 살지 못했다. 뒤늦게 후회하지만 허무할 뿐이다.

인생을 살다 보면 실연, 가까운 사람과의 결별, 직장 상사의 비인격적인 대우, 사업 파트너의 배신, 단체에서의 따돌림, 부모와의 갈등 등 가까이 부딪치는 사람으로부터 입은 상처를 마음에서 흘려보내지 못하는 사람이 적지 않다. 순간순간 당하는 일이 마음속에 쌓인다. 하나하나는 작은 일이지만 쌓이면 커진다.

이런 사람에게 마음의 그릇은 과거를 쌓아두는 창고가 된다. 과거가 쌓이면 다른 것이 들어갈 공간이 없어진다. 미래는커녕 당장 해야 할 일도 생각할 여유가 없다. 미래를 생각하지 않으면 성공하기 어렵다. 마음의 상처를 치유하지 못하는 사람의 인생은 실패로 돌아간다.

과거를 쌓고 있는 사람은 이렇게 말할지 모른다. "나는 어떻게 되더라도 상관없다. 성공하지 않아도 좋다. 내가 당한 것을 잊을 수 없고 미운 사람을 용서할 수 없다." 인생은 그렇게 단순한 것이 아니다. 정말 무서운 일이 다가온다. 그것은 마음이 서서히 병든다는 사실이다.

과거가 쌓이는 것은 마음의 그릇에서 흘러나가는 파이프가 막혔기 때문이다. 오래 고인 물은 썩는다. 과거도 마음속에서 흘러가지 않으면 마음을 병들게 한다. 오래된 것일수록 병은 심각하다. 마음에 심은 꿈나무도 자라지만 마음에 박힌 상처의 나무도 자란다. 시간이 지날수록 뿌리가 깊게 뻗어나가기 때문에 뽑아내기 힘들어진다.

마음이 병들면 눈앞에서 벌어지는 일에 신경을 못 쓴다. 현실을 바로 보지 못하게 되고, 미래에 대한 비전을 가질 수 없다. 새로운 것에 도전하는 일은 꿈도 못 꾼다.

문제는 여기서 끝나지 않는다. 미움은 '보이지 않는 사람'을 서서히 죽이는 독과 같고, 분노는 가끔씩 타올라 순식간에 사람을 삼키는 불과 같다. 마음의 병이 오래되면 자신의 생명까지 위협할 정도로 심각한 일이 벌어진다. 자살하는 사람 중에는 과거가 쌓여 마음이 병들고, 그 병을 치유하지 못해 극단적인 선택을 하는 경우가 많다.

마음의 병은 육체의 병보다 무섭다. 육체의 병은 한 사람의 목숨만 위협하지만 마음의 병은 다른 사람의 목숨까지 해칠 수 있다. 오래전에 미국 어느 대학에서 총기난사 사건이 발생했다. 수십 명의 무고한 생명이 희생되었다. 범인은 한인 학생이었다. 그는 어릴 적 이민을 갔지만 적응하지 못하고 따돌림을 당하고 살았다. 그의 마음속에는 주위 사람에 대한 미움이 자랐다. 미움은 그의 마음에 가득 찼고 병들게 했다. 나이가 들면서 미움은 세상에 대한 분노로 변했다. 그것이 대형 참사의 원인이었다. 그 사건은 순간적 충동에 의해 발생한 돌발적인 사건이 아니라 오랫동안 쌓인 마음의 병이 남긴 결과였다.

남을 심하게 미워하거나 가슴에 분노를 품은 사람은 못난 자신에 대한 책임을 남에게 떠넘기면서 과거에 집착하는 경향을 보인다. 미래로 나아가지 못한다. 그런 증상을 보이는 사람은 먼저 자신의 마음에 병이 있다는 사실을 인정해야 한다. 사람들은 마음의 병은 병으로 인정하지 않으려 한다. 정신적 치료를 필요로 하는 사람도 전문가에게 가라고 하면 미친 사람 취급한다고 화를 낸다.

나쁜 기억이 일과 중에 머리를 스친다면 그냥 넘길 일이 아니다. 마음의 그릇에서 확실히 비워야 한다. 그냥 두면 컴퓨터 바이러스처럼 확산된다. 방치하면 결국 마음이 마비되고 이성으로 생각할 수 없게 된다. 바이러스가 걸린 디스크를 다시 포맷하는 것처럼 마음의 병이 심하면 과거를 지우는 작업이 필요하다.

　마음에 상처가 있다면 빨리 치유해야 한다. 마음의 상처를 치유하는 방법은 여러 가지가 있다. 전문가의 도움을 받는 것도 하나의 방법이다. 심리적 치료라고 하면 정신병원이나 정신과 의사를 떠올리는 사람도 있지만 단체나 기관에서 상담이나 대화로 마음을 치유하는 프로그램도 많다. 집단적으로 마음의 병을 치유하는 프로그램도 다양하게 나와 있다.

　어느 며느리는 신혼 초부터 시어머니를 모시고 살았다. 시어머니는 경제권을 쥐고 며느리에게 운신의 폭을 주지 않았다. 아이를 낳자 시어머니는 귀여운 손자 옷은 직접 사겠다면서 며느리에게 아무것도 사지 못하게 했다. 시부모를 모시고 사는 며느리도 드문 세상인데 그 시어머니는 며느리가 아무리 잘해도 한 번도 칭찬한 적이 없었다. 조금 실수하면 심하게 나무랐다. 말대꾸도 못 하게 했다. 며느리는 점점 잘해드리고 싶은 생각은 없어지고 시어머니를 미워하게 되었다.

　십 년 넘게 마음은 미움으로 가득 찼다. 며느리는 하루하루 산다는 것이 너무나 힘들었다. 집안 형편상 분가는 생각도 못 했다. 남편은 자기 어머니 편을 들었다. 시집살이를 더 이상 견딜 수 없을 정도로 스트레스가 심해지자 죽고 싶은 생각이 들기 시작했다. 하지만 친지의 권유로 마음의 병을 치유하기로 했다. 어느 상담소에서 좋은 전문가를 만나 마음의 상처를 고쳐갔다. 그 전문가는 며느리에게 말했다. "당신이 살려면 시어머니와의 관계를 회복하세요. 먼저 시어머니가 잘못한 것을 마음속으로 용서하고 나아가 시어머니에게 잘못했다고 고백하고 용서를 구하세요."

처음에 며느리는 그 말을 받아들일 수 없었다. "내가 시어머니에게 당한 게 더 많은데 도리어 나보고 사과하라니." 전문가는 "남편과의 관계는 문제가 없으니 이혼할 수 없고 시어머니와의 관계도 끊을 수 없다"고 하면서 가정의 행복을 위해서 시어머니와의 관계를 정상으로 만들어야 한다고 했다. 그러려면 먼저 며느리가 마음을 바꿔먹어야 한다고 했다. 시어머니와의 관계를 현실로 받아들이고, 시어머니가 며느리에게 한 잘못은 마음에서 지우고, 며느리가 잘못한 것은 시어머니에게 정식으로 사과해야 한다고 했다. 일방적인 항복을 강요하는 것처럼 보이지만 며느리는 이대로는 살 수 없다는 생각에 전문가가 시키는 대로 하기로 했다. 큰 결심이었다. 시어머니에게 용기를 내서 말했다. "어머님, 저를 용서해주세요. 사실 그동안 어머님을 속으로 많이 미워했습니다." 시어머니는 기다렸다는 듯이 말했다. "그래, 네가 하는 짓을 보니 그런 줄 알았다."

며느리는 맥이 풀렸지만 결심을 번복하지 않았다. 시어머니에게 고백하는 순간 짐을 벗는 것처럼 마음이 가벼워졌다. 미움을 털어낼 수 있었다. 시어머니는 당장 변하지 않았지만 며느리는 진심으로 대했다. 시어머니는 점차 변했다. 일 년 정도 지나니 며느리를 딸처럼 대하기 시작했다. "네가 딸보다 낫구나."

이런 사례는 많다. 어차피 함께 살 수밖에 없는 관계라면 미워하면서 살기보다는 원만하게 사는 방법을 찾는 것이 낫다. 인생은 유한하다. 남을 미워하거나 신세를 한탄할 시간이 없다. 지나고 나면 허무하다.

우리나라가 선진국으로 들어가면서 인간관계도 변하고 있다. 옛날 같으면 가까운 사람과 대화하면서 마음속의 앙금을 털어버릴 수 있었지만 지금은 마땅한 대화 상대가 없어서 과거를 마음에 쌓아가며 정신적인 고통을 겪는 사람이 늘고 있다. 학교 선생과 부모도 큰 도움이 되지 못한다. 사회에 나가면 친구도 자기 일 하기에 바빠 마음 놓고 이야기할 수 없다.

과거가 쌓여 생긴 마음의 병을 고치려는 사람이 늘고, 그런 병을 치유하는 프로그램도 인기를 끌고 있다. 여러 사람 앞에서 공개적으로 심경을 고백하는 것도 과거를 비우는 데 도움이 된다. 모르는 사람들 앞에서 속내를 털어놓는 것은 쉬운 일이 아니다. 마음에 오래 담아놓은 것일수록 남에게 말하기 곤란한 것이다. 심리학에서는 혼자 결심하기보다는 모르는 남 앞에서 고백하기가 더 힘들다고 한다. 힘든 만큼 효과는 강하고 오래간다. 비장한 결심이 필요한 만큼 고백한 후에도 고백한 내용대로 행동할 개연성이 높다고 한다. 공산당이나 이단종교에서 즐겨 사용하는 자아비판도 이러한 심리적 기법을 활용한 것이다.

이런 메커니즘을 이용한 심리치료 프로그램이 나와 있다. 집단으로 사람을 모아 마음을 비우도록 도와주는 전문 프로그램이다. 이런 프로그램을 통하여 실제로 마음을 치료한 사람이 적지 않다. 공기 좋은 야외에서 노동을 하면 운동효과로 몸의 병까지 고치기도 한다.

공개적인 토로가 과거를 비우는 데는 효과적이지만 비운 그릇에 무엇을 채울 것인가에 대해서는 해답을 주지 않는다. 어떤 프로그램에서는 세상이 허무하고 덧없다고 가르친다. 욕심을 버리고 세속적인 것을 배척하라고도 한다.

나는 비우는 것만 강조하는 프로그램에 공감하지 않는다. 비우는 것보다 무엇으로 새로 채우느냐가 중요하다. 마음을 비워두면 더 나쁜 것이 들어찰 수 있다. "더러운 귀신이 사람에게서 나갔을 때에 물 없는 곳으로 다니며 쉬기를 구하되 얻지를 못하고, 이에 이르되 내가 나온 내 집으로 돌아가리라 하고 와보니 그 집이 비고 청소되고 수리되었거늘, 이에 가서 저보다 더 악한 귀신 일곱을 데리고 들어가서 거하니 그 사람의 나중 형편이 전보다 더욱 심하게 되느니라. 이 악한 세대가 또한 이렇게 되리라."(마태복음 12:43~45)

마음속 비운 곳은 그대로 남겨놓을 것이 아니라 좋은 것, 적극적인 것으로 채워야 한다. 꿈과 희망, 미래에 대한 계획, 그것을 달성할 수 있는 목표와 수단으로 채워야 한다. 마음을 비우려는 사람은 비운 부분까지 채워주는 프로그램을 선택해야 한다.

어떤 프로그램은 사이비 종교와 연결되어 있어서 주의를 요한다. 그런 프로그램도 마음속에 쌓인 것을 털어내는 데는 효과가 있다. 건전하게 정신을 회복시키는 것처럼 포장하고 신뢰를 얻는다. 마음의 병이 치유되고 심지어 암도 낫는 사례가 있다. 이러니 혹하는 사람도 생긴다. 하지만 일정한 단계를 이수하고 심취하게 되면 본색을 드러낸다. 사이비 교리를 주입하면서 단체를 떠나지 못하게 붙잡는다. 감기를 치료하러 갔다가 감기는 낫지만 간염에 걸려 평생을 고생하게 되는 격이다.

나에게도 어느 사이비 종교에서 접근을 시도한 적이 있다. 나는 그들에게 말했다. "마음이 가난한 사람이 마음의 양식을 구할 때 올바른 양식을 주어야 한다. 배가 너무 고파 아무것이나 먹으려고 덤비는 사람에게 상한 음식을 던져주는 것은 잘못이다. 당장 허기는 면하겠지만 상한 음식은 병에 걸리게 하고 죽게 만들 수도 있다. 마음의 상처를 고치려고 온 불쌍한 사람을 바른 곳으로 인도하지 않고 사적인 욕심에 이용하는 것은 두 번 죽이는 행위다."

마음의 그릇에 나쁜 과거를 쌓아두어 마음이 아픈 사람은 지푸라기라도 붙잡겠다고 서두르지 말고 시간이 걸려도 올바른 길을 찾아야 한다. 분명히 길은 있다. 나는 '드림파머스Dream Farmers'라는 단체를 통하여 마음을 치유하는 바른 프로그램, 성공하려는 사람의 마음에 꿈을 심고 가꾸는 프로그램을 개발하고 보급하려는 꿈을 가지고 있다. 젊은이들이 꿈을 꾸며 노력하고 성공할 수 있도록 좋은 프로그램으로 보이지 않는 사람을 변화시켜 대한민국을 업그레이드하는 일이다.

지금 당신의 마음을 들여다보라. 무엇이 차 있는가. 마음의 그릇 바닥에 과거의 것이 쌓여 있지는 않은가. 그런 것 때문에 무의식적으로 스트레스에 눌려 있지는 않은가. 쓸데없는 것이 불쑥 떠올라 현재 하는 일을 멈추게 하고, 미래로 나아가는 걸음을 방해하지는 않는가.

만약 지금 당신을 힘들게 만드는 것이 있다면 '고통의 기억'을 시험해보라. 최근 오 년 전에 죽고 싶을 만큼 괴로웠던 일이 무엇이었는가. 분명 무언가 있었겠지만 별로 생각나지 않을 것이다. 지금 당신을 힘들게 하는 일도 세월이 지나면 마찬가지로 기억나지 않을 것이다. 눈앞의 현실이 당장 아프게 보여도 시간이 지나고 돌아보면 별것도 아니다.

정신 건강을 위해서 과거는 흘려보내라. 인생을 살다 보면 즐거운 일도 있지만 어떤 것이든 빨리 잊어라. 이미 지나간 것보다는 앞으로 다가올 것들이 더 소중하다. 인생에 남은 날은 미래를 궁리하기에도 모자란다.

무엇이든지 가까우면 크게 보이고 멀리 있으면 작게 보인다. 공간에서 차지하는 물건의 절대 크기는 같지만 보는 관점이 다른 것뿐이다. 보이지 않는 마음도 마찬가지다. 시간이 지나면 희미하게 잊힐 것들이 당장 코앞에 있기 때문에 심각하게 생각되는 것뿐이다.

시간의 치유 능력을 믿어야 한다. 현재 도움이 되지 않는 과거에 집착하지 말고 미래를 보고 노력하라. 지금 힘든 것들이 저절로 지워질까 바라며 과거를 붙잡지도 마라.

실패는 성공으로 가는 계단

'진인사대천명盡人事待天命'이란 말이 있다. '사람으로서 해야 할 일을 다 하고 하늘의 뜻을 기다린다'는 뜻이다. 노력은 사람이 하지만 결과는 마음을 비우고 기다려야 한다. 노력한다고 반드시 성공하지는 않지만 노력하면 언젠가는 성공한다.

보통사람은 일이 잘 안 풀리면 화를 내기도 하고 자포자기하기도 한다. 하지만 성공하는 사람은 다르다. 원하는 결과가 나오지 않는다고 화를 내지 않는다. 화를 내면 세상은 달라지지 않고 자신만 상한다.

직장에서 승진에 밀렸다고 세상이 끝난 것처럼 낙담하지 마라. 열심히 노력했음에도 불구하고 탈락했다면 동정심을 얻을 것이다. 윗사람은 미안한 마음을 가지고 있을 것이다. 다음번에는 배려하겠다고 생각하고 있을지 모른다. 그런데 탈락했다고 비뚤어진 행동을 보이면 미안한 마음은 사라지고 "저런 친구는 탈락시키는 게 옳았다"고 정당화하게 된다. 이러한 행동은 두 번 실패하는 원인이다. 열심히 했다면 실망하지 말고 믿어라. 다음 기회가 기다리고 있다.

실패했을 때 가장 중요한 것은 현실을 겸허하게 받아들이는 일이다. 실패의 책임을 남의 탓으로 돌리지 말고 내 탓이라고 자책하지도 마라. 어떤 행동을 보이더라도 결과는 달라지지 않을 것이다. 후회와 자책은 앞으로 할 일을 방해할 뿐이다. 낙담하지 마라. 실패에 의연해야 한다.

인생을 망치는 것은 실패가 아니라 낙담이다. 낙담하면 미래는 없다. 패배감에서 벗어나라. 인생을 더 겸손하게 열심히 살겠다고 결심하라. 그렇게 하면 성공이 기다린다.

한 번 도전에 목숨을 걸지 마라. 한 번 실패로 인생이 끝나지 않는다. 내 운이 특별히 더 나쁠 리 없다. 지금까지 실패를 많이 했다면 남은 인생에서 성공할 확률은 더 크다. "실패는 성공의 어머니"라는 말을 남긴 토마스 에디슨은 실험에서 실패를 거듭할수록 성공이 가까워진다고 믿었다. 실험 횟수가 많을수록 제대로 된 결과가 나오는 법이다.

성공하는 사람은 실패를 두려워하지 않는다. 길을 한 번 잘못 들었다고 목적지를 포기하지 않는다. 목적지에 가는 데 조금 더 시간이 걸릴 뿐이다. 가보면 남보다 별로 늦지도 않는다.

대학 들어갈 때 재수나 삼수를 한 사람들이 회사에 들어가 남보다 빨리 승진하고 고시에 늦게 합격한 사람이 동기생 중에 먼저 장관으로 발탁되는 경우가 많다.

가까운 사람이 좋은 학교에 입학하고, 먼저 회사에 들어가고, 먼저 승진하고, 사업이 잘될 때 콤플렉스를 느끼지 마라. 남이 잘되는 것을 보고 배 아프게 생각하지 마라. 잘되는 사람을 애써 무시하고 험담을 늘어놓지 마라.

어떤 제과점 주인이 경쟁 업소가 잘되자 그 업소 빵에 쥐를 넣고 사진 찍어 인터넷에 올렸다가 쇠고랑을 찼다. 남이 잘되는 것을 보고 비뚤어진 행동을 할 게 아니라 그로부터 배우고 더 잘할 생각을 해야 한다. 잘하는 사람은 무언가 배울 점이 있다.

남보다 빨리 성공하려는 생각을 버려야 한다. 서두르다 보면 노력이 부실해진다. 조급한 마음은 실패의 원인이 된다. 인생은 단거리 달리기가 아니라 장거리 마라톤이다. 성공은 나은 결과를 얻는 것이다. '낫게 전략'으로 인생을 산다면 결과를 빨리 얻기보다 나은 결과를 얻으려고 해야 한다. 시간이 걸리더라도 남과 다른 노력을 해야 한다.

성공하는 사람은 실패에서 배우고 역경을 기회로 활용한다. 실패의 원인을 분석하고 개선하는 방안을 찾는다. 한꺼번에 해결되지 않으면 한 가지 한 가지 가능한 것부터 고쳐나간다. 성공하는 사람은 실패하지 않는 사람이 아니라 실패로 좌절하지 않는 사람이다. 실패를 딛고 가면 실패는 성공으로 올라가는 계단이 되지만 실패에 굴복하면 실패는 멸망으로 굴러 떨어지는 계단이 된다.

나는 어려운 일을 겪을 때마다 밀리지 않는다. 열심히 달려들어 더 좋은 결과로 바꾸려고 애쓴다. 2011년 봄 어느 신문에서 이렇게 보도했다. "서초 교대역 사거리에 경마 도박장이 들어선다. 2010년 7월 구청장이 바뀐 직후 허가가 나갔다. 막대한 이권이 개입된 사업이다.

지역구 의원이 청탁을 받고 새 구청장에게 압력을 넣었을 것이다.”

황당한 보도로 날벼락을 맞았다. “회의장으로 허가났지만 경마 도박장으로 용도 변경되지 않았다”고 구청에서 해명했지만 정정보도가 없으니 억울함을 알아주는 사람이 없었다. 어떻게 이 난국을 타개할 것인가.

주민들이 원하는 것은 경마 도박장이 들어오지 않도록 확실히 막는 일이었다. 심도 있게 검토해보니 여러 조치를 취할 수 있었다. 전 구청장 시절에 했던 건축심의를 취소했고 방치되었던 도시계획을 변경해서 경마 도박장이 들어설 수 없도록 원천봉쇄했다. 서울에 11개 소의 경마 도박장이 들어섰지만 서초만 막았다. 이 사실이 알려지자 분위기가 극적으로 반전되었다.

이 문제를 수습하고 났더니 우면산에 산사태가 났다. 산의 흙이 비에 쓸려 수 킬로미터를 흘러갔다. 지하가 침수된 집도 수천 가구나 되었다. 몸으로 뛰는 것 말고는 답이 없었다. 나는 매일 잠바를 입고 장화를 신고 아침 일찍부터 밤늦게까지 피해 입은 지역을 돌았다. 복구 작업도 같이 하고 주민들이 현장에서 부탁하는 온갖 것을 챙겼다. 보름 동안 그렇게 하다 보니 민심도 돌아오고 주민들과 친해졌다.

열심히 살아도, 남다르게 노력해도 원하지 않게 역경을 겪게 된다. 하지만 실의에 빠지지 않고 노력하면 다시 일어설 수 있다. 역경은 극복하면 성공으로 가는 디딤돌이 된다.

국가도 마찬가지다. 우리나라는 1990년대 후반 외환 위기로 150만 명이 넘는 실업자가 생기고 경제성장률은 사상 최저인 -6.9퍼센트로 곤두박질쳤다. 국가의 실패처럼 보였지만 우리 국민들은 극복할 수 있다고 믿고 마음을 모아 노력했다. 뼈를 깎는 구조 조정이 경제 전반에서 진행되었다. 삼성전자도 3분의 1 가까운 인원을 줄였다. 많은 기업들이 차입에 의존한 경영전략을 버리고 재무 건전성을 우선하는 전략으로 바꿨다. 살아남은 우리나라 대기업들은 세계 최고의 경쟁력을 갖춘 글로벌 기업으로 거듭나게 되었다. 사상 초유의 경제위기였던 외환 위기가 경제 체질을 업그레이드하는 기회로 변했다.

2008년 금융 위기가 왔다. 1930년대 경제공황 이후 최대의 경제 위기라고 했지만 우리나라는 다른 선진국보다 빠르게 회복했다. 십년 전의 외환 위기에도 무너지지 않고 역경을 극복했기 때문이다.

역경을 어떻게 받아들이고 대처하느냐에 따라 미래가 달라진다. 인생의 비밀을 다시 생각하라. 생각하고, 말하고, 행동한 대로 인생이 만들어진다. 패배감에 사로잡혀 좌절하면 그런 생각대로 된다. 또 다른 실패로 이어지는 악순환을 피할 수 없다. 정신 차리고 죽을 각오로 노력하면 실패는 성공으로 가는 전환점이 된다.

한 번 실패했다고 또 실패하는 것은 아니다. 과거에 여러 번 실패했다고 실패 확률이 올라가는 것도 아니다. 오히려 실패한 경험이 없는 것이 위험하다. 실패는 소중한 경험이다. 잘 활용하면 꿈을 이루는 밑거름이 될 수 있다. 자신의 능력을 믿고 앞으로 다가올 미래의 기회를 소중하게 생각하라.

실패는 빚이 될 수도 있고, 미래를 위한 자산이 될 수도 있다. 성공한 사람은 실패하지 않은 사람이 아니라 실패를 극복한 사람이다.

실패에 어떻게 대응하느냐가 그 다음 일의 성패를 결정한다. 마음가짐이 중요하다. 실패로 자신감을 상실하고 좌절감에서 벗어나지 못하면 실패는 빚이 되고, 도전정신을 불태우면서 교훈으로 받아들이면 자산이 된다. 이런 마음가짐은 순간적으로 결심한다고 되는 것이 아니라 머릿속에 생각의 틀로 담겨 있어야 한다.

실패는 성공을 위해 반드시 거쳐야 할 과정이다. 시장에서 대박이 나는 신제품은 수없이 실패를 거듭하면서 개발된 것들이다. 제품을 개발하려면 실험을 거쳐야 한다. 그러한 실험에 드는 비용은 필수적인 투자비용이다. 실험에 몇 번 실패했다고 포기하면 그동안의 투자는 한순간에 모두 손실이 되고 만다.

보통사람은 단번에 성공적인 제품이 나오기를 바라고, 실패할 때 능력이 모자람을 탓한다. 두어 번 실험하다가 포기한다. 성공하는 사람은 실패를 귀중하게 여긴다. 남들도 마찬가지라고 생각하고 실패에 좌절하지 않는다. 미진한 부분을 극복할 수 있는 방안을 끊임없이 궁리하고 실험한다. 시간을 들여 개발한 제품은 남이 쉽게 만들어내지 못한다. 경쟁자가 완성품을 복제하려 하겠지만 시간이 걸린다. 이런 식으로 계속 앞서간다. 이것이 삼성전자가 반도체를 개발하는 실제 과정이다. 실패는 밟고 올라서면 성공으로 가는 계단이 된다.

마음의 그릇을 깨고 돌파하라

마음의 그릇에는 두 개의 파이프가 있다. 하나는 담긴 것이 흘러나가는 파이프고, 다른 하나는 새로운 것이 들어오는 파이프다. 담긴 것이 흘러나가지 못하면 새로운 것이 들어갈 수 없다. 그래서 흘려보내는 게 먼저다.

보통사람은 두 파이프의 지름이 작다. 그래서 과거가 잘 흘러나가지 않고, 새로운 것도 들어오기 어렵다. 마음에 과거의 것을 잔뜩 담고 사는 것이다. 새로운 생각과 행동을 하기 어렵다.

성공이란 나은 결과를 얻는 것이고, 노력이란 다르게 사는 것이다. 다르게 살려면 마음을 바꾸어야 한다. 과거의 속박에서 벗어나고 싶은 사람, 지금부터라도 달라지려는 사람, 새로운 일에 도전하는 사람은 마음에 가득 찬 과거의 것을 비워야 한다. 마음의 상처, 실패의 추억, 나약한 자신에 대한 실망감뿐 아니라 지금까지 되풀이해온 낡은 습관과 사고방식도 버려야 한다.

과거는 과감하고 신속하게 비워야 한다. 보통사람에게 쉬운 일은 아니다. 마음의 그릇에서 묵은 것을 내보내는 파이프 지름이 작아 과거를 비우는 데 시간이 많이 걸린다. 새로운 물이 조금씩 들어오면 과거의 물과 섞여 전체가 과거로 물들어버린다. 과거를 퍼내는 효과적인 방법을 찾아야 한다. 내보내는 파이프의 지름이 작다면 방법은 하나밖에 없다. 마음의 그릇을 깨뜨려 고인 물을 한꺼번에 쏟아내야 한다.

마음의 그릇은 오래된 것일수록 단단해서 깨기 어렵다. 생각과 행동을 되풀이할수록 틀이 두껍고 단단해진다. 적당히 때려서는 그릇이 깨지지 않는다. 단번에 그릇을 깨지 않으면 담긴 물만 출렁이다 만다. 망치로 장독을 깨뜨리는 것처럼 강한 힘으로 때려야 깨진다. 깨져야 그 속에 담긴 과거의 물이 쏟아진다. 나는 이것을 '돌파 breakthrough'라고 한다. 돌파는 막힌 것을 뚫고 나가는 것이다. 돌파해야 인생이 달라진다. 돌파는 인생의 전환점이다.

어떻게 돌파할 것인가. 강한 에너지가 있어야 한다. 강한 에너지는 독하게 집중할 때 나온다. 적당히 결심해서는 돌파할 수 없다. 결정적인 계기를 만들어야 한다. 돌파의 계기는 혼자서 만들 수도 있고, 다른 사람의 도움을 받을 수도 있다. 혼자서 만들려면 인생을 바닥에서 시작한다는 비장한 심정으로 다시 출발해야 한다. 환경과 처지를 바꾸어 생각하는 것도 도움이 된다.

내가 대학교 1학년 때 놀다가 고시공부를 시작하기로 결심했지만 몸과 마음이 쉽게 공부에 달려들지 않았다. 몸은 밖으로 돌아다니는 데 익숙해져서 책상에 오래 앉아 있는 것은 고통이었다. 자꾸 잡생각이 떠올라 공부에 집중할 수 없었다. 결심은 했지만 공부가 손에 잡히지 않았다. 시간만 허비하고 있었다. 돌파가 필요했다. 계기를 만들기 위해 난생 처음 부산에 가서 태종대 주변을 걸었다. 바다를 보면서 어떻게 살아야 하는가 생각했다.

인생은 바다에 홀로 떠 있는 조각배와 같다. 가만히 있으면 배가 어디로 갈지 모른다. 노를 젓지 않으면 원치 않는 곳으로 흘러갈 것이다. 잔물결에 방심하다가는 돌풍에 침몰할지도 모른다. 가만히 있으면 당장은 평온해 보이지만 그것은 폭풍전야처럼 불안한 고요다.

방향을 잡고 노를 저어야 한다. 노를 젓는 사람만이 원하는 목적지에 가까이 다가갈 수 있다. 노를 젓는 것은 외롭고 힘들지만 누구도 대신 저어주지 않는다. 생각 없이 인생을 산다면 아무것도 이룰 수 없다. 자신의 처지를 원점에서 바라볼 수 있는 곳을 찾아가는 것도 방법이다. 어려운 사람들이 사는 동네를 찾아가서 그들이 살아가는 모습을 본다. 그곳에서도 다들 희망을 가지고 몸부림치며 살고 있다. 더 나은 환경에서 살면서도 불만을 가지고 무기력함에 빠져 있는 자신의 처지를 반성할 필요가 있다.

또 종합병원에 가서 생명을 하루라도 더 연장하기 위해 온 가족이 매달리는 현장을 본다. 진통제도 듣지 않는 고통에 시달리는 사람, 밥을 입으로 먹을 수 없어 코에 호스를 꽂은 사람, 몸을 움직일 수 없어 간병인이 대소변을 받아내는 사람이 있다. 손발을 자유롭게 움직이면서도 '할 수 없다'고 생각하는 자신을 반성하자.

가끔씩 복지시설에 가서 봉사활동을 해보자. 손을 못 움직이는 분에게 밥을 먹여드리기도 하고, 앉기도 불편한 분에게 목욕을 시켜

드려보자. 가진 것에 감사하지 않고 한탄하는 자신이 부끄러워질 것이다. 많은 것을 깨닫고 모든 것에 감사하게 될 것이다. 자신이 어떻게 살아야 할지 인생을 냉정하게 바라보고 비장한 결의를 다져보자.

나는 매일 아침 생각한다. "아침에 눈이 떠지면 성공이고, 손발이 움직이면 대박이다." 나에게도 언젠가 눈이 떠지지 않는 날이 올 것이다. 살아 있다는 것 자체가 기쁜 일이고 감사할 일이다. 감사한 마음으로 하루를 소중하게 시작한다.

남의 도움을 받아 돌파의 계기를 만들 수도 있다. 가까운 사람에게 속마음을 털어놓는 것이 마음을 비우는 데 효과적일 수 있다. 속시원하게 말하면 과거가 입으로 흘러나간다. 혼자 괴로워하면 고민이 빠져나가지 않는다. 대화 상대는 자신을 진정으로 사랑하고 비밀을 지켜줄 수 있는 사람이어야 한다. 그렇지 않으면 자기가 한 말이 사람들 사이에 퍼지다가 부메랑처럼 돌아와 상처를 받을 것이다.

주위 사람 중 '과거의 나'와 친숙한 사람은 변화를 이해하지 못한다. 새로운 인생을 시작하는 데 도움은커녕 방해가 되는 수가 많다. 때로는 인간관계의 배신으로 받아들이는 경우도 있다. 온정적인 인간관계에 연연하지 말고 변화를 이해해줄 수 있는 새로운 사람을 만나는 게 낫다.

불량한 또래 집단의 속박에서 벗어나야 한다. 젊은 자식이 나쁜 친구로부터 벗어나지 못하고 끌려 다니는 상황이라면 부모가 나서서 환경을 바꿔주어야 한다. 맹자 어머니처럼 먼 곳으로 이사 가거나 자식을 다른 학교에 전학시키는 방법도 효과적이다.

부모는 자식에게 훈계만 일삼지 말고 자식에게 실질적으로 필요
한 도움을 주어야 한다. 자식이 미래를 잃는 것은 부모가 자식을 잃는
것과 같다. 자식이 친구를 포기하도록 하는 편이 낫다. '부모의 사랑
은 우정보다 크고 피는 술보다 진하다'는 사실을 깨닫게 해야 한다.

멘토mentor로부터 도움을 받는 것도 좋다. 멘토는 현명하고 성실
한 조언자를 말한다. 그리스신화에서 오디세우스Odysseus가 아들을
맡긴 스승 '멘토르'에서 나온 말이다. 좋은 멘토와 상의하면 인생의
길이 보인다. 진로에 관해 궁금한 것을 물어보고 경험을 나눌 수 있다
면 시행착오를 줄일 수 있다.

멘토는 선진국에서는 쉽게 볼 수 있지만 우리나라에서는 아직
생소한 편이다. 미국에서는 신입생에게 멘토 역할을 할 선배를 1대 1
로 소개해주고, 입사하면 회사에서 멘토를 연결해준다. 우리나라에서
는 학연이나 지연으로 연결된 인간관계가 멘토 기능을 수행해왔지만
선진국으로 들어가면서 그런 끈에 의존하는 정도가 약해지고 있다.

종교도 돌파에 도움이 된다. 기도는 마음에 쌓인 온갖 회한을
털어버리는 데 효과적이다. 마음을 터놓고 대화할 마땅한 상대방이
없는 사람에게는 더욱 그러하다. 신에게는 무슨 이야기든지 할 수 있
다. 차마 다른 사람에게 말할 수 없는 부끄러운 이야기도 큰소리로 고
백할 수 있다. 고백하면 마음에 쌓인 것이 흘러나간다. 울면서 기도하
면 눈물이 마음을 씻어 내린다. 속이 후련해진다.

기도는 편하다. 마음먹을 때 어디서나 할 수 있다. 돈이 들지 않
아 경제적이다. 가슴 깊은 곳까지 퍼낼 수 있다. 실천해보면 스트레스

해소에도 효과적이다.

마음의 그릇을 깨는 돌파에는 힘이 필요하다. 그 힘은 강해야 한다. 단단한 마음의 그릇에 과거가 가득 담겨 있는 상태는 토끼가 상자에 갇혀 있는 것과 같다. 토끼는 새로운 세상을 향하여 달려가고 싶지만 뚜껑이 열리지 않으면 계속 갇혀 있을 것이다.

상자 뚜껑이 열리는 방법은 두 가지다. 하나는 누군가 밖에서 열어주는 것이고, 다른 하나는 스스로 머리로 들이받아 여는 것이다. 토끼는 온 힘을 다하여 뚜껑을 들이받아야 한다. 힘이 강하지 않으면 뚜껑에 부딪혀 상자 안으로 되밀린다. 뚜껑을 들이받아야 밖에서 알고서 도와주는 사람도 생길 것이다. 뚜껑이 열리면 토끼는 나온다. 바깥에 나온 토끼는 다시는 상자로 들어가지 않을 것이고 새로운 세상에서 원하는 방향으로 뛰어갈 것이다.

인생도 마찬가지다. 인생이 오랫동안 상자에 갇혀 있어 답답하고 그 안에 미래가 없다면 포기하지 말고 온몸으로 부딪쳐야 한다. 그렇지 않으면 운명의 상자는 열리지 않는다. 상자에 갇혀 있었던 기간이 길수록 큰 힘이 필요하다. 힘으로 박스권을 돌파해야 추세가 전환된다. 이것이 내가 증권 분석할 때 개발한 '박스권 돌파' 이론이다.

상자를 여는 것이나 마음의 그릇을 깨는 것이나 똑같다. 몸과 마음의 힘을 다하여 강하게 부딪쳐야 한다. 가벼운 결심이나 한순간의 의지만으로는 돌파할 수 없고, 인생의 전환점을 만들 수 없다. 결단하고 돌파하면 새로운 방향이 열린다. 돌파하면 비행기가 활주로를 뜨는 것처럼 새로운 인생이 전개된다.

자신을 사랑하고 인정하라

제대로 된 노력은 자신감에서 나온다. 자신감을 가지려면 자신을 사랑하고 인정해야 한다. 스스로 무시하는 존재를 남이 인정해줄 리 있겠는가. 자신감이 있어야 목표를 세우고 도전할 수 있다. 자신을 사랑해야 긍정적인 마인드를 가질 수 있다. 뭐든지 할 수 있다는 마인드를 가져야 참고 밀고 갈 수 있다.

자신을 사랑한다는 것은 이기적으로 살자는 말이 아니다. 자신을 소중한 존재로 생각하는 것이다. 있는 그대로 긍정하고 받아들이는 것이다. 이것은 자신에 대한 도리다.

하지만 주위를 둘러보면 그렇지 않은 사람이 많다. 자신을 무능하고 문제가 많은 사람이라고 생각한다. 자신을 미워하고 멸시하고 저주하기도 한다.

세상에서 가장 소중한 것은 당신 자신이다. "나는 맨날 왜 이 모양일까." "나는 왜 하는 일마다 안 풀릴까." "더럽지만 죽지 못해 살지." 이런 식으로 생각하거나 말한 적이 있다면 가볍게 넘길 일이 아니다. 가끔씩 그렇게 해도 문제가 있고, 습관적으로 하고 있다면 심각한 상황이다.

인생의 비밀을 다시 생각하자. 생각하고, 말하고, 행동하는 대로 인생이 만들어진다. "되는 대로 살면 된다", "대충 살다 죽어도 좋다"고 생각하고 함부로 행동하면 어떻게 되겠는가.

자신을 사랑하지 않는 사람은 스스로 함정을 파는 격이다. 함정에서 벗어나지 못하고 그 안에서 헤매인다. 새로운 일에 신경쓸 여유가 없고, 하는 일에 질질 끌려 다닌다. 제대로 무언가 할 수 없다. 이렇게 살면 성공할 수 없는 운명을 면하지 못한다. 하나밖에 없는 인생을 이렇게 살아서 되겠는가.

절대적으로 무능한 사람은 없다. 누구나 발휘하지 않은 능력을 가지고 있다. 보통사람이 평소 사용하는 지적 능력은 잠재 능력의 10퍼센트도 되지 않는다. 누구나 마음먹으면 당장 열 배의 능력을 발휘할 수 있다는 말이다. 많은 사람은 자신의 능력이 얼마나 큰지 모르고 산다. 잠재 능력이 있어도 발휘하지 않으면 성과가 나타나지 않는다.

또 능력을 발휘하더라도 정작 필요한 곳에 쓰지 않는 사람이 태반이다. 실패는 능력 부족이 아니라 능력을 발휘하지 못한 결과다. 공부를 못하는 단 한 가지 이유는 공부를 안 하기 때문이다. 성공은 노력의 양에 달려 있다. 잠재 능력은 오십보백보이지만 노력은 사람마다 큰 차이가 난다.

사람들은 눈에 보이는 것만 인정한다. 잠재 능력이 아무리 크더라도 결과로 나타나지 않으면 의미가 없다. 잠재 능력을 발휘하려면 믿어야 한다. "할 수 있다. 하면 된다." 누구나 자신이 아는 것보다 더 큰 능력을 가지고 있고, 지금 하는 일보다 훨씬 많은 일을 할 수 있다.

자신에 대한 믿음과 자신감을 마음에 새겨야 한다. "나는 할 수 있다. 참고 하면 성공한다." 일회성 다짐으로 그쳐서는 안 된다. 자기 암시처럼 되풀이해야 한다. 시험 공부하는 학생, 인생을 한 단계 업그레이드하려는 직장인, 새로운 사업에 도전하는 사업가는 정신 무장이 풀리지 않도록 아침에 눈을 떠서 잘 때까지 수시로 다짐해야 한다.

자신을 사랑하는 사람은 잠에서 깨는 순간부터 달라져야 한다. 아침에 아무 생각 없이 억지로 일어나 책상에 앉는 사람, 밥을 먹는 둥 마는 둥 허겁지겁 출근하는 사람은 운명의 주인이 될 수 없다. 자기 인생에 끌려 다니면서 사는 사람은 자기 운명의 노예나 다름없다.

자신을 사랑하는 사람은 다르게 산다. 자기 인생의 주인이 된다. 스스로 인생을 계획하고 준비하고 만들어간다. 하루를 시작할 때 자신의 꿈과 목표를 확인한다. 십 년 후 이루고 싶은 꿈은 무엇인가. 그 꿈을 이루기 위해서 반드시 거쳐야 할 목표는 무엇인가. 목표에 도달하기 위해 금년에 해야 할 일은 무엇인가. 오늘 해야 할 일은 무엇인가. 이런 것들을 차례로 점검하고 "나는 반드시 해내겠다. 나는 할 수 있다"고 다짐한다. 단순히 머릿속 생각으로 그치지 않는다. 기도하고 소리 내어 맹세한다.

이런 사람은 아침을 나태하게 시작하지 않는다. 꾸물거리지 않고 잠자리에서 벌떡 일어난다. 하루하루 해야 할 일, 하고 싶은 일이 기다리고 있다. 열정을 가지고 공부나 일을 시작한다. 오전 내내 열심히 한다. 금방 점심시간이 되는 게 아쉽다. 오후에도 열심히 한다. 틈틈이 결심을 다지면서 마음에 자신감을 반복해서 입력한다. 잠자리에 들 때는 오늘 했어야 할 일과 실제로 한 일을 따져본다. 내일은 더 열심히 하겠다고 다짐한다. 이것을 매일 반복하면서 밀고 나간다. '할 수 있다'는 것은 생활습관이 되고 사는 방법이 되어야 한다.

그렇게 해도 노력이 일상적이 되면 타성에 젖고 마음이 해이해지기 쉽다. 자꾸 결심을 잊어버리기 때문에 명심할 글귀를 책상머리에 써 붙이거나 책이나 수첩 앞장에 써서 수시로 보는 게 좋다. 휴대폰 액정화면에 띄우는 방법도 좋다. 대학 시절 나는 '극기상진'이란 좌우명을 써 붙이고 항상 보면서 공부했다. 마음이 약해지면 독하게 빨간색으로 쓰기도 했다. 지금 내 명함에는 이름과 전화번호, 그리고 '꿈을 꾸며 노력하면 이루어진다'라는 글귀가 적혀 있다.

'나는 할 수 있다'를 믿고 사는 사람은 신기한 경험을 한다. 처음에는 인간의 힘으로 불가능해 보였던 일이 시간이 지나면 뜻밖에 쉽게 풀린다. 자기도 모르는 사이에 이루어진다. 너무나 견디기 힘들고 괴로운 일이 나중에 돌아보면 안개처럼 사라져 있다.

세상에는 할 수 있는 것과 할 수 없는 것이 명확히 나누어져 있지 않다. 할 수 있다고 마음먹으면 할 수 있고, 할 수 없다고 생각하는 순간 할 수 없게 되는 것이 대부분이다. 할 수 있다고 믿느냐 믿지 않느냐의 선택은 마음속에서 일어난다. 겉으로는 차이가 나타나지 않는다. 하지만 그 차이는 노력한 결과에 결정적인 영향을 미치고 그것이 쌓여 운명을 결정한다.

처음부터 할 수 있다고 믿는 것은 아무리 강조해도 지나치지 않다. 회색을 보고 어둡다고 생각하는 사람도 있고, 밝다고 생각하는 사람도 있다. 결과가 확실하지 않은 어떤 일을 놓고도 할 수 있는지 없는지 두 가지 생각이 가능하다. 시작할 때 주어진 여건은 사람마다 비슷하다. 시간이 지나면 성공하는 사람이 있고, 실패하는 사람이 있다. 성공하는 사람은 누구인가. 미리 알기는 어렵지만 분명한 것은 성공하는 사람은 할 수 있다고 믿는 사람 중에서 나온다는 사실이다.

'나는 할 수 있다'고 믿는 것만으로 성공 확률이 높아진다. 여기에는 과학적인 이유가 있다. 첫째, 어려운 일일수록 도전할 때 실제로 할 수 있다고 믿는 사람이 드물다. 그렇기 때문에 자신이 할 수 있다고 믿는 순간 성공 확률이 높은 소수 그룹에 속하게 된다. 할 수 있다고 믿는 순간 성공에 접근하기 시작하고, 세상이 달라지기 시작한다는 사실은 놀랍다.

둘째, 할 수 있다고 믿는 사람이 더 열심히 한다. '인생의 비밀' 그대로다. 할 수 있다고 믿는 사람은 할 수 있다는 생각으로 더 노력한다. 목표에 대한 확신이 있는 사람은 끈질기게 밀고 가기 때문에 노력의 양이 절대적으로 많다. 믿지 않는 사람은 결코 열정을 발휘할 수 없다. 결과를 의심하는 순간 스스로 무너지기 시작한다.

성공에서 중요한 것은 자신에 대한 믿음과 자신감이다. 누군가 할 수 있는 일이라면 당신도 할 수 있다. 다행히 많은 경쟁자들은 충분한 자신감을 가지고 있지 않다. 당신이 할 수 있다는 것을 믿기 주저할 때 남들은 벌써 포기를 시작한다. 힘들수록, 어려울수록 할 수 있다고 믿어야 한다. "나는 할 수 있다"고 자기최면을 걸어야 한다.

가만히 있어도 누가 알아서 대접해주고 움직여주는 경우는 드물다. 어려운 일뿐 아니라 쉬운 일도 먼저 움직이는 사람에게 기회가 주어진다. 어린 시절 선생님이 누구나 다 알 만한 쉬운 문제를 칠판에 쓰고 누가 풀겠냐고 물을 때 먼저 손을 드는 학생이 칭찬을 받는 경험을 했을 것이다. 할 수 있다고 믿는 사람이 자기 운명을 만들고 세상을 움직인다. 세상은 누구 것인가. 먼저 손을 든 사람의 것이다.

기독교에서도 스스로 움직이기를 강조한다. "예수께서 손 마른 사람에게 이르시되 한가운데 일어서라 하시고 … 그 사람에게 이르시되 네 손을 내밀라 하시니 그가 내밀매 그 손이 회복되었더라."(마가복음 3:3~5) 남에게 보이기 부끄러운 약점이 있더라도 있는 그대로를 긍정하고 당당히 출발해야 한다. 감추고 피하면 이루어지지 않는다.

노력하는 과정은 힘들고 지루하다. 자신의 능력을 믿지 않는 사람은 과정을 스스로 헤쳐나가지 못하고 다른 사람에게 정신적으로 의존하려는 충동에 빠진다. 힘들 때 마음을 어루만져줄 손길을 그리워하고, 외로울 때 함께 있어줄 사람을 찾는다. 마음을 나눌 사람을 용하게 찾는다고 하더라도 대개 도움이 되지 않는다. 지나고 나면 근본 문제는 그대로 있고 아까운 시간과 에너지만 허비했다고 후회하게 되는 경우가 적지 않다. 꿈과 목표를 공유하는 사람이 아니라면 차라리 외로움을 참고 혼자 하는 편이 낫다.

힘들면 정신력이 약해지기 쉽다. 이럴 때는 판단력도 약해진다. 당장 정신적으로 공허하다고 해서 만나기 쉬운 사람만 만나다가는 더 큰 일을 그르치는 수가 있다. 수험생이 정신적 도피처로 이성을 사귀다가 시험을 망치고, 사업이 힘들어 스트레스 해소한다고 술친구와 어울리다가 방탕한 길로 빠지고 급기야 사업은 망가진다.

세상은 냉정하다. 당신이 의미 있는 목표를 향해 노력하고 있지만 남에게는 별로 상관없는 일이다. 다들 나름대로 바쁘다. 그런 남이 자기 일을 소홀히 하면서까지 당신에게 신경써준다면 어떤 다른 목적이 있을 가능성이 크다. 공짜로 술 얻어먹는 재미에 만나주는 사람도 있고, 심지어 사기를 치기 위해 공을 들이는 사람도 있다.

자신과 목표를 공유하지 않는 사람을 자신만의 여정에 동반하려는 생각은 이기적이다. 막상 도움도 되지 않는다. 끝까지 혼자서 견딜 수 있는 힘이 자신에게 있다고 믿어야 한다.

"빨리 가려면 혼자 가고 멀리 가려면 둘이 가라"는 아프리카 속담이 있다. 나는 한마디를 덧붙이고 싶다. "같이 가려면 방향이 같아야 한다." 방향이 다르면 혼자 가는 것만 못하다. "사공이 많으면 배가 산으로 간다."

남에게 사랑을 구하기 전에 자신을 사랑하라. 성공하는 사람은 현재의 자신을 당당하게 사랑한다. 혼자 길을 가도 외로워하지 않는다. 자신의 능력에 한계를 두지 말고, 자기가 할 수 있는 일에 한계를 두지 마라. 사람은 마음먹은 만큼 이룰 수 있고, 자신을 인정하는 만큼 능력을 발휘할 수 있다.

출발선이 남과 다르기를 바라지 마라

우리는 서로 다르지 않다. 당신이 좋아하는 것은 대개 남도 좋아하고, 당신이 싫어하는 것은 남도 싫어한다. 당신이 감동할 때 남도 감동한다. 어떤 영화가 흥행 기록을 세운다는 소식을 듣고 보러 가면 그럴 만하다고 여겨진다. 당신이 맛있게 먹은 음식은 남도 맛있다고 한다. 맛으로 소문난 집을 찾아가면 그럴 만하다고 공감할 확률이 크다. 당신이 즐겁게 하는 일은 남에게도 즐겁고, 당신에게 힘든 일은 남에게도 힘들다. 이런 현상을 줄곧 경험해보았을 것이다.

시험이나 업무 능력을 좌우하는 것이 지능이라고 생각하는 사람이 많지만 지능은 별로 차이가 나지 않는다. 주위에 당신보다 특별히 우수하거나 떨어지는 사람은 별로 없다. 학교나 사회나 직장에서 주위 사람들의 머리는 비슷하다. 대학입시에서 당신이 선택한 학과는 비슷한 실력의 학생들이 경쟁하면서 커트라인 부근에 몰려 있다. 치열한 경쟁을 뚫고 직장에 들어가면 비슷한 사람들이 와 있다. 직장을 퇴직하고 사업을 시작해도 비슷한 처지의 사람들이 같은 업종에 많이 들어오는 현상을 보게 될 것이다. 손에 때 묻히지 않고 고상하게 어떤 사업을 해보려고 하면 그런 생각을 하는 사람들이 우글거려 별로 재미를 볼 수 없다.

내가 살면서 경험하는 사실은 내가 경쟁을 뚫고 들어간 집단에 나와 비슷한 사람들이 많았다는 것이다. 거기서 다시 새로운 경쟁이 시작된다. 인생 내내 벌어지는 경쟁은 이런 식이다. 능력 있는 사람과 무능한 사람과의 경쟁이 아니라 비슷한 사람들끼리의 경쟁이다. 당신의 경쟁자는 당신보다 월등히 우수한 인재가 아니고, 뒤떨어진 바보도 아니다. 당신과 비슷한 사람이다. 만약 누가 경쟁자 집단에서 특출하다면 사실은 특출한 것이 아니라 자신의 능력보다 낮추어 도전하고 있을 가능성이 크다.

경쟁 집단에 속한 사람들끼리 비슷하다 보니 생각도 비슷하다. 회의를 해보면 당신이 생각하는 것은 남도 생각하고 있고, 당신이 말하고 싶은 것은 누군가 한발 빨리 말해서 김이 샌다. 당신 수준에서 생각하지 못하는 기발한 아이디어는 듣기 어렵다. 상사나 선배가 나은 생각을 말하기도 하지만 그것은 머리가 좋기 때문이 아니라 경험이 많기 때문이다.

인생을 사는 데 지능지수IQ를 믿는 것처럼 어리석은 짓이 없다. 한두 시간 검사로 머리가 얼마나 좋은지 알아내기 어렵다. 특히 어릴 적 지능지수는 별로 의미가 없다. 지능지수가 높게 나온다고 당장 생기는 것도 없는 상황에서 지능검사에 열심히 매달리는 어린이는 미련하다고 할 수도 있다. 그보다는 대충 지능검사를 때우고 나와 남은 시간에 딴짓을 하려고 머리를 굴리는 어린이가 더 영리할 수도 있다. 지능은 학습하면 발달하고 뇌를 쓰지 않으면 떨어지기 때문에 한 번 지능지수가 높게 나왔다고 해서 평생 머리가 잘 돌아간다고 할 수도 없다.

지능지수가 높게 나왔다고 공부를 잘하는 것도 아니고 인생에서 성공하는 것도 아니다. 지능지수가 조금 높으면 초등학교 때 잠깐 반짝하기도 하지만 중학교부터는 공부의 절대량이 늘어나기 때문에 노력 없이는 성적을 올릴 수 없다. 나는 지능지수가 높다는 사람들이 학교에서 신통한 성적을 내지 못하고 직장에서 인정받지 못하는 사례를 많이 알고 있다. 지능지수 믿다가 꾀만 부리고 인생을 망치기 쉽다. 지능지수는 인생에 별 도움이 되지 않는다. 잊어버리는 편이 좋다. 아무리 지능이 높더라도 노력하지 않는 사람은 노력하는 사람을 이길 수 없다.

머리가 더 좋았더라면 공부를 잘했을 거라고 생각하는 사람이 있지만 그저 게으름에 대한 평계일 뿐이다. "머리가 더 좋았더라면" 하고 아쉬워하는 사람은 다른 사람도 똑같이 생각하고 있다는 것을 알아야 한다. 그런 사람은 지능이 높더라도 머리를 믿고 노력하지 않을 가능성이 크다.

나는 기억력에 관한 한 심한 콤플렉스를 가지고 있다. 남들은 내가 머리가 좋아 공부를 잘한 걸로 알지만 나는 기억력이 남보다 떨어져 고생을 많이 했다. 학교 다닐 때는 외우는 과목이 힘들었다. 책을 한 번 읽고 덮으면 모래에 쓴 글씨가 파도에 지워지듯이 머릿속에서 깨끗이 사라지곤 했다. 여러 번 외워도 기억나지 않는 경우가 많았다. 특히 영어 단어같이 재미없는 것을 기계적으로 외우는 일은 엄청나게 고통스러웠다.

간혹 엄청난 기억력의 소유자를 만나면 부럽다. 휴대전화 번호를 500개 외우는 사람도 있다. 기억력이 좋은 사람에게 콤플렉스를 가진 적도 있지만 살다 보니 별것 아니었다. 기억력 좋은 사람이 막상 공부 잘하는 경우는 적었다. 머리를 믿고 공부를 게을리 하기도 하고, 무조건 외우기만 할 뿐 이해력이나 응용력은 떨어지는 사람도 많았다.

비슷한 사람들이 모인 경쟁 집단에서 자기 머리가 남보다 좋기를 바라는 것은 공정한 자세가 아니다. 마라톤 경기에서 자기 혼자 10킬로미터 앞에서 출발하겠다는 것과 같다. 자기 혼자만 나은 여건에서 경쟁하기를 바라는 생각은 한마디로 꾀를 부리고 노력을 덜 하는 방법을 찾겠다는 심보다.

남들이 다 재미없어 하는 공부나 일이 자기 혼자한테만 재미있으면 좋겠다고 바라는 것, 자기 머리가 남보다 더 나으면 좋겠다고 바라는 것은 따지고 보면 어처구니없는 생각이다. 남과 같은 처지라는 엄연한 현실을 잊어버리고 자기만 다르기를 바라는 것이다.

우리 주위에는 더 노력하려고 애쓰기보다는 부질없는 소망이나 비현실적인 가정에 매달리는 사람이 적지 않다. 심지어 시험 전날 "하루만 더 공부하면 얼마나 좋을까" 하고 바라기도 한다. 시험이 코앞에 닥칠 때까지 놀고서도, 업무 마감일이 다가오도록 서두르지 않다가도 마무리할 시간이 다가오면 자기만 시간이 늘어나기를 바라는 것이다. 따지고 보면 얼마나 황당한 바람인가.

시간은 공평하다. 누구에게나 일 년은 365일, 하루는 24시간이다. 한정된 시간을 어떻게 활용하느냐에 따라 결과가 달라진다. 애당초 달라질 수 없는 조건에 핑계를 대기보다는 거꾸로 생각해보자. 만약 시간이 사람마다 다른 속도로 흘러가면 어떻게 될까. 누가 실컷 놀고서 막판에 하루 1천 시간을 노력해서 따라잡을 수 있다면 평소 열심히 노력하는 사람은 바보가 될 것이다. 그런 세상에서 평소 노력할 사람은 아무도 없다. 따지고 보면 시간이 한정되어 있다는 사실은 공평한 세상을 만드는 데 이바지한다고 할 수 있다. 평소 노력하는 만큼 차이가 나야 정의롭고 공평한 사회다.

남보다 앞에서 출발하기를 바라는 것도 잘못이지만 남보다 뒤처졌다고 낙담할 필요도 없다. 만약 지금 남보다 뒤떨어졌다 해도 늦지 않았다. 얼마든지 따라잡을 수 있다. 뒤떨어진 사실을 현실로 받아들이고 그만큼 더 치열하게 노력하면 된다. 그동안 노력하지 않은 대가는 피나는 노력으로 치를 각오를 해야 한다.

같은 노력을 하고서 운 좋게 좋은 결과가 얻어지기를 바라는 것은 이해가 간다. 하지만 애당초 출발점이 다르기를 바라는 사고는 머릿속에서 지워야 한다. 경쟁자들이 모두 자기와 비슷한 조건에서 뛰고 있다는 것을 인정해야 한다. 이것이 경쟁을 힘들게 한다. 학생이 시험에서 남보다 나은 성적을 내기 어려운 것도 현실적 조건이 비슷하기 때문이다.

내가 사법시험을 시작할 때 나를 절망하게 했던 현실적 조건은 책이었다. 불과 수십 명의 합격자를 놓고 2만 명 넘는 수험생이 매달리지만 다들 읽는 것은 같은 책이었다. 머리가 비슷한 사람이 똑같은 책으로 공부하는데 어떻게 나만 성공하는 소수에 들어가기를 바랄 수 있겠는가. 내가 공부하는 책이 남과 다르기를 바랄 수 없고, 내가 공부한 부분에서만 문제가 집중적으로 나오기를 바랄 수도 없다. 같은 여건 아래서 누구는 합격하고 누구는 실패한다. 결과는 주어진 여건의 차이가 아니라 노력의 차이다.

학교를 졸업한다고 현실이 달라지지 않는다. 어떤 사람이 칼국수 전문점을 연다고 하자. 개업할 때 남보다 맛있게 해서 손님이 몰려들게 하겠다고 결심한다. 그런데 다른 집과 차별화된 맛을 낼 수 있는 특별한 방법이 없다. 무엇보다도 음식 재료가 다르지 않다. 학교 다닐 때 똑같은 책으로 공부해서 남과 차이를 내기 어렵듯이 이웃 식당과 비슷한 밀가루로 만드는 칼국수 맛이 특별히 다를 리는 없을 것이다.

서울 강남의 어떤 고급 제과점은 프랑스에서 직수입한 밀가루를 쓴다고 한다. 입맛이 까다로운 사람은 밀가루가 다른 것을 맛으로 식별한다고 한다. 그렇지만 그것은 극히 예외적인 사례다. 보통 음식점은 그 동네 다른 집과 비슷한 재료를 사용할 수밖에 없다. 돈을 비슷하게 받으면서 비싼 재료를 쓰면 채산성이 맞지 않는다. 우리 집만 특별한 재료를 사용하여 경쟁에서 이기려 하는 것은 비현실적인 욕심이다.

모든 경쟁이 어려운 근본적인 원인은 서로 다르지 않기 때문이다. 주어진 현실이 남과 비슷하기에 결과에 차이를 내기 어렵다. 주어진 현실을 냉정하게 직면해야 한다. 현실적 조건은 바꿀 수 없다. 똑같은 출발점에서 시작하면서 잘할 수 있는 방법을 찾아야 한다. 공부나 회사 일이나 사업이나 재미있어야 열심히 하겠다는 생각을 버려야 한다. 머리가 남보다 더 좋기를 바라지도 말아야 한다. 필요할 때 자기한테만 여유 시간이 더 생기기를 바라지도 말아야 한다.

남에게 의존하지 마라. 인생은 광야에 홀로 선 것과 같다. 가는 방향이 잘 보이지 않는다. 길을 잃어도 물어볼 사람도 없다. 주위 사람에 의존하지 말고 스스로 방향을 찾아나가야 한다. 출발점에 신경 쓰지 마라. 움직인 만큼 앞으로 간다.

누구나 처지는 마찬가지다. 결과에 차이를 내려면 단 하나의 방법밖에 없다. 더 노력해야 한다. 현실적인 조건이 비슷하더라도 결과에 차이를 낼 수 있는 가장 확실한 방법은 노력뿐이다.

지금 인정받으려고 하지 마라

노력하는 사람은 남들의 평가로부터 자유로워야 한다. 사람은 남을 인정하지 않고 무시하는 경향이 있다. 아마 당신도 남에게 무시당한 경험이 여러 번 있을 것이다. 그러나 이해하라. 세상의 평가는 본래가 온전하지 못하다. 그것은 인간의 한계 때문이다. 인간은 눈에 보이지 않는 것은 보지 못하고 귀에 들리지 않는 것은 듣지 못한다. 당장 보이고 들리는 것만을 가지고 판단한다.

남들은 현재 보이는 모습에 대해서만 평가한다. 노력하는 사람이 인정받고 싶은 것은 아직 보이지 않는 것, 즉 미래의 모습이다. 여기서 간극이 생긴다. 남들은 당신이 얼마나 달라질 수 있는지 모른다. 결심이나 의지도 눈에 보이지 않는다. 당신이 성실하게 살려고 결심해도 인정받지 못하고, 열심히 노력하려고 의지를 불태워도 인정받지 못한다. 그래서 노력은 시작할 때 심리적으로 힘들다. 노력하는 사람이 평가에 연연하면 마음에 상처를 입는다.

나은 인생을 살고자 노력하는 사람은 세상의 평가를 무시해야 한다. 만약 남이 당신을 무시하거나 온당한 평가를 해주지 않더라도 섭섭하게 생각하지 마라. 그들은 당신의 과거 모습을 기억하고 현재 모습을 보고 있다. 미래가 반영되지 않는 평가에 마음이 흔들려서는 안 된다. 무시하는 사람들에게 절대로 화내지 마라. 싸우지도 마라. 무시당하더라도 끝까지 참아라.

남이 별 생각 없이 던지는 말에 신경쓰지 마라. 그런 말은 일시적이고 사소하다. 지나고 보면 별다른 의미도 없다. 말하는 사람조차 진지하게 생각해서 말하는 것이 아니다. 그런 말 때문에 노력을 멈춘다면 혼자만 손해다. 실패에 대한 모든 책임은 결국 모두 자기 자신에게 있고, 대신 책임져줄 사람은 아무도 없다.

남이 당신을 낮게 평가할 때 대드는 것도 도움이 안 되지만, 그보다 더 나쁜 것은 남의 평가를 인정하고 받아들이는 것이다. 그것은 미래를 생각하고 앞으로 나아갈 시점에서 과거의 것에 붙잡히는 행위다. 성공을 포기하는 것과 같다. 남들의 평가는 주로 당신의 과거에 대한 것이다. 남들의 평가도 버려야 할 과거의 것이다.

중요한 것은 남의 시선을 의식하지 말아야 한다는 것이다. "남들이 인정해주지 않아서 못 했다"는 생각은 실패하는 사람의 상투적인 핑계다. "당신이 못 하니까 세상은 인정하지 않는다." 세상의 평가는 당신이 하는 만큼 만들어지는 결과물에 불과하다. 다른 사람의 평가는 당신의 미래를 만들어주지 않는다. 사람들의 평가 때문에 자신감을 잃고 흔들렸다고 변명하는 것은 바보짓이다. 정신력이 약하다고 인정하는 것뿐이다.

실패가 많았던 사람일수록 남들의 평가는 나쁠 것이다. 그동안 좋지 않은 결과를 보여주었기 때문에 남들이 그렇게 생각하는 것은 당연하다. 그렇지만 그런 평가를 그대로 받아들이는 것은 현재의 모습을 운명으로 받아들이는 일이다. 남에게 자기 운명을 결정하도록 맡기는 것과 같다.

자기 인생의 주인이 되고자 하는 사람은 남들의 평가로부터 자유로워야 한다. 남의 평가에 신경쓰면 그만큼 미래를 생각하거나 노력할 시간을 허비하는 셈이다. 그러다 보면 노력이 부족해서 남의 평가대로 인생이 부실하게 될 것이다.

아무리 높은 목표를 세우고 노력한다고 하더라도 결과가 보이기 전까지는 남의 좋은 평가를 기대하지 마라. 미래를 생각하는 사람은 꿈을 먹고 살아야 한다. 현재에 대한 남의 평가를 되새김질하면서 사는 사람은 미래가 없다.

학생 시절 나는 철저하게 남의 시선을 무시하고 살았다. 외모에 신경쓰는 것은 시간 낭비라고 생각했다. 옷에 무관심한 것은 물론 수염도 깎지 않았다. 목욕은 물론 심지어 세수하지 않는 날도 있었다. 내 모습을 거울 없이는 직접 볼 수 없다는 사실이 다행이라고 생각했다. 그래서 말했다. "남이 괴롭지 내가 괴롭나." 그래서 생긴 습관이 있다. 사진 찍히기를 싫어하게 되었다. 내 모습이 내 눈에도 별로 보기 좋지 않기 때문에 내 모습을 사진으로 담고 싶지 않았다.

내가 이루려는 목표와 상관없는 것에는 신경쓰지 않는 습관도 생겼다. 생활에 편한 것을 추구하게 되었다. 옷도 몸에 편한 것을 입고, 물건도 쓰기 편한지 따져보고 산다. 내가 쓰기 불편하면 아무리 남이 좋다고 권하더라도 싫다. 나이 들면서 이제는 공인으로서 체면에 조금 더 신경쓴다고 할 수 있지만 실용성이 우선이다. 이른바 명품은 관심이 없다.

남의 시선이나 평가가 나에게 방해가 될 뿐이라는 사실을 일찍 깨달은 것이 나의 인생에 큰 도움이 되었다. 남의 평가에 연연하지 않고 꾸준히 노력하는 사람에게는 항상 새로운 기회가 주어진다. 기회를 포착하고 이루는 것은 시간문제다. 노력하는 동안은 인내가 필요하다. 초조하게 생각하면 될 일도 안 된다.

어떤 사람은 노력은 하지 않고 자존심이나 자만심을 내세우면서 인정받고 싶어 한다. 그것은 의미 없다. 따돌림 받기 쉽다. 자존심을 내세우기만큼이나 잘못된 것은 자신을 무능하다고 생각하는 일이다. 만약 당신이 스스로를 무능하다고 생각한다면 경쟁자들이나 당신을 미워하는 사람이 기뻐할 것이다. 당신이 잘되기를 원하지 않는 사람들의 평가에 신경쓰다가 정작 해야 할 일을 소홀히 한다면 안타까운 일이다. 그렇게 되면 당신을 망치는 이는 남이 아니라 당신 자신이다. 남들의 평가로부터 벗어나지 못하는 것은 당신의 책임이기 때문이다. 남들의 평가에서 벗어나는 순간 자유로워지고 자기 운명의 주인이 된다.

나는 고등학교 2학년 초에 대학을 갈 수 없을 정도로 형편없는 성적을 받았다. 주위에서 나를 낙제생으로 보는 것은 참을 수 없는 고통이었다. 공부를 포기하고 싶은 충동이 들기도 했다. 그러나 나는 내가 할 수 있다는 사실을 믿었다. 아니 사실로 믿어야만 했다. 달리 방법이 없었기 때문이다. 우선 현실을 받아들이기로 했다. '할 수 있다'는 생각은 세상에서 의미가 없고 '했다'는 것만 의미가 있다는 사실을.

나는 공부를 따라잡으려면 시간은 걸리지만 노력하면 결과가 반드시 나타날 거라고 믿었다. 남은 나를 믿지 않았지만 나는 나를 믿었다. 남들의 차가운 눈길이 당장 나를 힘들게 했지만 좌절하지 않았다. 밀고 나갔다. 그리고 결국 내가 믿은 대로 이루어졌다. 남들을 따라잡고 위로 올라섰다. 나는 인내를 가지고 나의 미래 모습을 현실로 만드는 데 성공했다.

남들의 평가에서 자유로워야 한다는 것은 개인뿐 아니라 조직이나 기업, 그리고 국가도 마찬가지다. 우리 역사를 돌아보자. 한때 우리 스스로 무능한 민족이라고 말하던 시절이 있었다. 사실 그것은 우리가 무능했다기보다는 일제의 악질적인 식민지 경영전략의 영향이었다. 일제는 우리 민족성을 왜곡하려고 했다. 식민사관을 만들어 우리 민족은 열등하다고 교육했다. "조선 사람은 모래알처럼 뭉치지 못한다." "서로 시기하고 싸우는 것이 조선의 민족성이다." "양반은 일하지 않는다." 우리 민족은 나약하고, 단결이나 화합하지 못한다는 식으로 교육했다.

내가 어릴 때 그런 식으로 말하는 학교 선생님도 있었다. 식민지 교육을 받은 탓이었다. 그런 시각에서 우리와 일본을 비교하곤 했다. 왜 우리 민족은 성공할 수 없는지를 설명했다. 그런 영향이 주입된 할

아버지 세대는 변화 없는 시대를 살았다. 그러나 해방 후 올바른 역사관을 교육하면서 대한민국은 달라졌다. 우리 민족의 기는 꺾이지 않았다. 우리는 최근 세계에서 유래가 없는 기적을 이룩했다. 세계는 한민족의 우수성에 놀라고 있다. 이제는 세계 어디를 가도 한국에서 왔다는 이유로 무시당하지 않는다.

무능한 민족이 갑자기 달라진 것은 아니다. 우리는 본래 능력 있는 민족이었다. 세계에서 가장 빨리 발전하고 성장할 수 있는 잠재력이 있다. 경제 발전 과정에서 우리에게 가장 중요한 것은 우리도 할 수 있다는 자신감의 재발견이었다. 우리 스스로 할 수 있다고 믿으면서 새로운 역사가 만들어졌다. 우리 국민이 능력 있다고 믿는 동안 우리는 앞으로도 계속 발전할 것이다.

우리는 자랑스러운 대한민국 사람이다. 대한민국에 대한 평가도 제자리를 찾아 올라가고 있다. 대한민국이 인정받는 것은 우리가 능력이 있다는 사실을 전 세계 사람들의 눈에 결과로 보여주었기 때문이다.

우리 국민 각자에게 능력이 있고 그 능력을 실현할 수 있는 기회가 있다. 당신도 강한 사람이다. 능력 있다고 믿는 순간 새로운 사람이 될 수 있다. 정확히 말한다면 새로운 사람이 아니라 당신이 본래 가진 잠재능력을 재발견하고 발휘하는 것이다. 성공은 할 수 있다고 믿는 사람에게 주어지는 축복이다. 남의 평가를 무시하라. 그리고 남이 보지 못하는 미래의 목표를 밀고 나가라. 축복이 기다리고 있다.

노력하는 모습을 부끄러워하지 마라

노력하는 모습은 부끄러운 게 아니라 자랑스러운 것이다. 겉모습은 구차스럽기도 하겠지만 미래를 꿈꾸면 당당해야 한다. 내면이 당당하면 행동에 자신감이 나타난다. 세상은 자신 있어 보이는 사람을 좋아한다. 당당하게 말하는 사람을 신뢰한다. 생소한 것을 자신 있게 말하면 대부분의 경우 그것을 이해하지 못하더라도 뭔가 일리가 있을 거라고 믿어준다.

사업가가 사업에 자신감을 가지면 성공하고, 부끄러워하면 실패한다. 장사하는 사람이 자신 있게 상품의 장점을 설명하면 설득력이 있다. 열심히 파는 모습은 보는 사람을 감동시켜 필요 없는 물건까지 사고 싶게 만든다. 파는 사람이 주저하면 보는 사람은 사고 싶은 확신을 못 가진다.

이명박 대통령의 집안은 원래 넉넉하지 못했다. 그가 고려대 경영학과에 들어갔을 때 어머니는 노점상을 하고 있었다. 그는 길에서 장사하는 것이 창피했다. 누가 알아볼까 봐 모자를 눌러쓰고 고개를 숙였다. 좌판만 보고 장사했다. 손이 들어와 물건을 고르면 얼마라고 말하고, 돈을 주면 손바닥만 보고 맞는지 확인했다. 보다 못한 어머니가 그의 뒤통수를 때리면서 호통을 쳤다. "모자를 벗어라. 손님과 눈을 마주치는 것은 장사의 기본이다. 기본도 안 하고 장사가 되겠니. 노점상도 엄연한 사업이다. 세상에서 가장 간단한 사업도 제대로 못 하는 사람이 큰 사업을 할 수 있겠느냐."

그는 깨닫는 바가 있었다. "이 장사부터 잘해야 대기업도 경영할 수 있겠다." 그는 모자를 벗고 장사했다. 지나가는 손님을 부르고, 관심을 보이면 물건을 골라주고, 고른 물건이 마음에 안 든다는 표정이 보이면 다른 물건을 권했다. 부끄러움을 버리니 장사가 잘되었다. 이 경험은 성공의 밑거름이 되었다. 아르바이트로 환경미화원을 할 때도 부끄럽다는 생각을 버리고 열심히 당당하게 했다.

그가 대학을 졸업하고 현대건설에 들어갔을 때 회사는 막 시작하는 단계였다. 정주영 회장은 문과·이과 출신을 가리지 않고 바로 공사 현장에 투입했다. 공사 현장은 대학생들이 꿈꾸던 직장이 아니었다. 하루 종일 작업복에 먼지를 뒤집어쓰고 일하니 폼이 나지 않았다. 하루 일을 마치고 샤워를 하려 해도 따뜻한 물이 제대로 나오지 않았다. 차도 안 다니는 시골에서 일하면 친구 만나기도 어렵고 이러다가 결혼도 못 하겠다는 생각이 들기도 한다. 그의 동기생들은 대개 얼마 못 버티고 그만두었다. 하지만 그에게는 어머니의 '노점상 정신'이 있었다. 묵묵히 맡은 현장에서 열심히 일했다.

어느 추석날 정 회장이 우연히 시골길을 지나가는데 현대건설

공사 현장이 보였다. 불도저 석 대가 쉴 새 없이 움직이고 있었다. "아니, 오늘도 일하는 데가 있어? 열심히 일하는 저 현장 소장은 누구야?" 그가 이명박이었다. 그는 정 회장의 눈에 들어 발탁되었다. 누가 지켜보지 않아도 최선을 다하는 사람은 믿을 수 있다. 어떤 일을 맡겨도 잘해낼 것이다.

그가 장사할 때 모자를 벗은 것은 성공을 위해 부끄러움을 벗어던지는 것이었다. 노력하는 사람은 부끄러움을 버려야 한다. 지금 최선을 다하고 있다면 떳떳해야 한다. 미래의 멋있는 모습을 그리면서 자신감을 가져야 한다. 이런 정신이 성공한 사람들의 공통점이다.

자신감은 자존심과 다르다. 세상에서 인정받으려는 것은 자존심이고, 내면에서 당당함은 자신감이다. 자존심이 강한 사람은 무시당하면 견디지 못한다. 화를 내고 싸우기도 한다. 자존심만 내세우는 사람은 남이 무심코 던지는 한마디에 쉽게 상처를 받고, 그 상처는 오래간다.

내면이 당당한 사람은 자신을 무시하는 사람에게 과민반응을 보이지 않는다. 자기 일만 열심히 한다. 남에게 신경쓸 시간이 없다. 자신감이 있는 사람은 흔들림 없이 굳세게 나아간다.

세계 최고 갑부인 마이크로소프트의 빌 게이츠가 고등학교 학생들에게 들려준 10가지 충고가 있다.

하나하나 피부에 와 닿는 현실적인 충고다. 세상이 무서운 줄 모르고 사는 학생들은 많다. 빌 게이츠는 졸업하면 냉혹한 현실이 기다리고 있다는 것, 인생의 결과는 노력에 달려 있다는 것, 노력할 때 부

학생들에게 들려준 빌 게이츠의 10가지 충고

1. 인생이란 본래 불공평한 것이다. 그런 현실을 받아들이고 불평하지 마라.

2. 세상은 당신이 생각하는 것에는 관심이 없다. 세상은 당신이 무엇인가를 성취해서 보여주기를 기다린다.

3. 대학 교육을 받지 않은 상태에서 연봉 4만 달러 받는 것은 꿈도 꾸지 마라.

4. 학교 다닐 때는 선생님이 까다롭다고 여겨지지만 사회에 나오면 직장 상사의 까다로운 맛이 진짜다.

5. 햄버거 가게에서 일하는 것을 창피하게 생각하지 마라. 할아버지 세대에는 그것도 기회였다.

6. 당신의 인생을 망치는 것은 당신 자신이지 부모가 아니다. 부모 탓을 하지 말고, 당신이 잘못한 것에서 교훈을 얻어라.

7. 학교에서 낙제를 없애더라도 사회에는 낙제가 있다. 사회에서 낙제하면 인생이 진짜 끝날 수도 있다.

8. 인생은 학기도 없고 여름방학도 없다. 당신 스스로 알아서 하지 않으면 직장에서는 아무도 가르쳐주지 않는다.

9. TV 드라마는 현실이 아니다. 현실에서는 커피를 마시면 바로 일을 시작하는 것이 좋다.

10. 공부밖에 할 줄 모르는 '바보'에게 잘 보여라. 사회에 나온 다음에는 그 '바보' 밑에서 일하게 될지도 모른다.

끄러움을 버리라는 것을 강조하고 있다. 세상은 결과로 보여주기 전에는 알아주지 않는다. 세상의 대접이 소홀하다고 불평하지 말고 부끄러워하지도 말아야 한다.

빌 게이츠는 학비를 벌려고 햄버거 가게에서 일하는 것을 부끄러워하지 말라고 했지만 그것은 인생 내내 적용되는 교훈이다. 지금 부끄러워하는 것은 나중에 없어질지 모르지만 시간이 지나면 부끄러운 일이 또 생길 것이다. 그것을 부끄러워하면 평생 부끄럽게 살게 된다.

외국으로 이민을 떠나는 사람은 낯선 곳에 가서 안면몰수하고 일해서 성공하겠다고 결심한다. 그런 각오로 미국에서 몸으로 때우는 사업을 해서 성공한 사례가 많다. 막일을 마다하지 않고, 낮과 밤을 가리지 않고 휴일도 없이 일하는 사람이 많다. 그렇지만 안타깝다. 한국에서 남의 시선을 의식하지 않고 그 정도로 열심히 일한다면 더 큰 성공을 거둘 것이다.

체면 때문에 일을 가려서 하려는 사람이 많다. 험한 일을 피하다 보니 이른 바 3D 업종에는 돈을 많이 주어도 사람을 구하기 힘들다. 유망한 중소기업도 그렇다. 반면에 겉만 폼 나는 직장에는 적은 보수에도 사람이 몰려든다. 품위를 차릴 수 있는 편한 업종에는 퇴직자들이 달려든다. 편한 직업이나 사업에는 공통점이 있다. 누구나 하기 쉬워 경쟁도 심하고 돈도 벌기 어렵다. 그러다 보니 멋모르고 뛰어들었다가 돈만 날리는 사람이 적지 않다.

사람들이 험한 일을 하지 않으려는 것은 체면 때문이다. 일이 품격에 맞지 않고 남 보기 부끄럽다고 생각한다. '사흘을 굶어도 남 앞에서는 이빨을 쑤신다'는 속담이 있듯이, 체면 차리다가 신세를 망친다. 시대가 변했다. 생각을 바꿔야 한다. "체면은 밥 먹여주지 않는다." 체면을 버려야 성공할 수 있다. 꿈을 길게 가지고 눈앞의 험한 일에 몸을 던질 수 있어야 한다.

나는 학생 시절 체면을 버리고 살았다. 공부할 시간이 부족해서 외모에 신경쓸 수 없었고, 쓰려고 하지도 않았다. 아무렇게나 내버려둔 외모를 부끄러워하지도 않았다. 그 결과 최단 시간에 고시에 합격할 수 있었다.

노력하는 사람은 체면과 부끄러움을 버려야 한다. 긴 인생에서 짧은 눈가림은 통하지 않는다. 현재의 모습이 아니라 미래의 모습이 더 중요하다. 그것이 진짜 살고 싶고 인정받고 싶은 인생이다.

길에 떨어진 쓰레기를 손으로 주워야 할 상황이라면 남들 앞에서 주저하지 않고 주울 자세가 되어 있는가. 냄새나는 재래식 화장실을 혼자 청소해야 한다면 불평하지 말고 깨끗이 할 자세가 되어 있는가. 나의 아버지는 바로 그런 분이었다. 여든다섯 넘은 나이에도 매일 아침 골목길을 청소한다. 비가 새는 외벽에 방수 페인트도 직접 칠한다. 어떤 일이든 가리지 않고 한다.

선거운동을 할 때 어떤 후보는 사거리에 유세차를 세워놓고 로고송에 맞춰 춤추는 것을 창피해 한다. 나중에 품위 있는 인생이 기다리고 있을지 몰라도 험한 일에 몸을 던지지 않으면 과정을 통과하기 어렵다. 어떤 직장에서는 신입사원을 교육하면서 길거리에서 물건을 팔게 한다. 궂은일을 마다하지 않는 사람으로 훈련시키기 위함이다.

사람이 세상을 선택하는 것이 아니라 세상이 사람을 선택한다. 세상이 선택하는 사람은 무슨 일이든 거리낌 없이 할 수 있는 사람이다. 직장 상사가 가장 싫어하는 사람은 일을 가려서 하려는 부하다. 아랫사람이 일을 골라서 하려고 한다면 동화 속의 왕자나 공주와 같은 환상에서 벗어나지 못한 것이다. 젊어서부터 일을 골라서 하면 선택할 수 있는 일이 점점 줄어들다가 어느 순간 할 만한 일이 사라진다.

당신은 혹시 이런 말을 한 기억은 없는가. "나는 이런 일 하는 사람이 아니거든요." "이런 걸 시키다니 나를 뭘로 보고 그러세요." 그런 말은 상대방을 무안하게 하는 데 그치지 않는다. 자신의 운명을 망칠 수 있다. 심각하게 받아들여야 한다. 체면 때문에 할 수 있는 일을 피하는 것은 실패로 가는 지름길이다.

스스로에게 물어보라. 남의 시선을 두려워하지 말고 눈을 마주치고 당당하게 일할 자세가 되어 있는가. 어떤 일이든지 가리지 않고 몸을 던질 각오가 되어 있는가.

긍정적이고 적극적으로 살아라

노력하는 사람은 긍정적인 사고와 적극적인 자세로 끊임없이 앞으로 밀고 나아가야 한다. 긍정적인 사고란, 자신의 잠재 능력을 믿고, 무슨 일이든지 할 수 있다는 자신감을 가지고, 도전하는 일은 노력하면 이루어진다고 믿고, 하는 일이 잘 안 되어도 쉽게 포기하지 않는 사고 방식을 말한다. 적극적인 자세란 남들이 피하는 일을 마다하지 않고 기꺼이 달려들고, 어려운 일도 주저하지 않고 과감하게 시도하고, 맡은 일을 기왕이면 열심히 하겠다고 애쓰고, 얼른 풀리지 않는 과제도 가능한 방법을 찾으려고 궁리하고, 시키지 않아도 해야 할 일을 스스로 하는 행동 방식을 말한다.

이것은 다짐만으로는 소용없다. 구체적으로 어떻게 실천하느냐가 중요하다. 긍정적이고 적극적인 사람은 살아가는 모습이 다르다. 얼굴 표정이 다르고 남을 대하는 태도가 다르다. 실패하는 사람도 얼른 보아서는 비슷한 모습을 보일 수도 있다. 겉모습은 일시적으로 만들어 보일 수 있기 때문이다. 그러나 내면에서 우러나는 모습은 감출 수 없다. 시간이 지나면 반드시 드러난다.

실패하는 사람은 부정적이다. 주어진 여건이 마음에 들지 않는다. 자신보다 처지가 나은 사람과 자신을 비교하고, 자신의 처지를 비관하고 자신을 불운하다고 생각한다. 하려는 일이 마음에 들지 않는다. 지금 하는 일도 못마땅하다. 초라하고 마음에 차지 않는다. 상황이 여의치 않아 어쩔 수 없이 하고 있다고 생각한다. 자기가 원하고 할 만한 일은 마음속에 따로 있다. 해야 하는 일에 집중하지 못하고 다른 것을 더 하고 싶어 한다. 남들이 자신을 우습게 볼까 봐 신경쓴다. 자신의 불만스러운 상황에 대하여 누군가 잘못했다고 생각하고, 자기에게 잘못한 사람을 골라 책임을 떠넘긴다. 남이 기대하는 만큼 따라주지 않기 때문에 혼자 불평한다. 그러다 보니 항상 힘들고 우울하다.

긍정적이고 적극적인 사람은 다르다. 언제나 주어진 것에 감사하고, 하는 일을 즐거워한다. 비록 주어진 현실적 상황에 조금 아쉬운 점은 있지만 그나마 낫다고 생각한다. 더 나은 처지의 사람과 비교하는 것이 아니라 자신보다 못한 사람을 생각한다. 더 불행해질 수도 있는데 그렇지 않은 현실이 다행이라고 생각한다. 무엇보다도 현재 하는 일을 기꺼이 받아들인다. 일이 생기면 모두에게 주어지지 않은 기회가 자신에게 주어진 것에 감사한다. 당장 원하는 결과에 도달할 수 없지만 하나하나 벽돌 쌓듯이 노력을 쌓아간다. 지금 하는 일이 작아 보이지만 큰 집을 짓기 위한 한 장의 벽돌처럼 필요한 과정이라고 생각한다. 자기 마음에 짓고 있는 큰 집을 남들은 보지 못하고 혼자만

볼 수 있다는 점을 기쁘게 생각한다. 과정은 초라하지만 나중에 남들이 결과를 보고 놀랄 것을 생각하면 즐겁기도 하다. 남이 도와주지 않더라도 불평하지 않는다. 혼자서 열심히 하면 누군가 도와주고 싶은 마음이 생길 수 있다고 믿는다.

주어진 여건이 좋을 때는 어떻게 살든 별 차이가 드러나지 않는다. 누구나 즐겁고 행복하게 느낀다. 남에게도 좋게 대할 것이다. 그러나 상황이 나빠지면 사고방식과 정신자세의 차이가 크게 드러난다. 현재 눈앞에 있는 것만 보고 살아가는 사람은 하는 일이 당장 참기 힘들다. 끝까지 밀고 나갈 엄두를 내지 못한다. 노력해서 돌파할 생각은 하지 않고 손을 놓고 나쁜 상황이 끝나기만을 기다린다. 아무것도 하지 않기 때문에 인생에 공백이 생긴다. 상황이 좋아져 움직이면 다른 사람들도 똑같이 움직인다. 차이가 나지 않는다. 상황이 나쁠 때나 좋을 때나 신통한 결과를 내지 못한다.

긍정적인 사람은 다르다. 어려운 여건을 만나면 더 강해진다. 참으면 극복된다는 사실을 믿는다. 남이 힘들다고 할 때 혼자만 힘든 게 아니라는 것을 안다. 어려울 때 움직이면 그만큼 앞서간다는 것을 안다. 여건이 좋을 때는 모두에게 쉽기 때문에 경쟁이 힘들지만 여건이 어려울 때는 노력하는 만큼 남보다 차이를 낼 수 있다는 것을 안다. 어려울수록 더 좋은 결과를 낸다.

긍정적이고 적극적인 사람은 노력의 과정이 길고 지루하고 힘들더라도 참고 통과한다. 노력은 장거리 경기와 같다. 당장 결과가 나오는 게 아니라 시간이 걸린다. 마라톤을 출발하면 처음에는 육체적 고통이 심하다. 그러나 어느 고비를 넘기면 마치 마약과도 같은 호르몬이 분비되면서 고통을 마비시키고 정신적으로 쾌감을 느끼게 된다고 한다.

치열한 노력도 거치는 과정이 유사하다. 노력을 시작할 때는 멈추어 있던 몸과 마음이 변화에 저항한다. 고통이 커진다. 어느 단계를 넘어서면 자기가 하는 일에 자신감과 확신이 생기고 혼자만의 묘한 희열을 느끼기 시작한다. 하는 일에 전념하게 된다. 열정을 쏟게 된다. 빨려드는 것처럼 일에 몰입하게 된다. 집중력이 흐트러질까 봐 남이 도와주겠다고 해도 달갑지 않다. 위와 같은 변화는 '고통의 터널'을 통과하면서부터 시작된다.

열심히 하는 사람이 자기 내면에 희열을 느끼는 것은 하는 일이 재미있거나 즐겁기 때문이 아니다. 하는 일은 힘들지만 나은 미래를 내다보기 때문이다. 하면 된다는 확신을 가지게 되면 노력하는 과정이 마치 행복을 모아가는 것처럼 느껴지고 즐거워진다. 혼자 있어도 신이 난다. 당장 현실이 힘들더라도, 배가 고프더라도, 결과가 당장 손에 잡히지 않더라도 실망하지 않는다. 남이 무시하더라도 기가 죽지 않는다. 노력하는 사람은 신이 난다. 힘든 일을 하면서 쾌감을 느낀다.

지금부터 다른 인생을 살겠다고 결심하는 사람은 그동안 긍정적이고 적극적으로 살지 못한 점을 깨닫고 인생의 변화를 말과 행동으로 표현해야 한다. 찰스 디킨스의 〈크리스마스 캐럴〉에 나오는 구두쇠 영감 스크루지가 변화하는 장면을 생각해보자. 그는 크리스마스

이브에 밤새 꿈속에서 유령과 시간여행을 한 다음 사랑과 감사의 진정한 의미를 아는 선량한 사람으로 다시 태어난다. 그는 벅찬 기쁨으로 거리로 나온다. 지나가는 사람들에게 반갑고 즐거운 표정으로 인사한다. 사람들은 영문을 모르고 어리둥절해한다.

생각이 나오는 틀이 바뀌면 말과 행동이 달라진다. 열심히 살겠다고 결심한 사람은 달라진 인생관을 일상생활에서 태도로 보여준다. 주위 사람들이 "해가 서쪽에 떴다"고 말할 정도로 다른 모습을 보여야 한다. 사소한 것부터 실천해야 한다. 적극적인 사람은 주위 사람을 보면 먼저 인사한다. 긍정적인 사람은 밝은 표정을 짓는다. 평소에는 일을 시키면 피하던 태도를 바꾸어 먼저 손을 들고 과감하게 나선다. 매사에 자신 있고 긍정적으로 말한다. 남을 무시하지 않고 겸손하면서도 당당하다. 노력이 힘들어도 힘든 표정을 짓지 않는다.

자세와 태도를 바꾸는 것이 노력의 첫걸음이다. 입사 면접에 성공하기 위해 가장 필요한 태도는 자신감이라고 한다. 밝고 자신 있는 모습은 호감을 준다. 아직은 결과가 보이지 않더라도 긍정적이고 적극적으로 사는 사람은 흔들리지 않는다. 속으로 희망과 기쁨을 가지고 열심히 사는 모습을 세상에 보여주면 도와주는 사람이 저절로 생긴다.

긍정적이고 적극적인 생각과 자세를 가지고 살면 인생에 상승효과가 생긴다. 모든 것이 가능한 방향으로 보이기 시작하고 실제로 그렇게 움직이기 시작한다. 내가 대학교 4학년 때 행정고시 시험을 앞두고 박정희 대통령 시해 사건이 발생했다. 국민 모두에게 충격이 컸다.

나도 마음이 흔들렸다. 하지만 긍정적으로 생각하니 충격을 극복하면 도리어 합격할 수 있겠다는 자신감이 들었다. 다른 사람들이 혼란에 빠져 있을 때 혼자 정신을 차리면 비교우위에 설 수 있다. 나는 흔들리지 않고 공부를 계속해서 시험에서 수석을 했다. 위기가 오면 긍정적인 사람은 도리어 기회를 잡는다.

긍정적인 사람은 새로운 것에 도전할 때 실패를 두려워하지 않는다. 새로운 일은 결과가 불확실하다. 미래에 대한 두려움도 여기에서 나온다. 그러한 두려움은 혼자만의 것이 아니다. 누구나 그러한 두려움을 가지고 있기에 그것은 나에게만 불리한 조건이 되지 않는다. 오히려 두려워하지 않을 때 남보다 한 수 위에서 시작할 수 있다.

도전정신이란 실패를 두려워하지 않는 정신이다. 실패가 두려워 시도하지 않으면 아무것도 이루지 못하고 얻지 못한다. 시도를 많이 할수록 성공의 기회도 많아진다. 긍정적인 사람은 실패를 많이 할수록 성공 확률이 커진다는 것을 안다. 결과에 신경쓰지 마라. 노력하면 결과는 저절로 따라온다.

인생의 위기에 흔들리고 겁먹는 사람은 미래를 보지 못한다. 위기는 항해할 때 만나게 되는 파도와 같다. 당장 뱃전을 때리는 파도가 배를 삼킬 듯이 무섭지만 배를 침몰시키지는 않는다. 파도만 쳐다보다가는 멀리 있는 목표를 놓치기 쉽다. 위기에 어떻게 대처하느냐가 성공과 실패를 가른다. 선장은 파도가 별것 아니라는 사실을 알고 있다. 목표까지 가는 동안 거친 파도가 여러 번 밀려온다는 것을 예상한다. 때로는 폭풍이 불고 폭우는 시야를 가릴 것이다. 선장은 흔들리지 않고 항해에 전념한다. 우리의 인생도 항해와 같다. 우리는 '인생'이란 이름의 배를 몰고서 바다와 같은 세상을 항해하고 있다. 우리는 선장처럼 인생의 파도에 의연해야 한다.

아무리 어려운 순간이 다가와도 지나고 보면 별것 아니다. "지금 너무 힘들어서 죽고 싶다"고 생각하는 사람에게 나는 말한다. "이것이 당신 인생에서 가장 힘든 순간인가? 전에는 이렇게 괴로운 순간이 없었는가? 누구나 세상을 사는 동안 죽고 싶을 정도로 괴롭고 힘든 위기가 일 년에 한 번씩 지나간다. 당신에게 처음으로 그런 위기가 닥친 것 같다. 그동안 당신은 정말 운이 좋았다. 이번 위기는 처음이라 힘든 것처럼 보이지만 넘기고 보면 아무것도 아니다. 나이가 드는 동안 더 힘든 순간들이 많이 올 것이다. 이번에 힘들다고 하지 말고 차분히 위기의 횟수를 세면서 나이 먹도록 하자."

어려운 순간은 좌절하지 않는 사람에게는 기회가 될 수 있다. 어느 방송에서 MC가 나에게 "당신의 인생을 바꾼 순간이 무엇이었느냐?"라고 질문을 던졌다. 나는 잠시 생각하다가 "1985년 판사로 근무할 때 현장검증 가다가 교통사고로 죽을 뻔한 일"이라고 대답했다. 그때 목숨은 건졌지만 얼굴을 심하게 다쳤다. 인생이 허무해졌다. 그 충격으로 판사를 휴직하고 미국에 유학을 떠났다. 휴직이 일 년 이상 허용되지 않았던 시절이므로 결국 사표를 내고 새로운 인생을 시작하게 되었다.

그때 사고가 나지 않았더라면 판사 생활에 안주했을 것이고, 그렇게 인생을 마감했을 것이다. 나는 사고로 본의 아니게 법원을 떠나면서 '맨땅에 헤딩'하는 기분으로 새로운 인생에 도전했다. 그 후 수많은 일을 하면서 많은 것을 경험했고 이룰 수 있었다. 불행이 성공의 기회로 변한 것이다.

어려움은 뒤집으면 기회가 된다. 성공한 사람들은 이를 자주 경험한다. 성공한 사람들은 어려움 속에서 기회를 발견한다. 어려움에 굴하지 않는 사람, 맞서 노력하는 사람은 결국 성공한다. 여러 번 실패했다가 성공한 어떤 식당 주인은 실패에서 교훈을 얻었다. 계절이나 경기 영향을 받지 않는 음식, 다른 식당이 쉽게 따라할 수 없는 음식을 개발하게 되었다. 한때 죽고 싶을 정도로 비참했다는 그가 도전을 포기했더라면 성공은 없었을 것이다.

지금 이 순간 혼자만 불행하다는 생각이 들더라도 절대로 절망하지 마라. 돌파구가 보이지 않는 위기라고 느껴질 때마다 스스로 다짐하라. "지나면 별것 아니다." 어려움이 지나갈 때까지 신경쓰지 말고 할일만 묵묵히 하면 문제는 저절로 해결될 것이다.

힘든 순간을 만나면 당신이 가진 소중한 것들을 다시 생각해보라. 당신이 지금 살아 있다는 사실부터가 예사로운 일이 아니다. 코앞에 보이는 것에 비관하기 전에 자신이 가진 많은 것을 찾아보고 감사하면서 노력에 대한 각오를 다질 일이다. 살아 있으면 노력할 수 있고, 무언가 이룰 수 있다. 불행이 행복으로 변하기란 시간문제다. 긍정적이고 적극적으로 살면 성공은 당신을 따라온다.

인생을 걸 만한 꿈을 가져라

"왜 사는지 모르겠다." "죽지 못해 산다." "적당히 살다 죽지 뭐." 이렇게 말하는 사람을 가끔 본다. 그런 생각으로 살면 인생은 의미 없고 괴로울 것이다. 생각을 바꾸지 않으면 괴로움은 죽을 때까지 계속될 것이다. 죽어도 상관없다는 식으로 살면 함부로 행동하게 되고 인생은 걷잡을 수 없이 망가질 것이다. 왜 그렇게 살까? 도전과 성공을 포기하고 꿈이 없이 살기 때문이다.

21세기 대한민국에서는 빈곤 문제가 거의 해결되었다. 복지가 자리 잡아 굶어죽는 일은 드물다. 먹고살기 위해 할 수 없이 일을 해야 하는 시대는 지났다. 죽지 못해 산다는 말은 하고 싶은 것이 없다는 말과 같다. 하고 싶은 것을 찾아야 한다.

세계는 대한민국을 부러워하고 있다. 경쟁도 치열하지만 꿈을 실현할 수 있는 기회도 많다. 꿈이 있는 사람은 선진강국의 주인이 될 수 있다. "얼굴이 못생긴 것은 용서할 수 있어도 꿈이 없는 사람은 용서할 수 없다"는 말도 있다.

어느 학부형이 나에게 물었다. "고등학교 다니는 아들이 공부에 뜻이 없는 것 같아요. 어떻게 공부를 잘하도록 할 수 있을까요. 아들에게 '열심히 공부하라'고 말하니 아들이 도리어 '왜 공부해야 하는데요?'라고 반문합니다." "그래서 뭐라고 그랬나요?" "아무 대답도 못 했습니다." 그는 부족하지 않은 환경에서 아들이 왜 공부를 안 하는지 모르겠다고 답답해했다.

"아이들은 똑똑합니다. 아이들은 공부해야 하는 이유를 몰라서 공부하지 않는 것입니다. 공부하면 인생이 어떻게 달라지는지 모르는데 왜 공부하겠습니까. 먼저 아들에게 십 년 후 어떤 사람이 되고 싶은지 물어보세요. 아마 아무 생각도 없을 겁니다. 꿈이 없으면 공부 잘하기는 틀렸습니다."

이어서 말했다. "아이에게 꿈을 찾아주십시오. 열심히 했을 때 얼마나 놀라운 인생을 살 수 있는지 깨닫게 해주십시오. 욕심낼 만한 꿈을 가지면 스스로 공부할 것입니다. 만약 아이가 돈을 많이 벌고 싶어 한다면, 공부 잘하면 어마어마한 돈을 벌 수 있다고 깨닫게 해주세요."

그렇다. 자식 공부에 모든 것을 아끼지 않는 부모의 간절한 소망에도 불구하고 정작 자식이 공부를 하지 않는 흔한 이유는 공부해도 별것 없다는 생각 때문이다. 돈 벌기를 선망하면서도 돈과 공부가 머릿속에서 연결이 되지 않는다.

공부 잘하면 괜찮은 수입이 보장되는 직업을 잡을 수 있다. 대한민국에는 일반 직원의 평균연봉이 1억 원 넘는 직장이 100개 가까이 있다. 그런 직장은 일반인이 잘 모르기 때문에 '신이 감추어둔 직장', '신도 부러워하는 직장'이라고 부른다. 세계 경제를 선도하는 글로벌 기업도 꽤나 괜찮은 직장이다. 삼성전자의 사내이사는 스톡옵션까지 합치면 1년에 100억 원 이상을 버는 것으로 추산된다.

대한민국은 1950년대 전쟁의 폐허를 딛고 세계가 부러워하는 나라가 되었다. 공부해도 노력해도 별 볼일이 없었던 시대는 지나갔다. 이제는 창의와 노력으로 돈도 벌고, 지위와 명예도 얻고, 사회적 영향력도 얻을 수 있다. 꿈을 꾸고 노력하면 이루어지는 나라가 되었다. 이제 대한민국은 무엇을 원하든지 가능성이 열려 있는 꿈의 나라다.

꿈이 없다는 것은 슬픈 일이다. 인생이 달라진다는 것을 믿지 않고, 기대하지 않고 사는 것이다. 경제마인드를 기억하라. 어떻게 살건 인생이 달라지지 않는다고 생각하는 사람은 노력을 줄일 것이다. 노력해서 나은 결과가 나온다는 희망도 없는데 열심히 할 이유가 없다.

학생뿐만 아니라 직장인, 주부까지 많은 사람들이 꿈 없이 살고 있다. 꿈이 없는 인생은 노예 생활과 같다. 자기 인생의 주인이 아니라 다른 것에 끌려 다니면서 하루하루를 보낸다. 꿈이 없는 학생은 부모 때문에 할 수 없이 학교를 다닌다. 마지못해 공부한다. 공부하는 척하기도 한다.

꿈 없는 사람이 직장에 들어가면 학교 때보다 더 힘든 생활이 기다리고 있다. 죽지 못해 할 수 없이 일한다. 일하는 목적은 더 나은 인생을 살기 위함이 아니라 하루하루 때우기 위해서다. 억지로 회사로 출근한다. 일이 재미없다. 신경써서 근무하지 않는다. 상사의 지시가 잔소리로 들린다. 오래 들어주기 너무 괴롭다. 꼭 여기서 인생을 성공하겠다는 의지가 없고 그렇게 할 필요성도 느끼지 못한다. 싫으면 언제든지 떠나면 된다고 생각한다.

꿈이 없는 주부도 문제가 심각하다. 생활에 열의가 없고, 무기력하다. 하루하루가 지겹고 길게 느껴진다. 사는 것이 괴롭다. 참고 살면 우울증에 걸리기 쉽다. 생의 의미를 찾지 못해서 방황하기도 한다. 잔재미를 찾아 탈선하기도 한다. 그렇게 살다가는 가정을 망친다.

하루하루 성실하게 사는 것은 인생의 해법이 아니다. 현재만 신경쓰는 사람은 현재에만 머무른다. 발전이 없다. 앞으로 할 일, 곧 미래를 더 많이 생각하는 사람이 성공한다.

노력해야 성공한다고 하지만 꿈이 없으면 노력이 나오지 않는다. 꿈이 없으면 열정도 없고 성공도 없고 사는 재미도 없다. 꿈이 없는 마음은 황폐한 광야와 같다. 노력을 시작하기 전에 먼저 꿈을 가져야 한다. 꿈은 마음에 심는 나무와 같다.

꿈이 없는 사람, 꿈을 잃은 사람은 마음의 그릇에 미래가 담기지 않은 사람이다. 인생을 길게 보지 못하고 하루 앞만 쳐다보고 살아간다. 꿈이 없는 사람은 현재에 충실한 것처럼 보이지만 방향이 없어서 헤매게 된다. 현재에만 신경쓰면 성공할 수 없다. 꿈은 인생의 등대와도 같다. 나아갈 방향을 비추어주고 이끌어준다.

꿈을 가지는 순간 인생이 달라진다. 꿈을 가지면 나뿐 아니라 남편과 자녀까지 인생이 달라진다. 가정이 가족 모두에게 성공의 산실이 된다.

어떤 조사 결과에 의하면 꿈 없이 사는 사람이 80퍼센트가 넘는다고 한다. 꿈을 꾸는 사람 중에서 성공하는 사람이 나온다. 꿈 없이 사는 사람이 80퍼센트를 넘는다는 사실은 꿈을 꾸는 것만으로 상위 20퍼센트 안에 들어갈 수 있음을 의미한다. 꿈꾸는 것만으로 성공 확률이 80퍼센트나 올라간다면 꿈은 꿀 만한 가치가 있다.

우리는 어릴 적 꿈을 가지고 있었다. 자라면서 꿈을 잃어간다. 초등학교, 중학교, 고등학교로 한 단계 한 단계 올라가는 동안 점점 기계적으로 인생을 산다. 자기가 인생을 만들어가는 것이 아니라 세상이 흘러가는 대로 운명을 맡긴다. 일등 인생을 꿈꾸다가 굶지 않기만 바라는 인생으로 전락한다.

꿈이 없다는 것은 인생의 절대 위기다. 문제는 여기에서 시작한다. 함부로 인생을 살게 되고, 대인관계도 신경쓰지 않게 되어 주위 사람과 좋은 관계를 유지하지 못한다. 꿈을 잃은 사람은 아무것도 이룰 수 없다.

당신이 살고 있는 모습을 그림으로 그려보라. 어떤 그림일까. 어떤 사람은 쪽배에 혼자 타고 강물에 흘러가는 그림을 그린다. 자기 혼자 힘으로는 아무것도 할 수 없고 세상과 시대가 흘러가는 대로 운명을 맡기는 게 인생의 모습이라고 생각하는 것이다.

나는 다르게 생각한다. 학교 다닐 때는 강물이 흘러가듯 세상도 정해진 코스를 따라 흘러가는 것처럼 보였지만 졸업하는 순간 강은 끝나고 툭 터진 망망대해로 들어간다. 모든 것이 달라진다. 수평선도 안 보이는 바다에서 원하는 방향으로 노를 저어야 무인도에 좌초하는 것을 피할 수 있다. 바다로 나가서 방향을 찾아 허둥대면 늦다. 강물에 흘러가는 동안 바다에 나가면 어느 방향으로 갈지 미리 생각해야 한다. 노를 젓는 연습도 미리 해야 한다.

당신은 어떤 인생을 살고 싶은가. 인생이 어떻게 나아지기를 바라는가. 당신이 부러워하는 사람이 있는가. 당신이 닮고 싶은 인생 모델은 누구인가. 무엇보다도 당신은 꿈이 있는가.

꿈이 없다면 찾아야 한다. 자신과 대화하는 시간을 가져보자. 혼자만의 시간이 필요하다. 인적이 드문 한적한 곳에서 산책하면서 생각하는 시간을 가져보자. 온갖 세상사가 머리를 복잡하게 할 때는 어디론가 여행하는 것도 좋다. 조용한 곳에서 시간을 두고 찬찬히 생각해보자. 앞으로 무엇을 해야 할지, 십 년 후는 무엇이 되고 싶은지, 그것을 이루기 위해서 어떻게 살아가야 할지를 진지하게 따져보자. 진정으로 원하는 인생의 꿈을 찾아보자. 당신은 남과 다른 인생, 남보다 나은 인생을 살 충분한 자격을 가지고 있다.

성공을 바라는 사람이라면 반드시 가슴을 뛰게 하는 꿈을 가져야 한다. 꿈은 인생을 의미 있게 살려는 사람에게 반드시 필요하다. 어떤 것을 꿈꾸어야 하는지는 정답이 없다. 꿈은 무엇이든지 좋다. 누구나 부러워하는 것일 필요도 없다. 자기에게 인생을 사는 의미를 주는 것이면 된다. 남이 높게 평가해주는 게 아니라 자신에게 멋지면 된다.

꿈은 각자 찾아야 한다. 자신에게 맞는 꿈을 선택해서 결단하면 된다. 화려한 꿈을 좋아하는 사람도 있고, 소시민으로 자기 할 일을 하면서 자녀를 잘 키우고 행복한 가정을 만들어나가겠다는 사람도 있을 것이다. 각자 선택의 문제다.

세상에는 직업의 종류가 2만 개를 넘는다. 대부분의 초등학생이 알고 있는 직업은 고작 몇 십 개뿐이다. 부모와 선생님이 아는 직업도 백 개가 넘지 못한다. 그 중에서 찾다 보니 마음에 드는 꿈을 찾지 못하는 학생도 많다. 어른들은 청소년에게 다양한 직업의 세계를 알려 줄 필요가 있다.

꿈은 절실하게 원하는 것이라야 한다. 하나밖에 없는 인생을 걸 만한 가치가 있는 것이라야 한다. 인생을 열심히 살고 싶도록 의미를 주는 것이라야 한다. 커다란 대가를 치르더라도 반드시 얻고 싶은 것이어야 한다. 노력하겠다는 열정이 솟구쳐 나오는 그런 꿈이라야 한다. 편한 것, 적당한 것, 체면을 유지할 정도의 것은 좋은 꿈이 아니다. 당신이 정말로 살고 싶은 인생은 어떤 것인가. 정말 이루고 싶은 꿈이 있는가. 생각만 해도 굉장히 좋고 가슴이 뛰는 그런 꿈이 있는가.

세상이 변하지 않던 시대에는 가만히 있으면 제자리에 머무르지만, 지금은 세상이 움직이고 있다. 가만히 있으려고 하면 뒤로 처지게 된다. 아무것도 하지 않고 적당히 살고 싶다면 그것은 꿈이 아니다.

꿈은 크고 높게 꾸어야 한다. 분수에 맞게 사는 안빈낙도安貧樂道가 덕목이던 시대는 지나갔다. 분수에 맞게 사는 삶이 틀리다고 할 수는 없다. 분수에 맞지 않게 생활한다면 오래 지속될 수 없다. 그러나 꿈은 다르다. 현재 상황에 맞지 않는다고 허황되다고 할 수 없다. 꿈은 다소 허황되게 보이는 것이 낫다. 현실에는 분수가 있지만 꿈에는 분수가 없다. 허황된 사람이란 꿈을 크게 꾸는 사람이 아니라 현실을 자기 수준에 맞지 않게 사는 사람이다.

꿈이 작으면 작은 결과밖에 이루지 못한다. 노력을 덜하게 된다. 경제마인드로 적당히 살려는 사람은 꿈도 작은 것을 찾는다. 투자마인드로 사는 사람은 꿈도 크게 꾼다. 꿈은 원대할수록 좋다. 꿈이 커야 더 많은 노력을 하게 되고 더 많이 이룰 것이다.

꿈에는 한계가 없다. 꿈을 이루기 위한 시간이 많이 남아 있을수록 더 큰 꿈을 가져야 한다. 젊을수록 꿈을 크게 꾸고, 그만큼 노력해야 한다. 창조적으로 생각하라. 상상력을 총동원하라. 각 분야 최고가 되겠다는 목표를 세워라. 학생은 최고의 성적을 꿈꾸고, 새로 입사하는 직장인은 최고경영인을 꿈꾸고, 사업을 시작하는 사람은 그 분야 최고의 기업을 꿈꾸고, 전문가는 최고 수준을 꿈꾸자.

어느 분야가 좋을지 모른다면 주위 사람과 상의하라. 그 분야에 대해 아는 사람을 만나서 궁금한 점을 물어보라. 성공한 사람에게 배울 필요도 있다. 내가 운영하는 드림파머스에서는 각 분야에서 성공한 사람들을 초청하여 멘토 특강을 열고, 열심히 사는 젊은 사회인들을 서브멘토로 하여 대학생 아카데미, 고등학생 캠프를 열고 있다.

나는 꿈과 목표를 구별한다. 로스쿨 시험을 준비하는 사람이라면 시험 합격은 목표이지 인생의 꿈이 아니다. 로스쿨을 졸업하고 법률 전문가로서 멋지게 활동하고 싶은 인생이 꿈이다. 어렵고 소외된 소수의 인권을 위해서 평생 봉사하고 싶은 사람도 있을 것이고, 법조계에서 경력을 쌓으면서 명예나 물질을 얻고 싶은 사람도 있을 것이고, 변호사를 발판으로 정치에 참여해서 높은 지위에 오르고 싶은 사람도 있을 것이다.

그런 꿈을 이루기 위해서는 시험과 로스쿨을 통과해야 한다. 그 것이 당면하는 목표다. 꿈이 있기에 목표를 향해 열정을 가지고 도전 하게 되는 것이다. 꿈이 간절하면 목표를 빨리 통과해야 한다는 의지 도 생긴다. 꿈은 노력을 시작하게 하고 도전에 에너지를 공급한다. 꿈 은 열정을 공급하는 에너지의 원천이다.

공부는 계층을 올라가는 '꿈의 사다리'

"힘들게 공부해봤자 써먹을 데가 어디 있느냐"고 생각하는 학생이 많다. 학교에서 공부 잘하는 것과 사회 나가서 성공하는 것은 별개라고 생각한다. 얼른 생각하면 맞는 것처럼 보이기도 한다. 학교에서 배우는 지식이 사회에 나가서 그대로 쓰이지는 않는다. 학교에서는 책 위주로 공부하고 시험 치지만 사회에 나가면 공부와는 관계없는 성격이나 대인관계가 성공에 중요한 요소가 된다. 왜 사회에 나가면 필요 없는 것처럼 보이는 공부에 인생을 걸듯이 매달리는 걸까.

학교 다닐 때 공부를 잘한 사람은 그렇지 않은 사람보다 성공할 가능성이 크다. 더 좋은 직업을 얻고, 돈도 더 많이 벌고, 사회적으로 인정받을 확률이 크다. 사회나 국가에 기여할 수 있는 자리에 오를 가능성도 크다. "학교 다닐 때 우등생이 사회 나가면 열등생"이라는 말은 옛말이다. 공부 잘하면 인생이 달라질 확률이 커진다.

공부를 우습게 보는 사람은 조선시대 과거급제해서 팔자 고친 이야기나 호랑이 담배 피우던 시절 이야기 정도로 생각한다. 아니다.

시대는 변했지만 공부와 시험의 역할은 더 중요해졌다. 다양한 자격시험과 평가시험이 사회 전반에 확산되어 있다. 옛날에는 소수 양반만 과거 준비에 매달렸지만 지금은 온 국민이 교육에 매달린다. 그러다 보니 열심히 하지 않은 사람은 점점 성공하는 그룹에 들기 어려워지고 있다. 공부를 피하고 살아가기가 점점 어려워진다.

과거 시험은 원래 중국 수나라에서 시작되었다. 신분을 세습하던 귀족을 견제하고 신진 인재를 등용하기 위한 혁신적인 제도였다. 인재를 선발하려면 객관적으로 능력을 평가하는 시험이 필요했다. 감투는 제한되어 있고, 원하는 사람은 많았다. 선발 방법은 경쟁일 수밖에 없었다. 세습으로 계층 간 이동이 꽉 막힌 옛날에 과거는 신분을 상승시킬 수 있는 거의 유일한 통로였다.

지금도 공부를 잘하면 인생이 달라질 수 있다. 미분, 적분, 물리법칙은 사회에 나가면 필요 없을지 몰라도 학습 능력은 업무 능력과 상관관계가 크다. 공부 잘하는 사람이 회사 업무도 빨리 이해한다.

학업 성적보다 더 중요한 것은 좋은 성적을 올릴 수 있게 하는 '생각의 틀'이다. 그 틀은 사회에 나가도 쉽게 바뀌지 않는다. 공부할 때의 자세와 방법은 사회에 나가서도 되풀이된다. 공부를 억지로 하는 사람은 사회에 나가서 일도 억지로 하기 쉽다. 재미없는 공부를 참고 잘하는 사람은 정말 인생에 중요하고 의미 있는 일에는 더 큰 성과를 낼 것이다.

학업에 신통한 성적을 내지 못하는 학생이 거치는 과정은 대개이렇다. 처음에는 '하면 잘할 수 있는' 능력이 있는데도 공부해야 하는 이유를 깨닫지 못해 공부를 안 한다. "공부해봤자 뭐가 달라지나." 열심히 공부하는 친구를 바보처럼 생각한다. 여름에 땀 흘리는 개미를 보고 비웃는 베짱이와 같다. 공부를 게을리 하다 보면 조금씩 성적이 나빠진다. 그러다가 어느 순간 성적이 바닥으로 떨어진다. 정신을 차리고 따라잡으려고 하지만 간격이 너무나 벌어져 포기한다. 하고 싶어도 못 하는 상황이 된다.

공부는 왜 해야 하는 것일까. 공부하는 이유가 단지 먹고살기 위해서라면 공부할 필요가 없다. 대한민국은 이미 상당 수준의 복지국가가 되었다. 공부하지 않아도 굶어죽지 않는다. 노동 능력이 없는 4인 가구가 기초생활수급자가 되면 정부로부터 다달이 현금으로 150만 원 정도(2011년 기준) 받는다. 의료비도 무료고, 대학까지 거의 모든 학비가 면제다. 이런 나라에서 부모가 "공부해야 먹고 산다"고 아무리 외쳐보았자 설득력이 없다. 공부하기 싫으면 차라리 "공부하지 않아도 먹고살 수 있다"고 선언하고 부모와 자녀가 편한 마음으로 사는 편이 낫다. 인생의 목표를 '먹고사는 것'으로 낮게 잡으면 공부할 필요도 없고 사회 나가서 노력할 필요도 없다. 우리가 공부를 해야 하는 이유는 굶어죽지 않기 위함이 아니라 남보다 나은 인생을 살기 위함이다.

빌 게이츠가 고등학생들에게 들려준 충고를 다시 기억하자. 그는 대학 교육을 받지 않으면 연봉 4만 달러 받는 것은 꿈도 꾸지 말라고 했다. 대학 졸업장 없이 중산층이 되기 어렵다는 말이다. 우리는 미국이 평등한 사회라고 생각하지만 미국은 교육 수준에 따라 사회적 차별이 심한 나라다.

빌 게이츠는 공부밖에 할 줄 모르는 학생이 학교에서는 '바보'지만 바보라고 비웃던 사람은 사회에 나가면 그 '바보' 밑에서 일하게 될지 모른다고 말했다. 우리나라에서도 공부만 하는 학생은 '바보'라고 따돌림을 받기 쉽다고 한다. 하지만 사회 나가면 달라진다. 머리 굴리고 놀았던 학생은 '바보' 밑에 자리하게 된다. 겨울이 되면 개미와 베짱이의 입장이 바뀌는 것과 같다.

공부를 우습게 보는 학생에 대한 그의 경고는 무섭다. 그는 사회에도 낙제가 있고, 여기서 낙제하면 인생이 진짜 끝날 수도 있다고 말했다. 인생이 끝난다는 것은 직장에서 쫓겨나거나 사업이 실패해서 인생이 벼랑 끝으로 내몰리는 상황을 말한다. 학창 시절에는 공부 못한다고 누가 야단쳐도 심각하게 받아들이지 않는다. 공부 못해서 받는 불이익이 별로 없다. 부모가 밥을 덜 먹이지도 않고 치사하게 용돈을 깎지도 않는다. 학교생활도 달라지지 않는다. 아무리 공부를 못해도 퇴학 걱정은 없다. 학교 다닐 때 낙제 점수를 받는다고 인생이 끝나지는 않는다.

학교를 떠나면 제2의 인생이 시작된다. 졸업 성적이 평생을 결정하지는 않는다. 하지만 학창 시절 가졌던 생각의 틀을 바꾸지 않으면 학업 성적이 인생의 성적으로 나타난다. 학업을 게을리 하는 사람이 사회에 나가서 같은 방식으로 살다가는 인생이 바닥으로 떨어진다. 학업 성적이 좋지 않더라도 사회에 나가서 성공하는 사람도 있다. 대개 이런 사람은 어떤 계기를 만나서 뒤늦게 정신을 차리고 노력한 사람이다.

인생에서는 '무엇'보다 '어떻게'가 더 중요하다. 나는 남을 평가할 때 어느 학교를 졸업했느냐보다는 어떻게 살아왔느냐를 더 중요하게 생각한다. '어떻게'가 확실한 사람이라면 앞으로도 남에게 인정받기 쉽고 나은 인생을 살 가능성이 크다. 많은 사람은 '어떻게'를 따지지 않는다. 학벌로 사람을 평가하는 경향이 있다.

우리나라는 세계적으로 가장 평등한 나라 중 하나로 평가받고 있다. 교육을 통해서 위쪽 사회계층으로 올라가는 길이 넓게 열려 있다. 아무리 어려운 집안에서 자랐다고 하더라도 공부를 잘하면 사회에서 인정받는다. 객관적인 기록이 생기면 인정받기 쉽다. 인생에서 뒤쳐져서 따라잡으려면 죽어라고 노력해야 한다. 처음에 힘들면 나중에 더 편하고, 처음에 편하면 나중에 더 힘들다. 인생은 공평하다.

교육은 사회계층을 이동하는 수단으로서 중요한 역할을 해왔다. 교육열이 높고 비교적 교육의 기회균등이 보장되기 때문에 우리나라는 수직적 사회이동성social mobility이 가장 큰 나라로 분류된다. 그렇다. "공부는 계층을 올라가는 꿈의 사다리다."

우리나라와 달리 사회적 불평등이 고착되어 열심히 살아도 계층이 달라지지 않는 나라가 많다. 그런 나라에 사는 어려운 가정의 아이들은 고등교육을 받아도 사는 처지가 크게 달라지지 않는다. 상류층은커녕 중산층에도 올라서지 못한다.

우리나라에서는 교육이 성공의 기회를 열어준다. 공부만 잘하면 중산층으로, 상류층으로 올라갈 수 있다. 1960년대 이후 산업화가 빠르게 진행되면서 교육을 제대로 받은 인력에 대한 수요가 급증했다. 좋은 학과 졸업생을 스카우트 못 해 야단인 때도 있었다. 지금도 교육이 우리나라 경제 발전의 원동력이다.

오바마 대통령은 교육 경쟁력이 미국의 경쟁력이라고 선언하고 교육 투자에 우선순위를 두고 있다. 그는 말한다. "가장 좋은 경제 정책은 더 많은 학생들이 대학을 졸업하게 하는 것이다." 서초 지역 주민들은 나에게 "최상의 부동산 정책은 이 지역 학생들이 좋은 대학교에 더 많이 들어가는 것이다"라고 말한다. 대학 진학률이 높아지면 이사 오려는 사람들이 늘어나 집값이 오른다. 학교를 살려야 지역이 살아난다.

가슴 아픈 현실은 사교육이 극성을 부리고 공교육의 내실이 약해지면서 '꿈의 사다리'가 좁아지고 있다는 점이다. 막대한 국가재원을 투자하는 것에 비해 공교육의 생산성은 놀랄 정도로 낮다. 학교는 공부를 가르치는 게 아니라 학원에서 배운 것을 시험 보는 장소로 전락하고 있다. 사교육비를 부담하기 힘든 서민들은 자녀들을 학원에 보내기 어려워 교육에 대한 관심을 포기하기도 한다. 학교 수업에만 충실한 학생은 좋은 대학 들어가기가 점점 어려워져간다.

공부는 돈이 하는 것이 아니라 사람이 하는 것이다. 남이 대신할 수 없다. 사교육을 받지 않고도 좋은 학교에 진학하는 길은 아직 열려 있다. 꿈을 꾸고 노력하는 사람은 이룰 수 있다. 공부를 잘하면 인생이 잘 풀린다는 희망도 여전히 살아 있다. 대입사정관은 자기주도적으로 공부한 학생을 높이 평가한다.

지방의 어느 고등학교가 신입생 전원에게 입학 직후 비전 프로그램을 의무적으로 이수하도록 했다. 그 프로그램은 꿈을 꾸고 노력하도록 자극을 주는 내용이다. 그 결과 학생들이 달라졌다. 스스로 공부를 열심히 하는 학생이 많아졌고, 학생들의 학내 활동도 적극적으로 바뀌었다. 명문대 진학률이 놀랍게 높아져서 사교육이 없는 시골 학교가 명문이 되었다.

꿈을 심고 키우는 학생은 공부를 열심히 하게 되고, 열심히 하면 공부를 잘하게 된다. 사회에 나가서도 열심히 살면 인생이 달라진다. 학창 시절에 멋있게 살려고 하지 마라. 이 시절은 열심히 사다리를 타고 올라가는 시기다. 사다리를 타고 높이 올라가라. 한눈을 팔면 떨어진다. 사다리는 구름 위 하늘까지 솟아 있다. 사다리를 타는 동안은 구름 위의 세상이 보이지 않는다. 끝까지 참고 올라가보라. 상상할 수 없을 정도로 멋진 세상이 기다리고 있다. 공부는 잘할 만한 충분한 가치가 있다.

재미있는 일은 인생에 도움이 되지 않는다

공부를 게을리 하는 학생에게 왜 공부를 하지 않느냐고 물어보면 대개 "공부가 재미없다", "공부가 싫다"고 대답한다. 공부에 마음을 붙이지 못하는 자식을 보면서 부모들은 "우리 아이가 제발 공부에 흥미를 가졌으면 좋겠어요"라고 말한다. 공부가 누구에게는 재미있고 누구에게는 재미가 없는 것일까.

보통사람은 공부 잘하는 학생에 대해 오해한다. 공부 잘하는 학생은 공부가 재미있기 때문에 열심히 한다고 생각한다. 아니다. 공부는 누구에게나 재미없고 힘들다. 공부를 잘하려면 먼저 재미있어야 공부하겠다는 생각을 버려야 한다. 결과에 대한 부담 없이 좋아하는 분야를 골라서 하고 싶은 만큼 공부하라고 하면 싫어할 사람이 없을 것이다. 하지만 공부는 취미 활동이 아니다. 우리가 현실에서 해야 하는 공부는 힘들고 재미없다. 시간에 쫓기고 결과도 신경써야 한다. 공부는 당연히 스트레스가 뒤따른다.

모든 노력은 본래 좋아서 하는 게 아니라 하기 싫지만 참고 하는 것이다. 참고 하는 것은 공부나 일이나 재미가 없다. 나도 예외는 아니었다. 고시 하나 합격하기 어렵다던 시절에 고시 3개에 연달아 합격했다. 사람들은 내가 공부를 좋아해서 열심히 한 줄 안다. 마치 취미가 공부라는 식으로 말한다. 하지만 정반대다. 나만큼 공부를 싫어했던 사람도 드물 것이다. 때로는 공부가 죽고 싶을 정도로 싫었다. 고시 공부는 내가 해본 공부 중에서 가장 재미없었다.

몇 년 해본 판사 생활도 재미없기는 마찬가지였다. 판사는 변호사와 달리 사건을 골라서 맡을 수 없다. 자기의 의사와 관계없이 주어지는 사건을 심리해서 판결문을 써야 한다. 아무리 사실이 애매하고 법률적으로 어렵더라도 판결을 거부할 수 없다. 판사 일은 무미건조함의 연속이다. 사회에 나가면 대부분의 일이 그렇다. 재미보다는 해야 하기 때문에 한다.

나이 들어 깨달은 세상의 진리는 재미있으면서 동시에 인생에 도움이 되는 일은 거의 없다는 것이다. 학생들에게 아이돌 가수의 음악, 온라인 게임, 외모 멋 내기, 이성 교제는 즐거운 일이지만 공부에는 방해가 된다. 사회에 나가면 음주, 도박 등이 재미있지만 거기에 정신을 팔면 생업에 집중하지 못하게 되고, 빠져들다가는 신세를 망친다.

따지고 보면 인생의 큰 흐름은 재미없는 일의 연속일지도 모른다. 공부, 회사 일, 사업 어느 것이나 재미로 하는 일은 없다. 열심히 사는 사람에게 열심히 하는 이유를 물어보면 답은 각자 다르지만 대개 재미 때문은 아니다.

몸에 좋은 약이 입에 쓴 것처럼 인생에 도움이 되는 일은 십중 팔구 재미없다. 재미있어야 열심히 한다는 생각을 가진 사람은 성공할 만한 직업을 찾기 어려울 것이다. 학교 다닐 때 공부가 재미없다고 게을리 하는 사람은 직장에 들어가서도 일이 재미없다고 투정부리기 쉽다. "재미가 있으면 열심히 하겠다"는 식의 생각은 게으름을 정당화하기 위한 핑계에 불과하다. '재미가 있으면'이란 조건은 현실에서 찾기 어렵기 때문에 결국 노력하지 않겠다는 말에 다름 아니다.

일하면 돈을 주는 이유가 무엇인가. 영화가 재미있기 때문에 돈을 내고 보는 것처럼 만약 일이 재미있다면 회사에 출근할 때 입장료를 내고 들어가야 할 것이다. 일하면 대가를 받는 근본 이유는 일이 재미없고 힘들고 고통스럽기 때문이다.

만약 공부나 일이 재미있다면 세상이 행복할까. 아니다. 공부가 온라인 게임처럼 재미있다고 가정해보자. 다들 미친 사람처럼 열심히 매달릴 것이다. 특히 분별력이 없는 어린이들이 문제다. 부모가 아무리 밥 먹으라고 소리 질러도 얼른 식탁으로 오지 않을 것이고, 아무리 공부하지 말라고 말려도 부모가 잘 때 몰래 일어나서 공부할 것이다. 직장 일이 재미있다면 상사가 퇴근하라고 지시해도 몰래 남아 일하거나 심지어 한밤중에 문을 따고 들어가서 일하는 사람도 있을 것이다. 그런 식으로 다들 죽어라고 노력하는 세상은 상상만 해도 끔찍하다. 학생들은 아무리 열심히 해도 성적에 차이를 내기 어려울 것이고, 많은 학생들이 건강을 해칠 것이다. 직장에서도 신들린 듯 일하다가 쓰러지는 사람이 속출할 것이다.

역설적으로 말한다면 공부나 일이 재미없기 때문에 세상은 행복하게 유지된다. 열심히 하려고 해도 재미가 없기 때문에 적당히 멈춘다. 건강을 해치면서까지 노력하는 사람은 드물다. 그래서 재미없는 공부나 일을 잘해보려고 덤비는 사람은 적을 수밖에 없다.

마땅히 해야 할 일에서 재미를 찾는 것은 성공 확률을 떨어뜨린다. 우리는 적성適性에 대한 개념을 바꾸어야 한다. 적성이란 흥미 있는 것이라야 한다고 생각하는 사람이 많다. 특히 젊은이들이 그러하다. 재미있어야 인생을 걸 만하다고 생각한다. 얼른 생각하면 재미없는 일을 평생 한다는 것은 끔찍하다. 그러나 그것은 짧은 생각이다. 아무리 처음에 재미있어 보이는 일도 막상 직업으로 선택해서 평생을 되풀이해야 한다면 달라진다. 억지로 꼭 해야 할 때는 어떤 일이나 재미가 사라진다.

흥미의 대상은 나이가 들면서 달라진다. 흥미만 따라가다 보면 나이를 먹으면서 이것저것 해보다가 집어치우는 일이 되풀이된다. 한 가지에 집중해서 참고 지속하지 못하면 무엇 하나 제대로 이룰 수 없다. 무엇 하나 제대로 못 한다는 말을 듣게 된다. 본래 바보가 아닌데 결과는 바보와 다름없게 된다.

적성이란 재미를 느끼는 게 아니라 남들보다 더 잘할 수 있는 것을 말한다. 적성이란 한마디로 능률이나 능력이 비교우위에 있는 것이다. 남과 같은 노력을 하더라도 남보다 나은 결과가 나오는 일이 있다. 그런 일이 적성에 맞는 것이다. 그런 일을 남보다 열심히 한다면 남이 따라오기 힘들 정도로 좋을 결과를 얻을 것이다. 어떤 일에 적성이 있는지도 그런 관점에서 따져보아야 한다.

인생은 재미로 사는 것이 아니다. 노력하는 과정 자체에서 찾는 재미는 잔재미에 불과하다. 마라톤을 하는 사람은 목표에 신경써야 한다. 길을 가면서 주변 것에 재미를 추구하면 정말 가야 하는 큰 방향을 놓치게 된다. 인생을 길게 보는 사람은 큰 재미를 노려야 한다. 큰 재미는 꿈이 실현될 때 얻는다. 노력이 힘들고 재미없어도 나은 결과에 대한 꿈을 꾸면서 즐거워하고 참을 수 있어야 한다. 재미랑 상관없이 해야 할 일을 한다는 자세로 살아야 한다.

내가 고시 공부할 때 누가 나에게 책 한 권을 보내주었다. 어른을 위한 동화책이었다. 책을 펼치니 수많은 벌레들이 움직이는 모습이 그려져 있었다. 엄청난 무리가 실타래처럼 꼬여 기어가고 있다. 주인공 벌레는 그들이 어디로 가고 있는지 궁금하다. 앞에 있는 벌레에게 어디로 가는지 물어본다. 그 벌레는 "어디로 가는지는 모르지만 무언가 좋은 것이 기다리고 있을 거야"라고 말하면서 기어가기 바쁘다. 주인공 벌레는 궁금증을 풀기 위해 열심히 앞으로 기어간다. 벌레들이 향하는 곳은 높이 있다. 벌레들은 각자 조금이라도 더 높은 곳으로 오르기 위해 서로 등을 타고 밀치면서 발버둥을 치고 있다. 거대한 벌레 무리는 기둥처럼 하늘을 향해 오르고 있다. 밑에서 쳐다보는 높은 곳은 구름에 가려져 있다. 끝이 보이지 않는다. 주인공 벌레도 무엇이 있는지 궁금해서 열심히 구름 위로 기어 올라간다. 막상 올라가보니 구름 위에는 아무것도 없었다. 그런데도 다들 죽을힘을 다해 그러고 있었던 것이다. 주인공 벌레는 실망해서 혼자 땅으로 내려온다. 하늘을 나는 꿈을 꾸면서 나무에 조용히 정착한다. 주인공 벌레는 자기도 모르는 사이에 애벌레에서 나비가 되어 하늘을 난다. 죽어라고 기어오르는 다른 벌레들보다 더 높이 혼자 날면서 세상을 행복하게 내려다본다.

그 책은 노력의 의미를 다시 돌이켜보게 한다. 노력하는 결과가 무엇인지도 모르고 앞만 보고 무조건 달리는 것은 허무하다는 메시지를 준다. 사람들이 도달하려고 하는 세속적인 목표가 반드시 행복을 주지는 않는다. 나는 책을 읽고 맥이 빠졌다. 책을 보내준 친구는 고시 공부하는 내가 '아무것도 모르고 위로 기어오르는 벌레'와 같다고 생각하는 듯했다. 그러나 나는 흔들리지 않았다. 내가 주인공 벌레와 같다고 생각했다. 나에게는 꿈이 있었기 때문이다. 벌레의 꿈은 나비가 되는 것이다. 꿈이 있는 사람은 미래를 꿈꾸면서 그것에 맞는 계획과 준비를 하고 목표를 향해 나아간다.

꿈 없이 하루하루 열심히 사는 것은 동화 속의 벌레 무리와 같다. 꿈이 없는 사람은 현재에 충실하면 된다고 생각한다. 사는 데 바빠서 어디로 가는지는 생각할 틈도 없다. 목표가 무엇인지 알지 못하고 나아가다가 나중에 자기가 원하던 것이 아님에 실망한다. 그것이 벌레 무리다.

노력은 그 자체가 인생의 목적이 아니다. 열심히 사는 것은 좋지만 나중에 얻는 것이 무엇인지 알고서 해야 한다. 노력이 재미없고 힘든데도 해야만 하는 이유는 보상이 기다리고 있기 때문이다. 노력의 대가는 꿈의 실현, 곧 성공이다.

성공해보지 않은 사람은 성공의 의미를 잘 모른다. 성공해도 별 것 아니라고 말한다. 이솝 우화에 나오는 여우처럼 손에 닿지 않는 포도는 모두 '신 포도'라고 치부하며 해보지 않고 포기한다. 산 밑에서 위를 올려다보면 별것 아니라고 생각할 수도 있다. 가까운 나무들이 멋있고, 더 올라가봤자 그보다 더 나은 것은 없어 보인다. 그러나 올라가면 다르다. 밑에서는 볼 수 없었던 세상을 볼 수 있다. 한 단계 높은 곳에서 내려다보는 세상은 넓고도 아름답다. 하늘도 더 가까이 보인다.

성공은 원하는 꿈을 이루는 것이다. 노력은 투자이고 성공은 성과다. 성공하기 전에는 남이 알아주지 않지만 성공하면 세상의 평가가 달라진다. 주위 사람도 저절로 달라진다. 성공하면 세속적인 지위와 신분이 달라지고 재산이 엄청나게 늘기도 한다. 유명하고 성공한 사람들을 사귈 기회도 생긴다. 높은 곳에서 만나는 사람은 대체로 힘차게 올라온 검증된 사람들이다. 한 단계 올라서면 더 높은 목표를 향하여 다시 도전할 때 힘도 덜 든다. 높은 곳에서 유리하게 출발할 수 있다. 성공하면 그동안 들인 노력이 절대로 아깝지 않다는 사실을 알게 된다.

노력하지 않는 사람은 나중에 얻는 것이 없어도 본전일 거라고 생각한다. 하지만 세상은 가만히 있는 사람을 그대로 두지 않는다. 세상은 빠른 속도로 움직이고 있다. 다들 앞으로 가는데 혼자 가만히 있는 것은 뒤로 달려가는 것과 같다. 나중에는 보이지 않고 세상에서 사라지게 된다. 노력하지 않으면 본전이 아니다. 고통을 피하는 게 아니라 현재의 고통을 미래로 미루는 것뿐이다.

현재 편하게 살려는 사람은 운명을 궁금하게 생각할 것 없다. 적게 노력하면 적게 거둔다. 미래에 얻는 것이 별로 없다. 기왕이면 많이 얻으려 하는 것이 좋다. 노력으로 얻는 결과는 예상보다 엄청나다. 씨 하나 뿌리면 열매가 몇 십 개 열린다. 열매 하나에 수십 개의 씨가 있기 때문에 그 다음 해 씨를 전부 심으면 상상할 수 없는 복리효과를 얻게 된다.

꿈도 등급이 있다. 꿈은 들이는 노력의 양에 따라 달라진다. 더 나은 쪽을 얻는 게 좋다. 적은 돈을 주고 산 것이 좋은 물건일 수 없다. 쉽고 편하게 얻을 수 있는 것은 비지떡이다. 명품은 비싸다. 비싼 것을 얻으려면 비싼 대가를 지불해야 한다. 명품을 얻으려면 명품에 걸맞은 노력을 해야 한다.

노력은 현재의 고통이고 성공은 미래의 행복이다. 둘은 대가의 관계다. 노력 없이 살 수 있는 행복은 싸구려다. 저축하지 않고 다 소비하며 살다가는 결국 파산을 면할 수 없는 것처럼 노력 없이 사는 사람은 귀중한 인생을 낭비하고 헤어날 수 없는 절망에 빠지고 만다. 노력이란 미래의 행복을 이루기 위하여 눈앞의 즐거움이나 편안함을 참는 것이다. 명품을 사기 위해 저축하는 것처럼, 목돈을 만들기 위해 적금을 드는 것처럼 노력은 행복을 쌓아가는 과정이다. 가치 있는 미래는 노력으로만 살 수 있다.

꿈을 사랑하고 당당히 시인하라

성공하려면 꿈의 씨앗을 마음에 심는 것만으로는 부족하다. 꿈을 심은 후에는 꿈을 사랑하고 키워가야 한다. 꿈을 마음의 그릇에 가득 채워야 한다. 우리가 사랑에 빠지는 과정을 생각해보자. 사랑은 마음을 끄는 상대방을 발견하면서 시작된다. 사랑하게 되면 자주 보고 싶고 자꾸 생각난다. 상대방을 생각만 해도 기분이 좋아지고 생활에 활력이 느껴진다. 당장 하는 일이 힘들더라도 사랑하는 사람을 생각하면서 참을 수 있다. 사랑하게 되면 다른 일을 하고 있더라도 상대방을 향한 마음이 무의식 속에서 움직인다.

애인과 자기 자신 중에서 누가 더 소중한가. 솔직하게 말해서 자기 자신이다. 나의 미래가 꿈이다. 나의 꿈을 남보다 더 사랑해야 한다. 꿈을 키워가는 과정은 누군가를 사랑하는 과정과 같다. 먼저 사랑할 만한 대상을 발견해야 한다. 꿈은 인생을 걸고 사랑할 만한 가치가 있어야 한다. 그만한 가치가 없는 꿈이라면 바꿔야 한다. 꿈은 생각만 해도 기분 좋고 현재의 괴로움을 참을 수 있는 힘을 주는 것이어야 한다.

사랑에 빠지면 상대방을 끊임없이 생각하게 되는 것처럼 꿈도 항상 머릿속에 새겨두어야 한다. 상대방을 위해 무엇을 해줄까 궁리하는 것처럼 꿈을 이루기 위해 어떻게 하는 게 좋을지 끊임없이 생각해야 한다. 당장 눈앞에 다른 것이 보인다고 하더라도, 또 다른 일을 하고 있더라도 마음속에서 꿈이 살아 움직일 정도로 사모해야 한다. 꿈을 사랑하게 되면 무의식이 작동하면서 꿈을 구체적으로 만들어간다. 다른 것을 하다가도 갑자기 꿈을 이루는 좋은 방법이 생각나면서 어려운 부분을 돌파하게 된다.

사랑하면 눈앞에 상대방 얼굴이 떠오른다. 책을 읽다가도, 다른 일을 하다가도 신기하게 그 자리에 없는 얼굴이 선명하게 보인다. 갑자기 얼굴이 떠오르면 기분이 좋아진다. 마찬가지로 꿈도 되풀이해서 꾸면 구체적인 형상으로 나타난다. 남에게는 보이지 않는 꿈이 손에 잡힐 듯이 보인다.

꿈을 꿀 때 막연하게 꾸기보다는 구체적으로 꾸는 것이 실현 가능성을 높인다. 애인 사진을 가까이 보면 형상이 더 뚜렷해지는 것처럼 꿈도 막연한 생각보다는 구체적인 목표와 계획을 세우고 자꾸 들여다보면 도움이 된다. 예를 들어, 건물을 짓는 사람은 조감도나 건물 모형을 사무실에 두고 자꾸 보는 것이 좋고, 부동산을 개발하려는 사람은 위성사진을 다운로드해서 컴퓨터 화면에 띄워놓는 것도 좋다.

꿈이 없는 사람은 혼자 있을 때 허전하다. 그것을 견딜 수 없어 외로움을 달래줄 사람을 찾으려 하면 세월을 허비하고 방황하게 된다. 꿈을 꾸는 사람은 외롭지 않다. 사랑하는 사람과 함께 있는 것처럼 혼자 열심히 해도 행복해한다. "꿈을 사랑하면 행복해진다." 꿈은 버거운 현실을 견딜 수 있는 힘을 주고, 혼자 있어도 외롭지 않게 해준다. 특히 학생이 행복효과를 경험하면 신나게 자기주도적으로 공부에 매진하게 된다.

꿈을 끊임없이 생각하면 구체적인 형상이 된다. 꿈이 형상화된 것, 그것이 바로 비전vision이다. 성공하는 사람은 꿈을 구체적으로 꾼다. 예를 들어, 새로운 사업을 꿈꾸는 사람은 사업 계획이 손에 잡힐 정도로 머릿속에 구체적이고 생생하게 그려져야 한다. 어떤 순서로 일을 할지 눈에 보여야 하고, 사업에 필요한 것이 무엇인지 구체적으로 파악이 되어야 한다. 일을 하는 과정에서 예상되는 경쟁자나 고객의 반응은 어떻게 나타날지 생각해야 하고, 예상되는 문제점은 무엇이고 그것을 극복하는 방법은 무엇인지도 생각해야 한다.

꿈을 구체적으로 생각하면 반드시 목표에 도달하는 좋은 방법이 떠오른다. 공부와 같이 목표가 하나인 경우에는 그 목표를 가장 효과적으로 달성할 수 있는 전략, 조금이라도 점수를 더 받을 수 있는 방법 등이 생각날 것이다. 사업가라면 주어진 여건을 활용해서 할 수 있는 사업 아이템이 많이 생각나 스스로 놀랄 것이다. 눈에 보이는 것마다 돈 되는 아이디어가 샘솟듯 떠오른다.

마음의 시간 포트폴리오는 하루 24시간을 어떻게 분배하느냐에 따라 결정된다. 과거에 사로잡히거나 코앞의 현실에 끌려 다니는 대신 꿈을 꾸는 데 시간을 투자해야 한다. 꿈을 찾고 생각하고, 꿈을 이루기 위한 목표를 구체적으로 설정하고, 목표에 도달하기 위한 방법을 찾는 데 시간을 들여야 한다. 어떻게 하면 꿈을 효과적으로 빨리 이룰 수 있는지 계속 궁리해야 한다. 그러면 마음의 그릇이 미래로 가득 차게 된다. 그릇 밑바닥에 있는 무의식까지 미래로 채워진다. 현실을 볼 때 미래의 관점에서 생각하기 때문에 목표를 이룰 수 있는 좋은 방법이 불현듯 떠오른다. 무의식 속에서 좋은 생각이 떠오른다는 것은 노력하는 사람에게 주어지는 보너스다.

사랑할수록 사랑은 커지고 강해진다. 마찬가지로 꿈도 사랑하는 만큼 자란다. 꿈은 미래의 씨앗이다. 처음에는 작지만 공을 들이는 만큼 자란다. 사랑할수록, 더 많은 정성과 시간을 들일수록 잘 자란다. 사랑이 식으면 애인과 헤어지는 것처럼 꿈도 신경을 쓰지 않으면 시들어버린다. 꿈이 시들면 인생도 시든다. 꿈이 항상 생기를 유지하도록 가꾸고 키워야 한다.

정말로 누구를 사랑한다면 당당하게 고백해야 한다. 꿈을 가진 사람은 남 앞에서 떳떳하게 꿈을 말할 수 있어야 한다. 아직 현실이 아니므로 자랑할 것까지는 없지만 말할 기회가 되면 주저하지 말고 꿈을 이야기해야 한다. 남들은 엉뚱하다는 반응을 보일지도 모른다. "네가 그런 것을 할 수 있어?" "이것도 못하는 네가 꿈도 참 야무지다." "우선 이거나 해보지 그래."

꿈을 말할 때 격려가 돌아오지 못한다고 하더라도 실망하지 마라. 남들은 당신의 과거 모습에 익숙해져 있기 때문에 당신이 달라진다는 것을 상상하지 못한다. 당신을 이해하지 못하는 것은 그들의 잘못이 아니다. 인간의 한계일 뿐이다.

《구약성경》에 나오는 요셉은 형들이 자기 앞에서 절하는 꿈을 꾸었다고 형들에게 이야기했다. 형들은 아버지가 막내 요셉을 편애한다며 시기하다가 꿈 이야기를 듣고 더 미워했다. 요셉은 형들의 간계로 인해 이집트에 노예로 팔려가게 되었다. 그러나 요셉은 꿈과 믿음을 잃지 않았다. 그는 여러 고비를 넘기고 이집트의 재상이 되었다. 기근이 들자 형들은 이집트로 식량을 사러 가서 요셉에게 절을 하게 되었다. 요셉은 꿈을 이야기해서 당장은 박해를 받았지만 결국 꿈꾸고 말한 대로 이루어졌다.

꿈은 남들 앞에서 부인하지 말고 시인해야 잘 이루어진다. 인생의 비밀을 생각하자. 생각하고, 말하고, 행동하는 대로 인생이 만들어진다. 꿈을 이야기하고 드러내는 것은 필요하다.

내가 고시 공부하던 시절 고시생들은 책에 종이로 커버를 씌웠다. 어떤 책인지 겉으로 보아 알 수 없었다. 남에게 고시 공부하는 것을 드러내지 않으려 했다. 공부하는 티를 내면 창피하다고 생각했다. 나는 책 커버를 투명 비닐로 했다. 누가 보더라도 내가 고시 공부한다는 사실을 알 수 있었다. 나는 고시를 준비한다는 것을 부끄럽게 생각하지 않았다. 드러내놓고 했다. 하면 된다고 믿었기에 당당했다. 믿는 사람만이 성공할 수 있다.

꿈을 이야기할 때 주위 사람이 관심을 가지지 않는다고 해서 손해 볼 일은 없다. 때로는 도움을 받기도 한다. 어떤 꿈을 가졌는지 듣고서 격려나 조언을 해주는 사람도 있다. 그런 사람이 있다면 진정으로 감사할 일이다. 그 사람은 당신을 이해하고 사랑하는 사람이다. "그래 한번 해봐.""이렇게 해보면 될 것 같은데.""나는 이런 경험을 했어.""이 사이트 들어가면 참고할 만한 정보가 있을 거야.""이 사람을 만나보면 도움이 될 거야." 미처 생각하지 못했던 문제점이나 주의사항을 지적해준다면 소중하게 받아들일 필요가 있다. 조언은 많이 들을수록 좋다. 운이 좋으면 물심양면으로 도와주는 사람을 만날수도 있다. 성실하게 열심히 하다 보면 그 모습에 감동해서 도와주는 사람도 생긴다.

꿈은 남에게 당당해야 하지만 특히 자신에게도 당당해야 한다. 사랑을 실현하려면 스스로 사랑을 확신하고 시인해야 하는 것처럼 꿈도 자신에게 확신시키고 마음에 각인해야 한다. 반드시 이루어진다고 믿고 항상 자기 입으로 시인해야 정말 자기 것이 될 수 있다.

매일 꿈을 다짐하는 것은 효과적이다. 자기 자신에게 혼잣말로 꿈을 시인하고 각오를 말하라. 기상할 때나 취침할 때와 같이 시간을 정해 소리 내어 기도하는 것도 꿈을 이루는 데 도움이 된다. 책상머리에 자기 꿈을 써 붙이고 공부하거나 근무하는 것도 효과적이다. 기도하고 노력하면 이루어진다. 기도하는 사람은 시간이 지나면 자기도 모르는 사이에 기도가 이루어지는 경험을 하게 된다. 인생의 비밀을 생각하자. 꿈을 꾸고, 꿈을 말하고, 꿈에 맞는 노력을 하면 꿈이 이루어진다.

인생을 길게 보라

꿈을 이루는 과정은 나무를 키우는 것과 같다. 씨앗을 심는다고 당장 나무가 자라거나 열매가 열리지 않는다. 절대시간이 필요하다. 마찬가지로 꿈을 꾼다고 당장 실현되는 것도 아니다. 꿈을 가진 사람은 인생을 길게 내다보고 꿈나무를 키워야 한다.

한국인의 평균수명이 늘어나고 있다. 2010년에는 드디어 80세가 되었다. 꿈나무도 수십 년에 걸쳐 자란다. 몇 년간 인생이 풀리지 않는다고 낙담하지 마라. 크게 성공한 사람 중에는 대학시험 삼수, 입사시험 4수나 박사과정 십 년 한 사람도 많다. 인생을 길게 보면 십 년 정도의 시행착오는 별것 아니다. 사람들은 인생을 단거리 경기처럼 급하게 생각한다. 당장 무언가 달라지는 결과를 보고 싶어 한다. 그렇게 인생을 생각하면 아무것도 되지 않는다. 인생은 단거리 경기가 아니라 십 년 이상 뛰어야 승부가 난다. 나는 십 년 뛰는 마라톤이라면 올림픽 금메달 선수보다 잘할 자신이 있다.

누구에게나 오늘과 내일은 다르지 않다. 하루를 열심히 산다고 다음 날 달라지는 것은 아무것도 없다. 학생이 하루 열심히 공부한다고 성적이 오르는 것은 아니고, 하루 논다고 해서 낙제하지도 않는다. 직장인이 며칠 열심히 일한다고 우수 사원으로 인정받는 것도 아니고, 며칠 요령을 피운다고 직장에서 찍힐 리도 없다.

당장 달라지지 않는 현실 앞에서 노력하는 사람은 회의가 들기 쉽고, 조금 놀아도 나빠지지 않으므로 안도하게 된다. 해도 결과가 달라지지 않는다고 생각하는 사람은 열심히 할 필요성을 느끼지 못한다. 경제마인드가 발동되기 쉽다. 게으름을 부린다. "오늘 하루 이런다고 어떠랴." 이것은 노력을 포기하게 만드는 악마의 유혹이다. 달콤한 자기최면에 하루하루가 그냥 흘러간다.

매일매일 그렇게 흘러가면 인생은 망가진다. 마치 나무 바닥이 서서히 썩어서 꺼지듯 눈치도 챌 수 없는 사이에 구렁텅이로 떨어져버린다. 밑에 떨어져 있는 자신을 발견할 때쯤이면 이미 헤어나기 어려운 상황이다. 올라가려고 발버둥 쳐도 쉽지 않다. 하루 논다고 바닥이 무너지지 않듯이 하루 발버둥 친다고 위로 올라가는 것도 아니다. 며칠간 해보다가 달라지지 않으니 엄두가 나지 않는다고 포기해버린다.

세상도 하루아침에 달리지지 않는다. 거대한 제국, 로마는 하루에 만들어지지 않았다. 이스라엘 민족이 이집트를 떠나 '젖과 꿀이 흐르는' 가나안 땅에 도달하기까지 사십 년이란 세월이 걸렸다. 인생이 몇 십 년짜리라면 세상은 몇 백 년짜리다. 인생이나 세상이 당장 달라지기를 바라지 말자.

나는 "오늘 노력한다고 내일이 달라지지 않는다"는 사실을 알고 있다. 오히려 그런 사실에 안도한다. 만약 내일이 달라진다면 누구나 신나서 열심히 할 것이고, 경쟁은 그만큼 힘들어질 것이다. 노력하면 당장은 달라지지 않지만 시간이 지나면 반드시 달라진다. 당장은 보이지 않지만 달라진다는 사실을 믿어라. 그대로 된다.

무엇이든지 여섯 달 열심히 하면 좋은 결과가 보이기 시작한다. 노력한 지 여섯 달 지나면 답답한 고통의 터널은 지나가고 밝은 태양 아래 신나게 달리면서 쾌감을 느끼게 된다. 공부라면 성적이 오르는 것을 보기 시작하고, 직장이라면 동료와 상사로부터 달라졌다는 말을 들을 것이다. 식당이라면 입소문이 퍼져 손님이 늘기 시작하는 것이 보인다. 장사할 맛이 난다. 방송 출연도 여섯 달 지나야 주위에서 한 번 정도 보았다는 말이 들린다. 일 년간 계속 노력하면 확실하게 자리를 잡는다. 삼 년을 계속하면 탄력이 붙어 남보다 잘하게 되고 주위에서 잘한다는 칭찬이 이어진다.

한 분야에서 십 년간 죽어라고 노력한 사람은 반드시 그 분야에서 최고가 된다. 김연아 선수는 일곱 살 때 처음 피겨스케이팅을 시작한 뒤 구 년 만에 '세계 왕중왕 대회'라는 그랑프리 파이널에서 우승했고, 다시 사 년 후인 2010년 올림픽에서는 역대 최고 성적으로 금메달을 땄다. 십 년간 쌓인 노력은 남이 쉽게 따라오지 못한다. 상상할 수 없을 정도로 인생이 달라진다.

사업도 마찬가지다. 한 가지 사업에 임직원이 십 년간 죽을힘을 다해 매달리면 최고 수준의 기업이 될 수 있다. 1972년 설립된 현대중공업은 십 년이 지난 1983년 일본 회사를 누르고 조선 업계에서 세계 1위를 기록했다. 성공을 원한다면 십 년 정도는 노력한다고 각오해야 한다.

"하늘은 스스로 돕는 자를 돕는다"는 말이 있다. 길게 보고 사는 사람에게는 힘든 역경도 도움으로 바뀐다. 나는 오십 년 넘게 살아오면서 계속 경험하고 있다.

앞에서 밝힌 바와 같이 판사 시절 나는 교통사고로 죽을 뻔한 적이 있다. 목숨은 겨우 건졌지만 유리에 갈기갈기 찢긴 얼굴에는 쳐다보기 괴로운 흉터가 남았다. 매일 보아도 좋아지지 않는 흉터에 나는 절망했다. 한때 대인기피증마저 생겼다. 나는 남이 볼 때 괴롭지 않을 정도만 되게 해달라고 하나님께 기도했다. 그렇지만 매일 거울을 보아도 똑같은 얼굴이었다. 몇 달이 지나도 별로 달라지는 것은 없었다. 괴로웠다. 살기 싫을 정도로 고통이 심했다.

세월은 흘러갔다. 나도 모르는 사이에 상처가 눈에 거슬리지 않게 줄어들었다. 웃으면 입가의 상처가 덜 보이기 때문에 의식적으로 입 양끝을 올려 웃는 모습을 자꾸 연습했다. 그렇게 하니 뜻하지 않게 인상이 좋다는 말까지 듣게 되었다. 사고가 난 지 딱 십 년 되는 해에 나는 그런 얼굴로 TV에 출연했다. 유심히 보면 알 수 있는 얼굴 흉터는 남모르는 콤플렉스였다. 다행히 분장을 하면 흉터가 눈에 띄지 않았다. 이십오 년이 흐른 지금은 누가 흉터를 알아보기 힘들다. 분장을 하지 않고 출연해도 될 정도다. 나에게 기적과 같다. 제발 남이 내 얼굴에 혐오감만 가지지 않게 해달라고 기도했는데 어느덧 방송에 출연하고 내 인상에 호감을 가진다는 사람도 생겼다.

나는 믿는다. 기적은 순간적으로 나타나기도 하지만 내 얼굴의 상처처럼 십 년 이상 세월을 두고 소원이 이루어지기도 한다. 좌절을 이겨내는 사람에게 어려움은 흉터처럼 사라진다. 흉터 때문에 좋은 인상을 가지게 된 것처럼 전화위복이 될 수도 있다.

시간의 치유력은 놀랍다. 얼굴의 흉터뿐 아니라 마음의 상처도 시간이 흐르면 저절로 치유된다. 아무리 괴로운 것도 나중에 돌이켜 보면 아무것도 아니다. 때로는 인생의 훈장처럼 아름답게 남는다. 길게 보면 어떤 괴로움도 별것 아니다.

꿈을 꾸고 간절히 원한 것은 세월이 흘렀을 때 나도 모르는 사이에 이루어졌다. 그런 경험이 되풀이되면서 나의 인생이 만들어졌다. 시골에서 자랄 때 서울 가서 넓은 세상을 무대로 살아가겠다고 한 꿈이 이루어진 것, 낙타가 바늘구멍 들어가기보다 고시 합격이 힘들다고 하던 시절 절실하게 도전한 고시에 연달아 합격한 것, 나를 수호신처럼 도와주는 존재가 있었으면 하고 간절히 바라다가 하나님을 믿게 된 것, 집안 형편에 여유가 없었지만 장학금을 받아 미국 일류 대학에 유학 가는 꿈이 이루어진 것, 미국에서 돌아와 이름도 없던 시기에 유명한 변호사가 되고 싶다는 꿈이 방송 출연으로 이루어진 것, 내성적인 성격에다 말투가 어눌한 내가 그것을 고치려고 간절히 원하다가 이제는 일류 강사로 대중 앞에서 자신감을 가지게 된 것, 글 솜씨가 없어서 원고 요청을 받을 때마다 힘들어하다가 어느덧 칼럼을 잘 쓴다고 인정받게 된 것, 남을 위해 좋은 일 할 기회를 원하다가 각종 봉사활동에 참여하고 나 스스로도 단체를 만들어 주도적으로 일하게 된 것, 교수가 되고 싶다는 오랜 꿈이 이루어져 여러 대학에서 강의할 기회를 가지게 된 것, 물질적으로도 부족하지 않게 해달라는 꿈이 이루어진 것 등등.

꿈은 생각보다 느리게 이루어진다. 나는 당초 기대한 시간까지 꿈이 이루어지지 않더라도 절대로 실망하지 않는다. 간절히 원하고 노력했을 때 꿈은 반드시 이루어졌다. 시간은 걸리지만 결과는 항상 상상한 것 이상이었다.

그런 일들을 계속 체험하다 보니 나는 오늘과 내일이 달라지기를 바라지 않는다. 열심히 살면 십 년 후는 저절로 달라질 것임을 알고 있다. 나는 누가 지금의 나를 인정해주기를 바라지 않는다. 노력하면 십 년 후는 저절로 인정받게 될 거라고 믿는다.

많은 사람들은 인생을 짧게 본다. 당장 달라지지 않으면 꿈을 포기하고 노력을 중단한다. 변화가 눈에 잡히지 않으면 계속 해야 할지 갈등한다. 성공을 원하는 사람은 길게 보아야 한다. 노력은 현재이고, 성공은 미래다. 노력하면 하루하루 차이가 쌓인다. 하루 차이는 섬세해서 우리 눈에 보이지 않을 뿐이다. 하지만 분명히 달라진다. 구체적으로 꿈이 손에 잡히지 않더라도 남과 다르게 살려고 노력하는 사람에게는 분명 나은 인생이 기다린다.

노력은 복리 효과가 있다. 시간이 지날수록 기하급수적으로 커진다. 내일은 달라지지 않지만 일 년 후에는 다르고, 십 년 후는 믿을 수 없을 정도로 달라질 것이다. 당장 차이가 보이지 않는다고 해도 참고 밀고 나가자. 십 년이 지나기 전에 꿈이 이루어진다는 것을 믿자.

노력 3단계

노력은 과학이다 : '고승덕의 노력함수'

꿈을 이루려면 목표에 집중하라

어떤 일을 먼저 할까? : 't1t2 판단법'

강한 것을 선택하라

정보로 무장하라

실천 계획을 작성하라

생활 패턴을 바꿔라

시간을 빈틈없이 관리하라

집중도를 높여라

꾸준한 노력은 타고난 재능을 이긴다

'버전업'이 쌓이면 세계 최고도 가능하다

변화를 시도하는 사람이 세상을 바꾼다

노력은 과학이다 :
'고승덕의 노력함수'

노력하면 할수록 인생은 달라진다. 학생은 성적이 올라가고 직장에서는 인정을 받는다. 그런데 노력은 막연히 열심히 하는 것이 아니다. 노력은 과학이다. 노력은 노력의 양과 질에 달려 있다.

나는 노력을 $E=tc^2$라는 함수로 표현한다. 이것이 '고승덕의 노력함수'다. E는 노력Effort, t는 시간Time, C는 집중도Concentration를 뜻한다. 위 함수는 아인슈타인의 상대성원리 공식 $E=mc^2$과 비슷하다.

노력함수에서 알 수 있듯이 노력의 양은 시간과 집중도라는 두 가지 변수로 측정된다. 노력의 양은 투입한 시간에 비례하고 집중도의 제곱에 비례한다. 집중도에는 노력의 질이 담겨 있다.

성공 확률은 노력의 양에 비례하기 때문에 노력함수는 곧 성공함수이기도 하다. 노력함수를 구성하는 변수에는 지능지수도 없고 재산이나 타고난 환경도 들어 있지 않다. 성공은 오로지 후천적 노력으로 결정된다.

남보다 시간을 더 투입해야 노력한다고 할 수 있고, 더 집중해야 노력한다고 할 수 있다. 머리에 의존하는 사람은 남보다 적은 시간을 투입하려고 한다. 남보다 짧은 시간 노력해서 아무리 좋은 결과를 얻는다고 하더라도 노력함수로 따져보면 노력이라고 할 수 없다.

머리 믿고 시간을 덜 쓰면 성공에서 멀어진다. 어렸을 적 영재가 자라면서 둔재로 밀리는 원인은 노력 부족이다. 초등학교 때는 공부의 양이 적어서 머리가 영향을 줄지 모르지만 중학교부터는 공부의 절대량이 늘어나기 때문에 시간이 부족하면 잘할 수 없다.

어느 고등학교 교장은 재임 중 탁월한 실적을 기록했다. 수능 성적이 공립고등학교 중 1위를 기록했고, 더 많은 학생이 좋은 대학교에 들어갔다. 비결은 학생들의 공부 시간을 늘려준 것이었다. 그는 학교 자습실을 오전 6시부터 밤늦게까지 개방했다. 독서실 담당 교사는 평일에는 6시에 출근하지만 주말에는 9시에 출근한다. 그는 학생들의 공부 습관을 깨지 않기 위해 주말에는 직접 새벽 6시에 출근해서 문을 열어주었다. 그는 매일 자습실 문을 닫을 때까지 학생들과 함께했다. 자습실 개방 시간이 길수록 학생들의 공부 시간은 늘어난다. 그는 학생 전체의 공부 시간이 늘어나면 대학 진학률이 좋아진다는 사실을 증명했다.

내가 미국에서 유학할 때 어느 교포 학생을 만났다. 그는 고등학교 때 이민 가서 하버드 로스쿨에 들어갔다. 미국에서 태어나 죽어라고 공부한 학생도 들어가기 힘든 학교다. 나는 그에게 비결을 물었다. 그는 어머니 덕분이라고 했다. 그의 어머니는 밤마다 새벽 3시까지 공부방 앞에서 회초리를 들고 지켰다고 했다. 어머니는 방문을 조금 열어놓고 감시하다가 아들이 졸려서 머리를 끄덕이거나 어머니가 갔나 보려고 고개를 돌리면 회초리로 사정없이 때렸다고 한다. 어머니는 가끔씩 일찍 자러 가기도 했지만 그는 어머니가 뒤에 있는지 돌아보다가는 얻어맞을 확률이 크기 때문에 고개도 돌리지 못했다. 극단적인 방법이긴 하지만, 남들보다 절대적으로 많은 시간을 투입해서 성공한 것이다. 절대시간은 언어 장벽도 돌파할 수 있는 힘이다.

내가 지금까지 우수한 학력을 가진 많은 사람을 만났지만 죽어라고 노력하지 않고 성공한 사람은 별로 없다. 공부, 직장, 사업, 가정 할 것 없이 인생의 각 분야에서 성공하려면 시간을 더 투입하는 것이 기본이다.

한 차례 성공했다고 자만하면 시간을 적게 투입하게 되고 그러면 서서히 무너진다. 유명한 연예인이라도 노력을 지속하지 않으면 마찬가지 운명이 된다. 나이 들어 관록을 믿고 요령을 피우다가 퇴출되는 탤런트가 적지 않다. 대본 외우는 데 시간을 덜 들이면 녹화할 때 틀리기 마련이다. NG를 자주 내면 감독이 쓰지 않는다.

내가 좋아하는 탤런트 L씨가 있다. 할아버지 나이가 되어도 왕성하게 활동하는 그의 성공 비결은 무엇일까. 그를 가까이 보아온 연예인이 궁금증을 풀어주었다. "L씨는 녹화할 때 NG를 내지 않아요. 나이가 들어도 대사 틀리는 걸 본 적이 없어요. 철저하게 대본을 외워가지고 와요."

공부는 머리로 한다고 생각하기 쉽지만 머리를 믿으면 실패한다. 하루 다섯 시간 공부해서 80점 받는 사람과 한 시간 공부해서 80점

받는 사람이 있다고 하자. 얼른 생각하면 한 시간 공부해서 80점 받는 사람이 머리가 좋아 인생에 성공할 것처럼 보이지만 그렇지 않다. 다섯 시간 공부하는 사람은 점점 성적이 올라가고 한 시간 공부하는 사람은 점점 성적이 내려간다.

시간을 들일수록 능률이 올라간다. 책 읽는 속도가 빨라지고 이해도 더 잘되고 성적도 올라간다. 능률은 노력한 결과로 얻어지는 선물이지 목표가 되어서는 곤란하다. 처음부터 시간 덜 들이고 능률을 노리는 것은 적은 노력으로 나은 결과를 얻으려는 것과 같이 실패로 가는 전략이다.

어머니가 회초리로 자식의 공부 시간을 지킬 수는 있지만 회초리를 들고서도 지키지 못하는 것이 있다. 바로 자식의 머릿속이다. 만일 그 학생이 어머니가 무서워 책상에 앉았지만 잡생각으로 시간을 보냈다면 성공할 수 없었을 것이다. 노력에서 시간보다 더 중요한 것은 집중도다. 집중도가 높은 사람은 당할 수 없다. 노력함수에 의하면 집중도는 노력의 양을 제곱으로 올리기 때문에 긴장감 없이 여덟 시간 공부하는 것보다 죽어라고 세 시간 공부하는 편이 더 효과적이다.

같은 시간 노력하더라도 집중도에 따라 노력의 양에는 몇 배의 차이가 난다. 다음과 같은 실험을 통해 확인할 수 있다. 한 끼 식사를 배부르게 하고 느긋하게 책을 읽어보라. 마음이 편하고 행복하다고 느낄 때 시간은 느리게 흘러간다. 긴장을 풀면 책장 넘기는 속도도 느려질 것이다. 이런 식으로 책 열 쪽을 읽을 때 걸리는 시간을 재어본다. 이번에는 마음속의 상황을 바꾸어보자. 오늘이 시험 보는 날이라고 상상하자. 한 시간 뒤면 벨이 울리고 시험이 시작된다. 그동안 공부를 제대로 하지 못했다. 지금 한 쪽이라도 더 읽지 않으면 낙제할지 모른다. 낙제하면 부모님에게 야단을 맞고 취업 전쟁에서 진다. 이럴 때 선택은 하나밖에 없다. 죽어라고 집중해서 읽는 것이다. 마음속으로 이런 상황을 설정하고 초긴장 상태에서 열 쪽을 읽어본다. 시간을 비교해보라. 느긋하게 읽을 때보다 시간이 몇 분의 1로 줄어들 것이다.

빨리 읽으면 기억이 잘 남지 않을 것 같지만 사실은 다르다. 학자들이 연구한 바에 의하면 집중해서 빨리 읽을 때 기억이 더 잘되고 이해도도 올라간다고 한다. 느긋하게 한 번 읽는 것보다 같은 시간에 빨리 두 번 훑으면 학습효과가 훨씬 좋다.

천천히 정독하는 것이 올바른 학습 방법이라고 생각하는 사람이 많지만 나는 아니라고 생각한다. '벼락치기'가 더 나은 공부 방법이다. 벼락치기에 대하여 부정적인 고정관념을 버려야 한다. 벼락치기는 그 자체가 나쁜 것이 아니다. 집중도는 훌륭하지만 절대시간이 적기 때문에 나쁜 것이다.

벼락치기하는 학생은 대개 시험 날짜가 코앞에 닥쳐야 마음이 움직인다. 남보다 더 집중한다고 하더라도 노력하는 시간이 절대적으로 적다면 나은 결과를 바랄 수 없다. 벼락치기하는 긴장감으로 꾸준히 노력하면 놀라운 결과를 얻을 수 있다.

공부 비법은 시간과 집중도 두 요소를 올리는 데 있다. 사업도 마찬가지다. 자기가 하는 사업에 더 많은 시간을 투입하고, 더 집중하면 반드시 성공한다. 반대로 방심하면 실패의 쓰라림을 맛보게 된다. 어느 정도 사업을 키운 사람이 "이제는 되었다"며 편하게 살려는 순간 사업은 기울어지기 시작한다. 노력함수를 기억하라. 절대시간을 더 들이고 남보다 더 집중하라.

꿈을 이루려면 목표에 집중하라

"꿈을 꾸면 성공한다." 과연 그럴까. 성공하려면 꿈이 있어야 한다. 하지만 꿈을 꾼다고 저절로 이루어지는 것은 아니다. 동화 속 주인공이 백마 탄 왕자를 꿈꾸고 기다리면 왕자는 나타나지만 현실은 다르다.

동화 속에서 그런 꿈을 꾸는 사람은 주인공 하나뿐이지만 세상에서 내가 꾸는 꿈은 수많은 사람도 꾸고 있다. 누구라도, 언제라도 같은 꿈을 꿀 수 있다. 그 많은 사람 중에서 왜 하필 나에게만 그 꿈이 이루어질 수 있는가. 나는 어떻게 꿈을 이룰 수 있는가. 이 질문에 명확한 답을 가지고 있지 않다면 꿈을 꾸어도 이루어질 가능성은 별로 없다.

꿈을 현실로 만들려면 거쳐야 할 과정이 있다. 축구 경기를 보려면 경기장 문으로 입장해야 하는 것처럼 꿈을 이루려면 목표를 통과해야 한다. 멋지게 살고 싶은 인생이 꿈이라면 목표는 그 꿈을 이루기 위해 반드시 해야 하는 일이다.

꿈이 최종 목적지라면 목표는 중간에 거쳐야 하는 경유지라고 할 수 있다. 마음먹는다고 즉시 목적지로 공간이동을 할 수는 없다. 서울에서 강릉으로 가려면 영동고속도로를 타야 한다. 집에서 출발하기 전에 어느 도로로 가야 영동고속도로를 탈 수 있는지 알고 있어야 한다. 강릉만 생각하다가 고속도로 타는 곳을 놓치면 헤매기 십상이다.

인생도 마찬가지다. 최종 목적지인 꿈만 생각하고 중간 코스를 무시하다가는 엉뚱한 곳으로 가게 된다. 강릉 가는 사람이 당장 집중해야 할 목표는 강릉이 아니라 고속도로다. 꿈을 이루려면 중간에 거쳐야 하는 목표를 설정하고 그 목표를 달성하기 위해 노력해야 한다.

나는 한때 먼 앞날의 꿈만 생각하고 당장 통과해야 할 목표를 망각하다가 인생을 망칠 뻔한 적이 있다. 고등학교 2학년이 되면 문과와 이과 중에서 선택한다. 판사가 되겠다는 꿈을 가졌기에 1학년 때 문과로 가겠다고 마음먹었다. 법률가는 미분, 적분같이 어려운 수학을 몰라도 된다. 사회에 나가면 수학이 필요 없다고 생각한 나는 1학년 때 수학 공부를 소홀히 했다. 2학년에 올라가 첫 수학 시험에서 낙제점수를 받았다. 대학을 못 간다는 선고를 받았다. 법조인에게 수학은 필요 없지만 당장 법대를 가는 데는 수학이 필요하다는 사실을 몰랐던 것이다.

수학 실력 없이 대학을 갈 수 없고, 대학을 가지 않으면 원하는 직업을 가지기 어렵다. 판사를 꿈꾸는 사람에게 대학은 반드시 들어가야 할 목표다. 대학을 가기 위해서 어렵고 싫은 수학을 공부해야만 한다. 이것이 우리가 수학 공부를 하는 진정한 이유다. 수학은 내 꿈과 전혀 관계없는 것처럼 보였지만 현실은 달랐던 것이다. 수학은 꿈으로 가는 목표를 달성하기 위해 필요한 수단이었다.

이처럼 꿈을 이루기 위해 싫어도 거쳐야만 하는 중간 정거장이 목표다. 사람들은 먼 미래에 이루고 싶은 멋진 꿈만 꾸고 당장 힘든 목표는 외면하거나 소홀히 하는 경우가 적지 않다. 예를 들어, 가수가 되고 싶은 사람이 무대에서 멋지게 박수 받는 모습을 꿈꾸는 것은 좋지만 그에게는 당장 노래 실력 쌓는 것이 당면 목표다. 장기간 노래 연습하는 것은 지루하고 견디기 힘들다. 노래 연습을 편하게 하려 한다면 가수의 꿈을 이룰 수 없다.

가수의 꿈을 이루려면 외모를 고치거나 오디션 장소를 기웃거릴 게 아니라 노래 기본기를 쌓아야 한다. 어떻게 해야 노래 실력을 쌓을 수 있는지 끊임없이 궁리하고 피나게 노력해야 한다. 가수로 데뷔하기 위한 노력은 학교 공부보다 힘들다. 노래 실력 없이 빨리 가수로 데뷔하면 가수로서의 생명은 오래가지 않을 것이다.

당장 하기 싫은 것을 피하기 위해 당장 편하고 좋아 보이는 것을 적성이라고 하면서 꿈을 쇼핑하는 사람들이 있다. 꿈은 현실 도피가 아니다. 인생 중간에 해야 할 일은 싫더라도 꼭 하고 넘어가야 한다. 학생에게는 공부가 중간 목표일 가능성이 크다. 공부는 싫고 노래가 편해 보여서 연예인이 되겠다는 나태한 생각으로는 연예인으로 성공할 수 없다. 어느 분야나 성공은 노력하기 나름이다.

직장인에게는 당장 상대하기도 싫은 상사에게 잘 보이는 것이 꿈을 이루는 중간 목표일 수 있다. 열심히 일해서 상사에게 인정받는 것이 꿈을 이루는 지름길이다. 부하 직원이 상사를 골라서, 담당 부서를 골라서 일하려 한다면 손님을 골라서 받으려는 식당처럼 실패로 갈 것이다.

이처럼 꿈을 이루기 위해 거치는 목표들은 공통점이 있다. 누구에게나 힘들고 누구나 하기 싫은 것들이다. 나만 쉽고 즐겁게 꿈을 이루는 행운은 오지 않는다. 좋은 꿈일수록 더 많은 사람이 달려든다. 통과해야 하는 목표는 좁고 힘들다. 고통의 터널을 지나야 다음 단계로 나아갈 수 있다.

우리 주변에는 꿈과 목표를 구별하지 못하는 사람이 적지 않다. 어떤 대학생 딸을 둔 부모가 부부싸움을 했다. 딸은 사법시험을 준비하고 있었다. 아버지는 딸이 검사가 되기를 원했고, 어머니는 판사가 되기를 원했다. 부모는 서로 이유를 내세우면서 자기주장을 굽히지 않았다. 부부 사이가 서먹해질 정도였다. 부모는 딸의 합격을 당연하게 생각했다. 하지만 당연하지 않았다. 딸은 몇 년간 도전했지만 안 되어 결국 포기하고 말았다. 딸의 진로를 놓고 쓸데없는 부부싸움만 벌어진 셈이다.

많은 사람에게 꿈보다 중요한 것은 그 앞에 놓인 목표를 통과하는 일이다. 법조인이 되는 게 꿈이라면 고시 합격이나 로스쿨 입학이 당면 목표다. 당장의 목표를 달성하는 데 필요한 공부에 정신을 집중해야 한다.

꿈과 목표는 다르다. 꿈은 멀고 목표는 가깝다. 꿈은 멋있고 상상만 해도 즐겁지만, 목표는 도전하기 싫은 것이다. 합격을 목표로 공부하는 학생은 인생이 골방에서 썩는 것처럼 느껴진다. 하지만 힘든 목표를 피하면 찬란한 꿈은 사라진다. 꿈과 목표는 떨어질 수 없는 관계다.

꿈을 이루고자 하는 사람은 목표를 파악해야 한다. 목표 없이 꾸는 꿈은 뜬구름에 불과하다. 혼자 바라보고 좋아해도 내 것이 될 수 없다.

목표는 구체적이어야 한다. 목표가 막연하면 제때 도달하기 어렵다. 먼 길을 갈 때 대충 방향만 파악하고 출발하는 것과 같다. 목표에 집중해야 그 목표에 도달할 수 있다. 화살을 쏘는 사람은 과녁에 온 정신을 집중해야 맞힐 수 있다. 화살이 날아갈 방향만 막연히 바라보면 화살은 목표로 가지 않는다.

목표를 찾으면 검증할 필요가 있다. 첫째, 처음 생각하는 목표가 꿈을 이루기 위해 효율적인지, 아니면 더 나은 목표는 없는지 따져본다. 서울에서 강릉을 가는 방법은 경부고속도로를 거쳐 영동고속도로로 들어가는 코스가 있고, 중부고속도로를 거쳐 가는 코스도 있다. 자기가 처한 위치에서 어느 코스가 시간과 노력 대비 효율적인가를 따져보아야 한다. 로스쿨을 노리는 사람은 대학 졸업 후 바로 도전하는 것이 좋은지, 어느 정도 사회 경력을 쌓은 후 가는 것이 유리할지 고민할 필요가 있다.

둘째, 목표는 꿈을 이루기 위해 필요하지만 그 목표만 가지고는 꿈을 이루는 데 부족함이 없는지, 꿈을 이루는 데 무엇이 더 필요한지 따져보아야 한다. 꿈을 이루는 데 필요한 목표가 둘 이상이라면 여러 목표를 동시에 노려야 한다. 예를 들어, 댄스곡을 부르는 가수라면 노래 실력을 쌓는 것 말고도 춤을 잘 춰야 한다. 승진을 꿈꾸는 직장인은 일을 열심히 하는 것도 중요하지만 영어 실력이나 자기만의 특기를 쌓을 필요도 있다. 이제는 기본기 한 가지만 잘해서는 꿈을 이루는 데 부족한 경우가 많다.

성공을 원한다면 꿈과 목표를 함께 머릿속에 그려야 한다. 꿈은 목표 달성을 통해 이루어진다. 목표는 꿈을 이루는 수단이다. 힘든 목표에 도전하지 않으면 꿈은 망상이 된다. 꿈을 꾸는 사람은 목표를 달성하는 효과적인 방법을 찾아야 한다. 그것이 노력과 희생이라면 치를 준비를 해야 한다. 목표를 제대로 설정하고 집중하면 꿈이 손에 잡힌다.

어떤 일을 먼저 할까? :
'tlt2 판단법'

인생을 살다 보면 하고 싶은 일이 많다. 몸은 하나이고 인생은 유한한데 어떤 것을 해야 할까. 눈앞에 보이는 대로, 닥치는 대로 먹어치우려는 것은 동물이 하는 짓이다. 덫에 놓인 먹이에 혹해서 달려들다가는 생명까지 잃을 수 있다. 일의 순서를 생각해야 한다.

여러 가지를 동시에 할 수 없다면 먼저 해야 할 일을 선택해야 한다. 어떤 것을 먼저 해야 할까. 어떤 기준으로 선택해야 하는가. 사람마다 나름대로 기준이 있다. 흔한 기준은 '쉬운 일을 먼저 하고, 힘든 일은 나중에 하는 것'이다. 당장 힘들고 하기 싫은 일은 피한다. 학생들은 쉬운 과목을 먼저 공부하고 어려운 과목은 미룬다. 직장인도 쉬운 업무를 먼저 처리하고 힘든 일은 손에 잡으려 하지 않는다. 판사들도 골치 아픈 사건은 판결을 미루다가 다음 재판부에 떠넘긴다.

힘든 것을 미루는 게 사람의 본성처럼 보이지만 힘든 것이 목표 달성에 더 중요한 경우가 많다. 예를 들어, 수학과 영어는 공부하기 힘들지만 대학 갈 때 필요한 과목이다. 회사에서도 힘든 업무를 잘 처리해야 인정받는다. 공무원은 늘 해오던 일을 성실하게 처리해도 좋은 평가를 받기 어렵지만 골치 아픈 민원을 해결하거나 기관장이 좋아하는 새로운 사업을 발굴하면 박수를 받는다. 힘든 것을 미루면 중요한 것을 하지 않는 결과가 된다.

세상을 쉽게 생각하는 사람, 인생의 아픔과 쓴 맛을 덜 본 사람은 쉬운 것, 재미있는 것을 골라서 하는 경향이 있다. 학생 시절에 어려운 과목을 시험 날짜가 코앞에 다가올 때까지 미루던 사람은 회사에 들어가서는 상사가 언성을 높일 때까지 골치 아픈 업무를 미룬다. 하지만 마음에 드는 이성을 만나면 회사 일을 소홀히 하면서까지 시간을 할애한다.

이런 습관을 버리지 못하면 인생에 많은 문제가 생긴다. 취미로 한다면 하고 싶은 것을 먼저 해도 되지만 인생은 본래 입맛대로 사는 게 아니다.

당장 마음을 끄는 일은 길게 보면 인생에 도움이 되지 않는 것이 많다. 꿈을 이루고 싶은 사람은 힘들거나 재미없어도 마땅히 할 일을 먼저 해야 한다. 능력의 범위에서 최대한 할 수 있는 일을 다 하는 것까지 바라지는 않더라도 해야 할 일은 최소한 해야 한다. 해야 할 일이 두 가지 이상 있고 동시에 할 수 없을 때는 순서를 정해서 해나가야 한다.

할일을 선택할 때 보통사람은 중요하다고 생각하는 것을 먼저 한다. 중요한 것을 선택하는 게 옳은 판단 기준처럼 보이지만 실제로 적용해보면 문제가 많다.

무엇보다도 어떤 일이 중요한지 아닌지는 당사자가 객관적으로 판단하기 어렵다. 지금 중요하다고 생각되는 것과 나중에 보니 정말 중요한 것은 다를 때가 많다. 공부를 열심히 해야 할 학생이 이성 친구에게 집착하는 것은 잔재미를 노려서가 아니라 상대방이 인생에 정말 중요한 사람이라고 생각하기 때문인 경우가 많다. 평생 같이할 짝을 찾는 일이 절대적으로 중요하다고 확신하면 공부를 소홀히 할 수밖에 없을 것이다. 나중에 후회할 가능성은 있지만 당장 이 사람을 놓칠 수 없다는 생각에 다른 것이 머리에 들어오지 않는다.

사람은 자기가 아는 것에만 덤벼들고 잘 모르는 것은 피하는 경향이 있다. 다른 것이 얼마나 더 좋은지 모르기 때문에 당장 중요하다고 생각한 것이 남이 볼 때 별것 아니어도 혼자 집착한다. 한번 무언가에 생각이 편향되면 빠져나오기 힘들다. 그러다 보니 객관적으로 비교하지 못하고 눈앞에 보이는 대로 인생을 살아가기 쉽다.

세상에는 이런 심리를 교묘하게 이용하는 사람도 있다. 예를 들어, 어떤 노점상이 온갖 달콤한 말로 행인을 유인한다. 우선 물건을 팔고 보자는 수작이다. 그것에 현혹되어 싼 줄 알고 샀다가는 후회하기 십상이다. 다른 곳이 싸면 얼마나 싸겠느냐는 생각을 하지만 몇 걸음 더 가면 같은 물건이 반값인 경우가 있다. 한 블록 떨어진 곳에서는 더 좋고 더 싼 물건이 있다. 하지만 늦었다. 반품을 원해도 받아주지 않는다.

우선 팔고 보자는 식의 판매 전략은 이념이나 종교에서도 흔히 볼 수 있다. 마치 백지에 글씨를 쓰는 것과 같이 편견에 물들지 않은 순진한 머리에 자기 쪽에게 유리한 정보를 입력한다. 혁명가들은 분별력이 떨어지는 청소년들을 선동하여 투쟁에 앞세운다. 중국 문화혁명의 홍위병이 그랬고, 캄보디아의 크메르루주가 그랬다. 북한에서는 어린 시절부터 김일성 사상만이 세상의 유일한 철학인 것처럼 입력시킨다.

일부 종파에서는 제 교리만 옳다고 가르치면서 신자들이 목숨을 걸고 싸우도록 내몰고 있다. 어느 수련단체에서는 "마음은 비워야 하고 소유는 의미 없다"고 가르치면서 회원들이 꿈과 인생의 목표를 포기하게 만든다. 단체를 위해 싼 급여를 받으면서 일하게 만들고 심지어 모든 재산을 헌납하도록 유도한다. 남들이 보면 정신이 홀려 있는 상태지만 당사자들은 정말 중요한 것에 인생을 걸고 있다고 생각한다. 지도자의 가르침을 진리로 받아들인다. 확신범처럼 세상의 한쪽만 본다. 균형 잡힌 세계관과 폭넓은 정보를 가지지 못한 사람은 의도를 가진 사람에게 마음을 빼앗기기 쉽다.

일부러 교조와 정보를 주입하는 경우가 아니더라도 귀가 얇은 사람은 한정된 정보를 가지고 판단하는 잘못에 빠지기 쉽다. 어떤 사업을 하면 돈을 많이 번다는 소문을 듣고 달려들었다가 망하는 사람이 끊이지 않는다. 한 가지만 기억해도 이런 일은 피할 수 있다. 세상 물정 어두운 사람까지 쉽게 돈 벌 수 있는 기회란 없다.

어떤 학부형은 보통사람에게 생소했던 어떤 악기를 배우라는 말에 귀가 솔깃했다. 바이올린이나 첼로처럼 흔한 악기로는 딸의 앞날을 도모할 수 없겠다 싶은 터에 그 악기를 전공하면 진로가 유망하다는 말을 듣고 딸을 유학시켰다. 딸이 졸업할 무렵 그 악기를 전공한 한국인 박사가 이미 500명이나 있다는 사실을 알고 절망했다. 박사학위를 받아도 국내외에 활동할 자리는 남아 있지 않았다. 일반인에게는 생소했지만 전문가에게는 그렇지 않다는 사실을 몰랐던 것이다.

비가 올 때 큰 길이 붐빈다고 나만 안다고 생각한 골목길로 들어갔다가 같은 생각으로 몰려든 차량 무리에 혼잡을 겪는 경우가 종종 있다. 인생을 살다 보면 잘 모르는 골목길로 들어가느니 차라리 누구나 아는 큰 길로 가는 편이 나을 때가 많다.

두 가지 목표 중에서 지금 하나를 선택할 때 중요성을 기준으로 선택하면 의외로 잘못될 확률이 크다. 인생을 성공적으로 살려면 당장 중요하거나 좋아 보이는 것에 달려들지 말고 일의 시간적 순서를 따져보아야 한다. 예를 들어, 어떤 사람에게 A와 B라는 두 목표가 놓여 있다. 둘 다 동시에 할 수는 없다. 그런데 A가 B보다 더 중요하다고 느낀다. 이런 상황에서 어떤 것을 선택할 것인가. A가 더 중요하다는 이유로 A를 선택하는 사람이 많을 것이다. 하지만 나는 그렇지 않다. 일의 시간적 순서를 생각한다.

구체적으로 두 가지 질문을 던져본다. A를 먼저 하면 나중에 B를 할 수 있는가. B를 먼저 하면 나중에 A를 할 수 있는가. 만약 A를 선택하면 나중에 B를 할 수 없지만 B를 먼저 하면 나중에 A를 할 수 있는 상황이라면 나는 B를 선택한다. A를 선택하는 것은 B를 포기하는 것이고, B를 선택하는 것은 A를 단지 미루는 것뿐이다. 둘 다 하는 게 가능한 순서가 있다면, 그것이 인생 전체를 알차게 사는 방법이다.

이런 방식으로 목표를 선택하면 인생에서 실패할 확률이 낮아진다. A가 중요한 목표인 줄 알고 A를 선택하는 사람은 나중에 B가 더 중요하다고 깨닫게 되면 B를 할 수 없어 낭패를 보지만 먼저 B를 선택하는 사람은 후회할 일이 적다. B에 실패해도 A를 할 수 있기 때문이다. 일의 선택을 중요성이 아니라 시간적 배열로 판단하는 나만의 기준을 't1t2 판단법'이라고 부른다.

"오늘 할 일을 내일로 미루지 말라"는 말이 있다. 이 격언에서 '할 일'이란 '오늘 할 수 있는 일what you can do today'을 말한다. 만약 두 가지 일이 있어 오늘 하나 하는 것은 가능하나 두 가지 다 할 수는 없는 상황이라면 어떻게 할 것인가. 이 격언은 답을 주지 않는다. t1t2 판단법으로 선택한다면 내일로 미루지 말아야 할 일은 내일 할 수 없는 일이다. 오늘 지나면 할 수 없는 일은 오늘 하고, 오늘 안 해도 내일 할 수 있는 일은 내일로 미루는 것이 옳다.

t1t2 판단법은 일상생활에서도 널리 활용할 수 있다. 사물의 효용가치도 시간적 순서에 따라 달라진다. 요리를 예로 들어보자. 아마추어 요리사가 음식을 만들면 왠지 맛이 어설프다. 필요한 재료는 다 들어갔지만 기대하는 맛이 나오지 않는다. 노련한 요리사는 똑같은 재료를 사용하더라도 맛이 좋다. 이것을 손맛이라고 부르기도 하지만 그 비밀은 재료를 넣은 순서에 있다. 음식 맛은 그 순서에 따라 완전히 달라진다.

간단하게 보이는 라면 끓이기도 순서가 있다. 먼저 물을 끓이고 그 다음에 면을 넣는다. 수프 분말은 맨 나중에 넣어야 한다. 매운탕을 끓일 때는 생선 토막보다 무를 먼저 넣어야 제 맛을 낼 수 있다. 잡곡밥을 지을 때는 먼저 잡곡을 물에 충분히 불린 다음 밥을 해야 한다. 불리지 않고 잡곡을 쌀과 섞어 밥을 하면 잡곡이 설게 된다. 김치찌개는 전체를 끓이기 전에 먼저 김치를 볶아야 한다. 양념이 음식 맛을 결정하지만 대부분의 요리는 양념을 나중에 넣어야 맛을 살릴 수 있다.

인생도 요리를 만드는 것과 같다. 재료 넣는 순서를 모르고 음식을 만들면 맛이 없듯이 인생에도 사는 순서가 있다. 인생을 길게 생각하면 일의 순서가 분명해진다. 당장 수입이 많다고 하더라도 우리가 전부 소비하지 않고 저축해야 하는 것은 나중을 생각하기 때문이다. 지금 다 써버리면 남은 인생이 힘들어진다. 인생을 성공적으로 살려면 시간, 물질, 마음, 건강 등 지금 가진 것들을 어떤 순서로 쓸 것인가를 잘 생각해야 한다.

꿈을 이루려는 사람은 되는 대로 살 게 아니라 매 시간의 가치를 따지고 살아야 한다. 목표와 일의 순서를 정해서 가장 효과적으로 인생을 살 수 있도록 배열해야 한다. 사는 맛을 제대로 느끼려면 먼저 할 일과 나중 할 일의 순서를 잘 정해야 한다. 학생이 사회에 나가면 놀려는 생각으로 지금부터 공부를 소홀히 한다면 문제가 있다. t1t2 판단법으로 분석하면 노는 것은 사회에 나가서 할 수 있기 때문에 지금은 공부해야 한다는 결론을 내릴 수 있다.

농사에 계절이 있고, 과일에도 제철이 있다. 제때 해야 할 일을 선택하면서 사는 게 인생을 가장 알차게 사는 방법이다. 인생의 시기

마다 꼭 해야 할 일이 있다. 당장 중요하게 보이는 것은 따져보면 금년이 아니라 내년에, 지금이 아니라 나중에 해야 할 일이다. 실패하는 쪽으로 인생을 사는 사람은 지금 해야 할 일보다는 당장 하고 싶은 일을 선택한다. 당장 중요한 것에 매달린다. 한마디로 인생의 시간 순서를 생각하지 않는다.

내가 다양한 분야에서 성공한 비결이 무엇이냐고 묻는 사람이 있다. 나는 t1t2 판단법을 실천했기 때문이라고 말한다. 처음부터 인생의 설계도를 준비해서 설계도대로 산 것은 아니다. 그때그때 해야 할 일, 할 수 있는 일이 무엇인지 파악하고 최선을 다했다. 한 가지 일에 최선을 다하면 잘되고 능률이 생기면서 시간적 여유가 생긴다. 시간이 생기면 다른 일을 찾아 또 최선을 다한다.

처음부터 한꺼번에 한다면 다 할 수는 없을 많은 일들이 그런 식으로 하나하나 더해지면서 나의 인생을 만들어왔다. 지금은 남이 보기에 불가능할 정도로 다양하고 많은 일을 해온 사람이 되었다. 인생의 대박은 처음부터 크고 중요한 한 방을 노리기보다는 그때그때 해야 할 일에 최선을 다하는 데서 나온다.

강한 것을 선택하라

인생을 살다 보면 t1t2 판단법으로 목표를 선택할 수 없는 경우가 있다. A와 B라는 두 목표가 있다고 하자. 두 가지를 동시에 할 수는 없지만 한 번에 하나씩 하면 둘 다 할 수 있다고 하자. A를 먼저 하고 B를 하거나, B를 하고 나중에 A를 한다면 시간 배열로는 별 차이가 없다. 예를 들어, 대학 다니다가 휴학하고 군복무를 할 것인지 아니면 대학을 졸업하고 군에 갈 것인지 선택하는 경우다.

또 이런 경우도 있다. A와 B를 동시에 할 수 없고 하나만 선택할 수 있는데 하나를 하면 나중에 다른 것을 할 수 없다. A와 B 중에서 반드시 하나를 포기해야 한다. 예를 들어, 고교생이 문과와 이과 중 하나를 선택하는 관계다. 이런 경우 역시 t1t2 판단법으로 결정하기는 곤란하다.

시간 배열로 목표를 선택할 수 없는 경우에는 어떻게 할 것인가. 중요한 것을 선택하는 사람이 많겠지만 나는 다르다. 나의 선택 기준은 중요한 것이 아니라 '강한 것'이다. 강한 것을 기준으로 선택할 때

두 단계로 판단한다.

첫째, 도전자 입장에서 강한 것이 있다면 그것을 선택한다. '강한 것'이란 자기가 가지고 있는 능력, 지식, 기술, 경험이나 여건에 비추어 남과 똑같이 하더라도 더 좋은 결과가 기대되는 것, 남보다 더 열심히 하면 남보다 나은 결과를 낼 수 있는 것이다. 한마디로 비교우위에 있는 것이 강하다.

성공이란 남보다 나은 결과를 말한다. 성공하려면 나은 결과를 가져오는 목표를 선택해야 한다. 가능한 여러 목표 중에서 남보다 더 잘할 수 있는 일을 하는 것이 성공하는 선택 기준이다. 예를 들어, 의사의 급여가 변호사보다 많지만 의사보다 변호사를 더 잘할 것 같다면 변호사의 길을 선택하는 식이다.

둘째, 도전자 입장에서 강한 것이 없다면 세상에서 볼 때 강한 쪽을 선택한다. 자기가 남보다 특별히 잘할 수 있는 것이 없을 때는 시대나 사회 흐름에 비추어 선택한다. 예를 들어, 사업에서는 시장이 현재 강하게 형성된 상품, 시장의 성장잠재력이 큰 상품을 선택한다. 세상에서 강한 것은 당장 경쟁은 힘들지라도 장기적으로는 다른 것보다 더 낫다. 강한 것을 선택하지 않고 당장 하기 편한 것, 당장 멋지게 보이는 것을 선택하면 실패할 확률이 크다.

한국이 반도체, IT, 자동차, 기계부품, 조선, 화학 등 제한된 분야에 편중되어 산업구조가 취약하다고 말하지만 그런 분야는 세계 시장에서 강한 것이다. 한국이 강한 것에 집중했고 잘했기 때문에 세계 시장을 선도하는 나라가 될 수 있었다.

강한 것을 선택하는 방법은 다양하게 응용할 수 있다. 예를 들어, 약한 분야는 비중을 축소하고 강한 것으로 계속 옮겨가는 게 기업이 경쟁력을 유지하는 방법이다. 국가도 마찬가지다. 한국이 초기 경제 발전을 견인했던 섬유, 신발, 가발 같은 경공업에 집착했더라면 나라의 운명이 지금 어떻게 되었을까. 생각만 해도 아찔하다.

K씨는 음식점을 여러 군데 경영하면서 돈을 많이 벌었다. 음식점 업계에서는 그를 벤치마킹하는 움직임까지 생겼다. 그는 나름대로 노하우가 있었다. 그의 음식은 맛도 있고 남이 쉽게 모방하기 어려웠다. 그는 장사가 잘되는 위치를 찾아내는 안목도 있었다. 다른 사람이 적당히 하다가 문 닫은 자리를 찾아내 싸게 장기 임대해서 상권을 살렸다.

한참 잘나가던 K씨에게 누군가 인터넷 사업을 같이 하자고 접근했다. 당시는 생소한 사업이었다. 사업 내용은 그럴 듯했다. 인터넷상으로 다른 사람의 컴퓨터를 원격조종해서 소프트웨어 문제를 진단하고 치료해주는 사업이었다. 소프트웨어가 잘못되어 컴퓨터가 다운되는 경우가 많았기 때문에 시장의 잠재수요는 엄청나 보였다. AS센터에 컴퓨터를 들고 가는 것은 불편하다. 때문에 집에서 인터넷으로 연결해서 컴퓨터를 고칠 수 있다는 것은 혁신적인 사업 모델로 보였다. 그 사람은 나름대로 기술을 가지고 있었고, K씨에게 투자를 요청했다. 초기에 투자비가 들지만 그 다음에는 비용이 거의 들지 않고 안정적으로 수입이 생긴다고 했다. K씨는 식당에서 번 돈을 그 사업에 모두 투자하고 대출까지 받았다. 수십 명의 직원을 채용하고 프랜차이즈 가맹점까지 대대적으로 모집했다. 별도로 점포를 두지 않고 집에서 사업할 수 있다는 말에 일반 투자자들이 몰려들었다.

결과는 처참한 실패였다. 고객 1인당 한 달에 내는 돈은 불과 몇만 원이지만 고객은 생각만큼 늘지 않았다. 소프트웨어에 문제가 생겨 컴퓨터가 망가지면 디스크를 포맷하고 다시 소프트웨어를 깔면 되었다. 광고비는 많이 들었다. 아이디어만 좋을 뿐 기술도 대단한 것이 아니었다. 그 분야 전문가들이 쉽게 따라할 수 있는 초보 기술이라서 유사 업체도 생겼다. 인터넷으로 하는 사업이라 가맹점에게 사업 구역을 제대로 관리해줄 수 없었다. 결국 K씨는 직원 월급도 체납하고 대출금을 갚지 못해 경매가 들어왔다. 결국 그는 부도를 내고 빚더미에 앉았다.

K씨가 실패한 원인은 운이 나빠서가 아니다. 강한 것을 선택하지 않았기 때문이다. K씨는 음식점으로 어느 정도 성공했을 때 두 가지 목표를 두고 고민했다. 기존의 사업을 확장할 수도 있고, 그동안 번 돈으로 다른 사업을 할 수도 있었다. 음식점 사업은 그에게는 검증된 것이고 강한 것이다. 앞으로도 잘할 수 있는 사업이었다. 그가 음식점에 계속 투자했더라면 실패할 가능성은 별로 없었다. 그런데도 생소한 사업을 선택했다. 그는 남들이 좋다고 권하는 것에 투자했다. 그 사업은 그가 특별히 잘할 수 있는 것이 아니었다. 그의 역할은 돈을 대고 대표가 되는 것뿐이었다. 강한 것을 선택하지 않은 결과는 처참했다.

K씨처럼 남의 말만 듣고 잘 모르는 목표를 선택하면 실패할 확

률이 크다. 자기 눈으로 앞을 내다보지 않고 남의 말만 듣고 운전하
면 사고가 난다. 자기가 잘 아는 길을 가야 한다. 목표가 여러 개 있
다면 자기가 남보다 잘할 수 있는 것을 선택해야 한다. 그것이 실패를
줄이고 남보다 나은 결과를 얻는 방법이다.

　여러 개를 동시에 할 수 있는 경우라도 강한 것을 선택하는 전략
은 중요하다. 잘할 수 있는 것에 집중해야 한다. '대마불사'는 개발도
상국 시절의 낡은 전략이다. 강하지 않은 분야까지 문어발식으로 다
양한 사업을 벌이면 위험하다. 잘할 수 있는 사업 몇 개에 집중하는
편이 기업의 생존과 성장에 도움이 된다. 사업을 확장할 때도 기존 사
업과 연관되고 시너지 효과가 있는 것부터 손을 대는 게 낫다.

　학생이 전공을 선택할 때도 남보다 잘할 수 있는 분야를 선택하
는 게 낫다. 선진국에서는 학력과 경력을 체계적으로 계획하고 관리
하는 사람이 많다. 생소한 분야를 즉흥적으로 선택하는 게 아니라 해
왔던 것을 바탕으로 잘할 수 있는 것을 선택한다. 강한 것으로 쌓아
간다.

　한 분야를 오래 집중하면 강해진다. 도전을 시작할 때는 남보다
잘하지 못하더라도 경험이 쌓이면 남보다 잘할 수 있다. '한 우물을
파라'는 우리 속담은 바로 이러한 뜻이다. 우물을 깊게 파야 물이 나
온다. 얕게 파다가 포기하고 또 다른 우물을 파는 식으로 옮겨 다니
면 고생만 하고 아무것도 얻을 수 없다. 슈바이처 박사는 "물이 나올
때까지 우물을 파라"고 말했다. 성공할 때까지 한 분야를 열심히 하
라는 뜻이다. 뒤집어 말한다면 한 분야에 집중하면 결국 성공한다는

것이다. 장인ﺏ의 성공 비결이 바로 이것이다. 절대시간을 들여 잘하게 되면 남이 쫓아올 수 없을 정도로 앞서가게 된다.

어느 직업을 선택할지 잘 모를 때에도 세상의 선택을 따르는 게 나은 경우가 많다. 시대와 사회의 흐름을 주도하는 직업을 택하면 잘못될 확률은 낮다. 예를 들어, 1990년 후반에는 IT 분야가 강하다고 인정받았다. 대학입시에서도 전자공학이나 컴퓨터학과가 의과대보다 경쟁률이 높았다. IT 사업을 시작하는 사람들도 많았다. 강한 분야에는 다들 몰려들어 경쟁이 힘들 것 같았지만 지나고 보니 강한 것은 달랐다. IT 산업은 수십 년간 우리나라 경제를 선도해왔고, 많은 인재를 흡수할 정도로 고용 창출 효과도 컸다. IT 분야에서 실패한 사람도 많이 나왔지만 IT 분야는 더 넓은 기회를 제공했고 수익성도 좋았다.

인생을 길게 생각하는 사람은 세상의 큰 흐름을 읽도록 노력해야 한다. 꿈과 목표를 큰 흐름에서 선택하면 무리가 없다. 큰 흐름을 타고 가면 최고가 되지 않더라도 나은 결과를 얻을 확률이 높다.

지금 우리나라는 글로벌 선도국가로 변하고 있다. 선진국 대열에 본격적으로 합류하고 있는 것이 역사적 흐름이다. 시대에 맞는 인생 전략은 이 테마에 동참하는 것이다. 목표 설정도 시대에 맞아야 한다. 글로벌화가 심화되는 것에 발맞추어 외국어 실력을 높이고 외국에 관한 지식과 경험을 쌓는 것, 개방과 이동성에 대비하여 어떤 일이 주어지더라도 해낼 수 있는 유연한 능력을 갖추는 것, 다양한 문화와 사고가 섞이는 사회에 적응하기 위하여 열린 마음으로 균형 있게 사고하는 훈련을 하는 것, 효과적으로 대화와 의사소통할 수 있는 커뮤

니케이션 능력을 갖추는 것, 다른 사람과 원만하게 지낼 수 있는 친화력과 인성을 갖추는 것, 예술과 문화에 소양을 쌓는 것 등등.

인생의 길목에 놓인 목표가 하나뿐인 경우는 별로 없다. 둘 이상의 목표를 동시에 할 수 없다면 지금 해야 할 것을 긴 안목에서 선택해야 한다. 선진국 테마에 맞게 전공이나 사업 분야를 선택한다면 실패 확률이 낮다. 시대 흐름에 맞지 않은 것, 예를 들어, 당장 좋아 보이는 것, 당장 감정에 끌려 하고 싶은 것은 미루는 게 좋다.

시대는 치열해지고 있다. 목표를 선택하면 치열하게 도전해야 한다. 인생을 취미처럼 살면서 성공하리라고 생각하지 마라. 목표를 선택할 때부터 편하게 할 생각을 가지고 선택하지 마라. 강한 것에 도전하는 사람은 강해야 한다.

정보로 무장하라

제2차 세계대전은 속도가 전쟁의 승패를 결정했지만 지금 전쟁은 정보가 결정한다. 빨리 움직이는 것보다 상대방보다 더 많이 알고 움직여야 승리할 수 있다. 전쟁을 시작하기 전에 정보를 충분히 수집하고 만반의 준비를 해야 한다. 2003년 이라크전쟁은 미국이 공격을 시작해서 바그다드 함락까지 이십 일밖에 걸리지 않았지만 준비하는 데일 년 넘게 걸렸다.

인생의 경쟁도 마찬가지다. 무작정 뛰는 것은 의미 없다. 굳건한 의지도 중요하지만 정보가 바탕이 되어야 좋은 결과를 낼 수 있다. 목표를 정할 때도 정보가 필요하고, 노력할 때도 어떻게 해야 하는지 정보가 있어야 한다. 남보다 많이 알아야 잘할 수 있다. 음식점을 개업하는 사람이 짧은 기간에 개업 준비를 마쳤다고 좋아할 일이 아니다. 발생할 수 있는 경우의 수를 치밀하게 따져보아야 실패 확률을 줄일 수 있다.

정보를 수집하는 방법은 다양하게 열려 있다. 책도 있고, 언론기사도 있고, 강의도 있고, 직접 체험할 수도 있다. 인터넷 서핑을 하면 돈 들이지 않고 상당한 정보를 얻을 수 있다. 특정 그룹이 정보를 독점하던 시대는 사라지고 있다.

정보에도 수준이 있다. 수준 높은 정보는 직접 경험한 사람, 특히 성공한 사람으로부터 나온다. 성공한 사례를 찾아 성공한 사람이 했던 방법을 벤치마킹한다. 성공하지 못한 사람들이 하는 노력은 열심히 하는 것처럼 보여도 불안하다. 검증되지 않은 방법이다. 따라하더라도 성공 확률이 낮다.

성공할 사람은 성공한 사람에게서 배운다. 이 점은 아무리 여러 번 강조해도 지나치지 않는다. 평균적으로 볼 때 성공한 사람은 성공하지 못한 사람보다 더 많이 노력했을 것이다. 그래서 성공한 사람만큼 노력하면 성공할 확률이 높다.

옆 사람보다 조금 더 하면 된다고 생각하는 사람은 실패할 확률이 높다. 함께 뛰어가는 사람을 따라가면 위험할 때도 있다. 많은 사람이 뛰는 방향이라고 반드시 목표에 맞는 방향은 아니다. 대개는 어디로 뛰어야 할지 모르고 우왕좌왕하는 무리다. 그래서 경쟁자들이 주는 정보는 큰 도움이 되지 않는다. 전혀 모르는 사람에게는 그럴듯하게 들리지만 사실은 엉터리인 경우가 적지 않다.

성공한 사람의 방법을 따라해야 한다. 성공한 사람에게 관심을 가지고, 그런 사람이 어떻게 했는가를 공부해야 한다. 성공한 사람은 이미 결승점에 들어가 있는 사람이다. 뛰는 사람에게는 보이지 않는다. 그렇지만 그들이 어떻게 했는지 파악할 수 있다. 경험담이나 수기를 읽으면 좋고, 성공한 사람을 직접 만나 들으면 더 좋다. 성공한 사람을 지도한 사람으로부터 배우는 것도 방법이다. 도움이 되는 것은 진솔한 조언이다. "특별히 한 것도 없는데 성공했다"는 식의 말은 겸손하게 들릴지 몰라도 도움이 되지 않는다.

성공한 사람을 닮으려고 노력해야 한다. 당신이 꿈꾸고 목표로 하는 길을 앞서 간 사람은 누구인가. 그런 사람 중에서도 기왕이면 최고를 찾아라. 롤모델을 정해라. 롤모델이란 존경하고 닮으려는 대상을 말한다. 청소년들은 좋아하는 스타를 롤모델로 선택하는 수가 많다. 스타가 하는 옷차림, 머리 스타일, 액세서리, 말투까지 흉내 낸다. 성공한 사람을 따라하는 것은 중요하지만 진짜 중요한 것은 보이지 않는 내면을 따라하는 것이다. 눈으로 보이는 것만 흉내 내면 껍데기만 배운다.

당신은 롤모델이 있는가. 그 사람은 당신이 꿈으로 삼는 분야에서 성공한 사람인가. 그를 따라하는 것이 당신의 인생에 도움이 되는가. 배울 만한 롤모델이라고 생각되면 그에 관한 정보를 수집하라. 성공 방법론은 물론 생각과 행동, 습관까지 닮으려고 노력하라. 롤모델로 선택한 사람을 당신의 일부로 만들어라. 남과 대화할 때 그 사람을 화제로 올려라. 평소 마음속으로 그 사람에게 물어보고 대화하라.

되도록 당신보다 나은 처지에 있는 사람들과 어울려라. 성공한 사람들의 모임에 들어가라. 성공하는 사람은 겉으로는 비슷해 보이지만 들여다보면 다르다. 가까이 하면 무언가 배울 점이 있다. 인생에 대한 긍정적 사고와 목표에 대한 열정을 배울 수 있다. 대화 중에 과거

경험을 들을 수 있다. 앞으로 할 일에 대한 조언도 자연스럽게 구할 수 있다.

성공한 사람을 멀리하는 것은 실패하는 습관이다. 자기보다 잘났다고 생각되는 사람을 시기하고 견제한다. 미워하고 근거 없이 험담을 퍼뜨린다. 나은 것을 추구하고 화젯거리로 올리지 않고 자기에게 잘 대해주지 않아 불평하고 자기를 알아주지 않는 사람을 욕한다.

처음 주어지는 과제나 새로운 도전과 같이 아직 성공 사례가 없는 경우에는 따라할 수 없겠지만 당황할 필요가 없다. 어차피 다른 도전자들도 같은 처지다. 먼저 경쟁자들이 할 수 있는 가능한 노력이 무엇인지 파악하라. 그들은 어디서 정보를 얻을 것인가. 그들이 최선을 다한다고 할 때 어떻게 할 것인가. 그것보다 더 하면 된다.

예를 들어보자. 2007년 행정고시 1차 시험이 지식과 암기 위주의 전공과목 시험에서 공직적격성평가PSAT로 바뀌었다. 특정 학문과 관계없이 논리력, 자료 분석력, 상황 판단 능력 등을 평가하는 시험이다. 평소에 폭넓게 독서를 하고 소양 능력을 갖춘 사람을 가려내는 것이 목적이다. 새로운 제도가 시행되자 수험생들이 당황했다. 교양서적을 폭넓게 읽으면 도움은 되겠지만 현실적으로 일반 수험생이 많은 책을 읽을 시간은 없다. 도서관 책을 다 읽는다고 하더라도 합격한다는 보장은 없다. 이런 상황에서 어떻게 준비해야 할까. 기출문제도 별로 없고, 시험에 대비할 만한 책도 부족한 상황이라면 오히려 차분하게 대처하면 된다. 주어진 상황에서 최선을 다하는 것이다.

다른 수험생들이 할 수 있는 준비는 뻔하다. 기출문제를 보면 지식을 테스트하는 것이 아니라 신속한 판단 능력을 테스트하는 것임을 알 수 있다. 문제 지문이 길거나 얼른 읽히지 않아서 시간이 걸린다. 시험 시간은 한정되어 있기 때문에 주어진 시간 내에 풀기 어렵다. 이런 시험은 문제를 푸는 기술이 중요하다. 몰라서 틀리는 것이 아니다. 책을 많이 읽기보다는 시험 기술을 높이는 데 치중하는 편이 나은 전략일 수 있다.

많은 수험생들은 시험을 몇 달 남기지 않은 시점에서 1차 시험 준비에 착수한다. 하지만 단기간 연습으로는 문제 푸는 기술을 체득할 수 없다. 충분한 시간을 두고 훈련할 필요가 있다. 행정고시를 시작하면서 바로 1차 시험 자료를 구해보자. 시중에 나와 있는 1차 시험 준비서, 학원자료집을 모두 구하고, 그것을 열 번 정도 되풀이하여 풀어보자. 기계적으로 머리가 회전하고 반사적으로 풀 수 있을 때까지 연습해보자. 문제를 풀 때 실제 시험과 같은 긴장을 유지하면서 시간을 단축하는 훈련을 해보자. 대학에 들어가면서부터 이런 시험을 준비한다면 좀더 폭넓게 접근할 수 있을 것이다. 영국과 미국의 유사한 시험 교재까지 구해 공부하면 금상첨화다. 어차피 다른 수험생들도 그 이상을 할 수는 없을 것이다.

인생의 분야마다 잘 모르는 사람이 아무것도 모르는 사람을 상대로 전문가로 행세하는 경우가 적지 않다. 내가 볼 때 전문가라는 사람들은 대개 '자신은 모른다는 말을 알아듣기 어렵게 표현하는 사람'이다. 예를 들어, 어떤 일의 전망을 물어보면 모든 변수를 가정하고 상상할 수 있는 모든 변수를 다 열거해서 무슨 말을 하려고 하는지 상대방이 이해하기 어렵다. 결국 '남이 내가 무언가 아는 것처럼 생각하게 만들고 정확히는 무슨 생각을 하는지 알 수 없도록' 만드는 것이다.

또 어떤 사람은 자신은 경험해보지 않은 것을 전문적으로 이야기 한다. 시험에 합격하지 못한 사람이 수험생을 가르치는 경우, 인생에 성공하지 못한 사람이 성공 철학을 가르치는 경우는 마음에 덜 와 닿는다.

세상의 모든 도전과 경쟁은 상대적이다. 가능한 방법을 알고 최선을 다하면 자신감을 얻을 수 있다. 새로운 경쟁이라도 두려워할 필요 없이 그런 식으로 대처하면 된다.

목표를 설정하고 실천 계획을 세우기 전에 정보를 최대한 확보하라. 남들이 할 수 있는 최대의 노력이 무엇인지 파악하라. 성공한 사람들은 어떻게 했는지 조사하라. 정보로 무장하면 승산이 커진다.

실천 계획을 작성하라

목표 달성을 위해 다음에 해야 할 작업은 실천 계획의 작성이다. 성공은 우연히 주어지는 게 아니고 원한다고 주어지는 것도 아니다. 계획적으로 노력해서 얻는 것이다. 최선을 다하자는 식의 다짐은 통하지 않는다. 막연한 계획은 우연과 다를 바 없다. 무엇을 어떻게 해야 할지 구체적으로 실천할 계획을 세워야 한다. 나는 이것을 '실천 계획'이라고 말한다. 전투에서 이기기 위한 작전 계획에 해당하고, 먼 길을 갈 때 필요한 로드맵에 해당한다. 실천 계획 작성에서 중요한 것은 큰 그림만 그리지 말고 세부적인 사항까지 세밀하게 그려야 한다는 점이다.

실천 계획 작성에는 순서가 있다. 첫째, 어떤 노력을 어느 정도 해야 목표를 달성할 수 있는지 파악해야 한다. 목표를 이루기 위해서 필요한 전체 노력의 항목을 열거하고, 항목별 분량을 구체적으로 따져보아야 한다. 시험을 준비하는 학생이라면 무슨 과목을 공부해야 하고, 과목별로 어떤 책을 공부하고, 한 책을 몇 번 읽어야 하는지 계산한다. 사업을 처음 시작하는 사람이라면 사업의 종류를 정한 다음,

사업체 설립은 어떤 방식으로 할지, 자금은 얼마가 들고 어떻게 마련할지, 공장이나 사무실 위치는 어디로 정할지, 어떤 설비와 인테리어로 어느 기간에 걸쳐 공사할지, 어떤 직원을 몇 명 채용할지, 구매와 판매는 어떻게 할지, 고객 확보는 어떻게 할지, 판매 전략과 광고는 어떻게 세울지, 회계 처리는 어떤 식으로 할지, 고객관리와 AS는 어떻게 할지 등등 사업을 하는 데 필요한 모든 항목을 따져서 실천 계획에 열거하고 항목별로 해야 할 일을 준비한다. 연구를 하는 사람이라면 자료 조사는 어떻게 하고, 실험은 어떻게 하고, 보고서는 어떻게 작성할지 등을 따져보아야 한다.

실천 계획을 작성할 때는 앞으로 진행되는 과정을 눈앞에 생생하게 그려야 한다. 이것을 형상화visualization라고 한다. 장사하는 사람은 고객의 입장에서 형상화를 해야 한다. 고객의 관심을 끌려면 어떻게 광고해야 하는지, 고객이 상점에 흥미를 가지고 들어오게 하려면 어떻게 해야 하는지, 고객이 들어와 둘러볼 때 상품에 눈길이 가도록 하기 위해서는 어떻게 해야 하는지, 고객이 상품을 볼 때 무엇을 궁금하게 생각하는지, 직원이 고객에게 어떻게 말을 걸고 상품을 설명해야 하는지, 고객이 사겠다는 마음을 정할 수 있도록 상품의 장점을 어떻게 설정할지, 계산한 후 상품을 어떻게 포장해야 할지, 나가고 들어올 때 고객에게 어떤 말을 건네야 하는지 등등 고객의 일거수일투족을 생각하면서 대비한다.

둘째, 예정된 시한까지 목표를 달성하기 위해 해야 할 항목별 노력의 순서와 기간별 분량을 정해야 한다. 즉, 일정을 짜는 것이다. 필요한 전체 노력의 항목과 분량이 파악되면 기간별로, 그리고 날짜별로 해야 할 일을 나누어본다. 시험 공부하는 학생이라면 먼저 합격을 위해서 공부해야 하는 전체 분량, 읽을 책과 페이지 수를 따지고, 시험 보는 날까지 남은 날짜를 계산하고, 기간별로 읽을 책의 순서를 정하고, 매달 공부할 분량, 매일 공부할 분량을 따져보아야 한다. 예를 들어, 권당 500쪽짜리 책을 스무 권, 즉 합계 1만 쪽을 여섯 번 읽는다고 작정하면 6만 쪽을 읽어야 하고, 시험까지 남은 날이 300일이라면 매일 평균 200쪽을 공부해야 한다.

셋째, 실천 계획은 실행이 가능하도록 현실성 있게 세워야 한다. 300일 중에는 감기 몸살로 쉬는 날도 있고 집안 사정이나 기타 이유로 공부할 수 없는 날도 있다. 실제로 공부할 수 있는 날수를 285일로 추정하면 하루에 읽어야 할 분량은 210쪽이 넘는다. 또한 공부 초기에는 진도가 느릴 것으로 예상하여 처음 1~2회는 하루 160쪽, 3~4회는 하루 210쪽, 나중에는 책 읽는 속도가 빨라질 것을 예상하여 5~6회는 하루 250쪽 정도로 계획하는 것이 현실적이다.

넷째, 실천 계획표의 작성이다. 계획은 머릿속으로만 세우지 말고 종이 위에 구체적인 계획표를 짜야 한다. 업무일 경우에는 작업시한까지 기간을 표시하여 진행표를 작성해야 한다. 진행표의 세로 칸에는 해야 할 업무를 항목별로 표시하고, 가로 칸에는 맨 위에 날짜를 표시하고 공정별로 어느 기간에 걸쳐 진행되는지 선으로 표시한다. 진행표는 계획표이지만 실제로 업무가 진행되면 진행표에 다른 색으로 표시하여 한 눈에 계획 내용과 실천한 진도를 비교하여 파악할 수 있도록 한다. 이러한 진행표는 공사에서는 공정표라고 한다. 공정표가 있어야 준공예정일에 맞추어 공사를 진행할 수 있다.

실천 계획을 작성한 사람은 매일 아침이 다르다. 오늘 할 일이 무엇이고 얼마만큼 해야 하는지를 알고 있다. 아침부터 부지런히 움직인다. 하루 종일 열심히 움직여야 그날 목표가 달성되기 때문이다. 이와 달리 실천 계획 없이 막연히 오늘 열심히 하겠다고 결심한 사람은 아침에 일어나면 긴장이나 집중이 되지 않는다. 하루가 길게 남아 있다고 생각한다. 할 만큼 하고 하루를 마치면 된다고 생각한다.

잠을 잘 때도 다르다. 실천 계획을 작성한 사람은 그날 목표를 달성했는지를 점검한다. 만약 그날 할 일을 다 하지 않았다면 잠이 오지 않을 정도로 반성한다. 할 만큼 했지만 목표량을 달성하지 못하면 내일을 생각해서 잠에 들지만 내일은 오늘보다 더 열심히 해서 밀린 것을 따라잡겠다고 결심한다. 그런 사람은 다음 날 조금 더 집중한다. 어제 못 해서 오늘로 넘어온 분량까지 해야 하기 때문이다. 일과 중에 매 시간 해야 할 분량을 달성하고 있는지 확인하기 때문에 하루 종일 방심하지 않고 열심히 한다.

계획 없이 사는 사람은 잘 때 모든 것을 털어버리고 마음 편하게 잔다. 오늘 그냥 자도 내일이 있으니 걱정할 것 없다고 생각한다. 다음 날 아침에 일어나도 긴장하지 않는다. 아침에 머리가 돌아가지 않는다고 커피나 마시다가 오전을 보낸다. 아침부터 잘 때까지 나름대로 하지만 '죽어라고 할' 긴장감이나 필요성을 느끼지 않는다. 실천 계획 없이 하는 사람은 시간이 지나도 진도는 별로 나가지 않는다.

회사에서 행사 계획을 짜보라고 하면 식순만 짜는 사람이 많다. 언뜻 보면 그럴 듯하지만 막상 행사를 해보면 준비하지 못한 것, 미처 생각하지 못한 것들이 많이 튀어나와 행사가 엉망이 된다. 행사 계획은 미리 준비물, 준비할 사람과 일정까지 세부적으로 작성해야 한다.

진도표는 잘 보이도록 크게 만드는 게 좋다. 공사 현장에 가면 공정표를 사무실 벽에 크게 붙여놓은 모습을 볼 수 있다. 공부처럼 혼자 노력하는 경우라도 진도표는 책상 앞에 크게 붙이는 게 좋다. 진도표는 남도 볼 수 있어야 한다. 남이 일정을 볼 수 있다면 게을러지는 것을 심리적으로 억제하게 된다.

항상 진도표를 보면서 오늘 할 일과 앞으로 할 일이 무엇인지를 알고, 의식적으로 진도를 지키도록 마음에 채찍질해야 한다. 자기 전에 그날 할 일을 했는지 확인하고, 기간별로 할 일을 했는지 수시로 점검해야 한다. 이런 식으로 계획된 사항과 진행된 사항을 비교해가면 자신과 일종의 게임을 하는 셈이 된다. 계획보다 더 앞서나가는 경우는 자신과의 게임에서 이긴 것이고, 진행이 느리면 게임에서 지고 있는 것이다. 진행이 느리면 따라잡기 위해 안간힘을 쓰게 된다.

실천 계획표를 작성하면 노력을 짜임새 있게 할 수 있고 시간 낭비를 줄일 수 있다. 인생을 낭비 없이 산다는 것은 쉬지 않고 일한다는 뜻은 아니다. 휴식시간도 계획에 포함되어야 할 중요한 부분이다. 낮잠이 필요한 사람은 낮잠을 편성할 수 있다. 휴식시간도 합리적으로 계획하고 계획에 맞추어 쉬어야 무의미하게 보내는 시간을 줄일 수 있다. 보통사람은 피곤하다고 느끼면 쉬고, 지루하다고 생각하면 멈춘다. 그러다 보면 시간이 허무하게 흘러간다. 실천 계획을 작성하고 그것에 맞추어 사는 사람은 예정된 휴식시간까지는 쉬지 않고 버티려고 애쓴다. 휴식이 예정되지 않은 중간에 쉬어야 하는 경우는 도저히 견딜 수 없는 피곤함이 엄습하는 경우다.

실천 계획 없이 사는 사람은 적어도 눈뜬 시간의 3분의 1을 무의미하게 보낸다. 시간을 성실하게 보낸다고 혼자 생각해도 미래를 위한 밀도 있는 노력은 없다. 하루만 비교한다면 실천 계획을 세워서 노력하는 사람과 계획 없이 사는 사람 사이에 별 차이가 없다. 하루 5시간 차이는 별것이 아닐지도 모른다. 하지만 시간이 쌓이면 무서운 차이를 가져온다. 하루 5시간이 300일이면 1500시간이 되고, 이 년이 지나면 3천 시간이 넘는다. 그것은 갑자기 따라잡거나 쉽게 메울 수 없는 차이다. 십 년이 지나면 상상할 수 없는 운명의 차이로 나타날 것이다. 성공하는 사람에게는 무슨 일이든지 계획하고 계획대로 실천하려는 습관이 있다.

계획대로 진도가 나가고 있는지 수시로 점검해야 한다. 하루 중에는 그날 할 일이 시간대별로 순조롭게 진행되고 있는지 점검한다. 하루 중간이 되는 시간에는 그날 할 일의 절반을 했는지 점검한다. 하루 일을 마감할 때는 그날 할 일을 다 했는지 확인한다. 직장에서는 퇴근하기 전에, 학생이라면 잠자리에 들기 전에 그날 계획한 분량을 달성했는지 점검한다.

진도표에는 그날 한 일을 표시한다. 일주일마다 그 주간에 할 일을 하고 있는지 점검한다. 이런 식으로 시점마다 그때까지 계획한 일이 진행되었는지 확인해야 한다. 책상 앞에 진도표를 붙여놓고 확인해나가면 진도가 느릴 때마다 따라잡기 위해 박차를 가하는 각오가 생긴다. 이렇게 하면 게을러질 수 없다. 빈틈없이 노력하게 된다.

진도를 점검하면서 노력해보면 대개 당초 계획한 진도보다 조금씩 밀리게 된다. 조금만 방심하면 그날 할 일을 다 하지 못하고 잠을 자게 된다. 다음 날 할 분량은 별도로 기다리고 있다. 어제 밀린 일이 있다면 오늘은 오늘 할 일과 어제 밀린 일 두 가지를 해야 한다. 오늘 또 게으름을 피우면 내일은 오늘 밀린 일까지 한꺼번에 해야 한다. 진도에 맞추려면 피나는 노력이 필요하다. 이런 식으로 며칠 밀리면 너무 힘겨워서 전체 계획을 포기하고 싶은 충동이 강하게 들기 시작한다. 계획대로 안 된다고 중도에 좌절감에 빠지는 사람도 있다.

계획한 대로 진도가 나가지 않더라도 실망하거나 포기하지 마라. 많은 사람들은 실천 계획을 세울 생각조차 하지 않고 살고 있다. 당신은 계획하고 산다는 사실만으로 상위 30퍼센트에 들 것이다. 나아가 계획한 것 절반만 달성해도 상위 20퍼센트로 올라선다.

내 경험으로는 죽어라고 열심히 했을 때도 당초 계획한 진도의 80퍼센트 이상 달성하기 힘들었던 것 같다. 나는 처음에는 죽어라고 해도 항상 진도가 밀려 실망했다. 그러나 끝까지 참고 노력한 결과는 놀라웠다. 최상의 성공이었다. 나는 당초 계획한 노력의 80퍼센트만 달성해도 최상급 수준에 들 수 있다는 사실을 깨달았다. 나에게는 귀중한 경험이었다. 결과로 검증되는 경험을 하다 보니 진도가 밀릴 때라도 내 자신에 대한 실망감을 극복할 수 있었다.

두 가지는 구별해야 한다. 처음에는 100퍼센트의 노력을 하려고 했지만 실제로는 80퍼센트만 달성한 경우와 처음부터 필요한 노력의 80퍼센트만 하려고 마음먹은 경우는 다르다. 전자는 계획은 100퍼센트, 결과는 80퍼센트인 경우고, 후자는 계획 자체가 80퍼센트인 경우다. 처음부터 80퍼센트만 하자고 결심한 경우는 대개 절반도 못 한다. 느슨하게 세운 계획은 느슨한 노력으로 이어진다. 성공할 사람은 처음부터 할 수 있는 최대한으로 계획을 세우고 애를 쓴다.

100퍼센트를 달성하려고 하다가 진도가 밀릴 때에는 실망하지 말고 중간에 계획을 수정해야 한다. 밀린 상태로 끌려가다가 포기하는 것보다는 현실적으로 실행할 수 있도록 진도를 조정해서 최선을 다하는 편이 낫다. 남은 기간에 당초 예정한 분량을 도저히 다 할 수 없다고 판단되면 계획을 그것에 맞추어 축소해야 한다. 예를 들어, 처음에는 책을 열 번 읽는 것으로 계획했지만 시험 날짜까지 시간이 부족하다면 여덟 번 읽는 것으로 실천 계획을 수정해야 한다.

100퍼센트 실천하려고 계획하고 노력한 사람은 실제로 100퍼센트 달성되지 않더라도 예상보다 좋은 결과가 기다린다는 것을 믿어야 한다. 사람들은 불완전한 경쟁을 하고 있다. 세상은 100퍼센트 달성을 요구하지 않는다. 최선을 다할 것을 요구한다. 세상은 우리를 절대적 기준이 아니라 상대적 기준으로 평가한다는 사실을 항상 기억하자. "이렇게까지 해야 하나"라는 생각이 들 정도로 열심히 하고 있다면 현재 진도가 미진하더라도 실망하지 말라. 포기하지 않고 끝까지 최선을 다하는 사람은 이룰 수 있다.

생활 패턴을 바꿔라

목표를 정하고 실천 계획을 만든 사람에게 중요한 일은 착수다. 생각만 하지 말고 몸으로 시작해야 한다. 가능한 빨리 계획을 실행에 옮겨야 한다. "시작이 반이다."

시작하는 날을 정해야 한다. 당장 시작하면 되지 왜 시작하는 날을 정해야 하느냐고 물을지 모른다. 시작은 간단하지 않다. 마음만 먹는다고 되는 것이 아니다. 몸이 움직여야 하고 생활이 변해야 한다. 그래서 시작은 쉽지 않다. 생활이 달라지지 않고 마음속으로만 '지금 시작하자'고 외친다면 몸이 말을 듣지 않아 모처럼 세운 계획이 흐지부지되기 쉽다. 그러다 보면 "계획 세워봤자 헛일이더라," "계획만 멋있으면 뭐하나" 하는 생각이 들기 시작하고 조금 지나면 계획하지 말고 되는 대로 하자는 충동이 들기 쉽다. "나는 역시 안 된다"는 패배주의에 빠지면 '안 하니까 안 되는' 악순환으로 인생이 망가지고 만다.

이와 반대로 계획을 실천하여 성공한 경험을 맛본 사람은 또 그렇게 하면 성공하리라는 것을 알기 때문에 확신을 가지고 다시 어려운 일에 도전한다. 꿈-노력-성공의 선순환을 하는 것이다. 제대로 실천하려면 과감하게 시작해야 한다.

꿈을 꾸며 목표를 향해 시작할 때 인생의 큰 의미가 실려야 한다. 시작은 인생의 전환점이 되어야 한다. 인생을 전환하지 않으면 일시적 생각에 그치고 만다. 마라톤을 시작하는 사람은 몸을 가볍게 해야 한다. 필요 없는 물건을 내려놓지 않고는 제대로 달릴 수 없다. 마찬가지로 시작하는 사람은 마음을 가볍게 해야 한다. 마음속에서 던질 것은 던지고 버릴 것은 버리고 끊을 것은 끊고 시작해야 한다. 놀 것 다 놀고 누릴 것 다 누리고 노력하겠다는 안이한 사고를 끊어야 한다. 친구 없이는 살 수 없다는 또래 집단 의존 의식도 버려야 한다. 때로는 인간답게 살겠다는 소박한 소망조차 작정한 기간 동안은 끊어야 한다.

인생을 전환해야 한다는 것을 깨닫지 못하면 진정한 시작이 아니다. 시작은 즉흥적으로 하는 결심이 아니라 비장한 마음으로 하는 결단이다. 마음만 변하는 게 아니라 자신의 모든 게 변하는 것이다. 생각을 집중해서 앞으로 어떻게 다르게 생활해야 할지 면밀히 따져보아야 한다. 지금까지의 생활 습관 중에서 어떤 부분이 달라져야 할지 하나하나 따져보아야 한다. 쓸데없는 시간을 줄이고, 나쁜 습관도 바꾸어야 한다. 계획을 제대로 실천하려면 모든 시간과 노력을 집중해도 부족할 때가 많다.

물질에 관성이 있는 것처럼 사람의 몸과 마음에도 관성이 있다. 생활 패턴을 바꾸려면 관성을 깨야 한다. 때로는 바이오리듬마저 바꾸어야 한다. 노는 것에 익숙한 학생이 갑자기 책상에 앉으려고 하면 몸이 어색하고 불편하다. 공부한다고 앉지만 시간이 조금만 지나면 엉덩이가 걸상에서 떨어진다. 괜히 목마른 것 같아 물 마시러 가고 싶다는 충동을 이기지 못한다. 직장에서 일을 제대로 하지 않던 사람이 갑자기 열심히 하려고 해도 몸이 말을 듣지 않고 정신적 스트레스는 커진다. 담배 피는 사람은 쓸데없이 줄담배를 피운다.

생활 패턴을 바꾸고 바이오리듬을 바꾸려면 생활에 규칙을 만들어야 한다. 예를 들어, 책상에 한번 앉았다가 일어나기까지 시간을 일정하게 정하고 그것을 지키려고 애써야 한다. 처음에는 한 시간도 길다고 느껴질 것이다. 한 시간으로 정해놓고 아무리 몸이 괴로워도 그것을 지키려고 한다. 몸이 익숙해지면 앉아 있는 시간을 점차 늘려간다. 결코 시간이 줄어들어서는 안 된다. 또 자리에서 일어났다가 다시 앉는 휴식시간도 일정하게 정해 지켜야 한다. 휴식시간에 누군가와 실컷 수다 떠는 습관을 들이면 일정이 엉망이 된다. 물을 마시는 양과 횟수, 화장실 가는 간격과 횟수도 일정하게 조절해야 한다. 식사도 규칙적으로 정해진 시간에 정해진 양을 먹고 소화시키는 시간도 일정하게 유지해야 한다. 식사 후 엄습하는 식곤증도 통제해야 한다. 아무리 나른하고 졸려도 제때 책상에 앉아 하던 공부나 일을 계속해야 한다. 식곤증을 줄일 수 있도록 밥 먹는 양과 습관도 조절해야 한다. 생활 패턴을 구성하는 이런 작은 것들을 바꾸고 지키겠다고 자신과 약속하고, 무서울 정도로 지켜야 한다.

생활 패턴을 바꾸면 처음에는 몸이 격렬하게 저항한다. 지금까지 익숙한 생활 패턴으로 돌아가자고 몸부림칠 것이다. 마음으로는 쉽게 결심하고 가뿐하게 시작하려고 해도 몸이 말을 잘 듣지 않는다. 시작할 때 중요한 것은 마음을 독하게 먹고 몸의 저항을 이겨야 한다는 점이다. 때로는 도살장에 끌려들어가는 가축처럼 새로운 운명을 받아들인다는 자세가 필요하다. 체념하는 편이 마음 편할 때도 있다. 운명을 피할 수 없다면 생각을 바꾸어 반갑게 맞아들여야 한다.

어떤 사람은 결심하는 순간 바로 시작하라고 하지만 나에게 시작은 그렇게 쉽지 않았다. 나는 큰일을 시작하겠다고 결심하면 바로 실행하지 않는다. 시작하는 날을 정하고 그때까지 몸과 마음의 준비를 한다. 마음의 준비가 중요하다. 새로운 것을 하기로 결심하면 시작하기로 예정한 날까지 계속해서 그 일만 생각한다. 집중적으로 정신을 집중하면서 그 일이 내 인생에서 반드시 필요하고 반드시 해내야만 한다는 자기암시를 계속한다. 그것 없이는 살 수 없으며 그것이 내 인생의 전부라고까지 과장되게 생각하기도 한다.

나에게 변화의 시작은 항상 경건했다. 대학입시를 본격적으로 준비할 때, 대학에서 고시를 시작할 때, 유학 가서 공부를 시작할 때, 변호사를 시작할 때, 증권 연구를 시작할 때, 투자를 본격적으로 시작할 때, 정치를 시작할 때 나는 신에게 경건한 마음으로 기도하면서 헌신을 다짐했다.

마음의 준비는 편하게 하는 것이 아니라 칼을 갈 듯이 아주 비장하게 한다. 그것은 전쟁에 나가는 군인의 마음과 같다. 적당히 싸우겠다는 정신으로는 싸우기도 힘들 것이다. 온몸과 마음을 다 바쳐야 살아 돌아올 확률이 크다.

나는 시작하기로 정한 날이 다가오면 며칠 전부터 정성을 들인다. 과거의 사람을 버리고 새로운 사람이 된다는 마음가짐이 필요하다. 목욕으로 몸을 깨끗하게 하고, 행동을 정결하게 하고, 내면에 힘을 모은다. 저녁 때 방에 박혀 혼자 다짐하고 잘되기를 기도한다. 하루 전에는 종일 혼자서 조용히 보낸다. "내일부터 고생을 시작하니 마지막으로 하고 싶은 것을 실컷 하자"는 식은 금물이다. 전날 친구 만나서 술을 취하도록 마시거나 몸이 지치도록 무언가를 하면 다음 날 아침 기운이 빠져 시작을 망쳐버린다. 아침을 망치면 그날 하루를 포기하게 되고 그런 식으로 하루 이틀 밀리다가는 전체 계획을 망치기 마련이다.

갑자기 생활 패턴을 바꾸면 몸이 힘들고 스트레스도 생긴다. 만약 몸이 지쳐 있다면 어느 정도 기력을 회복하고 시작해야 한다. 체력이 떨어진 상태에서는 소화도 잘 안 되고 책상에 앉아 있는 것 자체가 너무 힘든 노동이다. 소화가 잘되고 영양이 균형 잡힌 음식을 먹고, 가벼운 운동을 하면서 몸 컨디션을 조절한다. 음식은 맵고 짜고 단 것은 되도록 피한다.

나는 정신노동자에게 비타민을 권한다. 비타민은 음식에 들어 있다. 골고루 먹으면 별도로 비타민을 먹지 않아도 된다고 생각하는 사람이 많다. 하지만 스트레스를 받거나 정신을 집중하면 비타민이 많이 소비된다. 비타민이 부족하면 피부가 거칠어지고, 몸이 쉽게 피곤해진다. 몸이 약해지면 신경이 예민해져서 말을 함부로 하게 된다.

알레르기나 아토피가 생겨 고통받기도 한다. 나는 오랫동안 약 복용을 별로 좋아하지 않았다. 그러나 나이가 들어 비타민을 규칙적으로 먹었다. 그랬더니 몸이 달라지는 게 느껴졌다. 아침에 일찍 일어나도 피곤하지 않고 등산을 해도 어지간해서는 숨이 가쁘지 않다. 몸이 달라지면 인생이 달라진다. 주의할 점은 비타민 먹을 때 비타민C만이 아니라 골고루 섭취해야 한다는 것이다. 음식이나 비타민이나 편식은 좋지 않다.

스트레스도 건전하게 풀어야 한다. 몸을 힘들게 하는 술, 지치도록 하는 심한 운동, 중독성이 있는 온라인 게임 등은 금물이다. 마음을 편하게 하고 몸을 순환시키는 가벼운 산책이나 맨손체조, 그것도 시간이 안 되면 혼자 하는 기도와 성경 공부, 공부나 업무를 같이 하는 동료와의 건설적인 토론도 훌륭한 스트레스 해소 방법이다.

노력하는 사람은 술을 조심해야 한다. 우리나라에서 술을 가장 많이 소비하는 계층은 대학생이다. 대학생 30퍼센트는 상습적으로 폭음한다. 술 문화는 대학생 계층이 기성세대를 선도한다고 한다. 술 때문에 수업까지 빠지는 학생이 적지 않다. 직장 다니면서 술 때문에 결근하기 시작하면 인생은 끝난다.

마음먹고 시작할 때 강하게 시작해야 한다. 인생을 변화시키려면, 기업이 한 단계 도약하려면 타성을 분연히 깨야 한다. 습성을 과감하게 바꾸어야 한다. 서서히 속도를 내겠다고 게으름과 타협하지 말아야 한다. 첫날 아침 눈 뜨는 순간 '돌격 앞으로' 정신으로 하루를 시작해야 한다. 아침을 결연하게 시작하지 않으면 하는 일 없이 오전이 흘러갈 것이다. 첫날 아침부터 계획된 목표량을 실천해나가야 한다. 잠이 아직 덜 깼다고, 점심 먹고 나서 열심히 하겠다는 핑계로 한 시간 두 시간 미룰 수 없다.

눈앞에 백병전이 벌어지고 있다는 생각으로 긴장을 하면서 움직여야 한다. 시험 보는 날 아침 벼락공부를 하는 그런 상황이다. 적당히 유쾌하게 전쟁할 수는 없다. 아침부터 매 순간 긴장을 느껴야 한다. 억지로 한다는 생각을 버린다. 어차피 해야 할 일이고 스스로 선택한 일이니 기분 좋게 시작한다. 꿈이 있고, 목표가 있고, 오늘 할 일이 있으니 행복하다.

순간순간 행복을 느끼고 사는 것도 좋지만 미래를 생각하지 않는다면 아무것도 남지 않는다. 생각 없이 살다가 저절로 횡재하기를 바라는 것처럼 부질없다. 방향을 생각하지 않고 한 걸음 한 걸음 가면 엉뚱한 곳으로 가게 될 것이다.

미래를 생각하면서 사는 사람은 감사할 일이다. 아침마다 가슴을 뛰게 하는 꿈과 목표 달성에 대한 열정을 가지고 일어나라. 하루 시작부터 힘 있게 움직여라. 중요한 것은 확신에서 나오는 내면의 힘이다. 다음 날 다시 일어나도 열정은 계속되어야 한다.

시간을 빈틈없이 관리하라

시간의 기준

성공은 시간을 어떻게 활용하는가에 달려 있다. 시간은 누구에게나 공평하게 주어진다. 하루는 24시간이다. 아무리 열심히 사는 사람도 하루 24시간 넘게 노력할 수 없다. 하루 24시간 중 몇 시간을 투입하는지에 따라 인생이 결정된다. 고등학교는 삼 년이다. 삼 년으로 대학 진학이 결정된다.

당신은 하루에 몇 시간 노력하고 있는가. 실제로 노력은 하지 않으면서 마음만 괴로워하지 않는가. 공부를 싫어하는 학생은 부모의 등쌀에 못 이겨 부모가 감시할 때만 책상에 앉아 있다가 틈만 나면 일어나면서 "힘들어 공부 못 하겠다"고 말한다. 그런 학생이 회사에 들어가면 마찬가지로 자리에 앉아 있기 힘들어한다.

실제로 투입하는 시간을 따져보아야 자신이 어느 정도 노력하고 있는지 알 수 있다. 근로기준법상 근로시간인 일주일 40시간을 기준으로 생각하면 쉽다. 아침 9시에 출근해서 점심 한 시간 먹고 저녁 6시에 퇴근하면 하루 8시간이고 일주일에 5일 근무하면 40시간이다. 이 정도 시간이 대한민국에서 시간상으로 중간 정도의 노력이다.

편한 부서 공무원처럼 공부하는 학생이 적지 않다. 집중하는 시간이 하루 몇 시간 되지 않는다. 주말은 당연히 쉰다. 원래 일요일만 쉬다가 직장이 주5일 근무로 바뀌니까 요즘 학생도 토요일까지 쉬는 사람이 있다. 휴가철도 지킨다. 여름에는 더워서, 연말에는 성탄절 분위기에 들떠 공부하지 않는다.

이렇게 해서는 공부한다고 말할 수 없다. 나는 학생들에게 기회가 있을 때마다 강조한다. "공부를 편한 직장 다니듯이 하지 마라." 놀 것 다 놀고, 쉴 것 다 쉬면 절대로 중간 이상의 성적을 올릴 수 없다.

내 기준으로는 하루에 적어도 10시간 넘어야 열심히 하는 것이다. 10시간이 되지 않으면 성실하다고 할 수 있을지언정 열심히 한다고 하기에는 부족하다. 또 집중력도 중요하다. 10시간은 책상에 앉아 있는 시간이 아니라 정신을 최대한 집중하는 시간을 말한다. 안 하다가 갑자기 노력하면 앉아 있기도 힘든데 하루 10시간 집중하면 체력이 소모되고 때로는 인간의 한계에 이른 것처럼 느껴지기도 한다.

하루 10시간 집중한다고 하는 사람도 두 종류가 있다. 일주일 내내 그렇게 하는 사람과 주말은 쉬고 5일만 하는 사람이다. 주말에 쉬면 사실은 별거 아니다. 주말에 쉬면 하루 10시간씩 하더라도 한 주 50시간밖에 되지 않는다. 주말까지 한 주 70시간 하면 40퍼센트나 더 하는 셈이다. 그 차이는 크다. 지능지수는 보통 20퍼센트 이상 차이

나지 않기 때문에 주말까지 가동하면 지능 차이를 극복할 수 있다.

나는 엄격한 기준을 가지고 산다. 하루 17시간이 노력의 기준이다. 일주일 내내 하루 평균 17시간 하면 어떤 일에 도전하더라도 최상위권에 들게 된다. 절대적으로 노력의 양이 많기 때문이다. 나는 그렇게 공부한 결과 열 달 만에 행정고시 수석을 하기도 했다.

나는 17시간이 나만의 기준이라고 생각했었다. 그런데《중국이 미국 된다》(원제 : Thunder from the East: Portrait of a Rising Asia)란 책을 읽다 보니 '17시간'이란 말이 눈에 띄었다. 뉴욕에서 사는 동양인에 관한 대목에 나오는 말이었다. 뉴욕에서 한국인은 식료품 가게를, 중국인은 세탁소를, 인도인은 모텔을 장악했다. 그들의 공통점은 하루 17시간 휴일도 없이 일하는 거라고 했다. 아침 일찍 문을 열고 저녁 늦게 문을 닫으면 남보다 많은 매출을 올릴 수 있다. 특히 출근이 빠르거나 퇴근이 늦은 고객은 그런 상점을 이용할 것이다. 매출이 늘어나면 가격을 내릴 여력이 생겨서 경쟁력이 커진다. 그들이 일하는 시간은 한 주당 119시간이다. 이에 비해서 아침 9시 출근, 오후 5시 퇴근하는 보통의 미국인들은 주5일제로 일하는 시간이 한 주 40시간도 되지 않는다. 하루 17시간씩 일주일 내내 일하는 사람에 비하면 3분의 1에 지나지 않는다. 경쟁 상대가 되지 못한다.

나는 하루 17시간, 한 주 119시간이 세계 어디를 가도 성공할 수 있는 노력의 최고 기준이라고 생각한다. 낯선 곳에 이민 가도, 영어를 못해도 그렇게 노력하면 현지 사람을 이길 수 있다. 하루 17시간씩 일 년 내내 하면 무언가가 보일 것이다. 학생은 성적이 올라가는 게 보일 것이고, 직장인은 회사에서 열심히 일하는 모습을 누구나 인정하게 될 것이다.

당신이 그 정도로 노력하지 않는다고 실망할 필요는 없다. 그렇게 지독하게 사는 사람은 많지 않다. 보통은 하루 10시간, 일주일 70시간만 꾸준하게 해도 성공한다. 어지간한 학교에서는 우등생이 될 수 있다. 처음 도전하는 사람은 이것도 실천하기 쉽지 않을 것이다. 아직도 한국에는 일주일 70시간 노력해서 성공할 수 있는 분야가 많이 남아 있다. 그러나 명심하라. 그런 분야가 십 년 후에도 남아 있을 거라 기대하지 말라.

고시와 같은 전통적 분야뿐만 아니라 인턴과 레지던트 등 의료, 글로벌 경쟁을 하는 대기업, 한류 열풍이 부는 연예계, 취재 경쟁이 뜨거운 언론, 접전 지역의 선거운동, 24시간 거래가 진행되는 금융 부문 등등 점점 많은 분야에서 10시간 정도 해서는 성공하기 어렵다. 그런 분야에서는 다들 그 정도는 한다. 그러다 보니 주당 70시간으로는 경쟁력이 약하다. 예를 들어, 고시 커트라인 부근에는 그런 사람들이 몇 배수 몰려 있다. 관문을 통과하기가 쉽지 않다.

성공하는 노력은 남과 차이가 나는 노력이다. 남과 차이가 나려면 오차 범위를 벗어나는 노력을 해야 한다. 몇 십 퍼센트 더 한다고 자만하지 말고 적어도 남보다 두 배 이상 노력할 생각을 하라. 눈뜬 시간 자체는 사람마다 하루 몇 시간 차이가 나지 않는다. 눈뜬 시간을 어떻게 보내느냐는 큰 차이다. 노력하는 시간을 최대한 확보하는 것이 성공 전략이다.

시간관리부 : 시간은 늘릴 수 있다

거짓말처럼 시간은 늘어난다. 하루 24시간은 늘릴 수 없지만 노력하는 시간은 늘릴 수 있다. 노력의 양을 늘리려고 노력하는 시간을 먼저 늘리려 하지만, 쓸데없는 시간을 줄이는 것이 먼저다. 손님을 가득 태운 버스가 새로운 손님을 태우려면 먼저 탄 손님이 내려야 하는 것과 같다.

누구에게나 하루는 이미 무언가로 꽉 차 있다. 공부하지 않는 학생이 더 바쁘고, 회사에서 일을 제대로 하지 않는 직원이 쓸데없는 일로 정신없다. 그러다 보니 '백수가 과로사한다'는 말도 생겨났다. 고등학교 때까지는 해야 할 일을 학교나 부모가 정해주기 때문에 무엇을 해야 하는지 알지만 졸업하면 사정이 달라진다. 대학에 들어가는 순간 갑자기 너무나 많은 시간이 자유롭게 쓸 수 있도록 주어진다. 계획 없이 생활하는 학생은 시간이 남아 주체하지 못한다. 많은 대학생들이 별 의미 없이 시간을 '때우고' 있다. 귀중한 시간을 '죽이고' 있다.

의미 없이 보내는 시간을 줄여나가야 한다. 막연히 시간을 아끼자는 결심으로 될 일이 아니다. 효과적인 방법은 '시간관리부'를 쓰는 것이다. 시간관리부는 형식이 없다. 들고 다니기 편한 작은 수첩도 좋고, 책상에 주로 앉아 있는 학생이라면 메모지 조각도 좋다. 수첩을 아침 눈 뜰 때부터 잠을 자는 순간까지 항상 곁에 둔다. 활동이 바뀔 때마다 수첩에 시간을 분 단위까지 사실 그대로 기록한다. 예를 들어, 고시촌에서 공부하는 학생이라면 '8:15 눈 뜸, 8:28 잠자리에서 일어나 화장실 감, 8:46 아침식사, 9:15 공부 시작, 9:45 물 먹으러 일어섬, 9:50 공부, 12:20 점심 먹으러 일어섬, 13:20 책상에 다시 앉음, 14:00 낮잠, 14:46 공부, 15:27 화장실, 15:30 공부, 18:30 저녁식사 하러 나감, 19:30 친구 만나서 잡담, 21:05 돌아와 공부, 22:05 TV 보기, 22:30 공부, 23:35 화장실, 1:30 취침'같이 기록할 수 있다.

잠자리에 들기 전에 시간관리부를 점검한다. 하루 중에 의미 없이 보낸 시간을 찾아내어 앞으로 그런 시간을 줄이겠다고 다짐한다. 또 시간을 더 확보할 수 있는 방법은 없는지 궁리한다. 다음 날 실천하려고 노력한다. 쓸데없이 보내는 시간을 하루하루 이렇게 줄여나가면서 그 자리를 노력으로 채운다. 시간관리부는 최대한 노력하는 시간 습관이 정착될 때까지 지속적으로 쓰는 게 좋다.

나는 고시 공부를 시작할 때 시간관리부를 쓰면서 필요 없는 시간을 줄여나갔다. 나중에는 더 이상 줄일 수 없는 한계에 도달했다. 잠은 자야 하고 밥은 먹어야 했다. 잠은 어쩔 수 없지만 밥을 먹으면서 공부할 수 있는 묘책이 필요했다. 그래서 생각해낸 방법이 비빔밥이었다. 반찬을 먹으려고 젓가락질하면 책을 볼 수 없지만, 큰 사발에 밥과 반찬을 비벼서 숟가락으로 떠먹으면 밥알이 사발로 떨어지더라도 책을 읽을 수 있었다.

씹는 시간을 절약하는 방법도 궁리했다. 반찬을 잘게 썰었고, 질긴 고기는 가루로 만들어 넣었다. 또 밥을 먹는 동안에 다른 반찬을 먹지 않으려면 간이 딱 맞아야 했다.

소화시키는 시간을 절약하려면 밥을 잘 씹어야 했다. 질긴 섬유

질은 뱉어가면서 책을 읽었다. 그렇게 하면 밥 먹는 시간까지 공부할 수 있기 때문에 하루에 2시간 정도 공부 시간이 늘어난다. 2시간은 눈 뜬 시간의 10퍼센트가 넘는다. 하루 차이는 크지 않지만 일 년 내내 계속한다면 남들이 도저히 따라오지 못할 정도로 공부 시간이 늘어난다.

신림동 고시촌에 가면 저녁 먹으러 나갔다가 다시 돌아와 책상에 앉기까지 한 시간 넘게 동네를 어슬렁거리는 수험생을 흔히 볼 수 있다. 밥 먹는 시간을 건드리지 않는 것은 인간답게 사는 모양새지만 노력의 강도가 떨어진다. 미국에서는 먹으면서 일하는 사람을 흔히 볼 수 있다. 내가 뉴욕의 로펌에서 일할 때 점심과 저녁 두 끼를 샌드위치나 배달 음식으로 때우면서 일하는 변호사들을 많이 보았다. 나도 약속이 없으면 그렇게 일했다. 학교 경비원들도 샌드위치를 싸 와서 먹는 모습을 보았다. 처음에는 돈을 아끼려고 그런 줄 알았지만 근무 시간을 건드리지 않으려는 행동이었다. 그에 비하면 우리나라는 아직도 편한 세상이다. 많은 사람들이 하고 싶은 것 다하면서도 자신은 열심히 하고 있다고 착각한다.

길에서 버리는 시간도 만만치 않다. 길에서 할 수 있는 일을 개발해야 한다. 나는 학창 시절에는 길을 갈 때나 차를 탈 때 책을 끼고 다니면서 공부했다. 컬럼비아대 로스쿨 다닐 때는 등하교 길에 강의 테이프를 되풀이해서 들었는데, 암기 과목에 효과적이었다.

이제 영어 공부를 하려면 편해졌다. 자투리 시간을 이용해서 CD를 듣거나 스마트폰으로 영어 방송도 듣고 강의나 연설을 들을 수도 있다. 나는 차를 타고 갈 때 유튜브에서 오바마 대통령의 연설, 백악관 기자회견, 행사 동영상을 듣기도 하고, 아는 분들에게 전화도 하고, 피곤하면 차 속에서 휴식을 취하기도 한다.

잠은 자야 하지만 노력하면 줄일 수 있다. 졸음 때문에 고생하는 사람은 잠을 이기는 방법을 찾을 필요가 있다. 잠은 습관에 좌우된다. 건강한 사람은 일정한 시간이 되면 뇌 속에서 멜라토닌이라는 수면 호르몬이 분비된다. 멜라토닌은 뇌를 마취시키는 성분이 있다. 그것이 졸음으로 나타난다. 잠깐만 자고 일어나겠다고 엎드렸다가 아침까지 눈을 뜨지 못한다. 잠을 줄이려면 졸음은 앉아서 견뎌야 한다. 멜라토닌이 분비되는 시간은 기껏해야 30분 정도다. 그 시간만 견디면 졸음은 극복된다. 그 다음에는 자려고 해도 잠이 잘 오지 않는다. 멜라토닌 분비가 끝났기 때문이다. 마치 소나기가 지나간 것처럼 맑은 정신으로 몇 시간 더 집중할 수 있다. 첫 번째 졸음은 견뎌야 한다. 몇 번 견뎌보면 나름대로 요령을 체득하게 될 것이다. 몇 시간 지나서 두 번째 졸음이 밀려올 때는 자야 한다. 몸이 정말 피곤하기 때문에 졸리는 것이다. 그때 자지 않으면 몸이 상한다. 잠은 생리 현상이지만 얼마간은 조절이 가능하다.

시간을 꽉 채워라

시간표에 맞추어 생활하는 것이 성공에 도움이 될 거라고 생각하는 사람이 많다. 그러나 규칙적인 생활이 건강에는 도움이 되지만 성공에 반드시 도움이 되는 것은 아니다. 규칙적으로 나태하게 사는 사람이 있고, 불규칙하게 열심히 사는 사람도 있다. 나는 규칙적인 생활을 좋아하지 않는다. 매주 무슨 요일 몇 시에는 어떤 일을 한다는 식으로 미리 정하지 않는다. 해야 할 일이 생기면 그 일을 어떤 시간에 하면 좋을까 생각한다. 할일이 쌓여 있기 때문에 만약 어떤 일을 예정한 시간에 갑자기 할 수 없게 된다면 그 시간에 다른 일을 끼워 넣는다. 따라서 헛되이 보내는 시간이 별로 없다.

예를 들어보자. 주말에 등산하기로 계획을 세웠다. 그런데 비가 와서 취소되었다. 이럴 때 사람들은 하루 공친다고 생각한다. 갑자기 생긴 여유를 주체하지 못하고 흐지부지 허비하기 쉽다. 나는 이럴 때 다른 일을 한다. 평소에 하고 싶었지만 시간이 부족해서 밀린 일을 하는 절호의 기회로 활용하면 된다.

학생 시절을 돌이켜보자. 어떤 선생님이 결강했다고 하자. 대다수 학생들은 놀게 되어 환호할 것이다. 이때 올바른 선택은 노는 게 아니라 다른 공부를 하는 것이다. 계획이 어긋날 때 노는 사람은 직장에 들어가서도 마찬가지다. 어떤 행사가 취소되면 다른 일을 하지 않고 끼리끼리 모여 잡담으로 시간을 보낸다. 갑자기 돈이 생겨도 마찬가지다. 예상치 못한 거금을 쥐게 된 졸부는 돈을 주체하지 못하고 가치 없는 일에 돈을 낭비하다가 아깝게 번 돈을 탕진하고 만다.

세상은 생물처럼 움직인다. 당초 계획대로 세상이 움직이지 않을 때를 대비하여 예비 계획도 가지고 있어야 한다. 상황이 변하여 처음 세운 계획이 무력화될 때 가만히 있지 않고 상황에 맞추어 계획을 수정해야 한다. 항상 당초 계획이나 시간표와 다르게 살 태세가 되어 있어야 한다. 이렇게 살면 허비하는 시간이 없다. 갑자기 비게 되는 시간을 채울 수 있는 무언가를 항상 가지고 있어야 한다. 시간이 비면 바로 채운다. 이런 방식의 삶이 얼른 보기에는 불규칙하게 보일지 몰라도 시간을 최대한 활용하기 때문에 노력의 양은 증가하고 성공 확률은 커진다.

점심 약속을 했는데 상대방이 늦게 온다고 하자. 그 사이 문만 쳐다볼 것이 아니라 신문이라도 달라고 해서 읽는 편이 낫다. 나는 그런 경우에 노트북이나 스마트폰을 활용한다. 자투리 시간이 나면 글도 쓰고 인터넷에서 정보도 얻으면서 유익하게 보낸다. 음식점에 무선 APWireless Access Point가 없더라도 스마트폰으로 모바일 AP를 설정해서 노트북으로 인터넷을 사용할 수 있다. 그러니 기다리는 시간이 심심하지 않다.

인생은 짧고 할일은 많다. 일을 할 시간이 모자란다. 당초 계획한 시간에 어떤 일을 할 수 없게 되었을 때 놀면 그 시간은 인생에서 영원한 공백이 된다. 이럴 때는 일의 순서를 바꾸어야 한다. 나중에 할 일을 지금 하고, 지금 취소된 일을 나중에 하면 된다. 인생을 효율적으로 사는 것은 빈 시간을 꽉 채우는 것이다. 열심히 사는 사람은 이렇게 시간을 채우면서 산다. 항상 무언가 의미 있는 일을 하기 때문에 인생에 낭비가 없다.

성공하는 사람은 처음 세운 계획에 얽매이지 않는다. 더 낫다는 생각이 들면 언제든지 과감하게 바꾼다. 예를 들어 A, B, C 세 가지 과목을 매일 똑같은 시간 동안 공부하기로 했는데 오늘 A를 하다가 탄력이 붙었다. 능률이 오를 때 A를 다른 것보다 더 한다. 그 대신 내일은 A를 조금 덜 하면 된다.

또 세 가지 중에서 A를 정복해야 다른 것을 잘할 수 있다는 생각이 든다면 먼저 A를 집중적으로 하고, 어느 정도 궤도에 오르면 B와 C를 한다. 예를 들어, 시험에서 A, B, C 세 과목의 점수가 같다고 하더라도 세 과목을 골고루 공부할 게 아니라 기초가 되는 과목을 먼저 공략한다.

보통사람은 먼저 시간표를 짜고 그 시간에 계획한 일을 반드시 해야 한다고 생각하지만, 성공하는 사람은 해야 할 일을 먼저 정하고 그 다음에 시간표를 짠다. 시간표를 짜는 것보다 일의 목록을 만드는 것이 우선이다. 시간표는 사정에 따라 바꿀 수 있어야 한다. 수시로 계획을 점검하면서 전체로서 보다 나은 결과가 얻어지는 순서가 무엇인지 생각한다. 처음 계획에 붙잡히지 않고 항상 유연하게 미래의 결과가 최선이 될 수 있는 순서를 생각한다. 성공하는 사람은 계획에 맞추어 경직되게 살지 않고 유연하고 탄력 있게 계획을 조절할 줄 안다.

집중도를 높여라

성공하는 사람은 집중할 줄 안다. 집중이란 유한한 시간을 최대한 활용하는 방법이다. 같은 시간에 더 많은 것을 하기 위함이다. 집중도를 두 배 높이면 노력의 양은 네 배가 된다. 피곤할 때 능률이 오르지 않는 시간을 보내는 것보다는 쉬면서 기력을 회복하여 집중도를 높이는 편이 낫다.

집중은 쉽지 않다. 체력뿐 아니라 정신적 에너지의 소모가 크다. 어느 은행 직원이 나에게 물었다. "한 사람이 다 할 수 없는 다양한 활동을 하는데, 도대체 체력이 얼마나 좋기에 그렇습니까?" 그는 나보다 열다섯 살 아래였다. 나이로 보나 체격으로 보나 그가 나보다 튼튼해 보였다. 그런데도 그는 나의 활동상을 보고 체력이 강하다고 생각한 모양이다. 나는 말했다. "체력이 아니라 집중력이 문제입니다."

체력과 집중력은 다르다. 체력은 사람이 가진 에너지 총량에 관한 것이고, 집중력은 한 분야에 쏟는 에너지의 양에 관한 것이다. 에너지 총량이 100인 사람이 10개 분야에 에너지를 분산하면 한 분야에 쏟는 에너지는 10에 불과하지만, 에너지 총량이 50인 사람이 한 분야에 50을 쏟으면 집중력은 다섯 배가 되고 성과는 집중력의 곱인 스물다섯 배로 나타날 것이다. 아무리 힘이 좋은 사람이라고 해도 한 분야에 집중하는 사람을 당할 수는 없다. 에너지를 분산하는 것보다 필요한 것에 집중적으로 투입하는 것이 성공을 가져온다.

누구나 한 곳에 집중하면 다른 곳에 집중할 에너지는 줄어든다. 공부를 열심히 하면 다른 곳에 관심을 쏟을 수 없다. 반대로 공부를 소홀히 하는 사람은 대체로 다른 것에 더 많은 신경을 쓴다. 에너지를 어디에 쓰느냐가 문제이지 에너지의 많고 적음이 문제가 아니다.

모든 것을 다 잘하려고 하지 마라. 그것은 불가능하다. 성공하는 사람은 모든 분야를 잘하는 사람이 아니라 선택한 분야에서 잘하는 사람이다. 집중할 것과 집중하지 않을 것을 구별하고, 집중할 것에 에너지를 쏟는다.

성공한 사람의 공통된 자질은 집중력이다. 한번 시작한 일은 끝장을 보겠다는 각오로 밀어붙인다. 사는 모습에 집중력이 나타난다. 집중력이 좋은 학생은 책상에 앉아 집중을 시작하면 자리를 뜨지 못한다. 마치 엉덩이와 의자가 강력접착제로 붙은 것처럼 느낀다. 집중하는 사람은 일하는 관성을 멈추지 못한다. 밥 먹을 시간이 되어 배가 고파도 자리에서 쉽게 일어나지 않는다. 한번 집중하면 10시간 동안 화장실도 가지 않고 계속 자리를 지키기도 한다. 한참 증권을 연구할 때는 책상에 앉아 빵, 바나나, 우유, 치즈, 주스처럼 먹기 쉬운 음식으로 끼니를 무수히 때웠다.

누구나 집중의 잠재력은 가지고 있다. 어디에 집중하느냐가 문제다. 공부를 싫어하는 학생이 온라인 게임에 빠져 하루 종일 매달려 있다. 대단한 집중력이다. 신문에는 보름간 밥도 안 먹고 잠도 못 자고 게임하다가 사망했다는 기사가 가끔 난다. 그 절반만 공부에 집중해도 전교 우등생이 되고도 남는다.

집중은 정신적 긴장을 유지하는 상태다. '벼락치기'하는 정도로 집중하려면 초긴장해야 한다. 성격이 느긋한 사람은 집중하는 데 어려움을 겪기도 한다. 고시에 늦게 합격하는 학생 중에는 성격이 착하기로 소문난 사람이나 모질지 못한 사람이 많다. 평소 긴장하지 않는 성품을 지니고 있기 때문이다.

보통사람은 먼 산에 불이 나면 바라만 본다. 점차 불이 다가오더라도 자기 집에 불이 붙는다는 위기감이 없으면 긴장하지 않는다. 그러다가 옆집에 불이 옮겨 붙으면 다급해지기 시작한다. 그때는 이미 늦었다.

노력할 때도 먼 산의 불 보듯 해서는 긴장이 되지 않는다. 긴장하려면 현실적인 상황이 마음속에 마련되어야 한다. 시험이 일 년 남은 때에 시간이 많이 남았다고 생각하면 긴장이 되지 않는다. 일 년이 너무나 긴 기간인 것처럼 느낀다. 그러다 시험 날짜가 점차 다가오면 조금씩 긴장이 되기 시작하지만 아직도 본격적인 공부에 들어가지 못한다. 시험이 코앞에 닥치면 긴장하지만 그때는 이미 늦었다.

사람의 반응은 실제 반응해야 할 시간보다 조금 느리게 나타난다고 한다. 시험이나 업무를 준비할 시간이 많이 남아 있는 듯이 보이지만 실천 계획을 세워보면 시간이 모자라는 경우가 더 많다. 계획 없이 사는 사람은 처음에는 집중하지 않고 막연하게 여유를 부리다가 막판에 허둥지둥 시기를 놓친다.

때를 놓치지 않고 움직이려면 자기가 느끼는 감보다 한 걸음 먼저 움직여야 한다. 긴장하지 않으면 안 된다고 느낄 때 긴장하기 시작하면 한 박자 늦다. 시간에 여유가 조금 남아 있다고 느낄 때 움직여야 한다. 산불이 멀리 있다고 해도 우리 집과 무관한 게 아니다. 산불이 다가오는 속도를 따져보고 미리 대비해야 한다. 먼 산의 불을 보고 불기운을 피부로 느껴야 한다.

목표를 향해서 나아가는 사람도 막연히 시간이 남았다고 생각할 게 아니라 목표에 도달할 때까지 구체적인 일정표를 짜고 당장 오늘 할 구체적인 노력의 양을 실천해야 한다. 일 년에 책 50권 읽으면 된다고 생각하지 말고 오늘 50쪽을 읽어야 한다. 자기 전까지 어떻게 하든지 오늘 분량을 다 해내겠다는 각오가 있어야 한다. 오늘 할 일을 하지 않으면 다시는 그 일을 할 시간이 없다. 내일은 내일 할 것이 기다리고 있기 때문이다.

집중하려면 목표 달성에 대한 확신을 가져야 한다. 확신과 집중은 닭과 달걀의 관계와 같다. 어느 것이 먼저라고 할 수 없다. 집중할수록 확신이 들고, 확신할수록 집중이 잘된다. 반대로 확신하지 못하면 집중할 수 없고, 집중하지 않으면 확신이 들지 않는다. 하면 된다는 것을 믿고 집중적으로 노력하면 이루어진다.

강한 집중력은 절박해야 나온다. 반드시 이루어야 한다는 필요

성과 필사적인 결의가 합쳐져야 한다. 한국에 온 미국 사람이 시골에 살면 우리말이 늘지만 서울에 살면 우리말이 늘지 않는다고 한다. 서울에는 영어로 말하는 사람이 많아 구태여 우리말을 쓸 필요가 없다. 시골에는 영어로 말하는 사람이 별로 없기 때문에 생존하려면 기를 쓰고 우리말을 해야 한다. 그래서 우리말을 잘하는 외국인은 사투리를 쓰는 사람이 많다. 한국 사람도 마찬가지다. 외국어를 하지 않아도 살 수 있다고 생각하면 열심히 하지 않을 것이고, 외국어 실력도 늘지 않을 것이다. 외국어를 잘하려면 절박하게 노력해야 한다.

'간절한 꿈에서 간절한 노력이 나온다.' 꿈이 이루어지기를 간절히 원하는 사람은 간절한 심정으로 집중해야 한다. 나는 고시 공부할 때 절벽에서 소나무에 매달리는 심정으로 끝까지 집념의 끈을 놓치지 않고 공부했다. 최고의 집중력은 생존 차원의 절박감에서 나온다. "죽으면 죽으리이다."(에스더 4:16) 이런 각오로 노력하는 사람은 누구도 당해낼 수 없다.

간절하게 구하고 정신을 집중하면 자기도 모르게 좋은 아이디어가 떠오르고 해결책이 생각난다. 구하면 얻게 되고 찾으면 나타난다. 뉴턴의 만유인력법칙도 우연한 발견이 아니었다. 연구를 거듭해도 해결되지 않던 것을 바람이 불지 않는데 떨어지는 사과에서 영감을 얻어 문제를 돌파한 것이다.

꾸준한 노력은 타고난 재능을 이긴다

성공하는 인간형에는 두 가지가 있다. 천재와 노력형 인간이다. 사람들은 천재를 선호한다. 자녀를 천재로 키우는 방법에 관한 책은 많지만 노력으로 성공한다는 책은 별로 없다. 노력형 인간은 미련하고 힘들다는 이미지가 있다. 천재는 타고나는 것임에도 사람들은 천재가 되고 싶어 한다.

영화 〈아마데우스Amadeus〉에서는 천재와 노력형 인간이 경쟁한다. 천재는 모차르트고, 노력형 인간은 살리에르다. 모차르트는 젊은 나이에 작곡가로 명성을 날리다가 왕의 부름을 받는다. 그에게는 노력이 필요 없었다. 여자 친구와 놀다가도 갑자기 악상이 떠오른다. 음악이 흐르는 대로 오선지에 그려나간다. 그것이 우리가 지금 듣는 모차르트 음악이다. 그가 남긴 오선지에는 잉크가 떨어진 자국 말고는 고친 흔적이 없었다고 한다.

살리에르는 나이 많은 궁정 작곡가였다. 모차르트가 혜성처럼 등장하기 전까지는 왕의 총애를 받았다. 그는 모차르트를 이기려고 지독하게 노력한다. 더 나은 음악을 작곡하려고 오선지를 수없이 찢으면서 고치고 또 고친다. 그런데도 왕은 모차르트의 음악을 더 좋아한다. 살리에르는 모차르트를 이길 수 없음을 깨닫는다. 그는 자기 자리를 빼앗길까 두려워 모차르트를 죽이려고 음모한다. '천재는 타고나는 것이고 노력으로 천재를 이길 수 없다.' 영화가 암시하는 주제다.

이 영화를 보는 사람은 모차르트에 초점을 두기 쉽지만 살리에르 관점에서 보면 또 다른 재미를 느낄 수 있다. 사실은 살리에르가 주인공이었다. 살리에르를 연기한 배우 F. 머레이 에이브러햄은 이 영화로 아카데미 남우주연상을 받았다.

나는 살리에르를 좋아한다. 비통하게 노력하는 그의 모습은 나를 보는 것 같다. 영화 속에서는 노력이 천재를 이기지 못했지만 현실은 다르다. 타고난 천재는 스쳐 지나가는 영감으로 가끔 명작을 남길 수 있을지 모른다. 노력형 인간은 끝없이 고치고 나아지면서 시간은 더 걸릴지라도 더 좋은 결과를 얻게 된다.

천성도 노력으로 바꿀 수 있다. 천성은 본래 타고난 성격이나 품성을 말한다. 천성이란 말에는 타고난 것은 바꿀 수 없다는 생각이 깔려 있다. 내성적인 성격을 고칠 수 없다고 해서 평생 남 앞에 서는 것을 두려워하는 사람이 있다. 연예인 기질도 타고난다고 보고 원래 그런 재주가 없으면 연예인이 될 수 없다고 단념하는 사람도 많다. 나의 경험으로는 절대 그렇지 않다. "노력하면 천성도 고칠 수 있다." 포기할 때 천성 때문이라고 생각한다면 그것은 핑계에 불과하다. 남과 대화하기를 피하거나 두려워한다면 그것은 성격 탓이 아니라 노력이 부족한 탓이다. 노력하면 변할 수 있다.

나도 그랬다. 어릴 적부터 내성적인 성격 때문에 콤플렉스가 많았다. 사람들과의 대화도 부족했다. 그렇게 살면 발표력이나 대인관계도 문제지만 균형 잡힌 사고를 하기 어렵다는 사실을 깨달았다. 대화하면 유익한 정보도 얻을 수 있고 혼자서 생각하지 못하는 시각도 깨우칠 수 있다. 대화하려는 노력이 필요했다. 대화 자체가 노력이고, 대화하지 않는 것은 노력하지 않는 것이다. 나는 기나긴 세월에 걸쳐 노력해서 성격을 바꿀 수 있었다. 지금은 처음 보는 누구와도 편하게 대화할 수 있고 방송에 나가도 두렵지 않다.

재능에 대한 개념도 변하고 있다. 종전에는 연예인은 타고난다고 생각했지만 지금은 연예인도 만들어진다. 가수도 만들고, 개그맨도 만든다. 기획사에서는 피나는 훈련을 시켜 연예인을 양성한다. 목소리가 좋다고 바로 가수로 데뷔하는 게 아니다. 첫 번째 곡을 발표하기까지 몇 년씩 노래 연습만 시키는 경우도 허다하다. 별로 웃기지 못하는 사람일지라도 개그맨이 될 수 있다. 누구나 여섯 달 동안 맹훈련을 시키면 방송에 나갈 정도가 된다고 한다. 소질과 재능은 만들 수 있다. 결국 노력할 의지가 있고, 실제로 실행하느냐의 문제다.

나는 반복의 힘을 믿는다. 노력은 꾸준한 반복을 마다하지 않는 것이다. 집중해서 되풀이하면 점점 잘하게 된다. 공부도 타고난 머리가 아니라 노력으로 하는 것이다. 나는 타고난 기억력이 신통치 않아 항상 고통을 받아왔다. 남들은 단번에 외우는 줄 알지만 단번에 잘하려고 한다면 천재 아니면 바보다. 한 번 읽고 외워지면 천재지만 그런 천재는 별로 없다. 대개는 단번에 외우려고 시도하는 게 바보짓이다.

금방 잊어버린다고 기 죽지마라. 대부분은 단번에 외울 수 없다. 기억하려면 여러 번 잊어버려야 한다. 되풀이해 외우면 된다. 이해하는 것도 마찬가지다. 학생들은 암기과목이 아닌 과목은 적당히 이해하면 된다고 생각하지만 이해력도 되풀이해야 자란다. 수학은 암기과목이 아니라고 생각하는 사람이 많지만, 문제도 되풀이해서 풀어야 머리에 남는다. 문제만 보고도 저절로 푸는 방법이 떠오를 정도로 되풀이해야 한다. 다양한 문제를 여러 번 풀면 문제가 조금 변형되어 나오더라도 마치 어디에서 본 것처럼 답이 생각날 것이다.

나의 공부 방법은 '콩나물 기르기'였다. 어릴 적 콩나물을 집에서 길러 먹었다. 시루에 콩을 깔고 물을 부으면 물은 밑으로 다 빠진다. 콩은 그대로 있다. 매일 물을 붓다 보면 신기한 일이 생긴다. 2주 정도 지나면 싹이 나고 자라서 먹을 만한 콩나물이 된다. 기억력도 마찬가지다. 한 번 읽어서는 생각나지 않지만 되풀이해서 외우면 콩나물 자라듯 기억이 자란다.

나는 40대 중반에 펀드매니저 시험에 도전했다. 단번에 붙어야 한다는 생각에서 교재를 스무 번도 넘게 읽었다. "책을 백 번 읽으면 그 뜻을 저절로 알게 된다."《삼국지》에 나오는 고사다. 어려운 한문 책은 백 번을 읽어야 할지 모르지만 요즘 책은 열 번만 읽어도 자기 것이 된다.

무엇이든지 반복하면 잘할 수 있다. 음치라 할지라도 같은 노래를 백 번 정도 가수 흉내를 내면서 따라 부르면 누구나 잘하게 된다.

나도 한때 노래를 못했지만 노력으로 극복했다. 노래 못하는 서러움을 풀기 위해서 어느 날 노래 연습을 하기로 결심했다. CD를 사서 출퇴근길에 차 속에서 같은 노래를 되풀이하여 불렀다. 쉬운 노래를 정복하고 나서 점차 어려운 노래로 레퍼토리를 늘려나갔다. 전문가로부터 발성법을 지도받기도 했다. 지금은 노래 실력이 뒤지지 않는다.

말하기도 마찬가지다. 말을 잘하려면 타고나야 한다고 생각하는 사람이 있지만 그렇지 않다. 말도 많이 해본 사람이 잘한다. 나는 오랫동안 말을 못해 고통을 받았다. 사람들 앞에 서는 것도 두려워했다. 남들은 내가 방송 출연도 하고 변호사를 해서 말을 잘하는 줄 알지만 사실은 그렇지 않았다. 처음 강의 요청이 들어왔을 때 고민했다. 큰 결심을 하고 갔을 때 그곳에는 여성들이 교실을 가득 메우고 기다리고 있었다. 나는 당황해서 오 분 동안 말문이 열리지 않았다. 무슨 말을 했는지도 모르게 시간만 겨우 때우고 나왔다.

그렇지만 나는 기가 꺾이지 않았다. 말을 잘하고 싶었다. 자꾸 하면 늘 거라고 생각했다. 이후에 강의 요청이 들어와도 마다하지 않았다. 조금씩 내용을 다듬어가고, 말하는 태도를 고쳐나갔다. 지금은 일류 강사로서 인정받고 학생들과 주부들이 가장 듣고 싶어 하는 강사 중 하나가 되었다. 부끄러워도 시작해야 하고, 당장 마음에 차지 않아도 계속 하는 것이 중요하다.

글도 많이 써본 사람이 잘 쓰게 된다. 누구나 반복해서 연습하면 좋은 글을 쓸 수 있다. 좋은 글이란 읽어서 편한 글이다. 글 하나를 쓰더라도 자꾸 고쳐 다듬으면 나아진다. 원고지로 글 쓰던 시대에는 원고를 고치기가 어려워서 타고난 재주가 없으면 글을 잘 쓸 수 없었다. 지금은 세상이 달라졌다. PC에서 글 고치기는 간단하다. 백 번 고치겠다는 생각을 가지면 누구나 좋은 글을 쓸 수 있다. 글을 자꾸 써보면 완성에 걸리는 시간도 단축된다. 회사에서 문서를 작성할 때도 반복해서 고치면 우수한 문서가 나온다. 노력이 문제다.

스포츠도 반복의 예술이다. 절대적인 연습량이 필요하다. 골프에서 저절로 스윙이 나오려면 만 번 이상 반복해야 한다고 한다. 그때그때 머리로 생각해서 몸을 움직이려고 하지 말고 저절로 몸이 움직이게 만들어야 한다. 프로 선수들은 하루 경기가 끝나면 아무리 힘들어도 연습장에 가서 몇 시간씩 연습한다.

반복하면 바이오리듬도 바꿀 수 있다. 바이오리듬은 몸에 들어있는 생체시계다. 몸의 습관은 쉽게 바꾸기 어렵다. 머리로 결단하고 새로운 시간표대로 생활하려고 해도 몸은 옛날 습관에서 벗어나지 않으려고 한다. 앉아 버릇하지 않는 사람은 한 시간 계속 앉아 있기 어렵다. 하지만 꾸준히 앉는 시간을 늘려가면 새로운 바이오리듬이 만들어진다.

일회성으로 열심히 하는 것은 노력이 아니다. 습관이 되어야 한다. 반복하면 습관이 된다. 말이 아니라 행동을 되풀이해야 습관이 생긴다. 좋은 습관은 쌓아가고, 나쁜 습관은 없앤다. 나쁜 습관을 없애려면 자기가 가진 나쁜 습관을 찾아내서 목록을 만들어보는 게 좋다. 그리고 나쁜 습관을 하나씩 줄여가는 노력을 할 필요가 있다.

반복이 노력이기는 하지만 무조건 반복한다고 나아지는 것은 아니다. 반복도 두 가지가 있다. 아무 생각 없이 반복하는 것과 잘해보려고 생각하면서 반복하는 것은 다르다. 생각 없이 되풀이하면 경제 마인드가 발동되기 쉽다. 해봤자 별 볼일 없다고 생각하는 사람은 기왕이면 편하게 하자고 생각하여 노력을 적게 들인다. 이렇게 하면 반복 횟수가 많아도 발전 속도가 더디다. 잘하려는 마음이 없으면 시늉만 하는 쪽으로 흘러가기 쉽다. 반대로 잘하려고 마음먹고 하면 점점 더 잘할 수 있게 된다.

21세기는 지식과 경험을 오랫동안 쌓아가는 사람, 연구와 개발을 축적해가는 기업이 성공하는 시대다. 이 시대에는 천재도 노력 없이 성공할 수 없다. 토끼가 나무 그루터기를 들이받고 쓰러지기를 기다리는 농부는 게으른 게 아니라 어리석다. 타고난 재능을 믿고 노력하지 않는 사람은 시대의 흐름을 모르는 바보다. 노력이 쌓여 사람의 운명을 바꾸고 나은 세상을 만든다. 타고난 재능이 부족함을 탓할 필요 없고, 천재를 부러워하거나 두려워할 필요 없다. 모차르트처럼 세기에 한 번 나올 만한 천재와 경쟁해야 하는 불운한 살리에르는 거의 없다. 지금은 노력형 인간이 지배하는 시대다. 천재는 노력형 인간을 당할 수 없다.

'버전업'이 쌓이면 세계 최고도 가능하다

버전업을 활용하라

성공은 달라지고 나아지는 것이다. 천재는 갑자기 새로운 것을 창조하지만 노력형 인간은 꾸준히 나은 것으로 개량해간다. 꾸준하게 나아지는 노력을 나는 '버전업version-up 전략'이라고 한다. 원래 버전업은 하드웨어나 소프트웨어가 향상될 때 번호를 올려붙이는 것을 말한다. 기능이 추가되거나 성능이 향상될 때마다 번호가 올라간다. 예를 들어, 소프트웨어 버전이 처음에는 v.1이었다가 조금 고치면 v.1.1이 되고, 또 고치면 v.1.2가 될 것이다. 그러다가 확 달라지면 v.2.0이 나온다. 이런 식으로 버전이 계속 업그레이드되는 것이다. 조금씩 개량되는 것이 쌓이면 나중에는 처음과 완전히 다른 프로그램이 된다. 한마디로 말해서 계속 나아지는 것이 버전업이다.

나는 버전업을 생활화하고 있다. 글도 버전업으로 쓴다. 글쓰기를 시작해서 맨 처음 저장하는 글은 v.1이다. 조금씩 써나가면서 저장할 때마다 v.1.1, v.1.2와 같이 계속 버전 번호를 올린다. 버전업을 하지 않고 저장할 때 덮어쓰기를 하면 불안하다. 혹시라도 쓰던 글이 실수로 사라지면 낭패다. 어떤 문서라도 작업을 마친 다음에는 '다른 이름으로 저장' 기능을 사용하여 새로운 버전 번호를 붙여 저장한다. 종전 버전은 삭제하는 것이 아니라 'old'라고 이름붙인 폴더에 넣어둔다.

글은 한 번으로 완성되지 않는다. 다시 읽으면서 나은 표현, 더 적합한 문구, 더 나은 문장으로 순서를 생각하면서 고쳐나간다. 이런 식으로 끝까지 갔다가 다시 처음으로 돌아오기를 되풀이한다. 마음에 들도록 글이 마무리될 때쯤이면 'old' 폴더에 낮은 버전이 수십 개 차게 된다. 책을 쓸 때는 천 번 이상 버전업을 한다. 이 책도 몇 년에 걸쳐 버전업을 한 결과물이다.

나는 타고난 글쟁이가 아니기 때문에 일필휘지一筆揮之로 글을 완성할 능력도 없고, 그렇게 시도하지도 않는다. 꾸준히 버전업하면 좋은 글이 나온다는 것을 알고 있다. 보통사람과 다른 점이 바로 이것이다. 보통사람은 처음부터 글재주가 없다고 단정하고 지레 포기하지만 노력형 인간은 버전업을 믿고 꾸준히 고쳐나간다. 성공하는 사람은 소질을 타고난 사람이 아니라 버전업 전략을 체득하고 실천하는 사람이다.

버전업은 회사 업무에서도 활용할 수 있다. 보고서나 사업계획서를 쓸 때 계속 나은 아이디어를 찾아 궁리를 거듭하면서 수정해나간다. 되풀이해서 고쳐나가면 다른 사람들보다 나은 결과물을 내놓을 수 있다. 무슨 일이나 버전업 횟수가 올라가야 우수한 인재로 인정받게 된다.

사업도 마찬가지다. 옛날에 잘하는 음식점은 항상 똑같은 맛을 유지하는 것이 성공 비결이었지만, 지금 세상은 달라졌다. 똑같은 음식을 내놓기보다 항상 나은 음식과 서비스를 제공하겠다는 생각으로 버전업해야 한다. 한국 사람은 취향도 금방 변한다. 계속 새로운 것을 찾는 사람이 많다.

버전업은 서비스에서 더욱 중요하다. 상품은 순간의 생각으로 발명할 수도 있지만 서비스는 천재적인 아이디어로 갑자기 개선되지 않는다. 서비스는 마음에서 우러나와야 하고 자연스럽게 몸에서 배어나와야 한다. 남에게 잘해주려고 해도 사람의 생각은 기본적으로 비슷하다. 서비스에는 천재가 필요 없다. 사소한 것부터 개선해나가면 된다. 고객의 요구에 응하는 것은 기본이고, 고객이 좋아할 만한 것을 꾸준히 찾아야 한다.

음식점 주인이라면 스스로 물어볼 필요가 있다. 우리 집 서비스는 항상 나아지고 있는가. 버전업 전략을 시스템화해야 한다. 종업원이 기분에 따라 손님을 대하지 않고 매니저가 바뀌더라도 서비스의 연속성이 있도록 서비스 개선 목록을 만들고 버전업해나가야 한다.

조금씩 개선하려고 노력하더라도 당장은 크게 달라지지 않는다. 버전업에는 시간이 걸린다. 그래서 인내심이 필요하다. 버전업하면 버전 번호가 하나씩 올라가기 때문에 나아지는 것을 느낄 수 있다. 버전업 전략을 사용하면 항상 조금이라도 고칠 것을 찾게 되므로 꾸준

하게 나아진다. 또 더 잘하려고 마음먹으면 집중을 하게 되어 능률도
올라간다.

잘해보려고 마음먹고 되풀이하면 나아지지 않는 일이 드물다.
아무리 어려운 일도 백 번 궁리하면 개선책이 떠오르고 불가능한 것
도 해결될 것이다. 가능한 방법, 나은 방법을 찾으려고 노력하면 결국
가장 좋은 것으로 수렴하게 된다.

나는 이런 방법으로 허리 디스크도 극복했다. 한때는 제대로 서
있기 힘들 정도로 심한 증세를 겪었다. 맨바닥에 앉을 수 없어 음식
점은 의자 있는 곳만 찾았고, 나중에는 구두굽이 등에 무리를 주어
서 운동화를 신고 다니기도 했다. 그러다가 병원도 여러 군데 다니고
책도 이것저것 읽고 운동도 다양하게 해보다가 나에게 가장 맞는 방
안을 찾았다. 물속에서 하는 운동을 스스로 개발해서 꾸준히 하니
디스크 증세가 사라졌다.

사람마다 시작은 비슷하고 가진 재주도 다를 바 없다. 하지만 하
기에 따라 천차만별이다. 보통사람이 천재와 같은 결과를 만들어낼
수 있는 효과적인 방법은 꾸준히 버전업하는 것이다. 버전업하면 보
통사람도 천재적 소질이 있다는 말을 듣게 된다.

버전업으로 세상을 정복했다 : 칭기즈칸

칭기즈칸은 끊임없이 나은 것을 추구했다. 12세기 후반 사람들은 변

화를 생각하지 않고 살았다. 시간 개념도 없었다. 빠르게 움직이지도 않았다. 전쟁에서 속도를 중요하게 생각하지 않았다. 전쟁이 벌어지면 군사의 수가 승패를 좌우한다고 생각했다. 상대방 수가 많으면 이기기 힘들다고 여겼다. 칭기즈칸은 전쟁에서 속도의 중요성을 알았다. 그의 군대는 처음에는 수는 적었지만 기마병 위주로 속도전을 펼치면서 상대방을 제압했다. 말이 달리는 속도를 높이기 위해서 무게를 줄이면서도 몸을 효과적으로 보호하는 갑옷과 장비도 개발했다. 적은 칭기즈칸의 군대가 다가온다는 것을 알았지만 적이 예상하는 시간보다 칭기즈칸의 군대는 빨리 나타났다. 기동성이 있으니 적의 사방을 공격해서 혼란에 빠뜨렸다.

그는 전리품을 계급이나 서열에 따라 나누지 않고 승리에 기여한 공로에 따라 나누도록 시스템을 바꾸었다. 일종의 인센티브제였는데, 그 당시로서는 획기적인 변화였다. 적진에 먼저 도달한 부대가 더 많은 전리품을 차지하도록 했다. 그러자 다들 실적을 올리기 위해 열심히 돌진했다.

그는 무기도 끊임없이 연구하고 개량했다. 칭기즈칸은 포로라고 하더라도 기술자는 죽이지 않고 우대했다. 화살이 가벼워야 멀리 난다는 것을 알고 화살을 가볍게 만들었다. 칭기즈칸의 군대는 적보다 멀리 화살을 날릴 수 있었기 때문에 적이 공격하기 전에 선제공격해서 제압할 수 있었다.

유럽으로 쳐들어갔을 때 돌로 쌓은 성을 만나 처음에는 당황했다. 초원에서 말을 달려 속도전으로 승부하는 전술이 통하지 않았다.

하지만 칭기즈칸은 성벽 깨뜨리는 기술을 연구하게 했다. 그는 A급 전략가였다. 항상 나은 것을 추구하는 버전업 전략으로 세상을 정복할 수 있었다.

공부도 버전업이 통한다

공부는 그저 책상에 죽치고 앉아 무식하게 하는 거라고 아는 사람이 많지만 공부에도 버전업이 통한다. 고시 공부할 때 나는 어떻게 하면 남들보다 1점이라도 더 받을 수 있는지 끊임없이 궁리했다. 비빔밥도 이러한 생각에서 나왔다. 공부할 시간을 더 확보하기 위해서 궁리하다가 밥 먹는 시간에 공부할 수 있는 방법을 생각해낸 것이 바로 비빔밥이었다.

또한 글씨 쓰는 속도가 빨라야 주관식 시험에 유리하다는 것을 깨달았다. 과목별로 시험 보는 시간은 정해졌지만 정해진 시간에 쓰는 답안 분량에는 제한이 없다. 글씨를 남보다 빨리 쓰면 더 많은 내용을 담을 수 있다. 답안 분량을 많이 쓸 수 있다면 남보다 더 상세하고 충실한 답안이 된다. 글씨 속도는 갑자기 늘지 않는다. 꾸준히 연습해야 한다. 글씨를 빨리 쓰기 위해서 평소에 받아쓰기 훈련이 필요하다는 것을 깨달았다. 남들이 농담하는 시간에 나는 농담까지 받아 적으면서 글씨 연습을 했다.

잉크까지 신경썼다. 주관식 답안지가 채점위원들에게 호감을 얻으려면 글씨는 어느 정도 굵어야 하고 잉크 색깔도 진해야 한다. 글씨가 진하지 않으면 수많은 답안지를 한정된 시간에 채점하는 채점위원의 눈에 쉽게 띄지 않는다. 글씨를 굵게 하기 위해서 시간을 두고 사용하면서 만년필이 자연스럽게 닳도록 했다. 잉크도 진하게 만들기 위해서 농축시켰다. 새 잉크를 사서 병뚜껑을 열고 그 위에 종이를 덮어놓는다. 어느 정도 잉크가 증발하면 마음에 드는 농도가 된다. 이런 방법으로 만든 나의 맞춤형 잉크는 누구도 흉내 내지 못하는 나만의 무기가 되었다.

글씨를 빨리 쓰다 보니 또 다른 문제가 생겼다. 죽어라고 쓰다 보면 손에 땀이 차는데 시험시간 막판에는 손가락 땀 때문에 만년필이 미끌미끌해졌다. 미끄럼 현상을 방지하기 위해서 궁리하다가 골무가 떠올랐다. 손가락 잡는 부분에 실을 감고 풀을 먹여 골무처럼 만들었다. 땀이 나면 풀이 녹아 끈적거리기 때문에 손가락에 착 붙었다. 이 방법으로 시험시간 내내 글씨 속도를 유지할 수 있었다. 사소한 것까지 버전업을 실천한 결과 남보다 점수를 더 받아 사법시험에 최연소로 합격하는 비결이 되었다.

중학교 때부터 서점에 가끔 가서 영어단어장을 손에 들고 다니기 좋은 것으로 계속 바꾸고, 고등학교 입시 준비할 때 서울 학생들이 보는 난이도 높은 책을 구해서 공부한 것도 버전업의 산물로서 시골 학생인 내가 서울로 진학한 비결이 되었다.

버전업을 위한 습관 : 끊임없는 생각과 메모

발명가 에디슨은 말했다. "천재는 1퍼센트 영감과 99퍼센트 땀이다." 노력이 절대적으로 중요하다. 영감은 일부러 얻으려고 애쓴다고 얻어지는 것이 아니다. 끊임없이 노력하다 보면 저절로 떠오른다.

나는 감히 말할 수 있다. "영감은 노력하는 사람에게 신이 주는 보너스다." "백 번 궁리하면 한 번은 영감이 떠오른다." 내가 살면서 되풀이해서 경험하는 바가 바로 이것이다. 당장 안 되는 것처럼 보이는 일도 백 번 시도하면 되는 방법이 떠오른다.

한 단계를 뛰어넘는 훌륭한 생각은 꾸준히 샘솟는 게 아니라 노력하는 가운데 갑자기 스쳐 지나갈 때가 많다. 끊임없이 생각하는 자세를 가져야 그 생각을 잡을 수 있다. 분명한 목표 의식을 가진 사람은 하는 일을 더 잘해보려고 애쓰고, 현재보다 더 나아지려고 끊임없이 노력한다.

진정한 노력은 나아지려는 생각을 끊임없이 하는 것이다. 이것은 습관이 되어야 한다. 습관이 되면 일부러 생각하지 않아도 노력하는 가운데 무의식적으로 생각이 떠오른다. 갑자기 스쳐가는 생각 중에 쓸 만한 것이 적지 않다. 조각조각 스쳐가는 생각을 흘려보내지 말아야 한다. 평소 메모하는 습관이 필요하다. 메모를 해야 좋은 생각을 놓치지 않는다.

내가 미국에서 유학할 때 보니 일류 대학 교수들은 공통적으로 메모하는 습관이 있었다. 예일대 정치학과의 어느 교수는 조각조각 메모한 것을 모으면 논문이 탄생한다고 한다. 그 교수는 다른 일을 하다가도 순간적으로 좋은 생각이 떠오르면 메모를 해둔다. 또한 우연히 좋은 기사나 자료를 보면 흘려보내지 않고 파일 통에 던져 넣는다. 1~2년 동안 이런 식으로 파일 통에 모은 자료와 메모를 정리하면 훌륭한 논문의 뼈대가 된다.

기업의 품질관리도 버전업 방식이어야 한다. 우리나라 대기업의 품질 관리는 세계적 수준이다. 이제는 해외에 나가도 배울 기업이 별로 없다고 한다. 아직도 우리가 배울 기업이 있다면 도요타 정도라고 할 수 있다. 일본의 도요타가 세계 최고의 자동차 회사로 올라서게 된 것은 '가이젠改善'을 회사 시스템으로 정착시키고 실천해왔기 때문이다. 제2차 세계대전 이후 미국 자동차 회사들이 세계 시장을 독점하면서 자만에 빠져 있을 때 도요타는 꾸준히 품질을 개선하면서 세계 최고의 반열에 올라섰다. 소리 없는 개선이 수십 년 쌓인 결과다. 도요타는 천재가 운영하는 회사가 아니다. 갑자기 획기적인 발명품을 내놓는 회사도 아니다. 이 회사에는 천재가 없다. 도요타를 만든 것은 '끊임없는 개선'이다. 그것은 내가 말하는 버전업 전략에 다름 아니다.

도요타 공장에는 직원들이 수시로 메모할 수 있는 메모장이 작업장 한쪽에 비치되어 있다. 직원들은 일을 하다가 불편한 점이나 개선할 점이 보이면 자기 메모장에 메모한다. 작업 과정을 개선하기 위해서, 좋은 자동차를 만들기 위해서 아이디어가 떠오르면 바로 메모한다. 그 메모가 '끊임없는 개선'을 만들어간다.

누구도 꾸준하게 개선하는 사람을 당할 수 없고, 어떤 기업도 끊임없이 개선하는 기업을 당할 수 없다. 버전업은 발전의 원동력이다. 누가 시켜서 움직이는 시스템이 아니라 스스로 나은 것을 추구하면서 자율적으로 움직이는 본능을 머릿속에, 기업 속에 갖추어야 한다. 끊임없는 생각을 놓치지 않는 것은 메모 습관이다.

성공하는 사업 : 버전업하는 조직을 만들어라

기업이 발전하려면 버전업 마인드를 가진 A급 CEO가 필요하지만 CEO 혼자서는 오래 끌고 갈 수 없다. 나는 CEO와 지도자는 달라야 한다고 생각한다. 지도자는 앞에서 조직을 끌고 가지만 좋은 CEO는 조직이 스스로 움직이도록 시스템을 만드는 사람이다. 기업이 살아 있으려면 스스로 버전업할 수 있는 시스템을 갖추어야 한다. 버전업은 조직이나 기업의 일부가 되어야 한다.

도요타의 성공 비결이 바로 이것이다. 도요타는 조직에 버전업하는 시스템을 장착하고 있기 때문에 지속적으로 발전할 수 있었다. 도요타에서 분임조 활동은 중요하다. 하루 작업이 끝나면 조별로 모여 각자가 메모한 내용을 보면서 개선할 사항을 의논하고, 모아진 의견은 상부로 전달된다. 매일 그런 내용이 쌓여 생산 라인도 달라지고 자동차 품질이 향상된다.

조직원들이 일과를 끝내고 모여 개선할 사항을 논의하고 헤어지

는 기업문화는 한국이 선진국으로 안착하기 위해 반드시 지향해야
한다. 아직도 한국의 많은 조직과 기업은 반대로 움직이고 있다. 사람
들은 하루 일과가 끝나면 힘든 기억을 빨리 잊어버리고 싶어 한다. 같
이 모여 회식할 때도 업무 이야기는 되도록 피한다. 업무 이야기를 하
더라도 스트레스를 푸는 데 우선을 둔다. 그날 누가 무슨 잘못을 했
는지 흉을 보고, 마음에 들지 않는 상사를 욕한다. 무엇을 고치면 더
나아질지, 어떻게 더 잘할 수 있는지는 별로 이야기하지 않는다. 개선
을 이야기하지 않으면 나아지기 어렵다.

　　행사나 업무가 끝날 때 마무리 순서로 '나눔의 시간'을 가지는
조직은 활력을 유지할 수 있다. 교회나 자원봉사단체에서 행사가 끝
날 때 참여한 사람들이 모여 앉아 '나눔의 시간'을 갖는 것은 아름답
기도 하다. 서로 돌아가면서 그날 행사에 참여해서 느꼈던 점, 좋았던
점, 아쉬운 점, 개선할 점, 감사한 점, 말하고 싶은 점을 솔직하게 털어
놓는다. 한 사람도 빠짐없이 참여하도록 한다. 서로 이런 이야기를 나
누면 혼자서 미처 느끼지 못한 점도 깨달을 수 있고, 목적을 공유하
면서 결속을 다지게 된다. 다음에 이런 행사를 할 때 무엇을 개선하
면 더 잘할 수 있는지도 의견을 나누기 때문에 행사를 버전업할 수
있다.

변화를 시도하는 사람이 세상을 바꾼다

시선만 바꿔도 새로운 세상이 열린다 : 마네

파리의 오르세미술관에는 마네가 그린 〈올랭피아Olympia〉가 전시되어 있다. 미술 교과서에도 등장하는 유명한 작품이다. 한 여자가 완전히 벗은 모습으로 침대에 비스듬히 누워 왼손으로 은밀한 부분을 가리면서 앞을 바라보고 있다. 침대 뒤에는 흑인 하녀가 그 여자에게 보내진 것으로 보이는 꽃을 들고 여자를 바라보고 있다.

지금은 친숙한 명작으로 보일지 몰라도 살롱에 출품된 1865년에는 엄청난 논란과 비난을 불러일으켰던 작품이다. 그 당시까지만 해도 전시회에 출품하는 나체화는 비너스나 다이아나와 같이 여신을 이상화시켜 그리는 게 전통이었다. 살아 있는 여자를 묘사하면 음란한 그림이라고 여겨졌다. 나체화에 등장하는 여자의 시선도 관객을 향하지 않는 게 불문율이었다.

그러나 마네는 그런 전통을 깼다. 〈올랭피아〉의 주인공은 파리에서 잘 알려진 빅토린 뫼랑Victorine Meurent이란 여자였다. 그녀는 마네가 그린 〈풀밭 위의 식사〉에도 등장한다. 마네는 거리낌 없는 자세로 당당하게 관객을 바라보고 있는 창부의 우윳빛 살결을 밝은 색채로 그렸다. 대중은 충격을 받았다. 격분했다. 작품을 보호하기 위해 전시회에서는 관객의 손이 닿지 않는 곳으로 올려야 했다.

그 당시 〈올랭피아〉는 혹평을 받았지만, 지금 이 작품은 그 시대 사고의 한계를 넘어 새로운 시대를 열었다는 평가를 받고 있다. 지금은 누구나 생생한 색채로 당당한 얼굴의 나체를 그리지만 당시로서는 감히 시도하기 어려운 벽을 넘어선 것이다. 시선만 바꾸어도 새로운 세상이 열린다.

안 되면 바꾸어보라 : 히딩크

어느 케이블 방송국 8층에 두 짝으로 된 여닫이 출입문이 있다. 문한쪽에는 '고정문'이라고 팻말이 붙어 있다. 처음 그곳에 오는 사람들은 그 팻말이 달리지 않은 쪽을 밀 것이다. 그 문은 열리지 않는다. 사람들은 출입문이 잠겼다고 생각하고 밖에서 기다린다. 그런데 알고보면 그 팻말이 달린 문짝은 열려 있고, 다른 쪽은 닫혀 있다. 두 쪽다 열어보는 사람은 안으로 들어갈 수 있고, 한쪽만 미는 사람은 들어가지 못한다. 안 되는 것처럼 보일 때도 여러 가지 시도를 해볼 필요가 있다. 얼른 생각하면 안 되는 것처럼 보이는 일도 해결되는 수가 많다.

한국인들에게 영웅이 된 외국인이 있다. 히딩크는 2002년 한국 축구를 월드컵 4강에 올렸다. 그 전에 한국 축구는 월드컵 본선에서 1승도 제대로 올리지 못했다. 히딩크에게는 어떤 노하우가 있었을까. 그는 기본에 충실했다. 바로 '노력과 변화'였다. 히딩크가 한국 대표팀 감독에 취임했을 때 한국 축구계는 두 가지 고질적 문제를 안고 있었다. 하나는 기합이고, 다른 하나는 선수들의 포지션 고정이었다. 축구 경기에서 제대로 뛰지 못하는 선수는 지도자가 기합을 준다. 야단을 치고 때로는 주먹질도 한다. 때리는 지도자나 맞는 선수나 당연한 일로 받아들였다. 다른 스포츠 경기는 전반전 끝나면 TV 카메라가 선수들의 모습을 비춰주는데 축구 경기에서는 카메라가 락커룸으로 들어가지 못했다. 락커룸 안에서 일어나는 기합과 구타를 보여줄 수 없었기 때문이다. 지도자가 선수의 잘못을 지적하고 야단치기는 쉽다. 하지만 선수가 전후반전 모두 제대로 뛸 수 있도록 강한 체력을 만들어주는 데는 소홀했다.

히딩크는 기합을 없앴다. 지도자의 주된 역할이 야단치는 것에서 체력과 기술을 만들어주는 것으로 바뀌었다. 그는 선수들에게 힘든 훈련을 요구했다. 지옥 체험에 가까운 훈련을 시켰다. 잘 뛰지 못하는 선수가 있을 때 그는 야단치는 대신 그 선수에게 맞는 맞춤형 훈련을 더 시켰다. 그가 훈련시킨 선수들은 전후반을 지치지 않고 뛸 수 있는 체력을 기르게 되었다. 자신감이 생겼다.

히딩크가 한국 축구계에 도입한 가장 큰 변화는 포지션 변경이었다. 그 전까지 한국 축구에서는 선수마다 포지션이 정해져 있었다. 선수들은 항상 같은 포지션으로만 훈련했다. 히딩크는 선수들이 뛰는 모습을 보고 더 나은 결과가 나올 때까지 이리저리 선수별 포지션을 바꾸어보았다. 처음에는 선수들이 당황했다. 포지션 변화에 적응하지 못하는 선수는 대표팀에서 탈락시켰다. 히딩크는 선수의 장점을 가장 잘 발휘할 수 있도록 유연하게 포지션을 구성했다. 그는 선수들 사이의 연배와 서열을 무시했다. 선배와 후배 선수 사이의 체면을 유지시키는 것은 축구팀 성적에 도움이 되지 않는 낡은 질서였다.

그가 나타나기 전까지 한국 축구는 선수가 각자 알아서 연습하고, 못하면 야단맞는 식이었다. 그는 훈련과 변화를 시스템 속에 도입해서 강한 팀을 만들어냈다. 그가 한국을 떠난 다음 대표팀 사령탑을 맡은 아드보카트는 별다른 성과를 내지 못했다. 변화를 구사하지 못했기 때문이다.

우리나라 최대의 영어회화 학원을 설립한 M회장은 원래 영어 교사였다. 일제강점기에 영어를 배워야 산다고 깨닫고 일찍 영어 공부에 눈을 떴다. 해방이 되자 많은 사람들이 책을 들고 문법 위주의 영어 공부에 매달릴 때 그는 앞으로는 회화가 중요하다고 생각하고 회화 중심의 교육 사업을 치고 나가 성공했다. 변화를 생각하는 것이 남보다 한 걸음 먼저 가는 방법이다.

LG전자는 인도에서 확고부동하게 가전 부문 1위를 달리고 있다. 제품 수준으로 보면 비슷한 경쟁 회사들이 있다. LG의 성공 비결은 인간이었다. 대개 외국 회사는 현지인을 임원으로 채용하지 않고 부하직원으로 부리는 전략을 취한다. 하지만 LG는 과감하게 현지인을 중심으로 조직을 개편했다. 현지를 가장 잘 아는 사람이 그곳 풍습과 취향에 맞게 제품 개발과 마케팅을 하면 성공 확률이 클 것이다. 카스 맥주의 중국 공장도 조선족에서 한족으로 경영진을 교체하여 성공했다. 현지 업체는 현지인과의 소통이 한국 본사와의 소통보다 중요하다. 변화는 기업 실적을 한 단계 올리는 전략이다.

나는 K검찰총장의 명함을 보고 신선하다는 느낌을 받았다. 그가 직접 디자인한 명함이다. 이름은 활자가 아니라 친필 서명을 인쇄했고 '높은 사람' 명함에는 드물게 휴대전화 번호가 앞뒷면에 적혀 있다. 전통과 격식을 타파하고 변화를 추구하는 사고가 나타나 있다.

나도 명함을 직접 디자인한다. 주기적으로 명함을 수정해서 조금씩 나은 것으로 버전업한다. 현재의 명함은 앞면에 직함, 이름, 휴대전화 번호가 적혀 있고 중간에는 넓은 여백을 두었다. 그 여백은 상대방이 메모하는 공간으로 활용할 수도 있고 사인해줄 때 활용하기도 한다. 사무실 주소나 이메일은 뒷면에 영어로 기재한다. 요즘 영어 모르는 사람이 거의 없으니 그렇게 해도 아무 문제없다.

변화를 시도하지 않고 안주하는 쪽을 택하면 당장은 편해도 발전은 없다. 잘 안 될 때는 변화를 시도해야 한다. 새로운 길이 보일 수 있다. '콜럼버스의 달걀'처럼 의외로 쉬운 해결책이 생각날 수도 있다.

변화는 쉽지 않다. 우선 자신부터 고정관념을 깨야 한다. 현재에 안주하는 세력은 변화를 생존에 대한 위협으로 느끼고 저항한다. 저항을 뚫고 낡은 질서를 깨고 변화하면 새로운 장이 열린다.

백 가지 핑계보다 한 가지 대안을 생각하라

해야 할 일을 앞에 두고서 안 되는 이유, 할 수 없는 이유를 열심히 찾는 사람이 있다. 어려운 일일수록 할 수 없는 이유가 더 많이 생각날 것이다. 안 되는 이유를 남보다 더 많이 찾아내는 사람은 머리가 좋다. 그런데 안 되는 이유는 백 가지를 찾아내도 아무 소용이 없다. 될 수 있는 한 가지 방법을 찾아내는 것이 필요하다.

안 되는 이유를 잘 찾는 것은 머리가 좋다기보다는 부정적인 사고를 가진 때문이다. 되는 이유보다 안 되는 이유를 먼저 생각하는 것은 인생을 실패로 끌고 가는 나쁜 습관이다. 안 되는 이유를 열심히 설명하는 사람의 속뜻은 한마디로 '나는 하기 싫다'일 가능성이 크다.

긍정적인 사고를 가진 사람은 되는 방법을 먼저 찾는다. 남들이 안 되는 이유를 백 가지 궁리할 때 긍정적인 사람은 한 가지라도 가능한 방법을 찾는다. 가능한 방법이 잘 보이지 않는 상황에서 되는 방법을 찾으려고 집중하기는 물론 쉽지 않다. 얼른 찾아지지 않더라도 대개 수십 번 생각하고 시도하면 방법이 보이기 시작한다. 노력하는 사람은 결국 되는 길을 찾아낸다. 윗사람이 부하에게 요구하는 바는 바로 이것이다. "안 되는 이유가 많다는 것은 나도 알고 있다. 나에게 안 되는 이유를 말하지 말고, 되는 방법을 한 가지라도 찾아라."

노력 4단계

세상은 가르치지 않고 선택할 뿐이다

사는 방법에 등급이 있다

사는 등급을 알면 운명이 보인다

공부하는 모습을 보면 성적이 보인다

일하는 모습을 보면 몸값이 보인다

서비스를 보면 업소의 미래가 보인다

CEO도 등급이 있다

운전기사를 우습게 보지 마라

인생 등급은 올릴 수 있다

사업하는 방식에도 등급이 있다

사랑과 가족 관계에도 등급이 있다

'앞서가는 나라'에 맞게 등급을 올려라

대한민국 : 세대를 이어 꿈을 이루는 나라

세상은 가르치지 않고 선택할 뿐이다

어느 음식점에 갔는데 종업원들이 불친절하고 음식이 엉망이라고 하자. 어떻게 할 것인가. 주인을 불러 친절하게 설명하면서 고치라고 하겠는가. 아니면 속으로만 불평하고 참고 말겠는가.

경험상 말한다면 불친절한 음식점은 손님이 무슨 말을 해도 성의 있게 듣지 않는다. 아무리 음식점에 도움이 되는 이야기를 해도 쓴소리로 듣는다. 고칠 점을 지적해주어 고맙다고 하는 주인은 찾기 어렵다. 종업원은 변명하다가 안 통하면 싸우려 든다. 손님이 나섰다가는 대개 본전도 못 건진다. 말해도 소용없다. 불의를 보면 돌격하는 돈키호테이거나 꼭 한마디 하지 않고는 못 배기는 가벼운 입을 가진 사람이 아니라면 가만있는 것이 낫다.

부당한 대우를 당한 손님은 바보가 아니다. 겉으로는 참고 넘어갈지 몰라도 서운한 것은 오래 기억한다. 손님은 어떻게 행동할까. 안 봐도 뻔하다. "다시는 안 온다." 마음에 안 들면 발길을 끊는다. 나은 음식점으로 옮긴다. 제발 와달라는 음식점도 많다. 돈 쓰는 사람이 뭐가 아쉬운가. 손님의 발길이 끊긴 음식점은 문을 닫아야 한다.

주인은 분수를 알아야 한다. 음식점은 선택당하는 존재일 뿐이다. 손님은 막강한 힘을 가지고 있다. 그것은 불친절한 음식점에 대한 심판권이다. 손님을 가르치려 들거나 손님을 골라 받는 음식점의 운명은 정해져 있다. 선택당하지 않으면 문을 닫게 된다.

손님은 가르쳐주지 않는다. 음식점 주인은 손님의 잔소리를 고맙게 생각해야 한다. 잔소리하는 손님은 잘 들어주면 다시 올 가능성이 있다. 일반적으로는 손님이 고칠 점을 자상하게 일러주기를 기대하기 어렵다.

음식점을 고르듯이 인생을 골라먹는 재미로 사는 사람이 많다. 인생을 사는 본연의 모습은 음식점을 골라가는 손님의 모습일까, 손님을 기다리는 음식점 주인의 모습일까. 내가 생각할 때 인생은 선택하기보다는 선택당하는 과정이다. 인생은 선택당해야 달라진다. 원하는 학교나 직장에 들어가는 것도 선택당해야 성공하고, 직장에서 인정받는 것도 선택당하는 것이다. 사업가는 고객으로부터 선택당해야 시장에서 살아남고 돈을 벌 수 있다. 선택당하는 과정은 죽을 때까지 이어진다.

1970년대는 좋은 시절이었다. 대학도 졸업하기 전에 학생들이 입도선매처럼 대기업으로부터 스카우트 제의를 받고, 학점과 상관없이 졸업장만 쥐면 바로 모셔가기도 했다. 그때는 경제가 고속 성장하는 개발도상국 시대였다. 1970년 대학 진학률은 27퍼센트였다. 일자리는 늘어나고 능력 있는 졸업생은 부족했다. 기업들은 필요한 인원을 확보하려고 경쟁했다. 가을만 되면 대기업들이 대대적으로 신입사원을 모집한다는 공고가 신문을 뒤덮었다.

지금은 다르다. 대학 진학률이 80퍼센트를 돌파한 지 오래다. 대학 졸업자는 절대적으로 많다. 대규모 채용 공고는 사라졌다. 기업은 남아도는 사람 중에서 골라 쓴다. 경제성장은 둔화되고 취업 기회는 줄어들고 있다. 장기 전망도 밝지 않다. 선진국으로 깊이 진입할수록 성장은 둔화된다. 경쟁과 선택은 심화될 것이다. 적당히 살아가려는 생각이 통하는 배부른 시대는 끝났다.

학교 다닐 때 부모의 잔소리를 괴롭게 듣는 학생은 졸업을 해방이라고 생각한다. 맞다. 이제는 간섭 없이 하고 싶은 것을 마음껏 할 수 있고 잔소리는 더 이상 듣지 않아도 된다. 하지만 학생 신분을 벗어나는 순간 냉정한 선택이 기다리고 있다.

21세기에서는 선택당하지 않으면 살 수 없다. 회사에 들어가서 학창 시절처럼 적당히 하다가는 곧 이런 말을 듣게 된다. "미안하지만 우리 회사는 그대와 같이 훌륭한 인재를 모시기 어렵습니다. 열심히 안 해도 되는 다른 회사를 찾아보십시오." 좋은 말로 나가달라는 뜻이다. 세상의 무서움을 느껴야 한다. 왜 누군가 진작 깨우쳐주지 않았던가. 나중에 후회해도 소용없다. 세상은 선택할 뿐이고 운명은 선택의 결과로 정해질 뿐이다. 음식점이 마음에 안 들면 손님의 발길이 끊기듯이 말이다. 이런 현실을 깨닫지 못하면 인생이 제대로 풀릴 수 없다.

졸업은 가정 밖으로, 학교 밖으로 나가는 것이다. 그곳에는 부모나 선생님의 역할을 해줄 사람이 기다리고 있지 않다. 부모는 낳은 죄로 훈육을 하고, 선생님은 직업이 그렇기 때문에 가르쳤던 것이다. 아무런 관계도 없고 대가도 받지 않는 남이 뭐 하러 부모나 선생님의 역할을 하겠는가. 빌 게이츠가 고등학생에게 한 말을 기억하라. "당신 스스로 알아서 하지 않으면 직장에서는 아무도 가르쳐주지 않는다."

가르치지 않고 선택만 하는 현상은 점점 심화되고 있다. 대학 졸업생이 귀하고 평생직장 문화가 지배할 때는 기업은 신입사원을 교육해서 자기 기업에 맞는 사람으로 만들어 쓰겠다는 생각을 했다. 지금은 평생직장이 없어지고 있다. 기업은 처음부터 자기 기업에 맞는 사람을 골라 쓴다. 그러다 보니 아무것도 모르는 사람보다는 경험과 능력을 겸비한 준비된 인재를 골라 쓴다. 선택을 제대로 하기 위해서 입사에서는 심층 인터뷰가 일반적이다. 1박 2일 동안 인터뷰하기도 하고 인턴 과정에서 골라내기도 한다.

나 자신도 나이가 들수록 가르치기보다는 선택하는 쪽을 선호하게 된다. 가르치는 것이 귀찮아서가 아니다. 성인이 되면 가르쳐도 의미를 깨닫지 못하고 바뀌기도 어렵다. 왜 그럴까. 생각이 나오는 틀이 굳었기 때문이다.

2010년 지방선거가 다가올 때 있었던 일이다. 국회의원인 나에게 공천을 달라고 사람들이 접근했다. 정식 결정은 공천심사위원회에서 하지만 지방의원 공천에서는 국회의원의 의견이 중요하다. 더구나 내 지역구인 서초에서는 공천만 받으면 당선 확률이 80퍼센트가 넘는다. 공천을 원하는 사람이 나타나 이렇게 맹세한다. "앞으로 고 의

원님을 모시고 평생 열심히 일하겠습니다.” 그 순간은 진심인 것처럼
보인다. 보통사람 같으면 충분히 마음이 흔들릴 만하다.

그러나 나는 맹세를 믿지 않는다. 가르쳐도 달라지지 않는데 혼
자 맹세한다고 달라지겠는가. 사는 모습이 달라진 것을 확인할 때 비
로소 달라졌다고 인정할 수 있는 것이다. 나는 그 사람이 어떻게 살
아왔는지 확인한다. 그 사람이 살아온 모습이 기대에 미치지 못한다
면 진실은 뻔하다. 그 사람은 당장 눈앞의 욕심 때문에 지킬 수 없는
맹세를 하는 것뿐이다.

어느 현역 지방의원은 공천에서 배제했다고 항의했다. “내가 무
엇을 잘못했나요? 내가 지시를 어긴 일이 있나요?” 나는 말했다. “당
신은 잘못한 것이 없고 지시를 어긴 적도 없습니다. 당신이 스스로 한
일이 몇 가지나 되는지 말해주십시오. 나는 바쁜 사람입니다. 일일이
지시해야 하는 사람과는 일하기 어렵습니다.” 그가 스스로 한 일은
전혀 없었다. 지역 민원을 챙겨 보고하기는커녕 주민들이 나에게 전
해달라는 말도 전달하지 않았다.

지방의원은 민원 해결과 지역 관리를 위해 알아서 움직여야 한
다. 그렇게 살아오지 않은 사람이 한순간에 달라지겠는가. 나는 머리
큰 사람에게 잔소리하는 것을 싫어한다. 스스로 움직이는 사람을 좋
아하고 필요로 한다. 사람은 하루아침에 지금까지 살아온 모습과 다
르게 살기 어렵다. 이 사실을 잊으면 혹시나 했다가 역시나 실망하게
된다. 나는 살아온 모습을 지켜보았거나 객관적으로 검증되지 않는
사람은 쉽게 선택하지 못한다.

어떻게 인생을 살아야 할까. 성공을 원하는 사람은 이것을 항상 생각해야 한다. 대개의 경우 선택권은 자신에게 없다. 그렇다면 이렇게 생각해야 맞다. "어떻게 살아야 선택당할 수 있을까." 아무리 혼자 훌륭하다고 생각해도 선택하는 사람이 선택할 만하지 않으면 소용없다.

선택이란 무엇인가. 고른다는 것이다. 똑같은 사람 중의 하나라면 눈에 띄기 어려울 것이다. 남과 다르게 살고, 항상 나은 것을 추구해야 한다. 선택당하기를 바란다면 남의 눈에 띄는 사람, 선택하는 사람이 바라는 타입이 되어야 한다.

선택당하는 것이 우리 모두의 운명이라면 세상이 당신에게 맞추어줄 것을 기대하지 마라. 세상에 맞추어 살아야 한다. 당신이 살고 싶은 대로 살 게 아니라 세상이 원하는 대로 살아야 한다. 그것이 세상이 우리에게 바라는 바다. 예술가가 아니면서 자기 멋대로 산다는 생각을 버리지 못하면 아직 철이 들지 않은 것이다. 성숙해진다는 것은 선택하는 것만 생각하다가 이제는 선택당하는 것을 생각한다는 뜻이다. 그리고 그 생각에 맞추어 말하고 행동하는 것이다.

세상이 달라지고 있다. 고등학생이 혼자 열심히 공부해도 원하는 대학에 들어가기 어렵다. 그 대학에서 바라는 인재상을 파악하고 어떤 평가 기준으로 학생을 선발하는지 알고 맞춤형으로 대비해야 한다. 취업을 준비하는 사람도 마찬가지다. 기업에서 원하는 인재상과 선발 기준을 알아야 한다. 대학 생활조차도 그것에 맞추어 설계해야 한다. 고시에 합격하기를 바라는 수험생은 출제 경향을 파악하고 어떻게 답안을 써야 채점위원에게 호감을 줄 수 있을지 알고 대비해야 한다.

　인생 내내 선택당하는 내가 아니라 선택권을 가진 상대방을 기준으로 생각하고 말하고 행동해야 한다. 이것은 천동설에서 지동설로 바뀌는 것처럼 근본적인 관점의 전환이다. 혼자 편한 대로 생각하고, 하고 싶은 말을 하고, 할 만한 것과 도움이 되는 것 위주로 골라먹겠다는 생각을 버려야 한다.

사는 방법에 등급이 있다

당신이 대기업 입사에 도전한다고 하자. 당신은 성공할 수 있을까. 회사는 당신을 선택할까. 회사는 당신의 입장이 아니라 회사 입장에서 냉정하게 선택할 것이다. 비슷해 보이는 사람들도 평가해보면 우열이 확실하게 구분된다. 전공, 학습능력, 창의력, 대인관계, 지도력 등 평가 항목은 다양하겠지만 총체적으로 보면 어떻게 살아왔는지, 어떻게 살고 있는지에 대한 평가라고 할 수 있다. 결국 사는 방법이 좌우한다.

비빔밥 이야기를 다시 생각해보자. 비빔밥을 먹다가 가출할 뻔한 어느 집 아들은 만나보지는 않았지만 어떻게 사는지가 보인다. 그는 부모가 시키는 것을 마지못해 하는 유형이었을 것이다. 공부도 할 수 없이 하고 비빔밥도 억지로 먹었을 것이다. 그렇게 살면 사회에 나가도 새로운 일을 싫어하고 힘든 일을 피하고 편한 일을 골라서 적당히 살려고 할 것이다. 그런 모습을 보이면 원하는 회사에 입사하기 어렵고 입사한다고 해도 살아남기 어려울 것이다.

나는 다르게 살았다. 공부도 혼자서 하고, 비빔밥도 스스로 생각해냈다. 유학, 방송, 증권, 저술, 강의, 정치 등 새로운 분야도 스스로 도전했다. 시간을 내어 봉사활동에도 참여하고 돈을 들여서 청소년 멘토링 사업도 벌인다. 남들은 "왜 사서 고생하느냐"고 말할지 모르지만 나는 스스로 할 때 신이 나고 힘도 솟는다.

사람마다 사는 방법이 무척이나 다르다. 무엇을 하느냐는 귀천이 없지만 어떻게 사느냐는 우열이 있다. 시키는 일을 억지로 하는 사람과 스스로 알아서 하는 사람이 대기업에 지원한다면 회사는 누구를 선택할 것인가. 뻔하다. 회사는 입사지망생의 연기에 속지 않는다. 귀신같이 옥석을 구별해낸다.

어느 중소기업이 생산원가를 절감하기 위해서 공장을 동남아시아로 이전했다. 조립품이므로 굳이 임금이 비싼 한국에서 만들 필요가 없었다. 현지 공장이 완공되었다. 시내에 있던 사장이 공장으로 가보니 생산 라인이 멈춰 있었다. 왜 그런가 하고 보니 공장 입구에 누군가 흘린 종이 박스가 몇 개 널려 있었다. 그 박스 때문에 지게차들이 들어가지 못하고 있었다. 지게차들은 첫 번째 박스 앞에 일렬로 서 있었다.

지게차 운전사들은 운전석에 앉아 바라만 보고 있었다. 수백 명이나 되는 직공도 각자 기계 앞에 앉아 생산 라인이 움직이기만을 기다리고 있었다. 널려진 박스는 무겁지 않았다. 한 사람이 치울 수 있는 무게였다. 그런데 왜 공장이 멈춰 있는가. 공장에는 누구도 그 박스를 치우려는 사람이 없었다. 현지인들은 지시를 받기 전에는 움직이지 않는다. 사장이 보니 한심했다. 사장은 옆에 있던 총무과장을 불러서 박스를 치우라고 지시하고 다른 일 때문에 시내로 들어갔다. 사장은 공장이 이제는 돌아가겠거니 기대했다.

삼십 분 후 공장에 가면서 전화하니 여전히 멈춰져 있다는 것이다. 사장이 도착하자마자 과장을 불러 야단치려고 했다. 과장은 말했다. "저는 사장님 시킨 대로 했습니다." 현장에 가보니 과장은 사장이 손가락으로 가리킨 박스만을 치운 것이었다. 어이가 없었다. 사장은 통로에 널려 있는 박스 하나하나를 가리키면서 과장에게 치우라고 지시해야 했다.

사장은 그곳 인건비가 싼 이유를 깨달았다. 현지인을 한 사람 한 사람 보면 착하고 성실할지 모르지만 시키지 않은 일은 죽어도 하지 않는 풍토였다. 시켜도 시키는 사람이 무슨 생각으로 시키는지 생각하지 않고 귀에 들리는 대로 하기 때문에 엄청나게 잔소리를 해야 공장이 돌아갔다.

비슷한 일은 우리나라에서도 흔히 볼 수 있다. 지시하지 않으면 움직이지 않고, 지시하더라도 마지못해 기본만 하려고 하는 소극적인 자세로 움직이는 사람을 쉽게 볼 수 있다. 이런 식으로 사는 사람에 대한 평가는 냉혹하다. 스스로 열심히 한다고 생각할지 몰라도 인정받지 못한다.

사는 방법은 머릿속에 있는 생각의 틀에서 나오고, 그래서 쉽게 바뀌지 않는다. 사는 방법에는 객관적으로 등급이 있다. 그 등급은 인생 내내 그 사람의 성적표가 된다. 등급을 바꾸지 않으면 운명도 달라지지 않는다.

고등학교까지는 100점 만점으로 평가받지만 대학 들어가면 A-B-C-D 네 가지 등급으로 학점을 받는다. 나는 사는 방법을 A-B-C-D 네 가지 등급으로 구분한다. 그렇게 구분하는 'A-B-C-D 성공법'은 나만의 독창적인 이론이다.

비빔밥을 억지로 먹는 학생처럼 '시키는 것을 마지못해 할 수 없이' 하는 사람은 D급에 해당한다. D란 Drop을 말한다. 그렇게 살면 퇴출되고 인생이 실패한다.

그보다 조금 나은 방법은 C급이다. C란 Common, 즉 보통 사람으로 사는 방법이다. C급은 '시키는 것만 꼬박꼬박' 하는 사람이다. 그렇게 살면 남보다 더 하는 것도 없고 더 잘하는 것도 없기 때문에 남보다 나은 인생을 살지 못한다.

보통사람보다 사는 방법이 나으면 B급이다. B급은 '시키는 사람의 뜻을 헤아려 제대로' 하려는 사람이다. B는 Better, 즉 남보다 나은 노력을 하고 나은 인생을 산다는 뜻이다. 이 정도 하면 성공의 반열에 들어간다.

가장 우수한 등급인 A급은 '스스로 알아서' 하는 사람이다. A는 Ace, 즉 최우수를 말한다. A급은 스스로 꿈을 찾고 목표를 이루는 방법을 끊임없이 탐구한다. 남과 다르게 살려고 항상 노력한다. 성공할 수밖에 없는 운명이다.

적자생존이라는 말이 있다. 환경에 적응하면 살아남고, 그렇지 못하면 도태된다는 것이다. A-B-C-D 등급은 사회에서의 생존등급과 같다. 대학 졸업생이 부족하던 시절에는 D급도 살아남을 수 있었지만 지금은 어림없다. C급도 위험해지고 있다. 십 년 이내에 B급 정도 되지 않으면 살기 어려운 세상이 될 것이다. A급으로 사는 사람은 걱정 없다. 세상이 어떻게 변해도 알아서 적응할 것이다.

어느 등급으로 살 것인가. 사람마다 등급을 선택할 수 있다. 그것은 운명을 선택하는 것과 같다. 선택하고 선택당하는 세상 속에서 우리가 선택할 수 있는 것은 사는 방법뿐이다. 사는 등급을 선택하면 그 등급대로 인생이 평가받게 된다. 남보다 등급이 낮으면 선택에서 배제된다. 선택당하기를 원한다면 자기가 사는 방법의 등급을 올리도록 노력해야 한다.

안타깝게도 자신이 사는 방법이 어느 등급인지 모르고 사는 사람이 너무나 많다. 자기 등급을 고치려고 하지 않는다. 나은 인생을 원한다면 먼저 어떻게 살고 있는지 깨달아야 한다.

부모가 자식에게 해줄 수 있는 최선의 양육은 억지로 먹이고 억지로 공부시키는 게 아니라 스스로 살도록 등급 자체를 바꾸어주는 것이다. 알아서 움직이는 A급으로 키우는 것이다. 자식을 A급으로 만들어놓으면 부모가 안심하고 눈을 감을 수 있다. D급은 인생을 살아 있는 내내 부모 속을 썩이고, C급은 부모가 늙어서도 잔신경을 쓰게 만든다.

자식의 등급을 올리려면 부모도 A급이 되어야 한다. 부모가 C급이나 D급으로 살면서 자식에게만 A급으로 살라고 강요하면 가정이 불행해진다. 사는 방법의 등급을 올리지 않고 억지로 비빔밥만 먹이려 들면 가출 소동이 벌어질 것이다. 이것저것 시키다 보면 부모의 욕심에 자녀만 실험 대상으로 전락하고 만다.

　노력해야 성공한다. 하지만 지속적인 노력은 사는 등급에 맞추어 나온다. 어느 등급을 선택할지는 각자 꿈과 인생의 목표가 어느 정도 높은지에 달려 있다. 등급을 올리지 않고서는 더 노력하기를 기대할 수 없다. 성공을 원한다면 사는 방법을 업그레이드해야 한다.

사는 등급을 알면 운명이 보인다

A-B-C-D 네 가지 등급별로 사는 모습이 다르게 나타난다. 등급별로 일관된 패턴이 있어서 사는 모습을 보면 거꾸로 등급을 알 수 있다. 사는 모습은 등급별로 다음과 같이 나타난다.

D급

D급은 시키면 '마지못해' '할 수 없이' 하는 사람이다. 시키면 즉시 움직이지 않는다. 조금이라도 시간을 벌어보겠다고 꾸물거린다. 단번에 움직이지 않고 같은 말을 두세 번 하게 만든다. 시키는 일을 되도록 적게 하려고 애쓴다. 제대로 하려고 하는 생각은 애당초 없다.

D급은 경제마인드로 살아갈 때 나타나는 모습이다. 왜 이렇게 살까. 애당초 꿈이나 목표가 없다. 있다고 해도 적당히 사는 것이 목표다. 남보다 나은 인생을 기대하지 하지 않는다. 노력해서 낫게 살려는 생각도 없다. 편하게 살려고 잔머리를 굴린다. 항상 적당히 넘어가려고 한다. 심한 경우는 '대충하자'고 남까지 선동한다. 안 해도 되는

핑계를 끊임없이 찾는다. 가능하면 하는 척한다. 일을 안 해도 되는 상황이 벌어지면 좋아한다. 일을 시키면 싫어서 얼굴이 굳어진다. 감시하지 않는 틈을 타서 논다. 하는 일에 정신을 집중하지 않아 주위가 산만하다.

이런 사람에게 일을 제대로 시키려면 철저한 감시가 필요하다. 감시하는 사람과 항상 긴장관계에 있다. 나태하고 무능함이 드러나는 것은 시간문제다. 얄미운 사람이다. 결국 퇴출된다.

C급

C급은 시키면 '꼬박꼬박' 하는 사람이다. 지시를 하면 바로 움직인다. 얼른 보면 괜찮아 보인다. 문제는 시키는 일만 하고, 시키지 않는 일은 하지 않는다는 데 있다. 시키지 않는 일을 하지 않겠다고 정신무장이 되어 있다. 불이 나도 불 끄라고 시키지 않으면 못 본 척한다.

일을 시키면 자기가 본래 해야 하는 일인지 먼저 따진다. "나는 담당이 아니거든요." "내가 안 했거든요." 이런 말을 자주 한다. 심한 경우는 평소 시키지 않는 일을 시키면 시키는 사람에게 대든다. 중요한 일이 터져도 보고하라는 말을 하지 않으면 보고하지 않는다. 한 마디 하면 한 걸음만 간다. 시키는 사람은 하나하나 자세히 일러주어야 한다. 만약 시키는 사람이 한 마디라도 빠뜨리면 그 부분은 안 해도 된다고 혼자 생각한다. 지시에서 빠진 부분은 알아도 하지 않는다. 그런 부분에서 가끔 사고가 터진다.

시키는 사람이 무엇을 원하는지 생각하지 않는다. 알아듣고 미리 움직이는 법이 없다. 시키는 것을 처리하기에 급급해서 나은 방법을 찾기는 단념한 상태다. 잘하려는 생각이나 의욕도 없다. 지시가 잘못되어도 잘못되었다고 깨닫지 못한다. 어쩌다 잘못된 줄 알아도 시키는 그대로 해버린다. 잘못을 바로 잡는 것은 번거롭고, 잘못되어도 책임이 자기에게 없다고 생각한다. 잘못되더라도 시키는 사람이 책임질 거라는 생각에서 그냥 해버린다.

C급은 의무감에서 소극적으로 한다. 일할 때 생각이나 감정이 없다. 무표정하다. 적극적인 자세는 보이지 않는다. 스스로 성실하다고 생각하지만 인정받지 못한다. 성실하게 하는 것처럼 보이지만 시키는 사람이 조금 방심하면 사고가 터진다. 시키는 사람이 보기에는 답답하고 피곤한 존재다. 잔소리가 많아야 한다. 상사가 인정하지 않기 때문에 C급은 속으로 불만이 많다. 중간 이상을 가기 어렵기 때문에 평범한 인생을 살게 된다.

B급

B급은 시키는 사람의 뜻을 '헤아려' 하는 사람이다. 시키는 사람이 무엇을 원하는지 파악하고 그 뜻을 이루려고 노력한다. 시키는 것을 제대로 하려고 애쓴다. 지시 사항에 빠진 것이 있어도 말귀를 알아듣고 처리한다. 시키는 사람이 원하는 결과만 말해주어도 방법이나 수단은 스스로 궁리한다. 안 되는 이유보다는 되는 방법을 찾는다. 시키는 사람의 의도가 불명확할 때는 "혹시 이런 뜻이 아닌가요"라고 확인한다. 지시가 잘못되었다는 생각이 들면 바로잡아준다. 지시가 간

단해도 된다. 한 마디 할 때 한 걸음만 가는 게 아니라 시키는 사람의 뜻을 알고 열 걸음도 간다. 시키는 사람을 편하게 한다. 시키면 알아듣고 반응하는 표정이 나타난다.

상급자로부터 사랑을 받는다. 자리를 이동하거나 승진해도 데리고 가고 싶어 한다. B+급은 시키는 것을 잘하려는 의욕도 있다. 나은 방법을 찾고 나은 결과를 만들기 위해서 노력한다. 항상 나은 것을 추구하기 때문에 남보다 나은 인생을 살게 된다. 이 정도면 사회적으로 성공한 그룹에 든다.

A급

A급은 안 시켜도 '알아서' 하는 사람이다. 할일을 스스로 찾는다. 시키기를 기다리지 않는다. 자기의 본분을 잘 알고 무엇을 해야 하는지 알고 있다. 할 만한 일을 찾으면 좋아한다. 시킬 때 허둥지둥 하지 않고 준비하고 계획하는 습관이 있다. 상사, 가족, 고객이 무엇을 해달라고 말하기 전에 상대방이 원하는 것이 무엇일까 미리 생각한다. 스스로 가야 할 방향을 모색한다. 과거보다는 앞으로 할 일을 많이 생각한다. 현재의 상황을 주어진 조건이라고 생각하지 않고 현실의 벽에 쉽게 단념하지 않는다. 세상에 없는 것이라도 만들어낼 궁리를 한다. 새로운 것을 고안하고 가치를 창조한다. 인생의 꿈과 목표도 스스로 찾고, 그것을 이루는 효과적인 방법이나 수단도 강구한다.

시키는 입장에 있는 사람은 이런 사람을 고맙게 생각한다. 바쁠 때 먼저 생각나고 급할 때 통째로 맡긴다. 누구나 믿을 수 있는 사람이 된다. 남이 알아주는 것은 시간문제다. 이런 사람은 드물기 때문에 몸값이 높다. 어떤 분야든지 시간이 지나면 반드시 성공한다. 직장에서는 남의 지시를 받지 않고 일해도 되는 자리, 즉 최고의 위치에 오를 가능성이 크다.

사는 방법은 생각의 틀에서 나온다. 그 틀은 마음먹는다고 쉽게 바꿀 수 있는 게 아니기 때문에 일생 내내 비슷한 모습이 이어진다. A-B-C-D 등급은 사는 모습에 그대로 나타난다. 학교 다닐 때 D급으로 공부하는 학생은 졸업 후 D급 직장인이 될 가능성이 크다. 사업을 하면 D급 사업가가 되어 시장에서 오래 버티지 못하고 퇴출될 가능성이 크다.

가정주부도 마찬가지로 등급이 있다. 가족에 대한 꿈을 가지고 A급으로 사는 주부는 가정을 A급으로 만들어갈 것이고, 아무런 생각 없이 하루하루 눈앞의 가사에만 매달리면 가정이 C급이나 D급이 될 가능성이 크다.

A-B-C-D 등급은 공부, 직장, 사업, 가정 등 인생의 모든 영역에 나타난다. 등급을 바꾸기 힘들기 때문에 사주를 풀어볼 필요도 없이 사는 모습만 보면 운명을 내다볼 수 있다. 남이 사는 모습을 보면 그 사람의 인생이 어떻게 풀릴지 예측할 수 있고, 내가 사는 모습을 보면 나의 미래를 짐작할 수 있다.

'지피지기백전불태^{知彼知己百戰不殆}'라는 말이 있다. 중국 전국시대에 편찬된 병서인 《손자孫子》에 실려 있다. "상대를 알고 나를 알면

백 번 싸워도 위태롭지 않다. 상대를 모르고 나만 알고 싸운다면 이기기도 하고 지기도 한다. 상대도 모르고 나도 모르고 싸운다면 싸울 때마다 반드시 패한다." 원래는 전쟁에 이기기 위한 전술을 기록한 것이지만 A-B-C-D 등급에 관해서도 그대로 타당하다. 경쟁에서 성공하려면 자신의 등급을 알고 상대방의 등급을 알아야 한다. 자신의 등급을 모르면 분수를 모르는 것이고, 상대방의 등급을 모르고 경쟁하면 무모하다. 사람에게 등급이 있다는 사실조차 모르는 사람은 백 가지에 도전하더라도 성공하기 어렵다.

A-B-C-D 등급을 알면 운명이 보인다. 당신은 어떻게 살고 있는가. 어떤 등급인지 생각해보았는가. 살아온 모습을 하나씩 들여다보면서 평가해보라. 혹시 C급이나 D급으로 살아오지는 않았는가. 나은 인생을 원한다면 등급을 올려 살아야 한다. B급은 인정받고 A급은 반드시 성공하게 되어 있다. 등급을 올리면 성공이 보인다.

A-B-C-D 등급을 알면 우리는 공산주의가 왜 잘못된 이념이고 공산주의가 지배하는 국가는 왜 무너질 수밖에 없는지도 알 수 있다. 공산주의는 개인의 창의나 노력과 관계없이 똑같이 분배한다고 선전한다. 노력해도 더 생기는 것이 없기 때문에 주민들은 되도록 일을 덜 하려고 할 것이다. 능력 있는 사람도 노력을 덜 하게 된다. 주민들이 '싸게 전략'으로 살게 된다. 공산주의는 모든 주민을 D급으로 만드는 시스템이다. D급 주민이 모인 나라는 D급 국가다. A급 국민이 주도하는 선진국과 경쟁 상대가 되지 못한다. 시간이 지나면 반드시 망한다. 북한이 붕괴할 수밖에 없는 근본 이유다.

　D급은 일을 덜 하려고 꾀를 부리기 때문에 철저한 감시가 필요하다. 공산국가에는 주민의 일거수일투족을 감시하는 기구가 필수적이다. 위반자를 적발하고 강하게 처벌해야 국가가 유지된다. 주민을 감시하고 통제하는 그룹에 권력과 부가 집중되어 그들은 귀족이 된다. 공산국가는 귀족계층 없이 유지될 수 없다.

공부하는 모습을 보면 성적이 보인다

공부는 과학이다. 학생의 성적은 지능이나 가정환경으로 정해지는 것이 아니라 공부의 양에 달려 있다. 공부하는 양은 공부하는 모습을 보면 알 수 있다. 공부하는 방법에도 A-B-C-D 등급이 있다. 각 등급은 다음과 같은 모습으로 나타난다.

D급

D급 학생은 부모나 선생님이 시키는 공부를 할 수 없이 억지로 한다. 공부를 열심히 하라는 말이 쓸데없는 잔소리로 들린다. 그런 소리를 들을 때마다 괴롭다. 공부가 재미없고 왜 해야 하는지 모른다. 공부는 할수록 손해라고 생각한다. 자식이 공부 잘하기를 부모도 바란다는 사실을 잘 알고 있지만 자신과는 상관없다. 자신을 위해 공부하는 게 아니라 부모의 잔소리 때문에, 집안의 평화를 위해 할 수 없이 한다.

D급 학생은 공부하는 척하는 것이 몸에 배어 있다. 공부하기 싫지만 부모는 자식이 공부하는 모습을 보아야 안심한다는 사실을 안

다. 부모와 자신을 동시에 만족시키려면 하는 척해야 한다고 속으로 타협한다. 부모의 눈을 피해 공부를 덜 하려고 갖은 요령를 피운다. 기왕이면 덜 피곤한 방법을 끊임없이 찾는다. 공부에 정신을 집중하지 않고 시간을 때우는 것이 습관이 된다. 머릿속에는 다른 생각이 돌아가고 있다.

학생 시절 경제마인드를 발동하기 쉽다. 경제마인드로 공부하면 D급 학생이 된다. 부모나 선생님이 책상에 앉으라고 말해도 공부하기 싫어 꾸물거린다. 해야 할 분량을 제때 하지 않아 진도가 항상 밀린다. 공부하는 척하면서 입으로는 열심히 한다고 말한다. 공부하지 않는 핑계를 찾고 핑계가 없으면 만들어낸다. 현재 공부할 수 없는 상황을 그럴듯하게 설명한다.

D급 학생은 부모나 선생님의 감시에 허점이 보이면 놀 궁리를 한다. 항상 빈틈을 노린다. 부모가 눈치 채지 않게 놀 수 있는 방법을 연구한다. 툭하면 공부하러 간다고 핑계대고 딴짓을 한다. 부모가 바빠서 신경쓰지 않으면 감시하는 사람이 없어졌다고 좋아하면서 놀자고 친구를 끌어들인다. 부모는 항상 자녀가 꾀부리지 않도록 머리를 써서 감시한다. 부모와 자녀 사이에 머리싸움이 벌어진다. 부모가 맞벌이를 하느라고 감시하기 어려운 처지라면 자식은 공부를 팽개치는 쪽으로 간다.

D급 학생이 의외로 많다. 2009년 가을 신종플루가 유행했다. 전국적으로 11명 이상이 사망해서 국가적으로 비상이 걸리기도 했다. 그 당시 초등학교에 유난히 많이 퍼졌다. 신종플루에 걸리려고 애쓰

는 아이들이 많았다. "기침을 하거나 열이 나는 친구 옆에 붙어 다니고, 운동을 한 뒤 손을 안 씻는 것은 물론 감기 걸린 학생이 쓴 마스크를 빼앗아 착용한다는 아이까지 있었다."(노컷뉴스, 2009년 9월 30일) "요즘 일부 청소년들이 학교 가기 싫다는 이유 하나로 신종플루에 일부러 걸리는 방법을 서로 알려준다고 합니다."(MBC 뉴스, 2009년 11월 3일) 대학가에는 더 심각한 일도 벌어졌다. "이제는 대학생들까지도 신종플루 또는 감기 진단서를 위조해서 학교에 빠지는 사례가 늘고 있다고 하네요. … 최근 신종플루가 확산되자 결석을 해도 신종플루나 감기 진단서를 제출하면 출석으로 처리해주면서 강의실마다 이런 광경이 벌어지고 있습니다."(MBC 뉴스, 2009년 11월 13일)

어린 학생이 신종플루에 걸리고 싶어 하는 것은 나름대로 치밀한 계산에서 나온 행동이다. 의료보장이 발달한 우리나라에서 그쯤 걸려도 죽을 가능성은 거의 없다. 공부는 해봤자 별거 아니고 적게 할수록 이익이라는 생각을 학생이 행동으로 옮기는 것뿐이다. 학교를 쉴 수 있다면 무슨 짓이라도 하겠다는 학생의 미래는 심히 걱정스럽다.

D급 중에는 머리 좋은 학생이 많다. 꾀를 부리니 잔머리가 발달한다. 그러나 노력의 법칙은 정직하다. 공부를 덜 하면 점점 처지게 된다. 해야 할 공부도 제대로 하지 않으니 성적이 남보다 못하게 된다.

C급

C급 학생은 공부를 시키면 꼬박꼬박 하겠다고 생각한다. 묵묵히 시키는 공부를 한다. 부모가 공부하라고 하면 바로 책상에 앉는다. 도서관

가라고 하면 군소리 없이 출발한다. 부모가 보지 않더라도 시키는 공부를 한다. 공부한다고 핑계를 대고 부모 눈을 피해서 놀러가는 일도 거의 없다. 공부하라는 부모 말이 듣기 싫다고 대드는 법도 없다. 얼른 보기에는 딱히 나무랄 데가 없다. 부모에게 큰 걱정을 끼치지 않는다. 성실하고 모범적인 학생으로 보인다.

하지만 C급 학생에게 무언가 중요한 것이 부족하다. 시키지 않는 공부는 절대로 하지 않는다. 학교나 학원에서 가르치는 책만 공부한다. 성적 향상에 도움이 될 법한 참고서가 있다는 것을 알지만 공부하라고 시키지 않으면 관심 밖이다. 공부 범위를 다 공부했다는 생각이 들면 떳떳하게 논다. 왜 노냐고 물으면 큰소리로 말한다. "하라는 거 다 했어요."

공부하지 않으려고 일부러 꾀를 부리지는 않지만 자기 뜻과 관계없이 공부할 수 없는 상황이 벌어지면 거리낌 없이 논다. 태풍이 와서 학교가 문을 닫으면 만세를 부른다. 휴교하는 동안 스스로 진도를 나갈 생각은 하지 않는다.

C급 학생은 열의가 없다. 스스로 공부하겠다는 생각이 전혀 없다. 잘하려는 의욕도 없고 남보다 더 공부하겠다는 생각도 없다. 학생의 본분을 지킨다는 생각은 가지고 있지만 학생의 기본 도리 이상을 하겠다는 생각은 없다.

C급 학생은 나름대로 열심히 하고 있다고 생각할지 모르지만 다른 학생이 하는 것과 차이가 없다. 학교에서 시키는 공부는 중간 수준에 맞추기 때문에 그것만 다 한다고 우수한 결과를 기대할 수 없다.

이러니 중간을 가기에도 급급하다. C급 학생은 우등생이 되기 어렵다. 남만큼 공부하고도 중간 이상의 성적이 나온다면 대단히 우수한 학생이다. 그렇지만 머리를 믿거나 요령을 부리면 성적은 점점 아래로 떨어질 것이다.

조금 심한 C급 학생은 부모나 선생님이 공부하라는 잔소리를 멈추면 게을러지기 시작한다. 계속 잔소리를 해야 공부를 멈추지 않는다. 나이를 먹어도 초등학생처럼 항상 부모가 일일이 신경써야 한다. 한 가지 말하고 한 가지 챙겨주지 않으면 움직이지 않는다. 이런 자식을 둔 부모는 피곤하다.

B급

B급 학생은 C급보다 낫다. 공부를 시키면 제대로 하려고 애쓴다. 건성으로 듣지 않고 부모나 선생님의 뜻을 헤아린다. 공부할 때는 주의를 집중한다. 책에 쓰인 내용이 무슨 의미인지 이해하려고 노력한다. 수업시간에 잘 모르는 것이 있으면 그냥 넘어가지 않고 친구나 선생님에게 물어본다. 선생님의 실수를 제대로 알아듣고 "혹시 이런 뜻이 아니냐"고 확인하기도 한다. 공부하다 어려운 부분이 나타나도 그냥 넘어가지 않는다. 물어보거나 찾아보거나 한 번 더 생각해서 알고 넘어가려고 노력한다. 어려운 부분은 표시해두었다가 다시 읽고 풀어보고 이해하려고 한다.

B급은 잘해보려는 자세가 되어 있다. 남보다 공부를 열심히 할 생각을 한다. 주위 학생보다 더 노력하는 모습이 보인다. 같은 책을 남

보다 한 번 더 읽고, 같은 문제를 한 번 더 풀고, 같은 단어를 한 번 더 외우려고 한다. 어차피 할 공부라면 꾸물거리지 않는다.

부모가 한 마디만 해도 알아듣고 움직이기 때문에 부모를 편하게 해준다. 부모가 감시하지 않아도 꾀부리지 않는다. 남들보다 더 공부하니 중간 이상의 성적을 낸다.

A급

A급 학생은 스스로 공부한다. 나름대로 자기주도적 학습을 실천한다. 인생 진로도 알아서 계획한다. 꿈을 찾고 그것을 이룰 수 있는 방법도 스스로 찾는다. 어느 학교, 어떤 학과로 진학해야 할지 관심을 가진다.

어떻게 하면 좋은 성적을 올릴 수 있는지 끊임없이 궁리한다. 어떤 시험이든지 시험 방향을 파악하고 그 방향에 맞추어 공부한다. 시험문제가 어떻게 나오는지 분석하고, 그것에 대비하려면 어떻게 공부해야 하는지 궁리한다. 기출문제를 풀어보면서 출제자의 의도와 출제 방향을 파악하고 문제를 잘 풀려면 어떻게 공부해야 하는지 생각하면서 공부한다. 책을 읽을 때는 저자의 입장에서 이해하려고 노력하고, 답안을 쓸 때는 출제자의 의도를 생각하고 작성한다.

공부 계획은 스스로 세운다. 시험 볼 때까지 남은 기간과 그때까지 공부해야 할 범위를 따져보고 매일 공부할 분량을 계산해서 진도를 나간다. 학교 진도가 느려도 집에서 꾸준하게 진도를 나간다. 학교가 쉬더라도 공부의 진도는 멈춤이 없다.

선생님이 시키지 않은 공부도 성적을 올리는 데 필요하다면 스스로 한다. 학교 공부만 해서는 안 된다고 판단되면 보충하려고 한다. 시험 준비에 부족한 부분이 무엇인지 파악하고, 그런 부분은 누가 공부하라고 시키지 않더라도 알아서 공부한다. 남들이 좋다고 하는 참고서는 선생님이 보라고 하지 않아도 구해서 공부한다.

어떻게 하면 점수를 조금이라도 더 받을 수 있는지 끊임없이 생각한다. 시험을 잘 치는 방법, 공부를 효율적으로 할 수 있는 방법을 항상 생각한다. 책상을 떠나도 그런 생각이 무의식적으로 돌아간다.

A급 학생은 부모나 선생님을 편하게 해준다. 성적도 오르고 칭찬도 받는다. 알아서 하니 믿음직스럽다. 어떤 시험이든지 스스로 준비하면 성공할 수 있다. 고시처럼 혼자서 해야 하는 공부에 특히 좋은 성적을 거둘 수 있다.

스스로 말하기는 좀 뭣하지만, 돌이켜보면 나는 A급 학생이었던 것 같다. 학교에서 가르치는 공부뿐 아니라 내 스스로 공부할 것을 찾아서 공부했다. 어떤 시험을 준비하더라도 먼저 기출문제를 반드시 구해서 풀어보았다. 내가 보던 기본서로 풀 수 없는 문제가 있다면 어떤 참고서로 보충하면 되는지 알아보았다. 남들이 좋다는 책은 보려고 했다. 지방에서 다녔던 중학교 시절에도 내가 가고자 했던 서울 지역 고등학교 입시 기출문제집을 구해서 풀어보았다. 선생님이나 부모님이 나에게 어떻게 공부하라고 말한 적이 거의 없다.

나는 공부 방법도 스스로 궁리했다. 중학교 졸업 25주년 사은회에 참석했을 때 국어선생님이 나에게 말했다. "내가 너를 꼭 한번 때려주려고 했는데 못 했다.”“왜 그러셨어요?”“국어시간에 네가 국어책 밑에 다른 과목 책을 놓고 살짝살짝 보고 있는 걸 눈치 채고 나서 본때를 보여주려고 그랬다.” 하도 오래된 일이라 나는 기억하지 못했다. “제가 그랬나요. 죄송해요.”“그런데 내가 기습적으로 앞에서 가르친 내용을 물어봤지. 네가 대답을 잘하더라. 그래서 못 때렸다.”

내가 왜 그때 책 두 권을 놓고 공부했을까. 아마도 입시준비를 하기에 절대시간이 모자랐을 것이다. 학교 수업이 밀도 있게 나가지 않을 때, 이미 집이나 학원에서 공부한 것을 학교에서 가르칠 때 수업시간에 조는 학생이 많다. 하지만 나는 시간이 아까워 단어 하나라도 더 외우려고 했던 것 같다. 하루 24시간은 똑같지만 나는 같은 시간에 남보다 더 공부한 셈이었다. “공부는 무식하게 그저 하면 되지”라고 생각할지 몰라도 학생마다 공부 방법에서 등급의 차이가 난다.

좋은 성적을 올리려면 공부 외적인 것에도 신경을 써야 한다. 예를 들어, 시험 준비할 때 필요한 바이오리듬 조절도 중요하다. 시험이 다가오면 수험생은 긴장하게 되고 신경이 예민해진다. 신경성 설사가 나타나기 쉽다. 시험 치는 도중에 설사기가 느껴지면 시험에 집중할 수 없어 시험을 망치기 쉽다. 따라서 신경과민으로 나타나는 생리현상을 막는 것은 중요한 사항이다. 그러나 신경과민 현상을 방지할 수 있는 묘책을 말해주는 선생님은 없다. 시키는 대로만 하는 C급, D급 수험생은 스스로 해결 방법을 생각하지 않고 시험 때마다 고생한다.

내가 생각해낸 방법은 규칙적인 생활로 바이오리듬을 조절하는 것이다. 시험 날짜가 한 달 앞으로 다가오면 바이오리듬 조절에 들어간다. 자극 있는 음식을 피하고 음식 종류를 일정하게 한다. 그리고 식사시간도 일정하게 한다. 일정한 시간에 취침하고 기상한다. 규칙적인 생활은 바이오리듬을 일정하게 만들기 때문에 뱃속이 편해진다. 이렇게 노력하면 화장실 가는 시간을 오후로 바꿀 수 있다. 그러면 시험 보는 중에 설사가 나오는 일을 최대한 막을 수 있다.

사는 모습을 보면 인생이 보인다. 공부하는 모습을 보면 성적이 보인다. A급으로 공부하면 최상위권에 들게 된다. B급으로 공부하면 동네 우등생이 되고, C급으로 공부하면 중간은 가지만 남보다 잘하기는 어렵다. D급으로 공부하면 하위권에서 맴돌게 된다. 학생이 공부를 잘하려면 공부 방법의 등급을 올려야 한다.

부모가 사는 방법도 학생에게 영향을 준다. "공부 잘해라." "스스로 공부해라." 부모가 자녀에게 좋은 말을 끊임없이 할지 몰라도 자녀는 부모를 보고 자란다. 부모 자신은 C급이나 D급으로 살면서 자식을 A급이나 B급으로 만들겠다고 하는 것은 무리가 있다. 자식이 A급이나 B급 되는 것은 부모의 말만 가지고 될 일이 아니다. 부모가 모범을 보여야 한다.

가장 중요한 것은 아이의 가슴에 간절한 꿈이나 불타는 목표를 심어서 스스로 공부하려는 에너지가 넘치게 해야 한다. 어려운 집안 출신으로 성공한 많은 사람은 부모가 가정형편이 닿지 않는다고 공부를 말리더라도 "아버지보다 더 잘살겠다", "동네 사람보다 더 잘살겠다"는 집념으로 자신의 꿈을 찾아 열심히 공부하고 인생을 치열하게 산 사람들이다.

공부 방법을 바꾸지 않으면 성적이 바뀌기 어렵다. 부모가 무조건 열심히 공부하라고 야단만 치면 듣기 싫은 잔소리에 불과하다. 부모가 자식에게 해줄 수 있는 최선의 양육은 사는 방법의 등급을 올리도록 지도하는 것이다.

일하는 모습을 보면 몸값이 보인다

 직장에 다니는 사람은 하루하루가 똑같아 보인다. 열심히 일해봤자 상사가 알아주지 않는 것 같다. 똑같이 일하고 있는 입사동기생들 중에 자기가 특별히 잘될 것 같아 보이지도 않는다. 희망이 보이지 않는다. 세월이 흘러도 달라질 것 같지 않은 인생이 지겹게 느껴진다. 적당히 일하고 편하게 살자는 유혹에 굴복하기 쉽다.

 하지만 상사는 아랫사람이 일하는 모습을 보고 마음속으로 등급을 매기고 있다. 일하는 모습을 보면 A-B-C-D 등급이 확실하게 구별된다. 등급별로 일하는 모습에 일관된 패턴이 보인다. 지켜본 시간이 짧으면 금방 식별하기가 어려울지 모르지만 시간이 지날수록 등급 차이는 점점 또렷해진다. 직장인의 운명을 결정하는 선택의 순간이 오면 선택권을 가진 사람은 그동안 지켜본 모습을 보고 결정한다. 그때 후회하면 늦다.

D급

D급 직장인은 시키는 일을 마지못해 할 수 없이 하는 사람이다. 어느 직장이나 D급 직장인이 많이 있다. D급은 선천적으로 게으르거나 무능한 사람이 아니다. 경제마인드를 발동하기 때문에 노력을 덜 하고 사는 것이다. 일해봤자 뻔하다고 생각한다. 시키지 않은 일은 절대로 하지 않는다. 시키더라도 하는 방법까지 가르쳐주지 않으면 움직이지 않는다. 하는 방법을 가르쳐주더라도 잘 모르는 부분이 있으면 일을 하지 않고 가만히 있다가 "어디까지 했느냐"고 묻는 상사의 말에 "몰라서 못 했다"고 핑계를 댄다. "모르면 왜 물어보지 않았느냐"고 묻는 말에 "바쁘신 것 같아서 미처 물어보지 못했다"고 말한다.

되도록 일을 덜 하고 편하게 지내고 싶어 한다. 일을 시키면 핑계를 찾는다. 핑계가 되는 문제점을 귀신같이 찾아낸다. 하는 방법을 알 때는 조금 덜 하는 방법을 궁리한다. 업무상 당연히 해야 할 일도 피하려고 애쓴다. 누가 좋은 사업거리를 제안하더라도 반가워하지 않는다. 자기 일만 늘어난다고 생각하기 때문이다. 심지어 회사에 도움 되는 일, 필요한 일도 상사에게 보고하지 않고 뭉개는 경우가 많다.

D급에게 지시하면 그때 딱 한 번 하고 머리에서 지워버린다. 상사는 한 번 이야기하면 당연히 다음번에도 할 것으로 알지만 아랫사람은 다음에 똑같은 상황이 벌어져도 또 지시하지 않으면 움직이지 않는다. 부하에게 "왜 이런 것도 하지 않았느냐"고 화를 내면 부하는 상사가 시키지 않았다고 항변한다. 상사는 실망하고, 부하는 상사가 시키지 않고 책임을 전가한다고 속으로 욕한다.

D급은 일을 몸으로 하기보다 입으로 한다. 말은 잘하지만 남보다 해내는 일은 적다. 보고도 제때 하지 않는다. 상사가 일일이 보고해야 할 사항을 정해주어야 한다. 상황이 터질 때마다 욕을 먹지만 미리 움직이는 법은 없다. 스스로 보고하지 않기 때문에 상사가 수시로 어디까지 했는지 일일이 챙겨야 한다. 보고하라고 지시해야 보고한다. 보고해서 일이 더 많아지면 힘들기 때문에 골치 아픈 일이나 새로 발생한 일은 되도록 감추려고 한다. 작은 문제점을 감추다가 큰 사고가 터져 기업이 낭패를 보기 쉽다. 해야 할 일도 하지 않기 때문에 불성실하다는 평가를 받는다.

D급 직장인은 지시받은 일만 하면 된다는 생각을 버리지 못한다. 스스로 해야 할 일이 무엇인지 생각하지 않는다. 상사가 챙기거나 감시하지 않으면 일을 하지 않는다. 일이 내키지 않아서 지시를 받아도 항상 꾸물거린다.

D급은 출근 시간이 조금 지나야 나타나는 습관이 있다. 남보다 먼저 출근하거나 남보다 일을 빨리 하면 손해라고 생각한다. 상사가 자리를 비우면 좋아한다. 시키지 않으면 자유시간인 것처럼 생각하고 개인적으로 하고 싶은 것을 한다. 자신이 놀고 있는 것을 상사가 알지 못하게 꾀를 부린다. 자기는 성실하게 일하고 있는 것처럼 위장한다. 열심히 일하는 것처럼 거짓말을 한다. 시간이 지나면 상사는 부하가 꾀를 부리는 모습을 본다.

D급은 자세히 설명해주지 않으면 움직이지 않는다. 설명해주어도 관심 가지고 듣지 않기 때문에 상사가 여러 번 이야기해야 한다. 상

사는 이런 부하를 보면 안심하지 못하기 때문에 세세한 것까지 잔소리하게 된다. 어디까지 일의 진도가 나갔는지 수시로 확인해야 한다.

D급 직원에게 새로운 업무를 맡기면 상사가 답답해서 못 견딘다. 처음부터 끝까지 어린 아이처럼 설명해주지 않으면 새로운 업무를 할 엄두조차 내지 않는다. 같은 지시를 반복하기 때문에 부하도 듣기 싫어하고 상사도 힘들어한다. 부하는 자기가 D급이기 때문에 이런 대우를 받고 있다는 사실을 인정하지 않는다. 부하는 상사가 까다롭고 잔소리로 괴롭힌다고 생각한다. 상하관계는 갈등의 연속이다.

D급은 억지로 일하기 때문에 즐거운 기분이 나지 않는다. 스트레스를 가장 많이 받는다. 남들 보기에는 아무것도 아닌 일도 힘들어한다. 일의 강도가 조금이라도 올라가면 싫은 표정을 짓는다.

D급도 세부 등급이 있다. 조금 나은 D+급 직원은 하려는 폼은 잡지만 놀 수 있는 기회를 포착하면 놓치지 않는다. 놀다가 들켜서 야단맞으면 그래도 반성하는 자세를 보여 다행이다. D0급은 노는 것을 감추려고 거짓말을 습관적으로 한다. 가장 나쁜 D-급은 되도록 일하지 않는 것을 신조로 삼는다. 항상 게으르게 지내면서도 하는 척한다. 지시를 받아도 그 자리에서만 듣는 척하고 자리를 뜨면 머릿속에서 지워버리고 움직이지 않는다. 심한 경우는 지시를 해도 못 알아듣는 것처럼 계속 물어본다. 상사는 설명하다가 지쳐서 차라리 시키지 않는 편이 낫겠다고 생각한다. 시키기를 포기하고 그 직원은 없는 셈 친다.

D급 직원에게 새롭거나 복잡한 일을 맡기면 제대로 되지 않는다. 상사는 D급 부하에게 단순 업무나 계속 해오던 업무만 맡겨 반복

해서 하도록 하는 게 마음 편하다고 생각한다. 스스로 새로운 업무를 하려 하지 않으니 인생에 변화가 없고 발전도 없다. 직장에서 업무가 늘거나 새로운 업무가 생기면 D급 직원이 할 수 없기 때문에 사람을 더 뽑아야 한다.

D급 직원은 몸값을 바라는 만큼 받을 수 없다. 상사는 D급 직원에게 급여를 올려주고 싶은 생각이 들지 않는다. 승진도 어렵다. 지금 업무도 제대로 못 하는 직원이 승진하면 더 골치 아플 것이다. 직장에서는 알아서 나가주기를 바란다. 그러나 이런 직원은 다른 곳에 가봤자 별 볼일 없다는 것을 알기 때문에 나가려고 하지 않는다. 일하는 데 힘을 쏟는 게 아니라 나가지 않으려고 애쓴다.

한 번이라도 직장에서 밀려났다면 뼈아픈 경험으로 삼고 반성하라. 밀어낸 사람을 욕하고 원망하기 전에 자신에게 무엇이 잘못되었는지 찾아 고칠 생각을 하라. 대개 문제는 상대방에게 있지 않고 자신에게 있다.

C급

C급 직장인은 시키는 일만 꼬박꼬박하는 사람이다. 출퇴근 시간도 정해진 대로 한다. 일찍 나오는 법은 없다. 하는 방법을 가르쳐주면 가르쳐준 대로만 한다. 자기 스스로 생각하지 않는다. 한 마디를 하면 한 걸음만 간다는 자세를 가지고 있다. 시키지 않는 것은 절대도 하지 않겠다는 정신무장이 되어 있다. "내가 한 일이 아니라서", "내가 담당이 아니라서"라는 말을 밥 먹듯이 한다. 상사가 일을 시켜도 본래 누

가 해야 할 일인지 따지기도 한다. 자기 책임이 없다면 직장에 급한 일이나 위태로운 일이 발생해도 보고하지 않는다. 심지어 사무실에 불이 난다고 해도 자기가 낸 불이 아니면 끄려 하지 않을 사람이다.

일을 시키면 하기는 하지만 구체적인 지시에서 빠진 사항은 회사에 필요하다고 느껴도 하지 않는다. 문제점을 인식하더라도 사고가 나기 전에는 점검하지 않는다. 사고가 터질 때까지 가만히 앉아 기다린다. 일이 터져도 상사가 챙겨야 보고한다. 보고하더라도 대책이나 대안 없이 상황만 보고한다. 보고한 후 상사의 지시만 기다린다. 지시가 올 때까지 임시조치하려고 하지 않는다. 지시해야 수습에 나선다.

시키는 사람이 자리를 비우면 안 해도 된다고 생각한다. 상사가 출장 가거나 바빠서 지시하지 않으면 급한 상황도 처리하지 않는다.

자기가 일을 제대로 하는지 생각하지 않고 상사가 부족한 점은 잘 찾아낸다. 상사가 잘못 가르쳐주더라도 아무런 생각 없이 그대로 실행한다. 잘못되더라도 시킨 상사가 책임질 일이라고 생각한다. 상사가 실수하면 결과에 그대로 나타나서 낭패를 보게 된다. 상사는 C급 직원과 일할 때 긴장을 늦출 수 없다. C급 직원은 지시가 잘못되었다는 사실을 알아도 상사에게 말하지 않는다. 상사가 현장 상황을 깨닫지 못할 때도 제대로 파악하도록 나서지 않고 상사가 실상을 잘 몰라서 엉터리로 지시한다고 뒤에서 흉본다.

상사의 지시를 일회성으로 받아들인다. 다음에 똑같은 상황이 벌어져도 상사가 같은 지시를 또 하지 않으면 움직이지 않는다. 한 번 지시한 사항도 그때만 넘기면 된다고 생각한다. 상사는 부하가 비슷한 상황에서 똑같은 지시를 또 해야만 움직인다는 사실을 알게 된다. 상사는 부하에게 "다음에 이 같은 상황이 벌어지면 내가 지시를 하지 않더라도 똑같이 하라"고 여러 번 지시해야 한다.

C급 직원은 자기는 성실하다고 생각하지만 상사는 답답하다. 상사가 부하에게 할일의 내용과 하는 방법까지 일일이 설명해주어야 하고 진행사항을 챙겨야 한다. 부하는 자기가 C급이기 때문에 이런 대우를 받고 있다는 사실을 잘 모른다. 양질의 C급 직원은 잔소리하는 상사에게 군소리 없이 순종하지만 인내심이 부족한 부하는 참지 못하고 상사에게 대들기도 한다.

C급 직원은 일이 있다는 것을 알아도 상사가 시키지 않으면 미리 준비하는 법이 없다. 업무가 코앞에 닥쳐야 파악에 나선다. 급한 업무가 생기면 허둥지둥 헤맨다. 상사는 하는 일이 많기 때문에 부하에게 모든 것을 자상하게 가르쳐줄 만한 시간이 없다. 방법까지 설명할 시간이 없다. 상사는 시킬 시간이 부족하기 때문에 C급 직원에게 많은 일을 시킬 수 없다. 상사가 일일이 신경쓰고 챙겨야 하기 때문에 피곤하다.

C급 직원도 등급이 있다. C⁻급은 하라고 지시를 받고서도 하는 방법을 모르면 물어보지 않고 가만히 있다가 나중에 상사가 처리했냐고 물어볼 때 "어떻게 하라고 알려주지 않아서 못 했다"고 대답한다. C⁰급은 지시를 받으면 한다는 원칙이 있지만 시키는 것만 듣고 방법을 모를 때 자기 생각대로 편하게 처리한다. C+급은 방법을 모르면 상사를 귀찮게 해서라도 물어보고 한다. 사고가 터질 때 보고하라는 지

시가 없어도 제때 보고하는 사람은 그나마 양질이다. C급 직원을 상대로 지시할 사항을 상세한 매뉴얼로 만들어 교육시키고 제대로 지키는지 감시하는 방식이 직장이 무리 없이 돌아가는 시스템이 된다.

C급은 안 할 수 있으면 안 한다는 사람이다. C급 부하에게 축하 화분을 누구에게 보내라고 지시하면 받을 사람의 주소를 가지고 있지 않으면 보내지 못한다. 인터넷에 들어가서 주소를 찾거나 상대방에게 물어서 보낼 생각을 하지 않는다. 심한 경우는 부하가 바쁜 상사에게 물어보고, 상사가 인터넷에서 주소를 찾아서 알려주는 일도 생긴다. 상사와 부하의 역할이 바뀐 것도 모른다. C^0형은 상사의 생각과 달리 자기 생각대로 하기 때문에 가끔 엉뚱한 결과를 만들어낸다. 때로는 안 하니만 못한 경우가 있다.

C급의 근본 문제는 제대로 하거나 잘하려는 생각이 없다는 점이다. 그런 생각이 없기 때문에 결과가 신통하지 않다. 어떤 일을 맡겨도 항상 그 자리에 머물지 발전이 없다. 시키는 것만 하기 때문에 다른 부서에서 무슨 일을 하는지 관심이 없다.

C급 직원도 D급과 마찬가지로 몸값을 올리거나 승진하기 어렵다. 승진하면 자기가 하던 업무뿐 아니라 옆 부서 업무까지도 챙겨야 하지만 C급 직원은 마음의 준비가 되어 있지 않다. C급 직원이 승진하면 소관 업무를 파악하는 데 시간이 많이 걸린다.

C급 직원은 스스로 성실하다고 생각하지만 상사는 기대한 만큼 인정해주지 않는다. C급 직원은 노동시장에서 쉽게 구할 수 있다. 회사는 또 다른 C급으로 쉽게 바꿀 수 있기 때문에 몸값이 높지 않다.

특히 벤처 기업과 같이 성과급이 중요한 직장에서는 성과급이 별로 나오지 않는다. 열심히 일한다고 생각하지만 대우를 받지 못하기 때문에 불만이 쌓여간다

B급

B급 직장인은 시키는 사람의 의도까지 파악해서 제대로 하려고 하는 사람이다. 시키는 것은 기본이고 그 이상을 생각한다. 상사가 자리를 비워도 제 할일을 한다. 한 마디를 하면 한 걸음만 가는 게 아니라 상사의 뜻이라면 한 마디를 해도 열 걸음을 간다. 상사가 일처리 하는 방법을 가르쳐주지 않더라도 자기 선에서 방법을 알아보면서 한다. 상사의 의도가 불명확할 때는 물어서 확인한다. 상사의 지시에 실수가 있는 것을 발견하면 되물어 올바른 지시를 받도록 한다. 상사가 바닥 현실을 모르면 설명하여 이해를 구한다. 지시받은 것보다 나은 대안이 있으면 스스로 대안을 건의한다. 상황이 변하거나 지시를 받은 일에 문제가 터지려고 하면 상사에게 미리 보고한다. 상사가 시키는 일에 어려운 부분이 있더라도 되게 하는 방안을 강구한다.

　형식적으로 규정을 지키기보다는 일이 이루어지도록 하는 것에 우선을 둔다. 9시까지 출근하라고 지시받았더라도 일을 준비하기 위해 필요하다면 미리 출근하고, 정해진 퇴근시간이 있다고 하더라도 마무리를 제대로 한 다음 퇴근한다. 다음 날 조금 일찍 와서 준비할 수 없는 상황이라면 준비를 전날 미리 해놓고 퇴근한다.

　상사가 한 번 지시한 사항은 기억했다가 같은 상황이 또 벌어지

면 따로 지시하지 않더라도 알아서 움직인다. 일을 시키면 중간에 진행 상황을 보고한다. 상황이 비슷하지만 약간 다를 때에는 상사에게 현재의 상황과 종전 상황과의 차이점을 보고하고 어떻게 대처해야 하는지 물어보면서 행동한다.

남보다 더 많은 시간을 일하고, 정신을 더 집중해서 일하려고 한다. B급 중에서도 B+급 직원은 일을 잘하려는 자세를 가지고 있다. 남보다 더 나은 결과를 이루려고 궁리한다. 잘하려는 생각이 있고 그렇게 하기 때문에 좋은 결과를 얻고 인정을 받는다. 한 번 말해도 알아듣고 움직이기 때문에 상사를 편하게 해준다. 상사의 사랑을 받는다.

일이 힘들면 불평하는 게 아니라 문제점을 개선하려고 노력한다. 업무를 효과적이고 능률적으로 처리하는 방법이 무엇인지 궁리하고 개선점을 찾으려고 한다. 일상적으로 되풀이되는 업무라고 하더라도 전임자보다 잘하려고 한다. B+급은 나중에 그 일을 담당하는 다른 직원들이 편하도록 개선점을 매뉴얼로 만들어나간다.

B급 직원과 일해본 상사는 다른 부서로 가더라도 B급 직원을 데리고 가고 싶어 한다. 직장 안에서 B급 직원 쟁탈전이 벌어진다. B급 직원은 승진에 유리하다. 상사의 지시를 잘 이해하고 제대로 실행하기 때문에 B급 직원은 상사가 부리기 편하다. 상사는 자기가 승진하면 자기 말귀를 알아듣는 이런 직원을 밑에 두고 싶어 한다. B급 직원이 힘 있는 상사와 인연을 맺으면 같은 라인을 타고 올라가면서 승승장구하게 된다. B급 직원은 몸값이 높다. 상대적으로 귀하기 때문이다. 대우를 더 해주더라도 데리고 있고 싶어 한다. 다른 곳에서 스카우트해가

지 않도록 하려면 몸값을 제대로 주어야 한다.

A급

A급 직원은 시키지 않아도 할일을 스스로 하는 사람이다. 직장에서 소속 부서, 맡은 직분에서 자기가 마땅히 해야 할 일이 무엇인지 파악하고 상사가 시키지 않더라도 알아서 한다. A급 직원은 열심히 하면 직장에서 임원이 될 수 있다는 꿈을 가지고 있다. 설사 다른 직장으로 옮기거나 직접 사업을 하게 되더라도 열심히 하면 이 직장에서 열심히 일한 경험이 성공에 밑거름이 될 거라는 확신을 가지고 산다.

A급은 해야 할 일의 범위를 좁게 생각하지 않는다. 꼭 해야 하는 일만 하는 게 아니라 직장에 도움이 되는 일은 '할 수 있는 한' 한다는 자세를 가지고 있다. 자기 눈에 띄는 일, 자신의 역할에서 할 수 있는 일은 찾아서 한다. 할 만한 일이 찾아지면 좋아한다. 직장 일을 자기 일처럼 신경쓴다. 일해야 할 때가 되면 알아서 움직인다. 내년도 사업계획을 세울 때가 되면 상사가 채근하지 않더라도 제때 준비한다. 상사가 시키고 독촉할 때 끌려 다니는 게 아니라 미리 해서 차질 없도록 한다. 책상에 서류를 되는 대로 널려놓는 게 아니라 일하기 편하도록 정리하는 습관이 있다.

출근 시간에 구애받지 않고 일한다. 어느 시점까지 일을 반드시 완료해야 한다면 나와서 일하라고 시키지 않아도 휴일에도 나와 일한다. "지난 한 주일 근무시간에 열심히 일했지만 워낙 시간이 부족해서 마치지 못했습니다"라고 하지 않고 어떻게든 월요일이 되기 전에 마무리하도록 최선을 다한다.

상사가 한 번 지시한 사항은 건성으로 듣지 않고 반드시 기억한다. 대개 메모하는 습관이 있다. 같은 지시를 두 번 하지 않아도 된다. 한 번 지시하면 그런 지시를 하게 된 뜻을 이해하려고 한다. 같은 상황이 또 벌어지면 상사가 지시하지 않더라도 당연히 알아서 움직인다. 상황이 비슷하지만 약간 다를 때에는 나름대로 어떻게 해야 할지 검토한 다음 상사에게 현재의 상황과 종전 상황과의 차이점뿐만 아니라 그 상황에서 취할 수 있는 대안을 나름대로 생각해서 보고한다. 그리고 상사에게 어느 대안을 실행하는 것이 좋을지 선택을 구한다. 상사가 관심 가지는 사항은 미리 챙긴다.

평소에 상사의 마음을 읽도록 노력한다. 상사가 원하는 일, 상사가 필요로 하는 일을 파악한다. 어차피 상사가 시킬 거라고 생각되는 일은 시키기 전에 준비하고 움직인다. 상사가 좋아할 일이라면 만들어서라도 한다. 자기가 맡은 분야에서 상사가 중요하다고 생각할 만한 사항을 점검하고 우려되는 사항이 있으면 미리 대책까지 포함해서 보고한다. 상사가 물어보기 전에 상사의 관심 사항을 평소에 챙겨놓는다. 상사가 불러서 질문하면 답변이 바로 나온다. 상사가 시키지 않아도 상사를 기쁘게 할 수 있는 일을 하려고 노력한다.

A급은 일이 힘든 것은 마찬가지지만 목표를 스스로 달성해나가는 것에서 보람을 느낀다. 일이 달성되는 것에 성취감을 느낀다. 힘든 속에서도 쾌감이 크다. 일을 피하지 않고 새로운 일을 찾아 나서는 것이 즐겁다.

A급 직원은 새로운 업무를 맡게 되더라도 준비하는 습관이 있다. 다른 부서로 옮기거나 승진할 때 자기가 맡을 업무를 전임자나 다른 사람들에게 물어서 미리 파악한다. 남보다 업무를 인수인계하는 시간이 짧고, 준비를 빨리 하기 때문에 바로 강도 높은 업무를 시작할 수 있다.

A급 직원도 나누자면 세 가지 타입이 있다. A+급은 상사가 미처 생각하지 못하는 사항까지 궁리해서 하고, 기존에 없는 것까지 새로 만들어서 하는 사람이다. 고객이 원하는 것까지 미리 생각할 수 있다면 사업도 성공할 자격이 있다. A0급은 완전히 새로운 것을 생각해내는 능력은 부족하지만 조금씩 나아지려는 시도를 끊임없이 하는 사람이다. 처음에는 주목받지 못할지라도 시간이 지나면 확실하게 달라지기 때문에 인정받는다. A-급은 개선의 노력은 부족하지만 상사가 맡기는 일은 일일이 지시하지 않더라도 챙기기 때문에 집사 역할에 적합하다. 상사가 한 번 시킨 일은 앞으로도 시킬 수 있다는 생각으로 계속 챙긴다. 두 번 같은 말을 하게 하지 않는다.

A급 직원은 믿음직하다. 시키지 않아도 스스로 상황에 대처하기 때문에 상사가 안심할 수 있다. 많은 일을 맡겨도 마다하지 않고 힘든 일도 어떻게든 해보려고 노력한다. 아무리 평가에 엄격한 상사라고 하더라도 A급은 좋아하고 칭찬하게 된다. 상사가 승진했을 때 자기 자리에 끌어다놓고 싶어 한다. 다른 회사에서도 스카우트 제의가 온다. A급은 몸값이 높다. A급은 세상에서 희귀한 만큼 대우를 받는다. 몸값이 높아도 그 이상 성과가 나오기 때문에 아무리 대우를 잘해주어

도 아깝지 않다.

A급으로 사는 모습은 시간이 갈수록 널리 알려지기 때문에 아무리 큰 회사라고 하더라도 결국 임원이나 최고경영자의 귀에 들어간다. 생각지도 않게 발탁 승진되는 기회가 생긴다. A급 직원은 누가 시키지 않아도 잘하는 사람이기 때문에 승진을 거듭하다가 CEO의 지위에 오를 가능성이 있다. 자기 사업을 시작하더라도 성공할 가능성이 크다. 무엇을 하든지 A급 방식으로 일하고 A급 결과가 나오기 때문에 인생길이 활짝 열려 있다.

A-B-C-D 등급에 따라 직장인의 몸값이 정해지고, 성공과 퇴출이 이루어진다. 등급이 높은 사람은 회사 실적을 올리고, 등급이 낮은 사람은 회사 실적을 떨어뜨린다. C급과 D급 직원은 인센티브 시스템이 확실하면 열심히 일할 것 같지만 그렇지 않다. D급은 인센티브를 받으려고 성의 없이 모양만 갖춘 다음 목소리를 크게 내고, C급은 인센티브 받기 위한 최소한만 하면 된다고 생각한다. A급은 인센티브 없어도 알아서 열심히 일하는 사람이고 인센티브가 있으면 신나서 더 열심히 일한다. 경쟁 회사보다 열악한 조건에서도 위축되지 않고 꾸준히 실적을 올린다. A급 한 명이 C급 백 명보다 낫다. 실패한다고 해도 그를 탓할 사람은 아무도 없다. 결과를 떠나서 그보다 더 열심히 할 사람은 없다고 인정할 것이다.

서비스를 보면 업소의 미래가 보인다

종업원의 서비스

나는 A-B-C-D 등급으로 생각하는 틀이 머리에 박혀 있다. 그 틀로 내 자신도 평가하고 남도 평가한다. 업소에 갈 때마다 서비스 등급을 평가하는 습관이 있다. 그런 습관은 내 나름대로 세상을 재미있게 사는 방법이다. 물론 상대방을 기분 나쁘게 만들지 않으려면 겉으로 등급을 말해서는 안 되고 속으로만 생각해야 한다.

고객은 가르치지 않는다. 업소를 선택할 뿐이다. 별 차이가 없는 상품이라면 서비스 수준이 고객의 선택을 좌우한다. 서비스는 업소별로 천차만별이다. 서비스 하는 모습을 보면 A-B-C-D 등급이 분명히 구분된다. 서비스 등급별로 일관된 특징이 보인다.

D급

D급 업소는 종업원이 고객의 말을 신경써서 듣지 않는다. 고객이 말을 걸어도 얼른 쳐다보지 않는다. 일을 더 하는 것이 싫어서 고객을 바라볼 때 불만스런 표정이 나타난다. 표정이 고객에게 거부감을 준다. 고객의 말을 대충 들으니 고객이 무슨 말을 하는지 제대로 이해하지 못한다. 고객이 말을 길게 하면 귀찮은 표정을 감추지 못한다. 노골적으로 찡그리기도 한다. 고객의 말을 알아들으려고 하기보다는 자기 생각을 설명하려고 애쓴다. 고객이 따지면 변명으로 일관한다.

고객의 이익보다 자기에게 할당된 판매 목표의 달성이 우선이다. 고객이 무슨 상품을 원하는지는 정확하게 알려고 하지 않고 종업원이 팔아야 하는 상품을 팔려고 애쓴다. 사지 않고 물어보기만 하는 고객에게 싫은 표정을 짓는다. 힘들게 설명했지만 그냥 가는 고객에게는 발걸음이 멀어지기도 전에 뒤통수에다 "재수 없다"고 말하기도 한다.

종업원들끼리 이야기하는 것은 즐겁지만 고객이 부르면 짜증난다는 표정이 얼굴을 스친다. 고객이 주문해도 바로 움직이지 않는다. 고객의 불만 사항을 제때 처리하지 않고 괜히 꾸물거린다. 고객의 불만을 윗사람에게 보고하지 않고 담당자 선에서 대충 뭉갠다. 고객이 난리를 치면 특이한 사람이라고 생각하고 속으로 욕한다.

업무 교대 시간이 될 때까지 고객의 요구 사항을 처리하지 않고 있다가 다음 사람에게 인계하지 않고 시치미 떼고 퇴근한다. 고객은 다시 와서 아까 담당이 처리하지 않고 가버린 것을 알고 항의하지만 새로운 직원은 자기 책임이 아니라면서 꿈쩍도 안 한다.

종업원은 일을 더 하면 손해라고 생각하고, 고객은 이 업소와 거래하면 답답하다고 느낀다. 한 번은 우연히 들를지 몰라도 다시는 가지 않겠다는 마음을 먹고 나갈 것이다. 선택당하지 않는 업소의 운명이 뻔히 보인다. D급은 퇴출Drop이다.

C급

C급 업소는 고객이 말하는 것만 처리하면 된다고 생각한다. 종업원이 고객을 대할 때 무표정하다. 종업원의 표정에서 인간미와 정을 느끼기 어렵다. 고객의 입장에서 도움 되는 것이 있어도 먼저 해주는 법이 없다. 고객이 진짜 필요한 것을 잘 몰라서 다른 것을 달라고 해도 종업원은 고객이 달라는 대로 그냥 준다. 나중에 고객이 잘못 산 것을 알고 "왜 그것을 주었느냐"고 따지면 "달라고 해서 드렸는데 왜 그러시냐고"고 대꾸한다. 하나를 사면 당연히 부수적으로 필요한 것이 있어도 고객이 굳이 달라고 하지 않으면 그냥 넘어간다.

고객이 요구하는 사항이 다른 사람 담당이더라도 담당을 연결해주지 않는다. 고객에게 필요한 사람 찾아주는 일은 본래 해야 할 업무가 아니라고 생각하기 때문이다. 고객이 담당을 찾아다니게 만든다.

고객이 원하는 것을 해주려고 애쓰지 않고 종업원의 판단으로 안 된다고 쉽게 말한다. 고객에게 안 되는 이유를 설명하기도 귀찮아한다. 고객이 불만을 토로하면 종업원이 자기 선에서 뭉갠다. 윗사람과 상의하거나 보고하면 일이 많아질 거라는 생각에서 윗사람을 피한다. 윗사람에게 보고하지 않기 때문에 시스템이 개선되기 어렵다. 윗사람이 나중에 알고 질책하면 지시하지 않아서 보고하지 않았다고 변명한다.

C급 업소는 주위에 많이 볼 수 있다. 고객은 이런 업소를 '깍쟁이 같다'고 느낀다. 손해를 보지는 않았지만 별다른 재미를 본 기억이 없다. 고객이 당장은 가까운 업소에 다니겠지만 그보다 서비스가 나은 업소를 발견하면 기다렸다는 듯이 언제라도 발길을 돌린다. C급 업소는 시간이 갈수록 고객 기반이 무너진다.

B급

B급 업소는 고객이 원하는 것을 제대로 해주려고 애쓴다. 종업원들의 표정이 살아 있다. 고객에게 친절하다는 인상을 준다. 고객과 눈이 마주치면 자연스럽게 미소나 밝은 표정을 짓는다. 고객이 말하면 성의 있게 듣는다. 고객이 말하면 쳐다보면서 반응하고 고객의 뜻을 이해하려고 한다.

사지 않고 물어만 보는 고객에게도 똑같이 대한다. "안 사도 좋으니 부담 없이 구경하세요"라고 고객을 편하게 해준다. 고객이 상품을 마음에 안 들어 하면 고객의 취향에 맞는 다른 상품을 권한다. 고객에게 필요하다고 생각되는 것이 있으면 고객이 묻지 않아도 친절하게 설명한다. 고객의 요구 사항이 자기 담당이 아닐 때는 담당에게 연결해준다.

고객의 요구 사항을 들어주기 어렵다는 생각이 들어도 종업원

선에서 바로 안 된다고 자르지 않고 윗사람에게 물어보거나 방법을 찾으려고 한다. 고객이 원하지만 안 되는 것은 그 이유를 설명해준다. 고객의 불만 사항을 당장 처리하는 것은 기본이고, 중요하다고 생각되는 것은 윗사람에게 바로 보고한다. 고객이 지적하는 사항이 타당하면 내부 의견을 모아 시정한다.

고객은 냉정하게 평가하고 선택한다. 항상 더 나은 업소로 옮겨 다닌다. C급과 B급은 얼른 보면 비슷하게 보일지 몰라도 고객은 하늘과 땅만큼 다르게 느낀다. B급 업소의 고객은 약간 이익을 본 것처럼 느낀다. B급 업소에는 고객이 몰린다.

A급

A급 업소는 고객에게 알아서 잘해준다. 고객이 원하는 것을 미리 파악하려고 한다. 고객이 부르지 않아도 고객의 표정을 살피고 있다. 고객이 부르려고 하는 눈치만 보여도 달려간다. 고객의 마음을 읽으려고 한다.

A급 업소가 고객을 보고 밝은 표정을 짓는 것은 기본이고 고객이 아니더라도 밝은 표정으로 대한다.

A급 업소에서는 고객에게 종업원이 자기가 담당이 아니라는 말을 하지 않는다. 고객의 말을 성의 있게 듣고 담당이 아니더라도 해줄 수 있는 것은 해주고, 자기가 처리하지 못하는 것은 담당을 찾아준다. 담당에게 고객으로부터 들은 바를 전해준다. 고객이 두 번 말하지 않아도 이루어지도록 한다.

항상 준비하는 습관이 있다. 고객을 편하게 해주는 방법을 항상 궁리한다. 서비스, 인테리어, 공간 배치에 이르기까지 고객의 입장에서 더 편한 것, 더 나은 것이 무엇인지 생각한다. 고객이 무엇을 궁금하게 생각하는지 미리 예상해서 답변을 준비한다. 고객이 물어만 보고 사지 않을 것 같다는 느낌이 들더라도 최선을 다해 설명한다. 고객이 이번에는 사지 않더라도 마음에 들면 다시 올 거라고 믿는다.

고객에게 이해시키려고 하기보다는 고객을 이해하려고 노력한다. 고객이 못 알아들을 때 고객이 답답한 분이라고 하지 않고 고객에게 더 쉽게 이해시킬 수 있는 방법을 찾는다. "고객은 항상 옳다"고 말한다.

자기 업소만 최고라고 생각하지 않고 경쟁 업소가 어떻게 하고 있는지 알아보고 자기 업소가 부족한 점이 없도록 한다. 주인이 고객의 입장이 되어 자기 업소의 서비스를 체험해본다. 잘한다는 다른 업소에 가서 차이점을 느껴보고 개선점을 찾는다.

고객이 불만을 토로하면 진지하게 받아들인다. 심각하게 불만을 제기하는 고객에게는 책임 있는 상급자가 직접 나서서 불만 사항을 듣고 처리한다. 불만 사항을 듣기 싫어하지 않고 서비스 수준을 높이는 계기로 삼는다.

A급 업소는 고객에게 감동을 준다. 고객은 돈을 쓰더라도 그보다 훨씬 크게 얻은 것처럼 느낀다. 한 번 와본 고객은 만나는 사람에게 입소문을 낸다. 고객이 점점 많아진다. A급 서비스를 맛본 사람은 그 업소를 쉽게 떠나지 못한다. 업소가 이사 가더라도 웬만한 거리는

따라간다. 고객은 감당할 수 없을 정도로 늘고 분점을 내더라도 장사
가 된다.

음식점

음식점에 가면 종업원이 움직이는 모습을 유심히 살펴보라. 그리고
서비스 등급을 평가해보라. 잘되는 식당은 다른 점이 눈에 띌 것이다.
　음식점을 하는 사람은 어떻게 손님에게 서비스해야 자기 음식점
이 높은 평가를 받을 수 있는지 알아야 한다. 그것을 모르고 "나름대
로 열심히 하면 먹고 살 수 있다"고 생각하다가는 망하기 쉽다. 음식
점을 개업하면 40퍼센트가 일 년 안에 문을 닫고, 또 다른 40퍼센트
는 이 년 안에 문을 닫는다고 한다. 남은 20퍼센트도 대부분은 현상
을 유지하는 정도라고 한다. 음식점 하는 것을 쉽게 생각하고 손님을
우습게 알고 시작하는 음식점은 망한다. 잘되는 음식점은 식사 시간
이 지나도 손님이 이어진다. 그런 업소는 1퍼센트도 안 된다.
　업소의 운명을 결정짓는 선택은 주인이 아니라 손님이 하는 것
이다. 손님은 음식점의 등급을 보고 선택한다. 음식점의 등급은 비싼
것을 파느냐 싼 것을 파느냐의 문제가 아니다. 분식집도 A급이 있고,
갈비집도 D급이 있다. 손님에게 신경쓰지 않는 D급 음식점은 돈을
아무리 많이 들여도 실패한다.
　음식점의 성공은 서비스 수준에 달려 있다. 음식점을 개업하는

사람은 대개 음식 맛으로 차별화를 시도하지만 음식은 비슷하게 만들어낼 수 있기 때문에 음식 맛으로 승부하기는 어렵다. 서비스를 향상시키는 것은 주인과 종업원의 인식이 바뀌어야 하고, 그것을 몸에 배게 하는 데 시간이 걸리기 때문에 쉽게 따라하기 어렵다. 음식점의 서비스 수준에 따라 등급별로 일관된 행동 패턴이 드러난다.

D급

D급 음식점은 종업원이 성의 있게 움직이지 않는다. 틈만 나면 자기들끼리 잡담한다. 손님이 와도 부르기 전에는 쳐다보지 않는다. 손님과 얼굴을 마주쳐도 인사하기는커녕 못 본 체하며 고개를 돌린다.

손님이 부르는 소리가 들리더라도 명확하게 들리지 않으면 모르는 척한다. 지나가다가 자기 담당이 아닌 손님이 부르면 담당에게 말하라고 하면서 귀찮다는 표정을 지으면서 가버린다. 손님의 말은 무시하고 주인의 말에만 신경쓴다. 주인이 지켜보지 않으면 꾀를 부리고 손님에게 함부로 대한다. "식사를 하고 와서 밥을 먹을 수 없다"고 말하는 손님에게도 "일단 가져왔으니 한 그릇씩 받으세요"라고 말한다. 여러 번 불러대는 손님에게 "왜 한꺼번에 시키지 않고 두 번 오게 하느냐"면서 짜증을 내기도 한다. 손님이 언성을 높이면 "이런 데서 일한다고 나를 무시하느냐"면서 달려든다. 단골손님이 음식을 덤으로 더 달라고 하면 말도 안 된다는 듯이 손님을 무안하게 만든다.

한번은 내가 어떤 음식점을 찾아가려는데 위치를 몰라 전화를 걸었다. "여기 안국동인데 어떻게 가야 하나요?" 종업원이 말한다.

"왜 그쪽에서 오세요. 경복궁 쪽에서 오시지." 한참 가다가 다시 전화했다. "여기 골목 사거리인데 그 다음에 어디로 가면 되나요?" "왜 거기가 삼거리예요? 사거리지." 종업원은 손님 입장은 전혀 고려하지 않고 자기 편한 대로 생각하고 말하고 있었다. 이런 음식점에는 또 가고 싶지 않을 것이다.

D급 음식점에서는 종업원들이 주인만 무서워하고 손님은 우습게 안다. D⁻급 음식점은 주인까지 손님을 우습게 안다. 싼 것 먹고 비싸게 군다고 생각한다. "더러워서 못해 먹겠다." "저런 손님은 안 왔으면 좋겠다." 음식점의 운명을 결정하는 사람은 주인이 아니라 손님이다. 손님을 무시하는 음식점은 결국 문 닫는다.

C급

C급 음식점은 손님이 시키는 것만 겨우 한다. 손님이 불러도 빨리 움직이려고 하지는 않는다. 시키는 것을 하더라도 손님보다는 주인이 우선이다. 주인에게만 잔소리 듣지 않으면 된다고 생각한다. 주인이 재료 다듬는 일을 시키면 손님이 음식을 주문하려고 불러도 바로 달려가지 않는다. 손님을 모시는 종업원의 얼굴이 무표정하고 손님과 눈을 마주치지 않는다.

자기 담당 손님이 아니면 얼굴을 마주쳐도 모른 척하고, 불러도 못 들은 척한다. 자기 담당이 아니라면 아무것도 할 필요가 없고 안 해도 책임질 일이 없다고 생각한다. 조금 나은 종업원이라면 자기가 담당이 아닐 때 누가 담당인지 정도는 가르쳐주고 지나간다. 손님이 말하는 것을 하기는 하지만 성의가 느껴지지 않는다. 단골손님이 서비스로 음식을 더 달라고 하면 주방이나 윗사람에게 알아보지도 않고 사무적으로 "여기서는 서비스 음식이 없다"고 잘라 말한다.

B급

B급 음식점은 손님을 잘 모시려고 한다. 종업원이 친절하다. 손님이 부르면 빨리 달려간다. 말을 하면 알아듣고 뜻에 따라 얼굴 표정이 반응한다. 친구끼리 말할 때의 표정과 차이가 없다. 귀찮은 것을 시켜도 싫은 표정을 짓지 않는다. 손님이 무어라고 시킬 때 잘 안 들리면 못 들은 척하지 않고 손님에게 다가가서 무슨 말인지 확인한다.

자기 담당이 아니더라도 눈이 마주치면 손님에게 인사한다. 자기 담당이 아닌 손님이 부르면 담당을 찾아 손님이 원하는 사항을 전해준다. 단골손님이 서비스로 음식을 더 달라고 하면 요령껏 더 주려고 애쓰는 모습이 보인다.

A급

A급 음식점은 종업원이 손님의 마음을 읽는 듯이 움직인다. 모든 것에 손님이 우선이다. 주인이 시킨 일을 하다가도 손님이 오면 손님에게 다가가서 안내한다. 눈이 마주치는 손님에게 종업원이 먼저 인사한다. 손님을 바라보는 표정이 자연스럽고 밝고 편하다.

손님이 시키기를 기다리지 않고 미리 움직인다. 지나가면서 테이블을 보고 부족한 것이 보이면 가져다준다. 손님이 부르려고 고개만 돌려도 다가가서 손님에게 필요한 것이 무엇인지 물어본다.

다른 테이블로 서빙을 가면서도 옆 테이블 손님의 표정을 자연스럽게 살핀다. 옆 테이블 손님이 부르거나 필요한 것이 있다는 표정이 보이면 지나가면서 그 손님에게 혹시 필요한 것은 없는지 물어본다. 자기 담당이 아니더라도 상황에 비추어 당장 해줄 수 있는 일은 해준다. 만약 당장 응할 상황이 아닌 경우에는 잠깐 기다리라고 말하고, 급한 일을 한 다음 바로 돌아와 처리한다.

손님이 부르기 전에 식사 중간 중간에 필요한 것이 없는지 물어본다. 손님이 언성을 높이기 전에 표정만 달라 보여도 "혹시 불편한 점이 없나요?"라고 물어본다.

A급 음식점은 손님을 소중한 존재로 생각한다. 손님이 와주기만 해도 고맙게 생각한다. 종업원이 손님 말을 주인 말만큼 신경쓰고, 종업원이 자기 담당 손님이 아니더라도 밝은 표정으로 인사한다. 테이블에 마실 물이나 밑반찬이 떨어지기 전에 미리 가져다주고, 손님이 음식을 덜어먹겠다고 빈 접시를 달라고 하기 전에 알아서 가져다준다. 손님이 좋아하는 맛을 찾아 음식을 개발하고, 손님을 더 편하게 해주려고 궁리한다.

A급 음식점은 손님을 대하는 태도에 여유가 있다. 음식을 시키지 않고 물만 마시고 나가는 손님에게도 싫은 표정을 보이지 않는다. 잘못 찾아온 손님에게도 실망한 표정을 짓지 않고 웃으면서 보낸다.

어떤 A급 음식점은 비가 오면 손님에게 우산을 빌려준다. 안 가져와도 좋다. 우산을 돌려준다면서 다시 찾아오는 손님이 많기 때문에 손해가 없다고 한다.

보통 음식점은 단체 손님이 오면 일손이 딸려서 손님마다 무엇을 달라고 아우성치는 광경이 벌어지지만, 어떤 A급 음식점은 단체 손님이 오면 밑반찬을 보충해주는 전담 종업원을 가동한다. 그 종업원은 밑반찬 통을 들고 테이블 사이를 돌아다니면서 밑반찬이 떨어지기 전에 접시를 채워준다.

마실 물이 떨어졌을 때

테이블에 마실 물이 떨어졌을 때 종업원의 행동만 보아도 음식점 등급이 구별된다. D급 음식점은 손님이 물 달라고 불러도 들은 척도 않다가 두어 번 부르면 마지못해 뚱한 표정으로 나타나서 물통만 놓고 뒤도 돌아보지 않고 가버린다. C급 음식점은 손님이 물을 달라고 하면 바로 가져다주기는 하지만 무표정하게 물만 놓고 가버린다. 손님과 눈을 마주치지 않는다. 시키지 않는 것은 하지 않으려고 하기 때문에 눈이 마주치면 혹시라도 무언가 하나 더 시킬까 봐 피하는 잠재의식이 드러난다.

B급 음식점은 손님이 물을 달라고 하면 바로 달려가는 것은 기본이고 밝은 표정으로 물을 준다. 간 김에 식탁에 밑반찬이 부족하면 더 가져다주기도 한다. A급 음식점은 물이나 밑반찬이 떨어졌다고 손님이 부르기 전에 알아서 움직인다. 플라스틱 물통에 담긴 물이 떨어

져가는 것은 쉽게 보인다. 지나가면서 손님이 필요한 것이 부족하지 않도록 채워준다.

공공 서비스의 수준

서비스 수준을 보면 한 나라의 수준을 알 수 있다. 선진국일수록 서비스 산업이 발달한다. 선진국은 개방된 시장이다. 경쟁이 심하고 소비자에게 선택당하지 않으면 시장에서 생존할 수 없다. 우리나라도 선진국으로 진입하면서 서비스 수준이 좋아지고 있다. 민간 서비스업만 등급이 문제되는 것이 아니다. 고객을 상대하는 공기업, 민원인을 상대하는 관청까지도 서비스 수준에 신경써야 한다. 행정의 본질은 공공 서비스업이고, 공무원은 서비스업 종사자다. 정치인도 마찬가지다.

공공 부문과 같이 시장에서 경쟁 없이 독과점을 보호받는 분야에는 아직도 선택권이 국민이나 소비자가 아니라 기관이나 담당자에게 있는 것처럼 생각하는 후진국 문화가 남아 있다. 이러한 분야까지 서비스 수준이 높아져야 진정한 선진국이라고 할 수 있다.

공무원은 공공 서비스업에 종사하는 사람이다. 서비스 등급을 올려야 한다. 민원인이 관공서를 찾아갔을 때 대하는 태도만 보아도 서비스 등급을 알 수 있다.

D급 공무원은 민원인이 자기 담당 업무가 아닌 것을 물어보면 자기는 담당이 아니라는 뜻으로 고개를 젓고 더 이상 말을 하지 않는

다. 심지어 담당자가 누구냐고 물어보아도 들리지 않는 듯 무시하고 자기 일만 계속하는 사람도 있다. 말하기도 귀찮다는 표정을 지으면서 턱으로 방향만 가리키는 경우도 있다. 과거에는 공무원들이 자기 편한 대로 일하고 민원인의 입장은 생각하지 않는 자세를 취했다. 이런 공무원이 아직도 남아 있다.

C급 공무원은 민원인이 물어보면 담당이 아닐 때 손가락으로 저리 가서 물어보라고 가리키고 바로 고개를 돌린다. B급 공무원은 민원인이 말을 걸때, 자기 소관이 아니면 담당자 이름과 위치를 알려준다. A급 공무원은 자기 일을 하다가도 민원인이 옆에 다가오면 민원인이 입을 열기 전에 왜 왔는지 먼저 물어보고 자기 소관이 아니면 담당에게 민원인이 왔다고 알려주고 친절하게 인계한다.

관공서 서비스는 개선되고 있지만 아직도 무사안일한 공무원이 적지 않다. 중앙정부에서 지방자치단체에 새로운 사업을 하라고 교부금을 준다고 해도 담당 공무원이 싫다고 하는 경우도 있다. 월급은 그대로인데 일만 늘어난다고 생각하기 때문이다.

공무원은 일을 제대로 안 해도 여간해서는 퇴출되지 않지만 점차 변하고 있다. 단언하건대, 앞으로 십 년이 지나기 전에 D급 공무원은 신분보장을 받지 못하게 될 것이고 A급 공무원은 나은 대우를 받게 될 것이다. 비용을 줄이고 효율적으로 업무를 처리할 수 있는 대안을 찾아 건의하는 공무원, 사고가 터지기 전에 대비책을 마련하는 공무원, 주민들을 더 편하고 행복하게 해줄 수 있는 방법을 찾는 공무원이 많아져야 한다.

CEO도 등급이 있다

세계화로 개방된 대한민국에서는 국내외 시장에서 생존을 건 선택이 벌어지고 있다. 사람마다 기업마다 A-B-C-D 등급에 따라 생존이 결정된다. 그런 등급이 선택을 좌우하는 것도 모르고 안주할 수 있는 성역은 점점 사라지고 있다. 작은 음식점에서 대기업에 이르기까지 사업하는 사람의 등급은 사업의 성패를 좌우한다.

음식점 주인의 A-B-C-D

거창한 대기업의 CEO를 생각할 것 없이 흔한 자영업이라고 할 수 있는 음식점 경영에 A-B-C-D 등급을 적용해보자. 음식점 주인이 일하는 모습을 보면 확실하게 등급이 보인다.

D급 주인은 소극적으로 음식점을 경영한다. 돈은 벌고 싶지만 큰돈을 벌 욕심은 없고 기대도 하지 않는다. 돈과 노력을 아껴서 돈

을 벌려고 한다. 음식점을 인수하면 되도록 종전 사람이 하던 대로 하려고 한다. 고쳐봤자 별것 없다고 생각한다. 손님에게 불편한 부분이 보여도 인테리어를 손대지 않는다. 고장 난 곳도 수리를 미룬다. 영업에 지장이 있을 때만 대책을 세운다. 주인이 주방에 잘 들어가지 않는다. 종전 주방장이 해오던 대로 계속 만들게 한다. 새로운 메뉴를 개발하려고 생각하지 않는다. 맛을 더 좋게 하려는 시도도 없다. 음식 맛은 "그게 그거"라고 생각한다. 재료를 아낀다. 모양이 비슷하다면 값이 싼 재료를 쓴다. 재료비가 오르면 음식 질이 떨어지더라도 재료를 줄이거나 음식 양을 줄인다. 손님을 보면 반갑게 인사하기보다는 사무적으로 대한다. 손님의 얼굴을 보고 기억하려고 하지 않는다. 손님이 또 와도 알아보지 못한다. 손님을 대할 때 넉넉한 마음이 없다. 단골손님이 서비스 음식을 원할 때도 아까워서 주지 못한다. 귀찮게 하는 손님은 미워한다. 자꾸 이것저것 요구하면서 돈이 되지 않는 손님은 오지 말았으면 하고 속으로 바란다. 종업원에게 서비스 교육을 시키지 않고 적당히 부린다. 종업원이 손님을 무시한다고 항의가 들어와도 신경쓰지 않는다. 종업원과 충돌하는 것을 피한다. 손님은 "뭐, 이런 집이 다 있어"라고 생각한다.

C급 주인은 옆 음식점만큼만 하면 된다고 생각한다. 꼭 써야 할 돈만 쓰고, 꼭 해야 할 일만 한다. 다른 음식점과 비슷한 가격을 받으면서 우리 집만 특별히 잘해주면 남는 게 없다고 생각한다. 음식점 목표는 대개 주인 가족이 먹고사는 수준이다. 음식점이 어제와 똑같이 굴러가면 된다고 생각한다. 잘하는 집이라는 소문이 나기를 바라

지도 않는다. 다른 음식점과 차이가 나려고 하지 않는다. 손님에게 특별히 친절할 필요가 없다고 생각한다. 손님과 친해지려고 하지 않는다. 고장 난 곳은 바로 고치지만 인테리어를 손님이 보기 좋고 편하게 바꾸려는 생각은 하지 않는다. 음식도 만들던 것을 계속 만든다. 음식 맛이 좋아지게 하려고 신경쓰지 않는다. 전과 같은 재료를 넣으면 똑같은 맛이 나온다고 생각한다. 음식 맛을 보지 않는다. 들어갈 재료만 정확히 넣어주면 주인으로서 할 일을 다 한다고 생각한다. 재료비를 일부러 아끼지는 않지만 더 좋은 재료를 쓰려는 생각은 없다. 서비스는 손님이 해달라는 것만 해준다. 버릇없는 종업원은 나무라지만 나은 서비스를 하라고 교육하지는 않는다. 종업원이 받는 대우가 뻔한데 특별히 잘하라고 말하기 어렵다고 생각한다. 손님이 주는 돈만큼만 해준다는 원칙을 고수한다. 단골손님이 서비스 음식을 달라고 해도 웬만해서는 주지 않는다. 손님은 다른 음식점보다 특별히 나은 것이 없고 정이 약간 부족하다고 느낀다. 손님이 불만을 가지고 항의하면 그때그때 문제를 해결한다.

B급 주인은 잘하려는 마음을 가지고 있다. 약간 손해 본다는 생각이 들더라도 기왕이면 잘해주려고 한다. 손님에게 친절하려고 노력한다. 단골손님과 개인적으로 친해지려고 한다. 종업원에게 잔소리로 들리더라도 잘하라고 교육한다. 인테리어나 설비가 약간 불안한 부분은 고장 나지 않더라도 손본다. 새로운 메뉴는 잘 시도하지 않지만 기왕 만드는 음식은 맛있게 만들려고 노력한다. 음식과 서비스의 질에 조금 더 신경쓰는 편이다. 주인이 직접 음식 맛을 본다. 손님에게 인

색하다는 인상을 주지 않으려고 한다. 단골손님이 서비스 음식을 원하면 웬만하면 준다. 손님의 요구 사항이 있으면 만족할 정도로 처리하려고 한다. 손님은 다른 집보다 넉넉하다고 느낀다.

A급 주인은 어떻게 하면 손님을 더 만족시킬 수 있는지 손님 입장에서 항상 궁리한다. 손님을 기분 좋게 하려고 애쓴다. 손님과의 관계를 길게 보고 인내심을 가지고 대한다. 손님의 얼굴은 물론 자주 오는 손님의 이름까지 기억한다. 다시 찾아주는 손님은 알아보고 반갑게 아는 척을 하고 단골처럼 친근하게 대우한다. 주인이 친한 사람처럼 느껴진다. 자주 오는 손님은 더 나은 대접을 해준다. 단골이 무엇을 하는 분인지 파악한다. 급하게 예약하거나 부탁하는 손님도 싫은 티를 내지 않고 신경쓴다. 당장은 손해 보는 것처럼 생각되더라도 길게 내다보고 손님을 대한다. 단골손님에게 알아서 서비스 음식을 제공한다. 손님이 한 번이라도 요구하는 것은 그냥 넘어가지 않고 뜻을 생각하면서 성의 있게 처리한다. 손님이 좀 더 편하도록 인테리어를 고친다. 평소 준비하고 점검하는 습관이 배어 있다. 새로운 메뉴를 개발하려는 노력을 꾸준하게 한다. 잘한다고 소문난 다른 집을 찾아가서 배울 점이 없는지 살펴보고 경쟁 음식점은 어떻게 하고 있는지도 파악한다. 물수건, 음식을 덜어먹을 빈 접시, 먹을 물도 알아서 가져다준다. 메뉴를 설명하고 다른 집에 없는 메뉴는 먹는 법을 시범 보이기도 한다. 단골손님에게 대접받는다는 느낌을 준다. 손님이 누구를 대접하려고 모시고 가면 체면이 선다. 이런 음식점은 입소문이 나면서 손님이 많아진다.

CEO의 A-B-C-D

세상은 움직인다. 나아지지 않고 제자리에 머무르는 사업이나 조직은 쇠락한다. 최고경영자CEO는 기업 실적이 나아지고 장기적으로 발전할 수 있도록 끊임없이 궁리하고 노력해야 한다. 그것이 CEO의 존재 이유다.

대기업은 경영 시스템이 자리 잡고 있기 때문에 단기적으로 임원 개개인의 스타일에 좌우되지 않는다. 하지만 중소기업이나 자영업은 임원이 어떻게 경영하는가에 따라 기업의 운명이 결정된다. CEO와 직원들이 일하는 모습을 보면 기업의 실적이 보인다. 실적이 쌓이면 기업의 운명이 된다. 일하는 모습에 기업의 운명이 담겨 있다.

사업을 경영하거나 단체를 운영하는 사람은 달라야 한다. CEO는 조직의 가장 높은 위치에 있기 때문에 누구의 지시나 가르침도 받지 않고 알아서 일하는 A급이라야 한다. 알아서 한다는 것은 남의 간섭을 받지 않고 멋대로 한다는 것과 다르다. CEO가 일하는 모습을 보면 A급만 있는 게 아니다.

D급 CEO는 관행적으로 해오던 일만 적당히 하면 된다고 생각하는 사람이다. 주인의식이 없다. 기업이 더 나아지는 것을 경영 목표로 삼지 않는다. 새로운 일은 되도록 피한다. 전임 CEO들이 해오던 일을 주로 한다. 그것도 가능한 한 덜 하려고 한다. 자기가 있을 때 사고가 안 터지는 것이 개인적인 소망이다. 조금이라도 잘못될 가능성이 있는 일은 시도하지 않고 일단 미루려고 한다. 마음속으로 무사안

일을 최고로 생각한다. 경쟁 기업이 치고 나가도 가만히 지켜보다가 잘되는 것을 확인하고 따라 움직인다. 움직일 때까지 시간이 많이 걸린다. 예상하지 못한 상황이 벌어져도 어쩔 수 없을 때라야 움직인다. 일을 많이 벌이지 않으니 부하를 심하게 부릴 일도 없다. 조직 내에 말썽이 생기지 않는 것이 관리 목표다. 부하가 일을 제대로 하고 있는지는 크게 신경쓰지 않는다. CEO로서는 무능하다고 할 수 있지만 부하를 편하게 해주기 때문에 사람 좋다는 소리를 듣는다. 능력으로 부하를 평가하는 게 아니라 서열이나 경력 순서대로 직원을 승진시켜 무난한 인사라는 평을 받는다. 이런 식으로 경영하면 기업이 경쟁에서 살아남을 수 없다.

D⁻급의 CEO는 자기 계산과 기업 계산을 따로 하는 사람이다. 주인의식이 없을 뿐 아니라 자기 기업을 자기와의 거래 상대로 생각한다. 기업에는 손해가 나더라도 개인적으로 이익이라면 주저하지 않는다. 거래처에서 100만 원어치 접대를 받으면 기업에 1억 원 손실을 끼치는 거래도 주저하지 않는다. 조금만 지나치면 업무상 배임죄로 처벌받을 수 있는 경계선을 타고 간다.

C급 CEO는 꼭 해야 하는 일만 착실하게 하려는 사람이다. 현상 유지가 마음속 목표다. 새로운 기업 목표를 찾지 않지만 주어진 목표는 달성하려고 애쓴다. 실적을 올리기보다는 실적을 유지하는 쪽에 중점을 둔다. 업무 자세에 빈틈을 보이지 않는다. 부하가 하는 일을 꼼꼼히 파악한다. 부하가 꾀를 부리지 못하도록 감시한다. 부하가 조금이라도 틈을 보이면 잔소리한다. 남의 입장을 잘 생각하지 않는다.

남의 말을 잘 듣지 않는다. 자기 위주로 판단하고 일한다. 부하가 건의하는 것을 좋아하지 않는다. 변화를 시도하지 않는다. 새로운 사업을 피한다. 변화에 대한 대비책이 없다. 일이 터지면 바로 움직이지만 사전에 준비하는 자세는 부족하다. 성실하다는 말은 듣지만 기업을 발전시키려는 의지나 노력이 없다. 그래도 움직여야 할 때 꾸물거리지는 않는다. 경쟁 기업이 나은 것을 내놓으면 따라잡으려고 노력한다. 경쟁 기업보다 앞서 나가려는 의지는 부족하다. 경쟁에서 이기기 어렵고 잘해야 제자리를 지킨다. 기업 환경이 달라지지 않으면 그럭저럭 끌고 나갈 수 있으나 상황이 갑자기 어려워지면 기업 생존이 어려워질 수 있다.

B급 CEO는 기업이 조금씩이라도 나아지도록 꾸준하게 애쓰는 사람이다. 전임자보다 조금 더 노력하고 조금 더 잘하려고 한다. 획기적인 아이디어를 생각해내지는 않지만 지금까지 해오던 것을 개선하려는 의지가 확고하다. 다른 기업의 사례를 공부하면서 조금 더 나아질 수 없는지 궁리한다. 자신은 창의적 능력이 부족하지만 부하들 의견을 무시하지는 않는다. 남보다 더 노력하는 부하가 눈에 띄면 인센티브를 주려고 한다. 경쟁 기업보다 조금씩 앞서 가게 된다. 경쟁 기업이 예상할 수 없는 획기적인 아이디어를 내면 밀릴 때도 있지만 꾸준히 계속하면 결국은 이긴다.

A급 CEO는 스스로 움직이는 사람이다. 오너가 아니더라도 주인의식을 가지고 모든 일을 챙긴다. 기업에 이익이 되는 일이라면 자기에게 이익이 생기지 않더라도 추진한다. 확실하게 안 되는 일이 아니

면 다 해볼 수 있다는 적극적인 자세로 세상을 바라본다. 항상 변화를 시도하면서 더 나은 대안을 찾는다. 고정관념에 사로잡히지 않고 새로운 것을 과감하게 시도한다. 거래처도 적극적으로 개척한다. 당장 개인적으로 얻는 것이 무엇인지를 따지지 않고 기업이 잘되면 좋다는 생각으로 일이 더 생겨도 기업이 잘될 수 있는 일을 찾는다. 기업이 잘되면 고단하고 마음이 힘들어도 좋아한다. 해오던 일이 더 잘되는 것은 물론이고 새로 시도한 사업 중에서 대박을 터뜨리는 것이 생기면서 기업의 진로가 바뀌기도 한다.

A급 CEO는 허비하는 시간이 없다. 모든 시간을 기업을 위해서 채운다. 근무 시간에 구애받지 않는다. 밤낮으로 기업을 위해 궁리한다. 공부하는 자세가 되어 있다. 관련 분야 책을 구해서 읽고 전문가를 만나 자문을 받기도 한다. 공식적으로 업무를 하지 않을 때도 항상 기업을 위해 나은 것을 찾으려는 생각이 무의식에서 움직이고 있다. 사람들이 무심코 내뱉는 말을 흘려보내지 않고 사업 아이디어를 얻는다. 우연한 광경을 보고 사업의 영감을 얻는다. 세상에 존재하는 모든 것이 잠재적인 사업 아이템으로 보인다. 경쟁 기업을 이기는 방안이 우연히 떠오른다. 부하들이 스스로 아이디어를 내는 것을 장려한다. A급 직원을 알아보고 중용한다. 파격적으로 승진시키기도 한다. 부하가 어느 등급에 해당하는지를 파악하고 그것에 따라 지시하는 방법을 달리한다. A급이나 B급 부하에게는 과감하게 믿고 맡긴다.

경쟁이 제한된 공기업과 같은 부문에는 아직도 임원이 C급이나 D급으로 적당히 버틸 수 있는 여지가 있다. 그러나 점점 입지가 좁아진다. 이제는 공기업과 임원들이 평가를 받는다. 어떤 기관이 2년 연속 공공기관 경영 평가에서 D등급을 받았다. 직원들은 열심히 해도 평가가 좋게 나오지 않았다고 불만이 많았다. 문제는 어떤 임원이었다. 평가위원이 심층면접을 할 때 그 임원은 "전임자가 한 일이라서"라고 변명하면서 대답을 제대로 못 하는 사항이 많았다. 부하들이 자료를 잘 만들어도 헛일이다. 기업의 임원은 자기가 맡은 업무를 상세하게 파악하고 있어야 한다. 자기가 하지 않아서 모른다고 말하는 임원은 그 자리에 있을 자격이 없다.

하루하루 기업을 성실하게 관리하는 것이 전부라고 생각하는 CEO는 A급이 아니다. A급 CEO는 기업의 미래를 생각한다. 시장의 방향과 산업구조의 변화를 분석하고 미리 적응한다. 1960~70년대 서울에 D연탄과 S연탄이 있었다. 모두가 연탄을 때던 시대이니 장사가 굉장히 잘되었다. 돈을 쓸어 담는다는 말까지 나왔다. S연탄은 수십 년간 연탄만 만들다가 연료가 석유와 가스로 바뀌자 사라졌다. D연탄은 산업의 변화에 적응하고 투자했다. 시대 흐름에 맞추어 석유와 가스 사업에 진출했고 최근에는 에너지 개발에도 투자하면서 계속 발전하고 있다.

협상도 A급으로 접근하면 성공한다. 원로 정치인 L씨는 자원 외교와 대외 관계 현안 해결에서 많은 성과를 거두었다. 그는 남다르게 노력하는 사람이다. 그는 협상 상대방을 만나기 전에 충분한 시간을 들여 상대방에게 할 말과 행동을 준비한다. 현지에 진출한 한국 기업인으로부터 현지인의 사고방식과 관습을 배우고 상대방의 마음을 움직일 말과 태도가 무엇일까 상의한다. 즉석에서 통역을 시키면 뜻이 제대로 전달되지 않기 때문에 상대방을 만나기 전에 미리 통역에게 되풀이하여 연습을 시킨다. 통역하기 곤란하지만 핵심적인 말은 현지어로 표현한다. 이런 식으로 만반의 준비를 해서 협상에 임하니 기대 이상의 성과를 거둘 수 있었다.

운전기사를 우습게 보지 마라

심부름

단순해 보이는 일도 사람마다 하는 모습이 다르다. 어떤 사장이 운전기사에게 심부름을 시켰다. 어느 회사 누구에게 서류를 전달하라고 했다. 그 서류는 그날 반드시 전달되어야 하는 중요한 서류였다. 다음 날 아침 그는 운전기사를 보고 말을 건넸다. "어제 그 서류 잘 주고 왔지요?" 당연히 했을 거라고 생각하고 아침인사 삼아 던진 말이었다. "아니요." "아니, 왜요?" "갔더니 그분이 자리에 없던데요." "그럼 서류는 어디 있어요?" "가지고 돌아왔어요." "그럼 왜 말을 안 했어요?" "저에게 물어보시지 않았잖아요."

그는 어이가 없었다. 어제 바빠서 그 서류가 꼭 전달되어야 하는 사정을 말해주지 않은 잘못은 있다. 앞으로 심부름 시키려면 어떻게 지시해야 하나. "이 서류 오늘 전달하지 않으면 우리 회사 큰일 납니다. 가서 그 사람이 자리에 없거든 옆 사람에게 언제 올지 물어보세요. 곧 온다고 하면 기다렸다가 주고, 오래 기다리라고 하면 대신 전해달라고 맡기세요. 전달되었는지 확인해야 하니까 전해준 사람의 이름과 전화번호를 적어가지고 돌아와 꼭 전화를 걸어 확인해보세요. 만약 옆 자리에 아무도 없으면 다른 사람에게 부서 직원들이 다 어디 갔는지 물어보세요. 전달이 되면 바로 나에게 보고하고, 혹시 중간에 문제가 생겨도 보고하세요." 바쁜 상사가 이렇게 말할 시간이 있을까. 부하는 상사 한 사람을 상대하지만 상사는 여러 부하를 상대한다. 상사는 초등학생 같은 사람을 데리고 일하느니 차라리 직접 하는 편이 빠르겠다는 생각이 들 것이다.

이런 실화도 있다. 어떤 사장이 부하에게 서류를 전해주고 오라는 심부름을 시켰다. 조금 지나니 부하가 봉투를 들고 돌아왔다. "어떻게 된 거야?" "문이 잠겨 돌아왔습니다." 그 부하는 평소 거짓말을 하는 사람은 아니었다. 하지만 한참 일할 대낮에 회사 문이 닫혀 있다니. 그는 믿을 수 없었다. "미안하지만 같이 가자." 가서 문의 손잡이를 시계방향으로 돌렸다. 열리지 않았다. 혹시나 하고 손잡이를 반대방향으로 돌렸다. 문이 열렸다. 손잡이가 반대로 달려 있었던 것이다. 상사는 어이가 없었다. 이 부하에게 심부름 시키려면 이렇게 말해야 할 것이다. "문을 열 때는 오른쪽으로 돌려보고, 안 열리면 왼쪽으로 돌려보세요. 그래도 안 열리면 앞으로 당겨보고 뒤로도 흔들어보세요. 도저히 안 되면 문을 두드리세요. 혹시 안에 누가 있으면 열어줄지 몰라요. 그래도 안 되면 전화를 걸어보세요." 초등학생 어머니처럼 이런 식으로 문 여는 방법까지 가르쳐주어야 한다면 한심하다. 쉬운 일도 제대로 못 하는 사람에게 어떤 일을 맡길 수 있겠는가.

손잡이를 한쪽으로만 돌려보고 안 열린다고 포기하는 직원은 성의가 없는 것이다. 모든 것을 '대충 해보고, 아니면 말고'라는 식으로 사는 것이 문제다. 사장은 그 회사 문이 열려 있는지는 궁금하지 않다. 서류가 제대로 전달되는 것을 원한다.

쉬워 보이는 심부름도 하는 모습을 보면 분명히 차이가 난다. C급 직원은 생각 없이 일한다. 적극적으로 애쓰는 모습이 보이지 않는다. 어떻게든 해보려고 이런 저런 변화를 시도하지 않는다. 잘 안 될 때 해결 방법을 스스로 생각하는 법이 없다. 한 번 시도하다가 안 되면 멈춘다. 한 번 해서 안 되면 더 이상 노력할 생각을 하지 않는다. 상사는 이런 사람과 일하는 것을 견디지 못한다. 언제라도 나은 사람이 구해지면 바꾸고 싶어 한다. C급 직원의 운명은 불안하다.

운전기사

운전기사라는 직업을 우습게 보는 사람이 많다. 많은 사람이 마땅한 직업을 구하지 못하고 '운전이라도 해보자'는 심정으로 덤벼든다. 이런 사람의 관심사는 얼마나 받느냐다. 그러나 채용하는 입장에서 보면 운전기사마다 등급 차이가 크다. 상사를 어떻게 모셔야 하는지 개념이 몸에 밴 사람이 있는가 하면 뻔한 일을 시키는 대로 하면 된다는 단순한 생각으로 시작하는 사람이 있다.

상사가 볼일 보고 나오는 것을 기다려 차를 대는 상황을 생각해 보자. D급 기사는 자기 편한 대로 행동한다. 상사가 볼일 보고 나올 시간을 나름대로 계산해서 그때까지는 자유 시간이라고 생각한다. 차를 대기할 때도 자기가 기다리기 편한 장소를 선택한다. 상사는 일을 마치고 나올 때마다 기사에게 전화해야 한다. 기사에게 차를 댈 장소까지 말해주어야 한다.

기사가 D급이면 상사가 기사를 기다리는 경우가 많다. 특히 볼일이 예상보다 빨리 끝나면 상사는 차가 올 때까지 한참 기다려야 한다. 기사가 상사를 모시는 게 아니라 상사가 기사를 모시는 기분이 든다. D급 기사는 자기 임무는 운전대를 잡을 때 시키는 곳으로 가는 것이라고 생각하고 운전대를 잡지 않을 때는 하고 싶은 것을 해도 된다고 생각한다. D⁻급은 대기하는 시간이 길 거라는 생각이 들면 알리지도 않고 자기 볼일을 보러 간다. 심지어 멀리 가서 애인과 데이트를 하는 사람도 있다. "왜 안 와? 어디 있어?" "이십 분만 기다리세요."

C급 기사는 대기할 때 멀리 가지 않는다. 하지만 자기가 기다리기 편한 장소에서 기다린다. 상사가 부르면 바로 차를 출발시키지만 차가 올 때까지 조금 시간이 걸린다. 상사를 기다리게 하는 시간이 짧을수록 나은 기사다. B급은 기다릴 때 자기가 편한 장소가 아니라 상사가 부를 때 바로 달려갈 수 있는 장소를 선택한다. B급 중 나은 사람은 상사가 예정보다 조금 빨리 나오더라도 언제라도 차를 댈 수 있도록 넉넉한 시간에 대기한다.

A급은 다르다. 상사가 전화하지 않더라도 상사가 나올 시간이 되

기 전에 현관 바로 근처에서 대기한다. 나오는 시간은 방문하는 곳 직원에게 알려달라고 하거나 전화해서 미리 파악한다. 상사가 나올 때쯤 현관을 주시하고 있다가 상사의 모습이 나타나면 미끄러지듯이 현관에 차를 댄다. 시간이 아까운 상사는 이런 기사를 고마워한다.

A급은 때로는 상사가 나와서 차를 탈 때 편한 위치를 미리 파악해서 알려주기도 한다. "아까 들어가신 입구는 붐벼서 바로 출발하기 어려우니 옆문으로 나오세요." A+급 기사는 상사가 일을 보는 동안 바로 근처에서 대기한다. 상사가 갑자기 필요한 것이 생겨 언제 부르더라도 심부름할 수 있는 태세를 갖추고 있다.

운전기사가 상사를 모시고 목적지로 출발하는 방법에도 등급 차이가 있다. 상사가 매번 목적지와 가는 경로까지 알려주어야 떠난다면 등급이 떨어진다. 그나마 바로 차를 대면 C급이고, 자기 일을 보고 있다가 출발 시간에 늦어 허둥대면 D급이다. B급은 상사가 목적지만 말해주면 빠른 경로를 파악한다. A급은 상사가 그때그때 목적지를 말하지 않아도 상사의 일정표를 보고 목적지와 경로를 미리 파악한다. 출발 시간이 임박할 때 상사가 깜빡 하지 않도록 예고해준다. 상사가 차를 대라고 말하지 않아도 출발 예정 시간에 차를 대기한다.

D급 기사는 목적지를 찾아갈 때도 가끔 애를 먹인다. 목적지를 정확히 확인하지 않고 자기 생각대로 판단해서 방향을 잡는다. 한번은 어느 사장이 관악산 부근에 있는 아파트를 방문할 일이 있었다. 그는 운전기사에게 만나기로 한 상대방의 전화번호를 주면서 어디로 가야 하는지 파악하라고 했다. 기사는 '국제상장아파트'에서 만나기

로 했다고 하면서 내비게이션에서 검색되지 않는다고 했다. 일단 출발해서 대충 감으로 찾아가려 하니 목적지 부근에서 헤매게 되었다. 사장은 답답해서 기사에게 혹시 잘못 들은 것이 아니냐고 물었다. 기사는 다시 전화를 걸더니 "국제상장아파트가 맞다"고 했다. "지은 지 오래된 아파트가 내비게이션에 없다니." 사장은 믿을 수 없어 직접 전화를 걸었다. 아파트 이름은 '국제산장아파트'였다. 물론 내비게이션에 등록된 곳이었다.

목적지도 제대로 알아듣지 못하다가는 사고를 치게 된다. 심부름을 시켰는데 장소를 건성으로 듣고 엉뚱한 곳에 서류를 전달하기도 한다. 공개되면 큰일 나는 대외비 서류인 경우 잘못 전달되면 사업을 망칠 수도 있다.

C급은 자기 차만 신경쓰고 운전하다가 사고를 내는 수가 있다. 맞은편에서 차가 중앙선을 넘어오는 것을 보고서도 그대로 차를 몰기도 한다. 사고가 나도 이쪽 책임은 아니라는 생각에서다. 잘잘못을 따지기 전에 위험에 대처하는 습관이 없다. 상황에 따라 대응하는 능력이 느리다.

운전기사가 차 에어컨이나 히터를 트는 데에도 등급 차이가 난다. D급 기사는 자기 몸이 느끼는 대로 행동한다. 자기가 더우면 에어컨을 틀고 추우면 히터를 튼다. 상사가 감기 기운이 있다고 해도 잊어버리고 에어컨을 튼다. A급 기사는 상사 입장에서 생각한다. 상사의 의중을 잘 모를 때는 물어보고 행동에 옮긴다. "더우세요?" "추우세요?" "에어컨 틀어도 될까요?" 질문 하나가 별것 아닌 것처럼 보이지만 사람의 등급이 달라진다.

등급이 높은 기사는 자기 편한 대로 행동하지 않는다. 상사의 마음을 읽고 손발처럼 움직인다. 상사가 무엇을 원하는지 잘 모를 때 행동하기 전에 확인하는 습관이 있다. 확인하면 실수를 피할 수 있다. A급 기사는 상사가 미처 챙기지 못하는 것까지 챙겨주기 때문에 비서나 집사를 한 사람 더 쓴 것과 같은 효과가 있다. A급 기사는 상사 집안일까지도 챙기고 거들어준다. 불이 들어오지 않는 전구가 있으면 말을 안 해도 전구를 사다가 갈아준다.

분장사

분장사도 쉬워 보이지만 전문직이다. TV 프로그램 녹화하러 방송국에 가면 분장을 받는다. 조명에 얼굴이 번뜩이지 않도록 남자도 분장을 받는다. 모르는 사람은 분장사가 뻔한 일을 한다고 생각할지 몰라도 분장사도 등급 차이가 있다. 분장사 등급은 도구와 재료의 차이가 아니다. 분장해주는 자세에서 차이가 난다.

아무 말 없이 무표정하게 자기가 하고 싶은 대로 분장해주고 "됐습니다"라고 딱 한마디 하는 분장사는 C급이나 D급이다. 굳이 나눈다면 분장할 때 정신이 딴 데 가 있으면 D급, 얼굴을 꼼꼼히 보면서 해주면 C급이다. B급은 조금 친절하다. 밝은 표정으로 상대방에게 원하는 스타일을 물어가면서 뜻을 살려 분장한다. "어떻게 해드리면 좋을까요?” 이 한마디가 분장사의 등급을 B+급으로 올린다.

A급 분장사는 드물다. 내가 〈솔로몬의 선택〉에 출연할 때였다. 한 번은 처음 보는 분장사가 나에게 이런 말을 던졌다. “고 변호사님은 분장을 엷게 하는 것을 좋아하지요? 파우더만 바른다면서요.” 나는 깜짝 놀랐다. “어떻게 아셨어요?” “이 프로를 처음 담당하게 되어 전에 하던 분장사에게 출연진 취향을 물어봤어요.” 그냥 와서 물어보면서 해도 될 텐데 미리 파악하고 왔다니. 나는 감동했다. 알아서 해줄 때 사람은 감동한다. 준비까지 하는 습관을 가진 사람은 A+급이다. 무엇을 하더라도 성공할 것이다.

사진 인턴

국회의원으로 활동하면 여러 사람과 함께 찍은 사진을 기록으로 남겨놓을 필요가 있다. 그래서 사진 찍는 인턴이 필요하다. 사진을 찍는 인턴도 천차만별이다. 처음 사진 찍으라고 하면 행사 마지막까지 가만히 있다가 단체사진 찍을 때 몇 장 찍는다. 그런 증명사진은 활용가치가 적다. 행사 중간 중간에 포착되는 자연스럽고 생생한 장면을 잡으려고 애써야 한다.

사진 찍는 사람이 자기 편한 대로 찍어대면 D급이다. D급은 어느 위치에서 어느 포즈로 찍어야 좋은 사진이 나올지 생각하지 않고 자기가 서 있기 편한 자리에서 보이는 대로 셔터를 누른다. 정면에서 찍어야 할 사진도 인턴이 옆으로 밀리면 밀린 대로 그 자리에서 측면 사진을 찍는다.

좋은 사진을 찍으려면 찍을 위치, 찍을 각도까지 궁리해야 한다. 또 사진 찍으라고 시킬 때만 찍는 것이 아니라 상황을 계속 주시하면서 사진이 멋지게 나올 순간을 포착해야 한다. 사진은 눈에 보이는 모든 광경을 담을 수 없다. 사각틀 속에 광경을 잘라 담는 것이다. 보이는 광경을 어떻게 잘라야 멋진 영상이 잡힐지를 생각해야 한다.

A급은 어떻게 멋진 사진을 찍을 수 있을지 평소에 궁리한다. 지난 번 사진보다 조금 더 나은 사진을 찍으려고 생각한다. 그런 생각으로 현장을 바라보면 다르게 보인다. 괜찮은 장면이 슬라이드처럼 보인다. 눈앞에 보이는 대로 찍는 게 아니라 더 좋은 사진을 찍기 위해 감독처럼 연출도 한다. "저 나무 앞으로 가세요.""세 걸음만 앞으로 나오세요.""이쪽에 있는 두 분은 저쪽으로 옮기세요.""이쪽을 보세요.""오른손은 자연스럽게 약간 올리세요.""고개를 약간 드세요.""저분은 안경을 조금만 올려주세요.""표정이 너무 딱딱해요. 웃어주세요.""두 분이서 악수하세요."

나는 인턴에게 스스로 공부하라고 한다. 신문과 잡지에 실린 사진을 보면서 저런 사진을 찍으려면 어떻게 해야 할지 찍은 사람의 입장에서 생각해보라고 한다. 그 자리에서 왜 그 장면, 그 표정, 그 인물을 선택했는지 등 사진의 의미도 생각해보라고 한다. 사진 찍는 모습을 보면 인턴의 등급이 보인다. 찍는 방법에 따라 사진 찍는 사람은 예술가가 될 수도 있고 단순한 노동자가 될 수도 있다.

쌀가게 점원에서 재벌로

정주영 회장은 쌀가게 점원으로 인생을 시작했다. 자전거로 쌀을 배달하던 청년 정주영의 부지런함에 감동한 복흥상회 주인은 나중에 그에게 가게를 통째로 넘겨주었다. 그 쌀가게를 거쳐간 점원이 한둘이었겠는가. 그런데 왜 그가 쌀가게를 넘겨받을 수 있었겠는가. 주인은 많은 점원을 부려보았을 것이다. 다들 시작할 때는 열심히 하겠다고 맹세했을 것이다. 어떤 직원은 처음에는 열심히 하다가 시간이 지나면서 게을러졌을 것이고, 어떤 직원은 틈만 나면 꾀를 부렸을 것이다. 주인 몰래 쌀을 빼돌리는 직원도 있었을 것이다. 쌀가게 점원도 분명히 등급 차이가 있다.

청년 정주영이 쌀 배달을 시작했을 때 나중에 자신이 쌀가게 주인이 될 거라고는 상상하지 못했을 것이다. 그는 자기 일처럼 가게 일을 열심히 했을 뿐이다. 세월이 흘러도 변함없는 그를 주인은 속으로 평가하면서 지켜보고 있었다. 결정적인 선택의 순간에 주인은 살붙이가 아닌 그를 선택했다.

'무엇'보다 중요한 것은 '어떻게'다. '어떻게'가 확실한 사람은 무엇을 하더라도 성공한다. 쌀가게가 자동차공업사가 되고, 현대자동차, 현대건설, 현대중공업이 되었다. 정 회장이 성공한 비결은 한 가지로 요약할 수 있다. 평생을 변함없이 A급으로 산 것이다. 믿어라. 어설픈 차이는 눈에 띄지 않지만 A급은 시간이 가면 반드시 세상이 알아준다. A급은 꿈꾸는 것 이상을 이루게 된다.

인생 등급은 올릴 수 있다

동남아시아 어떤 나라에 가면 인건비가 싸서 여러 명의 하인을 거느리고 살 수 있다. 음식 만드는 하인, 청소하는 하인, 집 지키는 하인, 아이 보는 하인, 심지어 전화만 받는 하인도 따로 둘 수 있다. 하인들은 대개 순박하고 성실하다. 맡은 일은 열심히 한다. 문제는 본래 자기 일이 아니면 움직이지 않는 전형적인 C급이라는 점이다. 집안에 일손이 급하게 필요할 때도 움직이지 않는다. 부엌에 불이 나도 전화 받는 하인은 불을 끄지 않는다.

이런 광경은 우리나라 직장에서도 흔히 볼 수 있다. 본래 자기 맡은 일이 아니면 나서지 않는다. 당장 누군가 처리해야 할 일이 눈앞에 터져도 움직이지 않고 서로 눈치만 보고 있다. 회사 일을 자기 일처럼 생각한다면 행동이 달라야 한다. 본래 맡은 일이 무엇이건 따지지 말고 일이 보이면 움직이는 자세를 보여야 한다.

신문사 기자는 직업 특성상 A급이 많다. 취재를 할 때 어떻게 취재원에 접근해야 하는지, 인터뷰를 할 때 무엇을 물어봐야 하는지,

답변 중 어떤 말이 의미 있는지, 취재한 것을 어떻게 정리해서 보도해야 하는지 등등 스스로 궁리해야 하는 직업이다. 새로운 상황이 터질 때마다 기민하게 대처하는 습관도 있다. 편집국장이 갑자기 기자의 소속 부서를 바꾸거나 출입처를 바꾸더라도 기자는 새로운 업무에 바로 적응한다.

안 되는 회사는 일하는 모습이 다르다. 부서나 업무를 되도록 바꾸지 않는다. 그것이 효율적이라고 생각한다. 오랫동안 같은 부서에서 해오던 일만 반복하는 직원이 많다. 타성에 젖어 변화에 저항하기도 한다. 새로운 일을 맡기면 제대로 못 하면서 불평은 많다. 조금 어려운 부서로 바꾸면 회사에서 나간다고 야단이다. 다른 일을 하기 싫어하는 사람은 무능하고 발전이 없다. 맡은 일이 없어지면 퇴출될 운명에 놓인다.

학생 중에는 C급이나 D급이 많다. 싫은 공부를 억지로 참는 타성에 젖어 학창 시절을 보낸다. 성년이 되어 대학 문을 들어서는 순간 해방된 기쁨을 누린다. 신이 난다. 재미있고 행복감한 일이 도처에 널려 있다. 오늘은 무엇을 할까, 어디 가서 커피를 마실까, 어떤 친구를 만날까. 이런 것들은 하는 사람에게 선택권이 있지만 현재를 보내는 소비 활동일 뿐이다.

우리의 미래를 만드는 것들은 대개 힘들고 재미없는 일들이다. 어떤 직업을 가져야 하는지, 어느 직장에 들어가야 하는지, 당장 앞에 놓인 일을 어떻게 처리해야 하는지. 어떻게 일해야 인정받을 수 있는지, 직장 안에서 누구와 어떻게 관계를 유지해야 하는지. 이런 것들은 어쩔 수 없이 해야만 한다. 선택권이 당신에게 있지 않다.

사회에 나가 항상 선택하는 입장에 서기는 불가능하다. 돈이 떨어지는 순간 소비자로서의 선택권은 사라지고 선택당하는 신세만 남는다. 학교에서 공부를 포기하면 별것 아닌 것처럼 보이지만 사회에 나가서 이것저것 포기하면 인생을 포기하는 것과 같다.

세상에서 선택당해야 살 수 있다. 선택은 각자 사는 등급에 달려 있다. 낮은 등급으로 살면서 높은 대우를 바라지 마라. 현재의 등급이 낮다면 등급을 올려야 한다. 등급을 올리려면 남과 다르게 살아야 하고, 항상 나아지도록 추구해야 한다.

누구나 A급이 될 수 있다. 마음먹고 하면 된다. 하지만 A급으로 인정받는 데는 시간이 걸린다. 세상은 쉽게 인정하지 않는다. 시간을 두고 확인한다. 직장에서 A급 직원이 되려면 열심히 하겠다는 결심만 하지 말고 일하는 모습으로 보여주어야 한다. 한 번 일 잘했다고 A급으로 인정받기는 어렵다. A급으로 일하는 모습이 습관으로 나타나야 한다. A급 직원에게는 좋은 습관이 보인다. 준비하는 습관, 시키지 않아도 보고하는 습관, 메모하는 습관, 정리하는 습관, 대안을 찾는 습관, 나아지려고 궁리하는 습관, 변화를 시도하는 습관, 정해진 근무 시간에 구애받지 않지 않고 일하는 습관, 한 번 시작하면 몰두하는 습관 등등. 어떤 모습을 보여주어야 A급으로 인정받을 수 있는지 스스로 생각해보라. 몰라서 못 하는 것은 없다.

직장에 들어가서 A급 직원이 되고 싶은 사람에게 몇 가지 조언을 건네본다.

첫째, 회사 일을 자기 일처럼 생각하라. 한마디로 일하는 마음가짐이 달라야 한다. 매사에 회사에 이로운 방향으로 생각하는 습관을 가져야 한다. 회사에 해가 될 것 같은 상황이 보이면 가만히 있지 말고 나서라. 자신이 속한 회사와 장사하지 마라. 개인적으로 덜 손해 보겠다고, 조금 이익 보겠다고 회사에게 해가 되는 일을 추구하지 마라. 기업은 주인의식을 가지고 일하는 직원을 간절히 원한다.

둘째, 마음속에 일의 한계를 두지 마라. 일을 골라서 하려고 하지 마라. "나는 이런 것 하는 사람이 아니에요." 이런 배부른 말을 하지 마라. 어떤 일이라도 주어지면 가리지 않고 하겠다는 자세를 가져라. 일 앞에서는 몸을 던지는 모습을 보여주라. 새로운 일은 돈을 주고서라도 경험할 가치가 있다. 하물며 돈을 주고 시킨다면 고마워하라. 즐겁게 하면 좋은 결과가 있을 것이다. 어려울 때 반드시 필요한 인재로 인정받을 것이다.

셋째, "힘들다"는 말을 쉽게 하지 마라. 어렵거나 힘든 일을 맡게 되면 인정받을 수 있는 좋은 기회로 활용하라. 상급자가 직원에게 평소보다 힘든 일을 시켜보면 그 직원의 등급을 알 수 있다. 상사 앞에서 바로 얼굴이 일그러지거나 불평하면 D급이다. 상사 앞에서는 내색을 않지만 마음이 썩 내키지 않아 무뚝뚝하게 일을 맡으면 C급이다. 같은 급여를 주고 더 힘든 일을 시키는데 좋아할 사람은 별로 없다. 이런 식의 반응을 보이면 남과 다르지 않다.

다른 모습을 보여야 한다. 어려운 일을 당신에게 맡기는 것은 회사가 당신을 미워하기 때문이 아니다. 누군가 해야 하는 일이고, 상급

자도 그 일이 만만치 않음을 알고 있다. 상사가 일을 맡기면 진심으로 "열심히 하겠다"고 말하라. 상사는 그 말을 듣고 싶어 한다. 그리고 열심히 하는 모습을 보여라. 상사는 "저 친구 선택하길 잘했어"라고 하면서 당신을 높게 평가할 것이다. 혹시 당신을 선택한 이유가 당신이 어려운 일을 남보다 더 잘할 수 있다고 기대했기 때문이라면 "역시 괜찮은 사람이야"라고 칭찬할 것이다.

만약 능력 때문에 당신이 선택된 게 아니라 운 나빠서 떠맡게 되었다고 하더라도 최선을 다할 필요가 있다. 평소 누구나 다 하는 일을 할 때는 차이를 보여주기 어렵지만 만만치 않은 일을 열심히 하면 남과 다르다고 인정받기 쉽다. 남과 다른 모습이 보일 때 선택하는 사람의 눈에 띈다. 힘들다고 기피할 만한 일을 열심히 하는 모습은 무리 중에서 돋보인다.

남이 하기 어려운 일을 맡게 되면 행운이 온 거라고 생각하라. 상사가 기대하는 이상으로 열심히 하라. 어려운 일을 같이 하는 경험을 쌓는 것은 억만금을 버는 것과 같다. 그런 경험을 공유하면 상사가 그 사람을 믿고 의지하게 된다. 나중에 상사가 승진하고 그 자리가 비었을 때 상사는 그 사람을 기억한다. 그 사람이 부탁하지 않더라도 자기 밑에 데려오려고 애쓸 것이다. 상사가 편해지기 때문이다. 힘든 일을 기꺼이 하면 당장은 바보가 된 것 같지만 시간이 지나면 반드시 알려진다.

넷째, 결과가 좋지 않을 것처럼 보이는 일은 더 열심히 하라. 도저히 안 되는 일이라고 확신이 들 때 최선을 다하라. 최선을 다하는 모습을 보이면 누구도 결과에 불만을 가지지 않는다. 믿을 수 없겠지만 가끔 불가능한 일이 이루어진다.

새로운 거래처를 개척하는 일을 예로 들어보자. D급은 "내가 왜 아쉬운 짓까지 하고 살아야 하나"라고 속으로 투덜거리고, 상대방을 설득할 때도 자존심 때문에 할 말도 다 하지 않고 돌아온다. 무안을 당하면 상대방에게 "사람 우습게 보지 마라"고 하면서 화를 내기도 한다. D⁻급은 찾아가지도 않으면서 윗사람에게 찾아간 것처럼 허위로 보고한다. 이런 직원을 데리고 있는 회사는 경쟁 회사보다 실적이 나빠진다.

C급 직원은 거래처가 될 만한 쉬운 곳만 찾아간다. "우리와 거래 해주세요"라고 부탁한 다음 거절당하면 바로 단념한다. 상대방에게 한 번 전화 걸었다가 받지 않으면 더 이상 시도하지 않는다. 자기가 받은 전화번호가 틀린 것을 알아도 정확한 번호를 알아보려고 하지 않는다. 만나면 사무적으로 용건을 이야기하고 상대방이 안 하겠다고 말하면 더 이상 시도하지 않는다.

B급은 만나서 성의 있게 설득한다. 상대방이 정성을 다한다는 것을 느낄 수 있도록 진지하고도 열심히 부탁한다. 한 번 전화해서 안 되면 다시 전화를 시도한다. 두 번째 전화할 때는 무언가 대화 전략을 다르게 한다.

A급이 거래처를 개척하는 모습은 다르다. 어떻게든지 설득하려고 최선을 다한다. 한 번 부탁해서 거절당하더라도 쉽게 포기하지 않는다. 어떻게 하면 그 사람 마음을 돌릴 수 있는지 계속해서 궁리한

다. 설득할 만한 갖가지 방법을 시도한다. 상대방과 잘 아는 사람을 수소문해서 동원하기도 한다. 업무를 떠나 인간적으로도 접근한다. 여러 번 찾아가고 상대방이 감동하도록 끝까지 노력한다. 최선을 다하는 모습은 누구에게나 감동을 주기 때문에 의외로 어려운 일이 쉽게 풀리는 수가 있다. 상대방이 기분 나쁘지 않게 매일 문안을 올려 "이제 부탁 들어줄 테니 제발 그만 오라"고 승낙을 받아내기도 한다. 주위에서 "이런 사람은 우리 회사 고객이 안 될 거야"라고 생각한 사람까지도 거래를 터서 주위를 놀라게 한다.

사업하는 방식에도 등급이 있다

사업하는 방식에도 등급이 있다. C급으로 산다는 것은 남이 시키는 대로 한다는 것이다. C급으로 하는 사업은 남이 만드는 상품을 비슷하게 만들고 고객이 주문하는 대로 공급하는 것이다. 주문서에 정해진 규격대로 물건을 만들어 납품하거나 발주자가 제시하는 설계도에 따라 건물을 짓는 건설사가 여기에 해당한다. 시중에 흔한 상품을 똑같이 만들어 공급하는 사업도 C급에 해당한다. 시장에 나온 상품을 공급하면 된다는 사고로 사업을 한다.

C급 기업은 연구개발하지 않는다. 고객이 원하는 것보다 나은 제품을 공급할 필요가 없다고 생각한다. 상품 디자인을 바꾸거나 새로운 상품을 내놓지 않는다. 남과 비슷한 것을 싸게 만들면 된다고 생각한다. 당장은 편해 보인다. 길게 보면 발전이 없다. 같은 상품을 만들기 때문에 항상 제자리에 머문다. 시장을 오래 지킬 수 없다. 세상에 없는 상품을 개발하기가 어렵지 시장에 나온 상품과 비슷하게 만들기는 쉽다. 누구나 베껴서 금방 따라온다. 남과 다르지 않으니 눈에

띠지 않는다. 시장에서 고객에게 선택당하기 어렵다. 선택을 당하더라도 제값을 받지 못한다.

상품 여러 개가 비슷하다면 고객이 선택하는 기준은 가격이다. 수요자는 발품을 팔면서 더 싼 물건을 구한다. 규격을 정해놓고 입찰을 붙이면 응찰자가 구름처럼 모여든다. 고객은 가능하면 싼값에 구매하려고 한다. 원가 밑으로 덤핑하는 기업이 있게 마련이다. 겨우 낙찰을 받아도 비용조차 제대로 건지기 어렵다. 실적이 좋지 않다. 손익분기점에서 허덕이다가 기업 환경이 조금만 어려워지면 무너질 가능성이 있다. 이런 식으로 사업하면 장기적으로 지속되기 힘들다. C급 기업은 머리를 쥐어짤 필요 없다는 점이 당장 편해 보이지만 길게 보면 생존을 위협당하는 약점이 된다.

D급은 규격이나 설계도면대로 만들지 않고 들키지 않는 범위 내에서 눈치껏 비슷하게 만드는 기업이다. 겉만 비슷하게 공급해서 조금 더 이익을 보려고 한다. 재료를 아끼고, 고객이 한눈파는 틈을 타서 양과 질을 속이려고 한다.

몇 년 전에 동남아시아에서 실크 셔츠를 산 적이 있다. 옷감도 좋고 겉모양도 괜찮아 보였다. 값도 싼 편이었다. 한국에 돌아와 입어보니 단추가 우수수 떨어졌다. 단추를 달 때 실을 제대로 마감하지 않고 겨우 단추만 붙어 있게 해놓은 것이다. 외국에서 온 관광객을 상대로 장사하기 때문에 고객이 반품하기 어렵다는 것을 이용한 얄팍한 상술이었다. 그것을 입고 집밖으로 나갔더라면 망신을 당할 뻔했다. 눈속임은 한 번은 통하겠지만 고객은 두 번 속지 않는다. 그런 식으로 장사하면 관광객 사이에 좋지 않은 소문이 날 것이고, 시간이 지나면 사업은 문을 닫게 될 것이다.

B급은 같은 물건을 잘 만들려는 기업이다. 꼼꼼하고 성의 있게 만들어 실수가 거의 없다. 같은 것이라도 잘하려고 하니 기업이 잘될 수밖에 없다. 이런 기업과 거래해본 고객은 만족하고 신뢰한다. 처음에는 주목을 못 받을지 몰라도 고객은 여러 기업과 거래하기 때문에 차이점을 느낀다. 시장에 소문이 난다. 시간이 갈수록 고객이 늘어난다. 이런 기업과 거래할 때는 값을 깎으려 하지 않는다. 제값을 주더라도 제대로 된 것을 원한다.

시장에서 앞서가려면 A급 기업이 되어야 한다. A급 기업은 고객이 요구하기 전에 고객이 원하는 바를 미리 파악한다. 끊임없이 개발한다. 시장에서 팔릴 만한 디자인과 더 나은 기능을 개발하기 위해 투자한다. 다른 기업을 따라가는 것이 목표가 아니라 시장을 앞서가는 것이 목표다. 다른 기업보다 차별화될 수 있도록 품질 향상을 위해 끊임없이 노력한다. 당장은 투자에 돈이 들고 이것이 비용처럼 보이지만 시간이 지나면 정직한 결과가 나타난다. 회사 실적이 올라간다.

상품이 같으면 고객은 가격을 보고 선택하지만 상품이 다르면 고객은 돈을 조금 더 주더라도 나은 것을 선택한다. 다른 기업들이 만들어내지 못하는 좋은 상품을 출시하면 고객은 비싸다고 생각하면서도 선택한다. 차별화된 상품은 고객이 선금을 주더라도 기다린다. 차별성이 경쟁력이다. 신상품을 개발하거나 시장에 나와 있는 상품을 한 단계 높게 개량해도 차별화가 된다.

대우자동차가 망하고 현대자동차가 성공한 것도 사업 방식의 차
이였다. 대우그룹 김우중 회장은 수출 드라이브 시대에 각광을 받던
종합상사 세일즈맨 출신이었다. 그는 "모든 것을 살 수 있고 모든 것
을 팔 수 있다"는 철학을 가지고 있었다. 대우자동차 M이사가 "연구
개발에 투자해야 회사의 미래가 있다"고 주장했지만 김 회장은 들으
려 하지 않았다. "기술이 필요하면 언제든지 사오면 되잖아. 당신도
기술이사보다는 영업본부장 하는 것이 좋겠어." 그는 나은 것이나 새
로운 것을 만들 필요가 없고 남과 비슷하게 만들어 마케팅을 잘하면
성공한다고 믿었다. 그는 자동차 모델을 외국에서 사다가 복제해서
파는 일에 치중했다. 그의 사업 방식은 C급이다. C급 기업은 나은 것
을 추구하지 않기 때문에 경쟁력이 없다. 어려워지면 먼저 망한다. 외
환 위기의 전주곡은 대우그룹 부도였다.

현대그룹 정주영 회장은 A급이었다. 과감하게 연구개발에 투자
했다. 현대자동차는 처음에는 조악한 차를 생산했지만 돈과 시간을
들여 차를 계속 개량했다. 자체 기술로 엔진도 개발했다. 현대자동차
는 이제는 싸서 팔리는 차가 아니다. 가격과 품질 모두 경쟁력을 가지
고 있다. 글로벌 초우량 기업으로 성장하고 있다. 현대중공업이 조선
업계 선두주자 자리를 유지하는 비결도 자체 기술로 선박을 디자인
하기 때문이다. 대우자동차 M이사는 현대중공업으로 가서 선박 엔진
을 개발했고 나중에 회장이 되었다.

세계 시장에서 한국의 경쟁 상대는 중국이다. 외국인들은 일본
제품은 너무 비싸졌다고 말한다. 살 만한 제품은 한국 것과 중국 것

인데 중국 것은 싸지만 품질이 떨어져서 결국 한국 제품을 선택하게 된다고 한다. 중국이 가격경쟁력을 가지고 무섭게 한국을 추격하지만 아직 따라잡지 못하는 것은 한국 기업이 연구개발 능력을 가지고 있기 때문이다. 자동차, 선박에서 원자력발전소 같은 대형 플랜트까지 한국 기업은 고객이 원하는 것을 디자인하고 만드는 능력을 가지고 있다. 시장을 앞서가는 기업이라야 글로벌 경쟁에서 이길 수 있다.

대기업 협력 업체의 전략도 마찬가지다. 대기업에 줄을 대서 뻔한 물건을 공급한다는 전략으로는 생존하기 어렵다. "같은 물건인데 왜 중국 것보다 비싼가?" 이런 질문이 나오기 전에 끊임없이 개선하고 개발해야 한다. 나은 제품을 들이대야 한다. C급 기업이 설 땅은 점점 좁아져간다.

A급 사업 모델을 가진 중소기업은 세계적으로 성공할 수 있다. 시몬느는 세계 유명 백화점에서 팔리는 명품 핸드백의 40퍼센트 이상을 생산하고 있다. 버버리, 코치, 도나카렌, 마이클 코어스, 마크 제이콥스 등 약 30개 명품 브랜드에 핸드백을 공급한다. 이 회사는 패션 본고장이라는 유럽 회사도 아니고 미국 회사도 아니다. 한국 회사다. 박은관 회장이 회사를 시작한 것은 1987년이다. 그 당시 중국 회사들이 저가로 핸드백을 생산하기 때문에 한국 회사들은 원가 경쟁에서 이길 수가 없었다. 박 회장이 부장으로 다니던 회사는 문 닫는 것을 고민하고 있었다. 박 회장은 적자가 나고 있던 고급 핸드백 부문을 인수했다.

그의 전략은 ODM으로 승부하는 것이었다. ODM이란 제조자

개발생산Original Design Manufacturing이라고 해서 제조자가 직접 제품을 디자인하고 개발해서 생산하는 방식이다. 그 당시 대부분의 하청 업체는 본사가 디자인한 대로 만들어 납품하는 OEM 방식으로 사업했다. 박 회장은 자체 디자인한 핸드백 시제품을 들고 외국 본사를 찾아다녔다. 시제품은 바로 상표를 달아 시장에 내다팔아도 손색이 없었다. 바이어들의 반응은 뜨거웠다. 명품 회사는 개발비를 줄일 수 있고 시몬느는 제값을 받을 수 있었다. 거래하면 서로 남는 장사였다.

지금 시몬느는 성장을 거듭하고 있다. 중국은 인건비는 싸지만 아직 시몬느의 디자인 능력을 따라오지 못한다. 현재 중국과 동남아시아에서 2만 명 넘는 근로자를 고용하고 있고, 연매출이 3억 달러가 넘는다. 단일 품목으로 매출 천억 원이 넘으면 대기업이라고 한다.

다들 디자인과 패션은 유럽이라야 한다고 생각할 때 박 회장은 한국도 디자인 강국이 될 수 있다고 생각하고 과감하게 A급 사업 모델을 택했다. 해외에서 디자인을 공부하고 돌아온 인력이 많다는 점도 십분 활용했다. 현재 이 회사가 보유하고 있는 디자인 패턴은 14만 가지에 달한다. 사람이 생각할 수 있는 거의 모든 디자인 패턴을 가지고 있다.

금융 위기가 닥쳤을 때 나는 박 회장에게 걱정스레 물었다. "경기가 나빠졌다고 하는데 고가품이라 어렵지요?" "더 잘됩니다." "아니, 경기가 나빠지면 비싼 물건은 덜 팔리잖아요?" "물론 시장 전체 경기는 나빠졌지요. 그런데 시몬느는 최대공급자 조건이 아니면 거래를 하지 않아요. 경기가 나빠지면 본사들이 거래량이 적은 공급자부터 주문을 줄여요. 우리에게는 자투리 물량이 넘어와서 도리어 매출이 늘었어요.” 아이디어로 차별화된 상품은 경기를 타지 않는다.

병원도 A급이라야 성공한다. 어느 무릎 관절 전문병원이 환자로 문전성시를 이룬다고 해서 비결을 알아보았다. 그 병원에서는 환자를 접수할 때 함께 온 사람이 딸인지 며느리인지 물어본다. 그것이 병원의 성공 비결이다. 왜 그럴까. 관절 환자는 혼자 걷기 힘들어 대개 가족이 모시고 병원에 온다. 치료가 늦어지면 함께 지내야 한다. 딸인 경우는 부모와 편한 관계라서 며칠 부모를 모셔도 괜찮다. 며느리가 모시고 온 시부모는 하루라도 빨리 치료를 끝내줘야 좋아한다. 되도록 당일 검사결과를 뽑고 치료까지 해준다. 며느리들이 병원을 몇 군데 다녀보면 차이를 안다. 그 병원은 빠르다고 소문이 났다. 씁쓸한 세태를 보여준다고 할 수도 있지만 그 병원은 고객의 마음을 읽을 줄 알기 때문에 A급이다.

병을 남달리 잘 고쳐 성공하는 병원도 있겠지만 이는 드문 일이다. 병원에서 사용하는 약과 의료장비는 다른 병원도 얼마든지 구할 수 있고 사용한다. 병원은 서비스로 승부가 난다. 잘되는 병원은 다르다. 간호사가 밝은 표정으로 환자를 대하고 의사가 설명을 자상하게 해주고 시설이 환자나 보호자들에게 편하게 마련되어 있다.

사랑과 가족 관계에도 등급이 있다

사람이 사는 모습을 보면 A-B-C-D 등급으로 평가할 수 있다. 학교, 직장, 사업, 가정 등 인생의 모든 영역에서 자신도 모르는 사이에 남이 등급을 매기고 있다. 그 등급에 따라 선택을 당하기도 하고, 선택에서 제외되기도 한다. 현실적으로 C급과 D급이 많지만 누구나 A급이 될 수 있는 잠재능력을 가지고 있다. A급 소질은 사람 속에 숨어 있다가 자기가 간절히 원하는 것을 만나면 발동된다.

연애

연애를 예로 들어보자. 누군가 평생을 같이할 만한 사람을 만나 사랑하고 결혼하기를 꿈꾼다고 하자. 부모가 시킨다고 마음에 들지 않는 사람과 결혼하겠는가. 스스로 마음에 드는 사람을 찾아 나설 것이다. 인생을 같이하고 싶을 정도로 마음에 드는 사람이 보이면 놓치지 않으려 할 것이다.

가슴을 뛰게 하는 사람을 발견했다고 하자. 그 다음에는 어떻게 하겠는가. 누가 어떻게 하라고 가르쳐주지 않는다. 어떻게 접근해야 자연스러울지, 처음에는 어떻게 말을 걸어야 할지 스스로 궁리할 것이다. 조금 지나면 좋아한다는 표현을 어떻게 할지, 첫 번째 데이트는 어떻게 신청하고, 상대방이 데이트에 응한다면 어디로 가서 무슨 말을 할지 생각할 것이다. 잘 모르면 경험이 많은 친구에게 물어보기도 하고, 여기저기 정보도 수집할 것이다. 좋다고 추천받았지만 한 번도 가보지 않은 장소라면 미리 답사하기도 할 것이다. 완벽주의자라면 상대방에게 실수하지 않기 위해서 데이트할 장소에 가서 어느 위치에 앉아야 좋을지, 메뉴는 무엇을 선택할지 알아보기도 할 것이다.

영화나 소설에서는 첫눈에 반한다고 하지만 현실에서 연애에 성공하려면 시간과 노력을 들여야 한다. 잘해주려고 머리를 수없이 굴려야 한다. 머리가 아플 수도 있지만 상대방이 좋아할 수만 있다면 힘들어도 즐거울 것이다. 바로 이것이 A급으로 사는 모습이다. 온갖 궁리와 노력을 해야 사람의 마음을 얻을 수 있다. 살다 보면 이런 식의 A급 연애를 한 번쯤 경험하게 된다.

누구나 A급 소질이 있는 셈이다. 연애는 A급인데 다른 분야는 A급으로 살지 않는 사람도 몰라서 못 하는 것이 아니다. 경제마인드로 살기 때문에, 간절하지 않기 때문에 A급 소질이 발동되지 않는 것뿐이다. A급으로 접근하면 진심이 통한다. 상대방이 원하는 것을 알아서 해줄 때 상대방은 감동을 받는다.

자기 자신의 꿈과 목표도 인생을 함께할 사람과 다를 바 없다. A급으로 접근해야 한다. 스스로 꿈을 꾸고, 목표와 방법을 찾고, 할 수 있는 갖가지 노력을 해야 한다.

항상 연애가 A급으로 진행되지는 않는다. 시작할 때는 A급으로 시작하지만 사귀는 과정에서 등급이 떨어지기도 한다. 연애하는 모습을 보면 등급이 보이고 두 사람의 미래가 보인다.

A급 애인은 항상 상대방 생각을 한다. 다른 일을 할 때도 상대방 얼굴이 자주 떠오른다. 상대방 취향을 먼저 생각한다. 상대방이 말하지 않더라도 상대방이 좋아하는 것을 해주고 싶어 한다. 우연히 어디를 지나가다가 상대방이 좋아하는 물건을 보면 그 사람을 생각한다. 특별한 날이 아니어도 상대방이 좋아할 만한 것을 보면 사주고 싶어 한다. 상대방이 좋아하는 모습을 눈앞에 그려보면서 자기 일처럼 즐거워한다. 회사 일로 어디 가서 식사할 때 맛이 좋으면 그 자리에 없는 상대방을 생각한다. 나중에 기회가 되면 그 음식점에 데리고 간다. 상대방으로부터 “세상에 이렇게 맛있는 집도 있느냐”는 말을 듣고 행복을 느낀다. 시간과 돈이 아깝지 않다.

상대방과 어느 정도 가까워져 사랑이 조금 느슨해질 때 B급 현상이 나타나기 쉽다. B급 애인은 상대방이 요구하는 것은 잘해주려는 생각을 가지고 있다. 그러나 상대방이 의사 표시를 하지 않으면 먼저 해주려고 생각하지는 않는다. 상대방의 취향을 궁금해 하지 않는다. 말하는 대로 그때그때 해주면 된다고 생각한다. 어디를 지나가다가 상대방이 좋아할 만한 물건을 보더라도 상대방을 생각해서 사는 법이 없다. 나중에 상대방으로부터 그런 것을 좋아한다는 말을 들으면 "아차, 전에 어디 지나가다 보니까 그런 물건이 있었는데"라고 말한다. 그래도 아직 잘해주려는 마음은 가지고 있다. 상대방이 어떤 음식을 먹고 싶다고 하면 멀더라도 맛있는 집으로 데리고 간다.

불타던 사랑이 무뎌지면 만남은 사무적이 된다. C급 애인은 상대방을 만나야 상대방을 생각하고, 상대방이 원한다고 말하면 해주지만 특별히 잘해주려는 열의는 없다. 상대방이 강하게 요구하지 않으면 상대방이 좋아할 만한 물건도 선물하는 법이 없다. 어떤 음식을 먹고 싶다고 말하면 맛있는 집보다는 눈에 보이는 집, 가장 가까운 집을 가자고 한다. "저 집 맛있어?" "냉면 맛, 그게 그거야."

깨어지는 게 시간문제인 관계는 D급이다. D급 애인은 상대방을 대할 때 머릿속에 딴 생각이 그득하다. 상대방이 요구하는 것을 대체로 해주기는 하지만 즐겁게 하지는 않는다. 상대방을 위한 것이 우선순위에서 밀린다. 재촉을 받고서 마지못해 하는 경우가 많다. 제때 하지 못하는 것에 대해서 핑계를 댄다. 상대방이 명확히 원한다고 표시하지 않은 일은 그냥 지나간다. 상대방이 "왜 안 하냐"고 따지면 나름대로 할 말이 있다. 상대방이 선택한 것보다 다른 것이 낫다고 우기는 경우가 잦아진다. 자기 입장에서 잔소리가 많아진다. 상대방이 어떤 음식이 먹고 싶다고 하면 그 음식이 얼마나 몸에 좋지 않은지에 관해서 한참 이야기한다. 그래도 먹겠다고 하면 사주기는 하지만 먹으면서 괜히 이런 집에 왔다는 표정을 짓는다. 매사에 마지못해 하면서 투덜거린다. 마음에 내키지 않아서 말다툼을 벌이기도 한다. 바쁘다는 핑계로 만나는 시간을 줄인다. 상대방을 만나는 것보다 다른 일을 하는 편이 이익이라고 생각한다.

사랑의 등급

"사랑한다"는 말에도 등급이 있다. 상대방이 "자기, 나 사랑해?"라고 물을 때 쓸데없는 것 물어본다는 식으로 대답도 안 하면 D급이다. "그런 것 왜 물어봐"라고 하면서 핀잔을 주거나 상대방을 무시하는 태도를 취하면 D⁻급이다. 자기 하는 일을 계속 하면서 상대방을 쳐다보지 않고 무표정하게 "응" 하고 한마디 한 다음 자기 하던 일을 계속 하면 C급이다. 물어본 것에 대답했으니 도리를 다했다는 자세다. B급은 상대방의 말에 반응한다. 대답할 때 상대방과 눈을 마주치면서 "나도 사랑해"라고 말하고 얼굴에 사랑한다는 감정을 잠깐이라도 나타낸다. 대답하면서 안아주면 B+급이다. A급은 물어보기를 기다리지 않는다. "사랑해"라고 먼저 말한다. 사랑한다는 표시도 때때로 하고, 상대방이 원하는 것도 알아서 해준다.

전업주부

전업주부가 저녁식사를 준비하는 자세에도 등급이 있다. 반찬 새로

하는 것을 귀찮아하면서 며칠 전에 먹다 남은 반찬이 상해가는데도 아무런 신경도 쓰지 않고 그대로 데워서 내놓는 사람은 D급이다.

남편이 어떤 반찬 먹고 싶다고 말하지 않으면 반찬 바꿀 생각을 하지 않고 매일 똑같은 반찬을 만드는 사람은 C급이다. 남편이 어떤 반찬을 먹고 싶다고 말하면 만들어주지만 요리책에 있는 대로 재료 넣고 조리시간을 지켜 맛도 보지 않고 내놓는다. 때로는 조리시간 지키다가 타는 냄새가 나도 신경을 쓰지 않는다. 남편이 "맛이 왜 이래"라고 불평하면 "조리법대로 했는데 왜 그러지?"라고 말한다.

남편이 먹고 싶다고 하는 반찬을 맛있게 만들려고 하는 사람은 B급이다. 조리하는 도중에 맛을 보고 싱거우면 간도 맞춘다. 이 정도면 모범주부라고 할 만하다. 맛을 더 내는 방법을 궁리한다. TV나 인터넷에서 요리법을 찾아보고 자신의 것과 비교한다.

저녁식사 준비에도 A급이 있다. 남편이 어떤 반찬을 먹고 싶다고 말하지 않아도 무슨 반찬을 해주면 남편이 좋아할까 생각하고 즐거워하면서 준비한다. 맛있게 하려고 나름대로 머리도 쓴다. 새로운 메뉴를 개발하려고 한다. 주의할 일이 있다. 음식 솜씨를 연마한다고 자기 혼자 재미로 음식을 만들면서 남편에게 자기가 만든 실패작을 먹도록 강요하는 일이 잦아지면 A급이 아니다. 남편이 입맛을 생각하고 남편이 먹고 싶을 만한 것을 개발해야 A급이다.

사랑

사랑 자체도 등급이 있다. 사랑은 혼자 알아서 해주는 것만으로는 부족하다. 상대방이 있기 때문이다. 상대방 입장에서 생각하고 행동해야 A급이다. 사랑이란 '상대방을 위해 하는 것'이라고들 알고 있다. 나는 그것만으로는 부족하다고 생각한다. 사랑한다는 마음을 가지고 하더라도 자기 멋대로 한다면 사랑이 아니다. 상대방을 배려하지 않는 행동은 안 하는 것보다 못할 때가 있다. 사랑한다면 상대방의 마음을 읽으려는 노력이 있어야 한다. 상대방이 원하는 것을 무시하고 자기가 좋다고 생각하는 것을 해주려고 한다면 사랑이 아니다. 미움과 불행이 싹트게 된다. 진정한 사랑은 상대방이 원하는 것을 상대방이 말하기 전에 해주는 것이다.

가정

누구나 가정에서 A급이 될 수 있는 충분한 자질이 있다. 가정의 행복도 시간과 노력을 들인 만큼 만들어진다. 가정에 제대로 신경쓰지 않으면 위기가 올 수 있다. 가정의 위기는 30대 후반에서 40대 초반에 많이 나타나는 현상이다. 이 나이는 사회에 나와 자리를 잡기 위해 바쁘게 살아야 하는 시기다. 절대시간이 모자라서 가정적인 면을 희생해야만 하는 경우도 생긴다. 주말에 일하게 되면 가족관계가 나빠진다. 이 시기를 잘 넘기지 못하면 가정이 흔들린다.

인생은 길게 보아야 한다. 힘든 시기는 잘 딛고 올라서면 가정이 한 단계 도약한다. 사랑과 인내로 인생의 고비를 현명하게 넘겨야 한다. 인생에서 힘든 시기는 빨리 올 수도 있고 늦게 오기도 한다. 하지만 길게 잡아도 십 년을 넘지 않는다.

자녀 양육

자식은 사랑의 열매다. 부모라면 누구나 자식이 잘되기를 바랄 것이다. 자식이 잘될 수만 있다면 당장 어렵더라도 무언가 해주려고 한다. 자식을 공부시키기 위해서 필요하다면 빚까지 내는 것이 한국의 부모다.

자식에 대한 열정도 좋지만 자식농사는 부모 욕심만으로 되지 않는다. 한국이 몇 십 년 만에 못사는 나라에서 잘사는 나라로 도약하다 보니 부모와 자식 관계가 왜곡되기도 한다. 어려운 성장 과정을 거쳐 성공한 사람이 자식에게 자기가 못 다한 것을 억지로 시키는 경우가 많다. 자식이 원하지 않는 것을 대리만족하려 한다. 자식은 싫다고 하고 부모는 강요하는 일이 벌어진다. "이게 얼마나 좋은데 너는 모르고 싫다고 하니." 자식이 원치 않는 것을 억지로 시키면 제대로 될 리 없고 가족끼리 불화만 커진다.

자식을 키우는 방법에도 등급이 있다. 자식을 잘 키우려면 키우는 방법이 A급이어야 한다. 자식농사는 자식 사랑에서 나온다. 그 사랑이 A급이어야 자식을 키우는 방법도 A급이 될 수 있다. 사랑이 무엇인지 다시 생각해보자. 진정한 자식 사랑은 자식 입장에서 생각하는 것이다. 자식을 사랑한다면 자식의 마음을 읽으려고 노력해야 한다. 아무것도 모르는 것처럼 보이는 어린 아이도 나름대로 생각이 있다. 무조건 강요하는 것은 자녀 인격을 무시하는 행동이다. 부모는 자식이 스스로 깨닫고 따라오도록 지도해야 한다. 부모가 좋다고 생각하는 것을 강요하고, 부모가 해주고 싶은 것만을 해준다면 자식은 부모에게 감사는커녕 도리어 미워할지도 모른다.

자식 키우는 모습을 보면 부모의 등급이 보인다. D급 부모는 부모로서 기본 도리를 다하지 않는 부모다. 자식에게 별로 신경쓰지 않는다. 자식을 부모의 소유물로 생각한다. 자식이 잘될 수 있도록 노력하려는 생각은 별로 없고 부모 자신만 생각하고 말이 나오는 대로 자식에게 말한다. 부모 혼자 살기도 바빠 힘들어한다. 자식이 조금이라도 신경을 거스르면 심하게 야단을 친다. 조금이라도 자식이 짐이 된다고 생각하면 화를 내고 한탄한다. 자식이 부모 고생을 모른다고 섭섭해 한다. 일터에서 집으로 돌아올 때 가족이 반겨주지 않는다고 불만을 가진다. 자식이 공부나 일에서 제대로 하지 못하면 야단만 친다. 자식에게 "너는 왜 그 모양이냐"라는 식으로 상처를 주는 말을 생각 없이 던진다. 툭하면 공부하고 있는 자식을 불러 자기 앞에 앉혀놓고 부모가 옛날 힘들게 살던 시절 이야기를 장황하게 늘어놓으면서 "너는 행복한 줄 알라"고 말한다. 자기가 부족한 점은 생각하지 않고 자식을 한심하다고 느낀다. 부모인들 어떻게 하겠느냐고 체념하기도 한다. 자식 얼굴을 보면 속상하기 때문에 되도록 서로 얼굴을 보려 하지 않는다. 자식이 해달라는 것을 이리저리 핑계를 대면서 해주지 않는다. 노래방에 가서 자식이 신곡을 부르면 "왜 그런 이상한 노래를 하느냐"는 식으로 핀잔을 준다. 자식은 부모가 자기 인생과 무관한 사람이라고 생각한다. 자식은 부모를 피하려고 한다. 부모와 자식은 서로 상대방이 한심하다고 생각한다.

C급 부모는 자식이 해달라는 것만 해주면 부모 책임을 면한다고 생각한다. 자식이 요구하지 않으면 알아서 움직이지 않는다. 꼭 해달라는 것이 아니면 해주려고 하지 않는다. 부모가 희생하려는 자세가 없다. 부모는 세상에서 자기 앞가림하기에도 바쁘다. 자식에게 지시하거나 야단치는 일은 있지만 자식이 시킨 대로 하지 않아도 더 이상 신경쓰지 않는다. 부모도 바쁜데 일일이 신경쓸 수 없다고 생각한다. 자식이 잘할 수 있도록 환경을 만들어줄 생각을 하지 않는다. 결국은 자식이 자기 일을 알아서 해야 한다고 생각한다. 열심히 하지 않으면 자기 손해지 부모 손해는 아니라고 생각한다. 자식의 행동을 감시하지만 그 머릿속에 무슨 생각이 담겨 있는지 알아보려고 하지 않는다. 자식과 대화하려는 노력이 부족하다. "저 아이가 무슨 생각을 하는지 모르겠다"는 말을 자주 한다. "좋은 친구 사귀라"고 가끔 말하지만 정작 자식이 누구와 친한지 모른다. 부모가 바빠서 자식에게 시간을 제대로 낼 수는 없지만 돈으로 해결할 수 있다면 돈으로 때우려고 한다. 자식이 돈을 달라고 하면 돈을 주지만 자식이 돈을 어디에 쓰

는지는 따져보지 않는다. 자식 입장에서 생각하려는 노력이 없다. 어떤 물건이 자식 마음에 들 거라고 생각해서 사주었다가 자식이 싫어하는 티를 내면 두 번 다시 사주지 않겠다고 하면서 후회한다. 자식에게 열심히 하라는 말은 자주 하지만 어떻게 해야 자식이 더 성공할 수 있는지 깊이 생각하지 않는다. 자식이 무슨 노래를 부르고 무엇을 좋아하는지 신경을 쓰지 않는다.

B급 부모는 자식에게 신경을 쓰고 기왕이면 잘하려고 노력한다. 자식이 무엇을 달라고 하면 남보다 더 좋은 것을 주려고 한다. 자식이 바라는 것보다 더 좋은 물건을 사다 주기도 한다. 부모가 약간 희생해서라도 자식을 부모가 살아온 것보다 더 낫게 키우고 싶어 한다. 때로는 대출을 받아서라도 교육비를 마련한다. 자식에게 잔신경을 쓰고 간섭을 하는 편이다. 자식이 어떤 행동을 하면 왜 그런 행동을 하는지 의미를 생각한다. 자식이 누구랑 친한지 관심이 많다.

잘못된 B급은 자식 생각은 많이 하지만 자식 입장에서 생각하는 것이 아니라 부모 입장에서 생각한다. 자식에게 궁금한 것이 많아서 말을 많이 걸어보고 대화를 시도하지만 자식은 부모가 자신을 이해하지 않기 때문에 대화해도 답답하다고 생각한다. 매사에 부모 마음에 들지 않는다고 야단치다 보니 자식이 스스로 하는 것을 두려워하게 된다. 자식은 부모가 억압적이라고 느낀다. 부모의 기세에 눌려 자식의 기가 꺾이는 수가 많다. 부모에게 걸리기만 하면 싫은 소리를 듣기 때문에 자식은 자기가 하는 일을 부모가 알지 못하게 되도록 감추는 버릇이 생긴다. 자식이 인생에 크게 불이익을 당하는 잘못을 저

질러도 부모에게 말하기를 두려워한다. 이런 부모는 B급이라고 생각할지 몰라도 C급보다 못한 결과가 되기 쉽다.

A급 부모는 어떻게 하면 자식이 잘될 수 있는지 방법을 궁리한다. 항상 자식에게 관심을 가지고 여러 가지를 궁리한다. 자식 교육에 관해서 다른 부모들과 의견을 교환한다. 자식과 진로 문제를 상의한다. 잘 모르는 분야는 잘 아는 사람을 찾아 이야기를 듣는다. 자식이 집안일에 신경쓰지 않고 공부하고 자기 일에 집중할 수 있도록 가정환경을 만들어준다. 집안일에 자식을 동원하기보다는 부모가 더 하려고 한다. 부모가 자식의 입장에서 생각한다. 자식이 무슨 생각을 하는지 궁금해 하고, 자식의 눈높이에서 대화하고 이해하려고 한다. 자녀 세대가 무엇을 좋아하는지를 배우려고 한다. 젊은이들이 좋아하는 신곡을 한두 곡 부를 수 있도록 연습한다. 자식은 부모를 친구처럼 생각한다. 자식은 다른 사람과 대화하기보다는 부모와 이야기하는 것을 후련하게 생각한다. 어려운 문제가 생기면 부모와 먼저 상의해야 해결된다고 생각한다.

A급 부모는 자식과 부딪치지 않고 자식을 훌륭하게 만드는 방법을 강구한다. 자식이 마음에 안 들게 할 때 직접 야단치기보다는 자식의 생각과 행동을 변화시키는 방법을 찾는다. D급 부모는 자식이 새로운 무언가를 하면 "쓸데없는 짓 하지 말라"고 야단치지만 A급 부모는 감동 어린 칭찬을 해준다.

초등학생에게 "좋은 친구 사귀어라"고 말만 하는 부모는 A급이 아니다. 어린 자녀는 부모가 시키는 대로 하지 않는다. 자식이 좋은 친구라고 생각하는 같은 반 아이는 어른이 보기에는 좋지 않은 친구일수도 있다. 좋은 친구를 사귀게 만들려면 부모가 착한 친구, 공부 잘하는 친구를 골라서 집에 초대하기도 하고 조그만 선물도 주면서 자식과 서로 친하게 지내도록 분위기를 만들어준다. 초등학생이 책을 많이 보는 것이 중요하지만 만화책 본다고 무조건 야단치고 책을 압수할 게 아니라 책에 취미를 붙일 수 있는 방법을 찾는다. 처음에 만화책이라도 열심히 읽는 게 낫다. 무조건 만화책을 금지시키지 말고 우선 재미삼아 읽고 자연스럽게 다른 책으로 옮겨가도록 유도한다. 책을 싫어하는 학생도 대형서점에 데리고 가면 읽고 싶은 책을 고른다. 부모가 바쁘더라도 자식에게 꿈을 키워주고 인생진로에 관해서 자식과 대화하는 시간을 아까워하지 않는다.

자식은 부모가 사는 모습을 보고 자란다. 무의식중에 배우고 닮는다. 부모는 자식이 자기보다 나은 인생을 살기를 바라지만 자식이 본 대로 살아가면 부모와 비슷한 인생을 살게 될 것이다. 자식이 부모의 사는 방법과 다르게 살지 않으면 인생이 바뀌지 않을 가능성이 크다. 낮은 등급의 부모 밑에서 높은 등급의 자녀가 나오기 어렵다.

자식이 다른 인생을 살려면 부모보다는 나은 인생을 살겠다는 스스로의 깨달음이 필요하다. "나는 부모처럼 살기 싫어." "우리 집 형편보다 나은 환경에서 살고 싶다." "내가 부모가 되면 자녀를 이렇게 키우지 않겠다." "부모가 말려도 이것은 해야겠어." 부모의 속박, 주어진 환경의 제약에 얽매이지 않으려는 자식이 성공한다. 부모 말을 안 듣는다고 다 나쁘게 되는 것은 아니다. 나빠지려는 아이는 나빠지고, 나아지려는 아이는 나아진다. 때로는 D급 부모 밑에서 A급 자녀가 나올 수도 있다. 부모가 자식에게 전혀 신경을 쓰지 않기 때문에 이런 부모 믿고 살다가 인생을 망치겠다고 생각하면서 스스로 인생을 살아야 한다는 사실을 깨달으면 역경이 극복될 수 있다. 자식이 공부를 잘하려면 아버지의 무관심이 중요하다는 말도 있다.

부모가 세세하게 지시하고 감시한다고 자식이 잘되지는 않는다. 간섭이 심하면 부모의 눈을 피하려 머리를 굴리게 된다. 자식이 잘되도록 하려면 A급으로 성장할 수 있도록 주변 여건을 만들어주어야 한다. 부모가 걸림돌이 되지 않아야 한다. 자식 앞에서 부모가 싸우는 모습을 보이지 말아야 한다. 자식이 꿈을 품고 동기 부여를 받아 간절히 노력할 수 있도록 격려하고 뒷받침해주어야 한다. 공부를 힘들어하거나 투정을 부리면 부모는 야단치지 말고 어루만져주어야 한다. 이것은 돈으로 되는 것이 아니다. 자식 입장에서 자식을 생각하는 사랑이 필요하다. 부모가 많은 돈을 버는 것보다 자식을 훌륭하게 키우는 것이 더 낫다.

오바마 대통령은 2008년 대선후보 수락 연설에서 이렇게 말했다. "우리가 힘들게 일하고 희생하면 각자의 꿈을 이룰 수 있을 뿐 아니라 그런 사람들이 모여 가정을 이루고 다음 세대도 그들의 꿈을 이룰 수 있도록 한다는 약속이 미국을 항상 특별하게 만들었습니다."

흔히 아메리칸 드림American Dream은 이민 가서 혼자 성공하는 것을 말한다고 생각하기 쉽지만, 오바마는 부모가 노력하고 희생하면 자신의 꿈뿐만 아니라 자녀들까지도 꿈을 이룰 수 있게 된다는 점을 강조했다.

그가 말하는 미국인의 꿈은 한국인의 꿈Korean Dream과 다르지 않다. 1960~70년대 한국인들은 생존권도 제대로 보장되지 않는 열악한 조건에서 다음 세대만큼은 잘살게 하겠다는 희생정신으로 일했고 그 꿈은 한 세대가 지나기 전에 이루어졌다. 지금은 부모가 된 그때 자녀들은 다시 그들의 자손이 자기보다 나은 사람이 되기를 바라면서 열심히 일하고 있다. 부모는 자녀가 잘되기를 꿈꾸고, 자녀들은 부모 세대보다 잘될 것을 꿈꾼다. 세대를 넘는 꿈을 꾸고, 세대를 이어 노력하고, 대대손손 발전하는 나라. 그것이 우리가 꿈꾸고 만들어가야 할 대한민국이다.

'앞서가는 나라'에 맞게 등급을 올려라

나는 나라를 세 등급으로 나눈다. '제자리에 있는 나라', '따라가는 나라', '앞서가는 나라'가 그것이다. '제자리에 있는 나라'는 제자리에 머물고 있는 나라다. 앞선 나라를 따라가려는 의지나 노력이 없다. '따라가는 나라'는 앞선 나라를 좇아가려 노력하는 나라다. '앞서가는 나라'는 시대 흐름의 선두에서 움직이는 나라다. 이러한 구분은 후진국-개발도상국-선진국이란 구분과 비슷하지만 경제 발전의 관점이 아니라 국가 변화라는 관점에서 보아야 한다.

제자리에 있는 나라

반만년 우리 역사의 대부분은 '제자리에 있는 나라'였다. 고조선, 삼국시대, 고려, 조선은 물론이고 1960년대 중반 경제개발에 본격적으로 착수하기 전까지도 그랬다. 이 시대에는 세상에 실질적인 변화가 없었다. 오늘은 어제와 같고, 내일은 오늘과 다르지 않았다. 금년은 작년과 같고 내년도 별로 달라지지 않았다. 이런 나라에 풍년이나 흉년처럼 차이가 있더라도 이것은 일회성 사건에 불과하다. 이 시대에는 노력이란 말 자체가 별로 의미가 없었다. 노력한다고 달라질 것은 아무것도 없었다.

이 시대를 주도하는 세력은 세상의 흐름을 바꾸려고 하지 않는다. 나라의 질서를 유지하는 것이 주된 임무다. 이 시대에 살아가는 현명한 방법은 순리대로 사는 것이다. 순리대로 산다는 것은 삼강오륜과 같은 기존 질서에 순응하는 것이다. 이 시대에는 태어날 때 신분 차이로 평생 계층이 정해진다. 같은 계층이면 나이가 세상에서 대접받는 서열이 된다. 젊은이는 능력이 있더라도 어른보다 앞서갈 수 없다.

누구나 질서에 맞추어 살아야 했다. 순리대로 살면 충신이 된다. 이 시대에는 성인이나 도덕군자가 존경받는다. 그들은 세상의 변화를 이야기하지 않는다. 그들은 질서가 무엇인지를 설명하고 질서대로 살아가라고 가르친다. 정해진 대로, 시키는 대로 살아가는 C급을 양성하는 것이 교육의 기본 목표가 된다.

이 시대 사람들은 비슷한 속도로 움직인다. 남과 다르게 움직이는 것은 순리에 어긋난다. 남보다 잘한다고 신분이 상승하지도 않는다. 남보다 빨리 움직일 필요가 없다. 혼자 빨리 움직여도 모든 것은 제자리에 있다.

이 시대에는 꿈을 꾸면 망상이 된다. 변화는 순리에 어긋난다. 사회질서에 위험 요소가 될 수도 있다. 변화를 생각하다가는 역적으로 몰리기도 한다. 지배계층은 나라를 변화시켜 더 얻을 것이 없다고 생각한다. 변화보다 별일 없는 게 낫다. 아무것도 하지 않아도 있는 것만 지키면 부귀영화를 누릴 수 있다. 그러니 A급이 드물다.

내가 가장 존경하는 인물은 세종대왕이다. 대왕은 훈민정음 창제, 측우기와 다른 과학기기 발명 등 역사에 남는 업적을 달성했다. 대왕은 학자들과 머리를 맞대고 끊임없이 연구했다. 건강을 해치기까지 했다. 대왕은 항상 백성을 위해 나은 것, 편리한 것을 추구했다. 누가 대왕에게 그런 일들을 하라고 시켰겠는가. 백성을 위해 스스로 밤낮으로 노력하고 궁리한 세종대왕은 역사에 남는 진정한 A급 지도자였다.

따라가는 나라

'따라가는 나라'에서는 본격적인 변화가 시작된다. 우리나라에서 처음으로 변화를 국가적 과제로 제시한 사람은 박정희 대통령이었다. 대한민국의 실질적인 변화는 1960년대부터 그가 주도한 경제개발, 새마을운동 등에 의하여 시작되었다. 개발이란 나은 변화를 의미하는 것이다. 새마을운동은 초가지붕을 기와로 바꾸고 도로를 넓히자는 물적 변화보다는 국민의 '생각의 틀'을 바꾸자는 정신적 혁명이었다. 그 당시 우리가 잘살 수 있다고 생각하는 국민은 별로 없었다. 그런데 놀라운 일이 일어났다. 국민들이 '잘살 수 있다'고 생각하고 그렇게 말하고 노력했을 때 잘사는 나라가 되었다. "내가 생각하고, 말하고, 행동하는 대로 인생이 만들어진다"는 인생의 비밀이 우리나라 성공의 비밀이 된 것이다.

'따라가는 나라'에는 지도자leader가 있다. 지도자란 집단의 변화방향을 제시하고 그 방향으로 집단을 이끌어가는 사람이다. '제자리에 있는 나라'에는 그런 의미의 지도자를 찾기 어렵다. 권력을 가진 사람은 현상 유지를 원하기 때문이다.

'따라가는 나라'는 움직인다. 지도자는 선진국을 따라가고, 국민은 지도자를 따라 움직인다. 지도자는 변화의 흐름에 앞장서는 사람이다. 국민이 가만히 있으려고 할 때 지도자는 앞서가면서 "이리 오라"고 외친다. 지도자는 스스로 움직이기 때문에 A급이다.

지도자의 걸음은 빠르다. 제자리에 머무는 데 익숙한 국민은 지도자의 걸음을 좇아가는 데 힘들어한다. 좇아가는 것이 능력으로 인정받는다. 이런 시대에 성공하는 사람은 지도자를 잘 따라가는 사람follower이다. B급에 해당한다. 꼬박꼬박 따라가는 C급도 중간은 간다.

박정희 대통령은 우리나라를 '제자리에 있는 나라'에서 '따라가는 나라'로 올린 지도자였다. 그가 "영감, 자동차공장 좀 해보지"라고 할 때 "각하, 길에 다니는 차도 별로 없는데 자동차 만들면 과연 팔릴까요"라고 말한 사람은 퇴출되었다. "예, 무조건 열심히 하겠습니다"라고 한 사람은 재벌로 성장했다.

이 시대에는 노력이 중요하게 인식되기 시작한다. 그러나 그 노력은 제한적이다. 정부가 주도하는 대로, 시장에서 남이 하는 대로 따라가는 것을 의미한다. 시키는 대로, 눈에 보이는 대로 사업을 벌이기만 해도 버틸 수 있었다. "세상은 넓고 할일은 많다." 20세기에 통하던 문어발식 경영전략을 대표하는 말이다. 전 세계에서 돈을 빌려 무분별하게 사업을 확장하다 망한 기업의 슬로건이었다.

'따라가는 나라'에서는 전통 질서가 깨진다. 나이가 많아도 흐름을 따라가지 못하면 대접받지 못한다. 모든 것이 움직이기 때문에 세상이 변하는지 모르고 제자리에 있으면 처진다. 지도자를 잘 따라가는 사람은 출세하고, 그런 사람을 잘 따라가는 후배도 성공한다. 나이나 경력보다 선후배 관계가 중요하다. 지도자와 추종 그룹이 새로운 질서를 형성한다. 잘나가는 선후배 그룹이 사회의 주류를 형성한다. 시대를 주도하는 것은 지도자와 소수 엘리트였다.

'따라가는 나라'는 변화에 적응하지 못하는 사람이 많다. 우주에는 관성의 법칙이 있다. 정지한 사물이 움직이려면 힘이 필요하다. 지도자는 따라오지 못하는 국민에게 따라오라고 강요한다. 지도자가 힘을 가지고 몰아붙이면 독재가 된다. '따라가는 나라'는 선진국으로 가기 위해 반드시 거쳐야 하는 과정이지만 과정이 순탄하지는 않다. 선진국으로 진입하는 데 실패한 나라도 적지 않다. 우리나라는 성공한 소수에 속한다.

남한이 북한을 경제적으로 앞서기 시작한 것은 전두환 대통령 시절이었다. 그의 집권 초기만 해도 남한의 경제 규모는 북한과 비슷했다. 그러나 경제가 안정되고 유학 자유화 등 세계화가 시작되면서 남한과 북한의 차이가 벌어졌다. 국가의 발전 모델이 지도자가 주도

하는 B급에서 국민과 기업이 주도하는 A급으로 변하기 시작했다.

김일성과 김정일의 역사적 과오는 수십 년에 걸쳐 북한 주민들을 상부의 명령에 절대복종하는 C급으로 교육했다는 점이다. 인센티브가 없기 때문에 많은 주민들이 D급으로 전락했다. 북한에서 A급 주민은 찾아보기 어렵다. 대한민국은 지도자에 의존하는 B급 국가에서 민간부문이 경제를 주도하는 A급 국가로 변했다. 많은 사람들이 A급, B급으로 올라가고 있다. D급이 모여 사는 북한은 국가 퇴출의 시기만 남았다.

앞서가는 나라

21세기 대한민국은 '앞서가는 나라'다. 한반도에서 한 번도 경험하지 못한 시대다. 한국사는 새로 시작하고 있다. 대한민국은 한 세대가 지나기 전에 '제자리에 있는 나라'에서 '따라가는 나라'를 거쳐 '앞서가는 나라'가 된 유일한 나라다. 개발시대에 우리나라에서 사용되던 '선진'이란 단어는 '앞서간다'라는 현재진행형advancing이었지만 지금의 '선진'이란 단어는 '앞섰다'는 과거형advanced이다.

'앞서가는 나라'는 개방opening과 이동성mobility이 기본 속성이다. 모든 것이 열려 있고 움직인다. 정해진 방향은 없다. 어느 방향으로 따라오라고 외치는 지도자 같은 사람이 없다. 누가 방향을 강요할 수 없고, 강요가 통하지 않을 정도로 국민의 힘은 커진다. 각자 알아서 움직여야 한다. 각자 움직인다는 것은 자유처럼 보이지만 사실은 생존 조건이다. 알아서 방향을 찾지 않으면 살아가기 어렵다. 경쟁과 선택은 '앞서가는 나라'의 생존 방식이면서 발전 방식이다.

'앞서가는 나라'에서는 누구도 방향을 가르쳐주지 않는다. 알아서 방향을 찾아야 한다. 사람들은 저마다 자기 보기에 좋은 방향으로 움직인다. 시대에 맞는 방향으로 빨리 움직이면 성공한다. A급이 되어야 제대로 살 수 있다. 방향이 보이지 않기 때문에 헤매는 사람이 많다. 어떤 사람은 방향을 찾는 것도 포기한다. 빨리 움직이는 것보다 맞는 방향으로 움직이는 것이 중요하다. 방향이 정해져 있지 않기 때문에 무리를 지어 움직인다고 나을 것이 없다. 지난 시대만큼 선후배 관계가 중요하지 않다. 각자 살아가는 모습에 따라 평가받는다. 인생을 사는 방법의 등급이 중요하다. 개인의 자질과 능력이 중요하고 전문성이 높은 평가를 받는다.

21세기에는 기업 전략도 달라져야 한다. 남을 따라가는 사업은 망할 확률이 높다. 더 이상 문어발식 경영전략으로는 그룹이 생존할 수 없다. 사업도 점점 강해질 수 있는 방향으로 나아가야 하고, 남다르게 기획해야 하고, 개발과 디자인으로 나은 상품을 시장에 내놓아야 한다. 고객이 원하는 것을 미리 파악하지 못하는 기업은 생존하기 어려워진다.

'앞서가는 나라'에서는 각자가 방향을 찾아 움직이기 때문에 무질서하게 보이지만 시대의 흐름은 있다. 그 흐름을 타고 흘러가는 사람들 눈에 방향이 잘 보이지 않을 뿐이다. 이 시대의 질서는 지도자가 만드는 것이 아니라 국민이 만든다. 여러 사람이 가면 길이 된다. 사람들이 여러 방향으로 움직일 때 충돌이나 마찰이 생기지 않도록 만드는 것이 지도자의 역할이다. 스스로 움직이는 A급이 이 시대에 적합한 인간형이다.

부모들이여, 시대에 적응하라

우리나라는 시대가 빨리 변하다 보니 부작용도 많이 나타난다. 어떤 분야는 아직도 과거의 행태나 문화가 남아 있다. 우리나라에 사회갈등이 많은 것은 여러 시대의 사고방식을 가진 국민이 공존하기 때문이라고 설명할 수 있다. 한 세대에 시대가 두 번 달라지다 보니 부모와 자녀의 사고방식이 다른 경우가 많다. '따라가는 나라'에서 살아온 부모는 잘해야 B급이다. 수동적으로 따라가는 것에 익숙해져 있다. 부모가 모든 것을 지시하고 억지로 따라오게 하는 식으로 자녀를 키우면 양육을 망칠 수 있다. '앞서가는 나라'에서 자라나는 자녀는 억지로 따라가지 않는다. 잔소리를 싫어한다. 그러다 보면 C급이나 D급이 되기 쉽다. B급 부모 밑에서 그보다 등급이 떨어지는 자녀가 나타난다. 서로 불만이기 때문에 관계가 불편해진다. 자식들은 부모의 기대에 부응하지 못하는 경우가 많다.

부모부터 시대 변화에 적응해야 한다. 부모는 자식이 무언가 스스로 생각하고, 말하고, 행동하는 것을 보면 마음에 들지 않더라도 칭찬해주어야 한다. A급으로 사는 모습은 키워주어야 한다. 잘 키워가면 부모보다 훌륭한 사람이 될 수 있다. 이것을 깨닫지 못하고 막말로 자식 기를 꺾으면 A급 가능성이 있는 자녀가 D급으로 변할 수 있다. "쓸데없는 생각하지 마라." "너 사고치려고 그러니." "조용히 있어라." 자라면서 이런 말을 듣다 보면 점차 생각조차 하지 않으려는 사람이 되고 만다. 자식을 어떻게 대해야 할 것인가. 어떻게 양육해야 자식이 제대로 될 것인가. 항상 그것을 생각하고 살아야 A급 부모가 될 수 있다.

부모들이여. 지난 시대에 주입된 낡은 '생각의 틀'로 자식을 교육하려고 하지 마라. 자녀는 '앞서가는 나라'의 국민이다. '앞서가는 나라'에서 태어나 더 앞서가는 인생을 살아야 한다. 자녀의 성공을 바란다면 부모부터 시대 변화에 적응해야 한다. "나는 왕년에 이렇게 살았어. 너는 이 정도면 행복한 줄 알아라." "왜 너 혼자 튀려고 하니. 다들 이렇게 살고 있어." "요즘 애들은 왜 이 모양이야." "여자는 이렇게 해야 하는 거야." 이런 식으로 생각하고 말한다면 시대가 달라졌다는 것을 깨닫지 못한 부모다. 부모의 부정적인 말 한마디가 꿈나무 가지를 꺾는다. 자식이 홀로 서기 위해서 힘들게 도전하는데 부모가 도와주지는 못할망정 길을 가로막아서는 안 된다.

부모의 긍정적인 말은 자녀 꿈나무에 거름이 된다. "나는 이렇게 살았지만 너는 더 나은 인생을 살아라." "다른 애랑 똑같이 되지 말고 너는 위를 보고 도전해서 성공해라." "내가 너를 도와주면 무엇을 못 하겠니." "나는 어려울 때 살아서 아무리 하려고 해도 잘 안 풀렸지만 지금은 하면 되는 시대야." "너희들은 다르구나. 부럽다." "여자로 태어나면 더 기회가 많아. 성공하기 더 쉬워." 부모는 '앞서가는 나라'에 맞게 생각하고 말해야 한다. 꿈나무가 잘 자라려면 기성세대의 역할이 중요하다. 세대를 넘어 자라는 꿈나무는 상상할 수 없을 만큼 자란다.

대한민국은 더 이상 천국이 아니다

선진국으로 들어가면 기술뿐 아니라 노력도 세계적 수준으로 올라가야 한다. 그러나 모든 분야가 일시에 그렇게 되지는 않는다. 우리나라에서는 부문별로 격차가 심하게 나타나고 있다. 선진국으로 들어가는 것은 마라톤과 같아서 출발은 동시에 하지만 달리는 속도는 분야별로 다르다. 결국은 모든 부문이 세계적 수준으로 올라서겠지만 시간이 걸릴 것이다.

대충 하는 척해도 살아갈 수 있는 분야는 아직도 선진국으로 들어가지 못한 곳이다. 그런 영역이 없어지는 것은 시간문제다. 당장 편하다고 안주하려고 생각하기보다 밀어닥치는 변화에 적응하고 대비하는 것이 인생을 올바르게 설계하는 것이다.

본격적인 노력은 사회에 나오기 전에 학교에서 시작해야 한다. 사회에 나가면 아무도 가르쳐주지 않는다. 인생은 연습할 시간이 없다. 학생 때부터 바른 생각의 틀을 갖추고 제대로 사는 방법을 배우고 실천해야 한다.

아직도 우리나라에서는 전반적으로 노력의 강도가 약하다. 세계 속에서 경쟁할 수 있는 인재를 양성하려면 노력의 수준을 높여야 한다. 아직도 많은 한국 대학생들은 한 학기에 불과 일주일만 공부해도 낙제하지 않고 졸업장을 손에 쥘 수 있디. 시간제 아르바이트하듯이 공부해도 졸업이 가능하다. 적당히 공부해도 졸업하고 직장을 얻을 수 있다고 안도할 일이 아니다. 학교는 대충 다니고 졸업한 후에 마음잡고 열심히 근무하면 될 것처럼 착각하지만 생각의 틀을 바꾸지 않으면 사는 모습이 달라지지 않는다. 치열하게 노력한 경험 없이 사회에 나가면 계속 그런 식으로 인생을 살게 된다. 적당히 시간을 때우면서 급여를 받으려고 한다. 대학 생활을 하듯이 편한 근무 환경을 선호한다. 거기에 급여까지 많이 받으면 금상첨화여서 '신이 내린 직장'에 근무하는 행운아가 되지만 세상은 그런 직장에서 편하게 지내게 내버려 두지 않을 것이다.

선진국에서는 어느 분야나 살벌한 경쟁이 전개된다. 학교에서의 경쟁도 살벌하다. 미국 일류 대학에서는 다들 열심히 하기 때문에 아무리 죽어라고 공부해도 누군가는 낙제점을 받아야 한다. 좌절에 빠진 학생은 스트레스를 견디다 못해 정신병이 걸리기도 한다. 그 정도로 힘든 경쟁이 대학 내내 계속된다.

졸업하더라도 상황은 크게 달라지지 않는다. 오히려 악화된다. 연습할 시간도 없이 운명을 건 경쟁이 벌어진다. 미국 일류 로펌은 구내에 식당, 헬스장, 세탁소까지 두고 있다. 집에 돌아갈 필요 없이 밤낮 일만 하는 환경을 만들어놓았다. 뉴욕의 대형 로펌에서는 신참 변호사가 그런 식으로 십 년 정도 일해야 파트너로 승진할 수 있다.

우리 주위에는 아직 D급이 많다. 많은 사람이 인생 목표를 낮게 잡고 노력을 아끼는 것이 이익이라는 경제마인드를 가지고 살고 있다. 아직도 충분히 치열하게 살지 않는 사람이 많다. 치열하게 노력하는 사람은 하는 만큼 결과를 얻을 수 있다. 기대 이상의 결과를 얻을 수도 있다.

대한민국은 그래서 아직 천국이다. 노력을 덜 하려는 사람에게는 적당히 버틸 수 있기 때문에 천국이고, 노력을 더 하는 사람들에게는 조금만 노력해도 차이가 나기 때문에 천국이다. 하지만 무서운 속도로 달라지고 있다. 1990년대 후반 외환 위기를 겪고 2008년 금융 위기를 넘기면서 대기업들은 글로벌 경쟁에서는 1등만 살아남는다는 사실을 경험했다. 그런 기업들은 적당히 하는 임직원을 용납하지 않는다. 외환 위기 당시 150만 명이 넘는 실업자가 생겼다. 구조 조정은 피눈물 나는 선택의 과정이다. 어떤 사태가 와도 선택당할 수 있도록 등급을 올려 살아가야 한다. 이것이 21세기 대한민국에서의 생존 전략이고 성공 전략이다.

시대 패러다임이 달라졌다. 18세기 산업혁명은 국가 전체 생산량을 비약적으로 증가시키면서 고용도 창출하는 '생산성의 혁명'이었지만 21세기 IT혁명은 같은 생산량을 적은 노동으로 가능하게 하는 '효율성의 혁명'이다. 따라서 경제가 발전해도 GDP는 별로 증가하지 않고 기술 발전이 가속화되면 고용은 도리어 줄어드는 현상이 나타날 수 있다. 지금은 '글로벌 저성장의 시대'다. 한국도 예외가 아니다.

고용시장에서의 경쟁은 세월이 지나도 완화되기 어렵다.

대한민국은 더 이상 천국이 아니라는 것을 깨닫고 여기에 맞게 살아가야 한다. 앞으로 선진화 현상은 가속화될 것이다. 대한민국이 선진국으로 깊이 들어가면 들어갈수록 모든 분야에서 노력의 상대적 기준은 점점 올라갈 것이다.

"늦었다고 생각할 때가 가장 빠르다"는 말이 있다. 노력을 해야 한다면 그래도 지금이 가장 빠른 시기다. 나중에 세월이 흘러 뒤돌아 본다면 지금이 미래보다 편한 시기일 것이다. 시대 흐름에 밀려서 강도 높은 노력에 내몰리기 전에 남보다 빨리 노력을 시작해서 앞서가는 것이 낫다.

대한민국 : 세대를 이어 꿈을 이루는 나라

기원전에 쓴 중국 《후한서》의 〈동이열전〉은 우리를 동방의 오랑캐라고 부르면서도 예의는 있다고 하여 '동방예의지국'이라고 했다. 그것은 호랑이 담배 피우던 시절 이야기다. 오랫동안 세계는 우리를 '동방의 최빈국'이라고 불렀다. 그런 우리가 세계사를 다시 썼다. 후진국에서 출발해서 한 세대가 지나기도 전에 개발도상국을 졸업하고 선진 경제대국으로 진입했다.

대한민국은 세계의 기적이다. 제2차 세계대전 이후 세계 수출 10위권에 진입한 나라는 중국, 일본, 한국뿐이다. 2009년 대한민국은 원조를 받는 나라에서 원조를 주는 나라로 변했다. 세계 역사상 처음이다.

지난 한 세기를 되돌아보자. 우리는 1910년 일제에 강점당했다가 1945년 광복을 맞이했다. 1948년 한국 수출액은 2200만 달러였다. 6·25전쟁이 끝난 1953년 한국의 국민총생산은 14억 달러, 1인당 국민소득은 67달러였다. 국민 한 사람이 한 달에 6달러도 벌지 못하

는 가난한 나라였다. 경제개발이 본격화된 1969년 한국의 임금 수준
은 월 37달러였다. 1970년대 중반 한국은 경제성장률 세계 1위를 기
록했다. 1972년 1인당 GNP는 293달러였다가 오 년 동안 두 배 이상
이 되었고, 이 기간 동안 수출은 세 배나 늘어났다. 1977년 한국 수
출은 100억 달러를 돌파했다. 같은 해 한국은 국제기능올림픽에서 1
위를 기록했다.

한국의 산업구조는 짧은 기간에 경공업에서 중화학, IT 산업으
로 급속하게 고도화되었다. 1968년 포항제철(지금의 포스코)이 창립되
었다. 1982년 포항제철소는 단일 제철소로 세계 1위가 되었다. 1972
년 현대중공업이 창립되었다. 1983년 현대중공업은 처음으로 일본의
미쓰비시를 제치고 세계 1위 조선사가 되었다. 조선 1위를 두고 엎치
락뒤치락 하다가 한국이 1987년 다시 일본을 제치고 1위 조선국으로
부상했다.

1962년 한국의 자동차 생산 능력은 2500대였다. 등록된 자동차
수는 1955년 1만 5천 대, 1966년 4만 9천 대로 시작해서 1997년 1천
만 대를 돌파했다. 2007년 1643만 대를 기록했다. 자가용은 1966년
7천 대였으나 1999년 756만 7천 대를 기록했다.

1988년 한국의 자동차 수출은 200만 대를 돌파했다. 수출 품목
에서 전자전기는 세계 1위, 철강은 세계 3위, 자동차는 세계 5위, 화
공품은 세계 8위, 일반기계는 10위를 기록했다. 신발 수출은 2위였
다. 한국은 1976년 양정모 선수가 레슬링에서 올림픽 첫 금메달을 따
기까지 스포츠 약체국이었다. 한국은 1988년 올림픽을 개최하고 중

합 4위를 기록했다. 1990년에는 일본을 제치고 아시안게임 종합 2위로 올라섰다.

1989년 한국의 GNP는 세계 12위를 기록했다. 1인당 GNP는 4994달러였다. 같은 해 한국은 4M D램 개발에 성공했다. 일본과의 기술 격차는 6개월로 줄어들었다. 철강 생산량은 한국이 8위를 기록했고 포항제철은 세계 3위 철강회사가 되었다.

1990년은 한국 경제의 변곡점이었다. 한국산 의류의 일본 수입 시장 점유율이 1989년까지 1위를 지켰으나 1990년 중국에 1위를 내주면서 내리막길이 시작되었다. 같은 해 한국은 수출국과 수입국 각 12위, 합성섬유 생산 4위, 전자공업 생산 5위, 시멘트 7위, 철강 생산 7위, 자동차 생산 10위를 기록하면서 중화학공업 중심으로 변화했다. 그때까지 IT는 주도산업이 아니었다. 같은 해 한국은 16M D램 개발에 성공했다. 일본에 이어 두 번째였다. 하지만 반도체 시장 점유율은 일본과 미국이 각각 49.5퍼센트, 36.5퍼센트로 반분하고 있었다. 삼성전자는 2.3퍼센트에 불과했다.

1991년 한국 GNP는 15위, 1인당 국민소득은 6340달러로 세계 30위를 기록했다. 수출은 14위, 수입은 12위였고, 자동차 생산은 영국을 제치고 9위로 올라섰다. 1992년 한국 GNP는 15위, 1인당 국민소득은 6790달러로 세계 32위였다.

한국은 무섭게 올라섰다. 1985년에서 1992년 사이 한국의 GNP 및 1인당 국민소득 증가율은 세계 1위를 기록했다. 1992년 한국 수출은 766억 달러, 자동차 생산은 7위였다. 1992년 한국은 중국과 국

교를 수립했고 중국의 비중이 커지면서 새로운 시대가 열렸다. 1992
년부터 1997년 사이 대중국 교역량은 연평균 35퍼센트씩 증가했다.
한국은 중국과의 교역에서 유일하게 흑자를 기록하는 나라가 되었고
그 흑자는 한국 경제를 지탱하는 힘이 되었다.

1992년은 한국경제사에 새로운 획을 긋는 해였다. 삼성전자가 세
계 최초로 64M D램 개발에 성공했다. 삼성전자는 일본의 도시바를
제치고 반도체의 최강자가 되면서 D램 세계 시장 점유율 1위를 기록
했다. 한국이 일본을 제치고 IT 강국이 되었음을 알리는 사건이었다.
이후 삼성전자는 메모리 반도체에서 세계 최고를 놓치지 않고 있다.

1993년 한국은 GNP 3308억 달러로 12위, 1인당 GNP 7514달
러로 32위, 교역량 1660억 달러로 12위를 기록했다. 조선 1위, 가전 2
위, 반도체 3위, 석유화학 설비 능력 5위, 섬유 수출 5위, 자동차 6위,
철강 6위를 기록했다. 삼성전자는 매출액 기준 세계 14위 기업이 되
었고, 현대중공업은 수송장비 분야 1위, 한국의 자동차 3사는 모두
세계 20대 자동차 생산업체로 진입했다. 같은 해 한국은 컴퓨터 보유
대수 170만 대로 세계 10위, 전화시설은 2천만 회선을 돌파하면서 세
계 8위, 지적재산권 출원은 세계 5위를 기록했다.

1994년 한국의 교역량은 13위로 밀렸다. 하지만 전자산업 생산
은 세계 4위, 가전은 세계 3위, VCR, 브라운관, 팩시밀리는 각 2위를
기록했다. D램 반도체가 세계 시장 점유율 1위를 기록하면서 반도체
단일 품목의 수출이 100억 달러를 돌파했다.

1996년 한국의 1인당 GDP는 드디어 1만 달러를 돌파했다. 같은

해 중국은 한국의 수출 대상국 및 수입 대상국 각 3위, 한국의 해외 투자 대상국에서는 건수 1위, 금액 2위로 부상했고, 한국은 중국의 수출 대상국 및 수입 대상국 각 4위가 되었다. 중국의 외국인 학생 중 한국인은 일본에 이어 2위를 차지했다. 한국 무역에서 중국은 미국과 일본을 합친 것보다 비중이 더 커졌다.

1960년에서 1995년까지 한국은 연평균 경제성장률 7.1퍼센트로 세계 1위를 기록했다. 수출이 성장을 주도했다. 수출은 1948년 2200만 달러에서 1960년 3300만 달러, 1995년에는 1천억 달러를 돌파했다. 1999년 1437억 달러, 2007년 3715억 달러로 증가했고 2010년에 수출 4500억 달러를 기록하면서 세계 7위 수출국이 되었다. 2010년 한국 GDP는 1조 달러를 넘어섰다.

우리가 1960년대 중반 경제개발을 시작한 이래 삼십 년간 고속 성장을 거듭했지만 너무 빨리 샴페인을 터뜨렸다. 1996년 한국은 스카치위스키 수입 증가율 세계 1위라는 기록을 세우면서 1997년 외환위기를 당하고 나라가 흔들렸다. 하지만 우리는 다시 일어났다. 2007년 한국의 국내총생산은 9700억 달러, 1인당 국민소득은 2만 달러를 돌파했다.

대한민국은 좁은 국토에 부존자원도 거의 없고 인구밀도는 높다. 하지만 인적 자원을 활용하여 성공한 나라다. 1970년에서 1995년 사이 한국은 성인 문맹률 감소율 세계 1위를 기록했다. 1990년 한국의 초등학교 진학률은 100퍼센트, 문맹률 4퍼센트였다. 대학 진학률은 1970년 27퍼센트, 1993년 38퍼센트, 2000년 68퍼센트, 2008

년 84퍼센트로 증가했다. 1992년 한국은 미국교육평가원ETS의 초중학생 국제학력평가에서 종합성적 1위를 기록했다. 1995년 인구 1만 명당 대학생 수에서 1위가 되었다. 여성 교육도 질적 변화를 보이고 있다. 대졸 이상 여성은 1956년 0.3퍼센트, 1995년 13.1퍼센트로 증가했고, 현재 여성 대학진학률은 80퍼센트에 다다른다. 오바마 대통령은 한국을 성공적인 교육입국의 사례로 인정했다.

1980년대 초 한국인의 글로벌화가 시작되었다. 1981년 정부의 '국민해외진출확대방안'이 발표되고 해외여행과 유학이 자유화되었다. 1993년 미국 유학생 수에서 한국은 중국, 일본, 대만, 인도에 이어 5위가 되었다.

우리는 무에서 유를 창조했다. 한국전쟁의 폐허를 딛고 일어서서 세계가 부러워하는 꿈의 나라가 되었다. 개발도상국 시절 흔히 볼 수 있었던 해외로 나가는 산업시찰단은 이제 사라지고 외국에서 우리를 배우러 온다.

현재 빠르게 선진화된 분야는 글로벌 경쟁에 노출된 부문들이다. 기술은 이미 세계적 수준으로 올라갔다. 반도체, LCD, LED, 휴대폰, IT, 조선, 플랜트, 철강 등은 세계 최고의 경쟁력을 가지고 있다. 세계적 경쟁력은 세계적 수준의 노력으로 가능하다. 한마디로 '죽기 아니면 살기'로 노력해야 생존하고 발전하는 환경이 보편화되고 있다.

많은 분야에서 '적당히'는 통하지 않는다. 약속을 안 지키고 시간개념이 없는 한국 사람을 상징하던 '코리안 타임'이란 말이 사라진 지 오래다. 이제는 아시아에서 한국 사람은 '빨리빨리'로 통한다.

우리 스스로도 자랑스러운 대한민국은 남다르게 노력해온 국민
들이 만들어왔다. 피로 나라를 지키고 땀으로 경제를 세웠다. 우리가
노력을 계속한다면 우리나라가 앞으로 얼마나 더 달라질지 가슴이
뛴다. 열심히 노력하는 사람에게 미래가 당장 눈에 명확히 잡히지 않
지만 한 가지 분명한 것은 십 년 후 우리를 기다리는 미래는 우리의
상상을 초월할 정도로 대단할 것이라는 점이다.

나는 한국이 일본이나 독일보다 더 발전할 것이라고 믿는다. 내
나름대로 분석에 근거가 있다. 일본과 독일은 아직도 전통과 관습의
영향이 강한 나라다. 있는 것을 조금씩 개량해나가는 B급 모델로 국
가 발전이 이루어지고 있다. 그러나 우리는 한국전쟁의 폐허를 딛고
일어나면서 백지 상태에서 다시 시작했다. 급속하게 세계화가 진행되
면서 기존 관념이 무너지고 글로벌 시장에 빠르게 적응했다. 우리나
라에서는 항상 새로운 시각에서 접근할 수 있는 A급 모델이 대기업
중심으로 한국문화로 정착되고 있다. 나는 믿는다. A급 모델로 발전
하는 우리나라는 B급 모델로 가는 나라들을 넘어설 것이다.

아직도 낙후되고 생산성이 낮은 분야들이 있다. 정치도 선진화
되어야 하고, 공공부문도 선진화가 가속화되어야 한다. 교육과 사법
제도도 후진적인 면이 남아 있다. 눈앞의 현실만 쳐다보면 우리 사회
곳곳에 비판할 점은 많다. 하지만 미래를 내다보지 않고 하는 비판은
발전에 도움 되지 않는다.

불우한 현실에 좌절하지 않고 미래의 모습을 꿈꾸며 나아가는
사람은 성공한다. 마찬가지로 국민들이 눈앞의 상황에 실망하지 않

고 좋은 나라를 만들려고 노력할 때 대한민국은 발전한다. 나는 현재의 대한민국에 실망하지 않는다. 정치만 보아도 그렇다. 몸싸움이 없어지지 않는 국회, 무조건 말로 우기는 토론 문화, 광어나 도다리처럼 한쪽만 보는 정치인이 남아 있고, 좋은 정책을 개발하는 정치인보다 입으로만 장사하는 정치인이 주목받는 현실이 답답하다. 사회적으로도 목소리 커야 대접받는다는 풍토, 일 안하고 나눠먹기, 집단이기주의가 아직도 통한다. 그러나 아무리 세상이 어두워도 동은 틀 것이고, 아무리 차가워도 봄은 올 것이다.

미래의 대한민국은 어떤 나라일까. 세계 10위권 경제대국으로 세계를 선도하는 나라, 자율과 창의의 가치가 인정받고 노력과 성공에 대한 보상이 분명한 나라, 경쟁과 선택은 치열하지만 서민도 꿈을 이룰 수 있는 나라, 모든 것이 열려 있고 나라와 기업의 지배구조가 투명한 나라, 국민 각자가 공동체 의식을 가지고 사회적 책임을 다하는 나라, 정말 어렵고 필요한 사람에게 도움이 주어지는 나라, 소외계층도 인간답게 살 수 있는 나라, 문화와 예술이 생활화되고 삶의 질이 높은 나라. 이런 나라가 미래의 목표다. 우리는 할 수 있다. 우리가 노력한다면 세대를 이어 꿈을 실현하는 나라가 될 것이다.

Dream Farming and
The ABCD Method for Success
written by
Seungduk David Koh

고승덕의 ABCD 성공법
꿈을 꾸며 노력하면 이루어진다

초판 1쇄 발행 2011년 11월 25일
초판 9쇄 발행 2015년 4월 3일

지은이 고승덕
발행인 이원무
발행처 개미들출판사
등 록 2002. 2. 6. 제22-2096호

디자인 R2D2 visual
총 판 마켓데이(유)
        TEL 02-595-3495, FAX 02-595-3197

ⓒ고승덕, 2011
ISBN 978-89-96753-00-1
책값은 뒤표지에 표시되어 있습니다.

이 책은 콩기름잉크soy ink로 인쇄한 친환경 인쇄물입니다.